Guide de Délos

É C O L E   F R A N Ç A I S E   D ' A T H È N E S

Directeur des publications : Dominique Mulliez
Adjoint aux publications : Sandrine Huber

Révision et mise au point des textes : EFA, Béatrice Detournay

Numérisation et traitement des photographies : EFA, Philippe Collet, Panagiota Patiri

Conception artistique et réalisation
Couverture
Coordination de fabrication : EFA, Velissarios Anagnostopoulos

Photogravure : Frères Tziphas S.A.

Impression : Epikinonia
Reliure : Libro Doro

Dépositaire : De Boccard Édition-Diffusion – 11, rue de Médicis, F – 75006 Paris, www.deboccard.com

ISBN 2-86958-210-2

SITES ET MONUMENTS

1

Guide de Délos

par Philippe Bruneau
Jean Ducat

Quatrième édition refondue et mise à jour avec le concours de

Michèle Brunet
Alexandre Farnoux
Jean-Charles Moretti

L'île de Délos, vue aérienne depuis le Nord.

PRÉFACE DE LA PREMIÈRE ÉDITION
(1965)

À qui s'adresse un guide archéologique ? Aux honnêtes gens, bien évidemment. Mais l'*homo honestus,* autrefois si aisé à définir, est une espèce maintenant fragmentée à l'infini et dont les représentants réagissent de façon contradictoire à la culture dite classique. Le même ouvrage est selon les uns l'œuvre de pédants enfermés dans une science mesquine et ésotérique, selon les autres l'œuvre de vulgarisateurs superficiels. Bref, il ne saurait être question de contenter tout le monde.

Il reste aux archéologues à faire de leur mieux pour être clairs et précis, sans omettre l'essentiel ou l'important. Et les deux auteurs de ce petit volume me paraissent y avoir réussi d'exemplaire façon. En gros, Jean Ducat s'est chargé de la période antérieure à la fin du IVe siècle, et Philippe Bruneau de la période hellénistique et romaine. Ils ont fait appel à plusieurs de leurs camarades pour des chapitres spécialisés : Fernande Ducat a traité de la géographie et de la période chrétienne ; Ulpiano Bezerra de Meneses, des peintures ; Claude Vatin, de l'épigraphie ; Tony Hackens, de la numismatique ; et Christian Le Roy a décrit la « maison de Fourni » à laquelle il avait consacré deux campagnes de fouille. Travail d'équipe donc, au sens le plus sympathique du mot. Encore faut-il ajouter que plusieurs « anciens » ont revu tel ou tel chapitre, ou l'ensemble des épreuves ; ce sont par ordre alphabétique : Yves Béquignon, Jean Delorme, Pierre de La Coste-Messelière, Jean Marcadé, André Plassart, Ernest Will.

Le directeur de l'École française, qui, à son tour, a relu ce texte avant de le donner à l'impression, est heureux de les remercier tous et de féliciter plus particulièrement les deux rédacteurs. Le patient travail — plusieurs thèses, des centaines d'articles, et 26 tomes (format 25 x 39) de l'*Exploration archéologique de Délos* — accompli par plusieurs générations d'Athéniens, depuis J. Albert Lebègue jusqu'à Pierre Roussel et René Vallois, en passant par Théophile Homolle et Maurice Holleaux, pour ne citer que des morts, est ici résumé avec objectivité et présenté à un large public. Il y fallait beaucoup de science ; les problèmes ont été réexaminés et mis à jour : c'est, en ce sens, un ouvrage de première main, et qui sera utile à bien des archéologues chevronnés.

Ce que j'ai dit en commençant explique pourquoi l'École française d'Athènes a tant tardé à publier une collection de guides pour les fouilles dont le gouvernement grec lui a confié la charge et l'honneur. D'autres volumes suivront prochainement, et la formule variera d'un site à l'autre. Car il n'y a pas de formule parfaite, il n'y a que des œuvres de bonne volonté, et ce livre en est une.

Georges DAUX

PRÉFACE DE LA TROISIÈME ÉDITION
(1983)

Vingt ans après, Ph. Bruneau et J. Ducat ont accepté non pas de revenir sur un site qu'ils n'ont en fait jamais quitté, mais de donner une version nouvelle de ce *Guide* qui est la publication de l'École la plus répandue dans le public.

Cette refonte permet de mesurer l'œuvre accomplie entre-temps dans la fouille, l'étude des pierres et des monuments, la rédaction de catalogues pour mettre la prodigieuse documentation délienne à la disposition des analyses et problématiques traditionnelles ou nouvelles, dans une étude de civilisation qui n'est ancienne que par la date de son objet.

Elle montre aussi à quel besoin répond ce type de livre : certes révéler au visiteur l'ordre et la vie que cache l'enchevêtrement des blocs, mais aussi guider l'étudiant, voire l'archéologue chevronné, dans le foisonnement des publications, discussions, corrections qui rythment le progrès de la recherche scientifique.

Remercions les auteurs de l'ascèse qu'ils se sont imposée en faisant connaître à un public aussi large que possible des recherches, des controverses dont la solide érudition ne doit pas masquer l'intérêt.

Pour la commodité des lecteurs et des bibliothèques, ce nouveau *Guide de Délos* est rangé dans une collection nouvelle, *Sites et Monuments*, dont l'ambition est de présenter ainsi l'ensemble des travaux de l'École dans de petits volumes qui seront constamment remis sur le métier au fur et à mesure que les éditions en seront épuisées.

Olivier PICARD

AVERTISSEMENT DE LA TROISIÈME ÉDITION

Le Guide de Délos *a presque vingt ans. Depuis sa rédaction, sont parus deux thèses d'État, sept fascicules de l'*Exploration archéologique de Délos, *une cinquantaine d'articles, sans compter des travaux encore inédits et l'avancement des fouilles du Quartier Nord. De surcroît, vingt ans après, les auteurs, alors jeunes membres de l'École française d'Athènes mais aujourd'hui professeurs depuis bien des années, ne voient plus toujours les choses du même œil. Il fallait donc tout réviser : c'est pourquoi, si la seconde édition, à la correction près de quelques erreurs matérielles, n'a fait que reproduire la première, la troisième édition en est bien différente.*

Nous avons conservé l'ordonnance générale du livre et ses principes de base, mais tout a été mis à jour. En bien des cas, il a suffi de modifier quelques mots ou quelques phrases et de moderniser la bibliographie. En d'autres, nous avons préféré présenter un texte entièrement nouveau : ainsi, dans la Ire *partie, nous avons remplacé les quelques pages consacrées aux « légendes et cultes » par un développement beaucoup plus ample et mieux documenté ; dans la* IIe *partie, la plupart des chapitres ont été très modifiés, les sections « mosaïques » et « épigraphie » ont été entièrement récrites ; c'est aussi le cas, dans la* IIIe *partie, de plusieurs notices que la bibliographie récente rendait presque entièrement caduques, celles, par exemple, qui sont consacrées à l'Oikos des Naxiens, au Colosse, au ci-devant « Thesmophorion », etc. Mais nous avons conservé la nomenclature numérique des monuments : sans que nous l'ayons primitivement imaginé, elle est devenue, dans la littérature spécialisée, une référence permettant de désigner un bâtiment sans avoir à prendre parti sur une identification contestée, et c'est ainsi qu'on parle maintenant couramment de l'édifice* GD *42 ; plutôt donc que de bouleverser la numérotation maintenant accréditée, nous avons préféré, quand c'était nécessaire, introduire des numéros intercalaires comme* **80.1**. *— L'illustration a été également modifiée : Ph. Fraisse a corrigé certains plans et dessiné quelques autres ; cinq dessins de restitutions et plusieurs photographies ont été rajoutés. Et surtout, abandonnant la formule des planches groupées en fin de volume, nous avons cette fois inséré dans le texte l'ensemble de l'illustration ; les photographies d'objets mobiliers pouvaient alors aussi bien prendre place dans les chapitres synthétiques de la* II*e* *partie que dans la description topographique de la* III*e* *partie ; nous avons préféré la seconde solution, pensant animer la visite des ruines en présentant, à propos des édifices où ils furent découverts, des documents maintenant déposés aux musées de Délos et d'Athènes.*

Après vingt ans, il est devenu clair que le Guide *touche deux publics différents dont les besoins ne sont pas exactement les mêmes : des gens cultivés soucieux de ne pas visiter Délos en simples promeneurs et des professionnels de l'archéologie trouvant avantage à disposer d'un exposé complet et bien à jour sur un site étendu dont ils ne sont pas eux-mêmes spécialistes. Aux premiers sont nécessaires des indications qui peuvent paraître superflues aux seconds. Ceux-ci, inversement, attendent des précisions érudites dont ceux-là n'ont que faire, principalement la bibliographie : comme dans l'édition précédente nous l'avons réduite à un « balisage », c'est-à-dire aux travaux permettant de repérer l'ensemble de la « littérature » antérieure ; c'est pourquoi certains titres figurant dans la première édition ont été remplacés par la référence à des études plus récentes où il est aisé de les retrouver. Si la bibliographie reste donc à dessein très allégée, nous avons, en revanche, fourni plus systématiquement que dans la première édition la référence précise aux inscriptions mentionnées dans notre texte.*

Nous avons, entre nous, conservé la même répartition des tâches, le second signataire par ordre alphabétique se chargeant de tout ce qui est antérieur à la période hellénistique et le premier signataire du reste, mais, comme devant, nous assumons, l'un et l'autre, la responsabilité de l'ensemble. Également comme il y a vingt ans, nous entendons toujours procurer un Guide de l'École française ; c'est dire que, sans penser devoir nous effacer dans l'anonymat, nous ne défendons pas ici nos propres thèses mais exposons l'état des questions ; notre but est de présenter les faits communément admis, d'énoncer les problèmes qui se posent et d'indiquer les principales hypothèses en présence, nous contentant, par des notes bibliographiques bien adaptées, de guider la recherche de ceux qui voudraient connaître en détail des débats trop compliqués et des argumentations souvent trop aventureuses pour être développées dans un Guide.

Parce que ce petit livre n'est pas un essai personnel, nous avons continué d'y associer nos camarades « déliens » sur les points où portent leurs travaux : outre les notices que certains d'entre eux avaient bien voulu revoir ou corriger en 1964 (ils sont nommés dans la préface de la 1re édition, reproduite en tête de ce volume), Jean Marcadé, Marie-Thérèse Couilloud-Le Dinahet, Gérard Siebert, Roland Étienne, Antoine Hermary, Marie-Françoise Boussac et Jean-Yves Empereur ont, dans cette nouvelle édition, rédigé tel passage, voire tel chapitre. Nous leur en exprimons notre gratitude, ainsi qu'à notre nouveau Directeur, Olivier Picard, qui, dès son entrée en fonction, a pris l'initiative de cette nouvelle édition et a voulu qu'elle soit une complète mise à jour.

Il nous reste à espérer qu'elle rendra les mêmes services que les éditions précédentes et aidera archéologues de profession, étudiants et tous les curieux d'antiquité à se retrouver dans un site où la complexité de la matière n'a d'égal que son intérêt historique.

Ph. B. et J. D.

PRÉFACE DE LA QUATRIÈME ÉDITION

1965, 1966, 1983, 2005... Au fil des générations et des éditions, à mesure des progrès de la recherche, le *Guide de Délos* reste fidèle à sa vocation initiale — éclairer le visiteur curieux tout en étant utile aux spécialistes — et à son organisation première. C'est d'ailleurs précisément parce qu'il est devenu un instrument de référence pour les spécialistes que ce guide doit garder son « ordonnance générale » et ses « principes de base ». Le texte original, qui était dû pour l'essentiel à Philippe Bruneau et Jean Ducat et qui avait été mis à jour en 1983, demeure donc le noyau dur de cette nouvelle édition, mais celle-ci n'avait de sens qu'enrichie des contributions des différents chercheurs dont les travaux ont corrigé, modifié ou enrichi nos connaissances sur le site depuis vingt ans. Depuis la dernière édition, en effet, la seule série *Exploration archéologique de Délos* compte huit nouveaux volumes consacrés à la topographie, à l'architecture, religieuse ou domestique, à la sculpture, à la céramique ou au verre ; d'autres volumes sont en préparation, dont a bénéficié le présent guide et qui concernent l'espace privé, public ou sacré sous tous leurs aspects, mais aussi l'administration du sanctuaire ou la vie économique de l'île à travers ses composantes urbaines ou rurales.

En accord avec Jean Ducat, qui a relu l'ensemble du manuscrit, Michèle Brunet, Alexandre Farnoux et Jean-Charles Moretti se sont chargés de cette révision. Je les remercie de s'être pliés à cette ascèse avec rigueur et fidélité à l'œuvre de leurs prédécesseurs, comme je remercie tous ceux qui, par leur contribution, ont permis à cette quatrième édition de présenter un bilan aussi complet et à jour que possible des travaux de l'École française d'Athènes sur l'île de Délos. Je n'oublie pas non plus que ce guide porte témoignage de la confiance renouvelée du gouvernement grec à l'égard de notre institution.

Pour adapter l'ouvrage au format inauguré avec le *Guide de Thasos*[2] et lui ôter aussi peut-être un peu de sa belle austérité, le texte et l'illustration ont fait l'objet d'une nouvelle présentation. Elle est due à V. Anagnostopoulos et a été discutée avec le Service des publications. – À tous, j'adresse mes chaleureux remerciements pour leur participation à cette entreprise collective.

Dominique Mulliez

AVANT-PROPOS DE LA QUATRIÈME ÉDITION

1965, 1983, 2005 (1966 ne compte pas, étant un simple retirage) : ce rythme presque régulier s'est spontanément imposé à nous, ou plutôt nous a été imposé par l'évolution rapide des connaissances sur Délos, évolution à laquelle nous avions la faiblesse de croire que la parution du Guide *avait contribué, en faisant le point sur les problèmes et en facilitant l'accès à la documentation. Quand nous étions ensemble, nous nous disions qu'après avoir écrit en 1983* Vingt ans après, *il nous restait à faire* Le vicomte de Bragelonne. *Hélas, maintenant que ce* Vicomte *paraît, son véritable maître d'œuvre, son concepteur principal, nous a quittés, voici quatre ans déjà. Avant de mourir, il avait eu le temps et le courage de mettre au point, avec la collaboration de trois spécialistes éminents qui furent ses disciples, M. Brunet, A. Farnoux et J.-C. Moretti, l'essentiel de son texte.*

Certes, comme le dit Dominique Mulliez, la formule de base reste la même, et il ne pouvait en être autrement ; mais le contenu a évolué. Il a évolué non seulement parce que les connaissances se sont approfondies, mais aussi parce que le regard de l'archéologue sur son site et celui de l'historien sur sa période ont changé : le symbole de ce changement dans ce Guide *est le chapitre entièrement nouveau dans lequel M. Brunet fait le point de ses travaux sur le paysage agricole et l'exploitation du territoire de Délos (travaux dont on peut rapprocher ceux d'H. Duchêne sur les paysages architecturaux et portuaires). Il a évolué aussi en ce que le travail de conception et de rédaction est devenu de plus en plus collectif. De nouveaux intervenants ses sont ajoutés à ceux de 1965 (F. Ducat, U. Bezerra de Meneses, Cl. Vatin, T. Hackens, plus Chr. Le Roy pour la maison de Fourni) et de 1983 (J. Marcadé, M.-Th. Couilloud-Le Dinahet, G. Siebert, A. Hermary, M.-F. Boussac, J.-Y. Empereur, plus R. Étienne pour le Prytanée) : F. Alabe, qui a complété le chapitre sur la peinture, V. Chankowski, qui a repris celui qui concerne la numismatique, M. Brunet pour la contribution déjà mentionnée. À cette équipe j'ajouterai F. Prost, à qui je dois plusieurs suggestions et modifications dans le développement sur la sculpture archaïque. Au nom de Philippe Bruneau et au mien, je les en remercie.*

J. D.

PRÉSENTATION

PLAN

Ce volume comprend trois parties :
Ire partie : géographie, histoire, légendes et cultes.
IIe partie : différents aspects de l'archéologie délienne : architecture, sculpture, céramique, etc.
IIIe partie : description des ruines explorées jusqu'en 2003 inclusivement.

Le visiteur qui commence sa lecture à Délos même doit passer aussitôt à la IIIe partie (p. 159).

Les deux premières parties, en effet, visent seulement à préparer ou prolonger la visite en groupant systématiquement les faits présentés à propos des monuments. Une bibliographie générale (p. 19-25), les notes bibliographiques qui accompagnent chaque chapitre et un index des matières traitées (p. 329-333) sont destinés à faciliter le travail de quiconque s'intéresse à une question particulière.

CONVENTIONS

Les notions essentielles sont imprimées en gros caractères ; les petits caractères sont réservés à des développements plus spécialisés.
Chaque monument de Délos est affecté d'un numéro imprimé en caractères gras (ex. : **80**) figurant en tête de la description qui en est faite dans la IIIe partie ; il sert de renvoi à l'intérieur du *Guide* et paraît sur les plans partiels de Délos.
Toutes les dates s'entendent « av. J.-C. » sauf indication contraire ; s. = siècle.

BIBLIOGRAPHIE

Nous ne mentionnons ici que les travaux de portée suffisamment générale pour être considérés comme fondamentaux. Ceux qui traitent de problèmes particuliers seront cités en note à propos de chaque chapitre ou monument.

I. Publications

ARCHÉOLOGIE :

EAD — *Exploration archéologique de Délos* : collection de fascicules, assez volumineux pour la plupart, éditée par l'École française d'Athènes pour l'exposition systématique des résultats de la fouille. La série est loin d'être terminée, et plusieurs fascicules sont actuellement en préparation.

I. — *Carte de l'île de Délos* (1909) avec commentaire explicatif par A. BELLOT.

II et II bis. — *La Salle hypostyle* (1909). La publication primitive de G. LEROUX est complétée en II bis par R. VALLOIS, G. POULSEN (1914) (lanterneau).

III. — L. GALLOIS, *Cartographie de l'île de Délos* (1910). Histoire de la cartographie délienne. Nombreuses et très intéressantes reproductions de croquis d'anciens voyageurs.

IV. — L. CAYEUX, *Description physique de l'île de Délos* (1911). Seule a paru la première partie de ce travail.

V. — F. COURBY, *Le Portique d'Antigone ou du Nord-Est et les constructions voisines* (1912). Ce fascicule comprend également des monuments voisins comme la Graphè, la Kréné Minoé, etc.

VI. — Ch. PICARD, *L'Établissement des Poseidoniastes de Bérytos* (1921).

VII, 1. R. Vallois, *Le Portique de Philippe* (1923). Cette publication peut être considérée comme un modèle. Le fascicule VII, 2 (Portique Sud) n'a jamais vu le jour.

VIII. J. Chamonard, *Le Quartier du théâtre* (1922-24). Étude fondamentale sur l'habitation hellénistique à Délos.

IX. M. Bulard, *Description des revêtements peints à sujets religieux* (1926). Cf. p. 115, n. 1.

X. Ch. Dugas, *Les vases de l'Héraion* (1928). Publication du « trésor » céramique de l'Héraion I (vases orientalisants et archaïques). Le monument lui-même est étudié dans le fascicule suivant.

XI. A. Plassart, *Les sanctuaires et les cultes du Mont Cynthe* (1928). C'est non seulement une publication des monuments, mais aussi une histoire des cultes de cette région.

XII. F. Courby, *Les temples d'Apollon* (1931). Excellente étude architecturale. Pour des critiques de détail, se reporter aux n^os **11** à **13**.

XIII. C. Michalowski, *Les portraits hellénistiques et romains* (1932).

XIV. J. Chamonard, *Les mosaïques de la Maison des masques* (1933). Cf. n^o **112**.

XV. Ch. Dugas, C. Rhomaios, *Les vases préhelléniques et géométriques* (1934).

XVI. F. Chapouthier, *Le sanctuaire des dieux de Samothrace* (1935).

XVII. Ch. Dugas, *Les vases orientalisants de style non mélien* (1935). XV et XVII sont fondamentaux pour l'étude de la céramique cycladique, mais la classification proposée n'est plus acceptée aujourd'hui. Voir *EAD* XLI.

XVIII. W. Deonna, *Le mobilier délien* (1938). Fascicule très riche, véritable introduction à l'étude de la vie quotidienne dans la Grèce hellénistique. Compléments : *BCH* 62 (1938), p. 210-221.

XIX. É. Lapalus, *L'Agora des Italiens* (1939).

XX. F. Robert, *Trois sanctuaires sur le rivage occidental* (1952). Il s'agit du Dioskourion, de l'Asklépieion et du Leukothion (l'identification de ce dernier sanctuaire est loin d'être assurée).

XXI. Ch. Dugas, *Les vases attiques à figures rouges* (1952).

XXII. E. Will, *Le Dôdékathéon* (1955).

XXIII. A. Laumonier, *Les figurines de terre cuite* (1956).

XXIV. H. Gallet de Santerre, *La Terrasse des lions, le Létoon, le Monument de granit* (1959).

XXV. J. Delorme, *Les Palestres* (1961). Pour l'identification de la Palestre du lac, voir la notice du n^o **67**.

XXVI. Ph. Bruneau, *Les lampes* (1965). Compléments : *EAD* XXVII, p. 263-265 ; *BCH* 102 (1978), p. 161-166.

XXVII. Ph. Bruneau, Cl. Vatin, U. Bezerra de Meneses, G. Donnay, E. Lévy, A. Bovon, G. Siebert, V. R. Grace, M. Savvatianou-Pétropoulakou, E. Lyding Will, T. Hackens, *L'îlot de la Maison des comédiens* (1970).

XXVIII. J. AUDIAT, *Le Gymnase*, avec des appendices de Chr. LLINAS, M.-Th. COUILLOUD, Ph. BRUNEAU (1970).

XXIX. Ph. BRUNEAU, *Les mosaïques* (1972). Compléments : *BCH* 99 (1975), p. 306-308.

XXX. M.-Th. COUILLOUD, *Les monuments funéraires de Rhénée* (1973). Compléments : *BCH* 102 (1978), p. 859-873 ; 108 (1984), p. 345-353.

XXXI. A. LAUMONIER, *La céramique hellénistique à reliefs. 1, Ateliers « ioniens »* (1977).

XXXII. M.-Chr. HELLMANN, Ph. FRAISSE, *Le Monument aux hexagones et le Portique des Naxiens* (1979). Compléments : *BCH* 113 (1989), p. 149-160.

XXXIII. P. COURBIN, *L'Oikos des Naxiens* (1980). Compléments : *BCH* 111 (1987), p. 63-78.

XXXIV. A. HERMARY, *La sculpture archaïque et classique. I, Catalogue des sculptures classiques de Délos* (1984).

XXXV. E. WILL, avec la collaboration de M. SCHMID, *Le sanctuaire de la déesse syrienne* (1985).

XXXVI. Ph. FRAISSE, Chr. LLINAS, *Documents d'architecture hellénique et hellénistique* (1995).

XXXVII. M.-D. NENNA, *Les verres* (1999).

XXXVIII. G. SIEBERT, *L'Îlot des bijoux, l'Îlot des bronzes et la Maison des sceaux. 1, Topographie et architecture* (2001).

XXXIX. H. DUCHÊNE, Ph. FRAISSE, avec la collaboration de R. DALONGEVILLE, P. BERNIER, *Le paysage portuaire de la Délos antique. Recherches sur les installations maritimes, commerciales et urbaines du littoral délien* (2001).

XL. Ph. BRUNEAU, Ph. FRAISSE, *Le Monument à abside et la question de l'Autel de cornes* (2002).

XLI. Ph. ZAPHIROPOULOU, *La céramique mélienne* (2003).

ÉPIGRAPHIE :

— *IG (= Inscriptiones graecae)*, XI 2 et 4 ; *ID (= Inscriptions de Délos)*, 7 fascicules. Publication complète des inscriptions de Délos à très peu d'exceptions près (cf. p. 148 le détail de la publication).

— F. DURRBACH, *Choix = Choix d'inscriptions de Délos avec traduction et commentaire* (1921). Réunit et présente sous une forme très accessible (texte et traduction) les documents les plus importants pour l'histoire de l'île.

— *EAD* XXVIII contient la publication des graffites des édifices gymniques.

— *EAD* XXX contient la publication des inscriptions funéraires.

— J. TRÉHEUX, *Index des Inscriptions de Délos, I. Les étrangers à l'exclusion des Athéniens de la clérouchie et des Romains* (1992). Seul volume d'index paru à ce jour.

— Cl. PRÊTRE *et al.*, *Nouveau choix* = *Nouveau choix d'inscriptions de Délos. Lois, comptes et inventaires, Études épigraphiques* 4 (2002). Complète le *Choix* publié par F. Durrbach. Les textes sont traduits, commentés et accompagnés de synthèses.

II. Ouvrages et articles de synthèse

Délos. Île sacrée et ville cosmopolite (1996), publié par l'École française d'Athènes sous la coordination de Ph. BRUNEAU, M. BRUNET, A. FARNOUX, J.-Ch. MORETTI, est actuellement l'ouvrage consacré à Délos le plus complet et le plus récent.

HISTOIRE POLITIQUE ET RELIGIEUSE :

— P. ROUSSEL, *CE* = *Les cultes égyptiens à Délos* (1915-1916). Précieuse monographie comportant une description architecturale des trois Sarapieia, un corpus des inscriptions trouvées dans ces sanctuaires et un chapitre de synthèse sur l'histoire des cultes égyptiens à Délos.

— P. ROUSSEL, *DCA* = *Délos, colonie athénienne, BEFAR* 111 (1916). Cette thèse reste une somme qui n'a guère vieilli. Elle a été réimprimée en 1987 avec des compléments bibliographiques et des concordances épigraphiques par Ph. BRUNEAU, M.-Th. COUILLOUD-LE DINAHET, Rol. ÉTIENNE.

— M. BULARD, *La religion domestique dans la colonie italienne de Délos d'après les peintures murales et les autels historiés, BEFAR* 131 (1926). Cf. p. 115, n. 1.

— W. A. LAIDLAW, *A History of Delos* (1933).

— W. DEONNA, *La vie privée des Déliens, TravMém* 7 (1948). Vise à compléter *EAD* XVIII *(Le mobilier délien).* Travail précieux en raison de l'érudition bibliographique de l'auteur et du nombre de documents déliens mis en œuvre, mais à utiliser prudemment : W. Deonna fait appel à des documents d'époques et parfois de natures très diverses (par ex. le palmier en bronze de Nicias n'a rien à faire au chapitre sur la végétation délienne).

— H. GALLET DE SANTERRE, *DPA* = *Délos primitive et archaïque, BEFAR* 192 (1958). Ouvrage où sont assemblées toutes les données historiques et archéologiques relatives aux périodes étudiées.

— Ph. BRUNEAU, *CDH* = *Recherches sur les cultes de Délos à l'époque hellénistique et à l'époque impériale, BEFAR* 217 (1970). Étude de tous les cultes déliens, grecs et étrangers, sous leurs divers aspects (sanctuaires, personnel cultuel, fêtes, etc.), ainsi que du rôle joué dans la vie religieuse de Délos par les rois hellénistiques et les associations. Chaque chapitre monographique comprend un recensement complet des données épigraphiques et archéologiques.

— Cl. NICOLET (éd.), *Insula sacra. La loi Gabinia-Calpurnia de Délos (58 av. J.-C.)* (1980).

— Cl. VIAL, *DI* = *Délos indépendante, BCH Suppl.* X (1984). Compléments : *REA* 99 (1997), p. 337-343.

TOPOGRAPHIE ET ARCHITECTURE :

— F. COURBY, « Le sanctuaire d'Apollon délien », *BCH* 45 (1921), p. 174-241 : les temples, l'Artémision (F. Courby considère comme un Artémision l'édifice n° **42**), le « mégaron H », l'Oikos des Naxiens.

— Ch. PICARD, J. REPLAT, « Recherches sur la topographie du Hiéron délien », *BCH* 48 (1924), p. 217-263. Travail très important concernant le Colosse des Naxiens et le Séma des Vierges hyperboréennes.

— R. VALLOIS, « Topographie délienne », I, *BCH* 48 (1924), p. 411-445.

— R. VALLOIS, « Topographie délienne », II, *BCH* 53 (1929), p. 185-315. Suite du précédent. Articles fondamentaux ; identification (parfois discutable) de nombreux monuments (I : Artémision, Séma, Kératôn ; II : Temple d'Anios, Létoon, Dôdékathéon, Thesmophorion, Ekklésiastérion, Graphè).

— R. VALLOIS, *AHHD* I et II = *BEFAR* 157, *L'architecture hellénique et hellénistique à Délos, I. Les Monuments* (1944) ; *II. Grammaire historique de l'architecture délienne*, en deux fascicules (1966 et 1978). C'est la « bible » des archéologues déliens. Mais ce livre, extrêmement dense et technique, n'est pas accessible au profane ; même pour les spécialistes, il ne peut être consulté avec profit que devant les ruines mêmes. Toutefois, ni la chronologie, ni les identifications, ni les reconstitutions ne sont à recevoir sans examen. La première partie de l'ouvrage a été illustrée par R. VALLOIS, *Les constructions antiques de Délos, Documents* (1953). Ph. FRAISSE et Chr. LLINAS ont fourni dans l'*EAD* XXXVI une illustration pour la seconde partie et lui ont apporté de nombreux compléments.

— Ph. BRUNEAU, « Contribution à l'histoire urbaine de Délos », *BCH* 92 (1968), p. 633-709.

— M.-Chr. HELLMANN, *VAID* = *Recherches sur le vocabulaire de l'architecture grecque, d'après les inscriptions de Délos, BEFAR* 278 (1992). Lexique analysant, par ordre alphabétique, 658 termes d'architecture relevés dans les inscriptions de Délos.

— G. GRUBEN, « Naxos und Delos », *JDAI* 112 (1997), p. 261-416. Étude fondamentale sur l'architecture archaïque dans le sanctuaire d'Apollon.

— M. TRÜMPER, *Wohnen in Delos* (1998). Synthèse sur l'habitat délien.

— M. BRUNET, « Le paysage agraire de Délos dans l'Antiquité », *JS* 1999, p. 1-50.

HISTOIRE ÉCONOMIQUE ET SOCIALE :

— S. MOLINIER, *Les « maisons sacrées » de Délos* (1914).

— J. H. KENT, « The Temple Estates of Delos, Rheneia and Mykonos », *Hesperia* 17 (1948), p. 243-338.

— *Delo e l'Italia* (1983) = F. COARELLI, D. MUSTI, H. SOLIN (éds), *Delo e l'Italia, Opuscula instituti romani Finlandiae* II (1982).

— D. HENNIG, « Die "heiligen Haüser" von Delos », *Chiron* 13 (1983), p. 411-495, et 15 (1985), p. 165-186.

— G. REGER, *Regionalism and Change in the Economy of Independent Delos, 314-167 B.C.* (1994).

— V. CHANKOWSKI, « Athènes, Délos et les Cyclades à l'époque classique : un réseau économique ? », *REA* 103 (2001), p. 83-102.

— Voir aussi les synthèses de Cl. PRÊTRE *et al.*, *Nouveau choix.*

ARTS FIGURÉS :

— M. BULARD, *PMMD* = *Peintures murales et mosaïques de Délos, Monuments et mémoires Piot* XIV (1908). À consulter principalement pour son illustration. Cf. p. 115, n. 1.

— J. MARCADÉ, *MD* = *Au Musée de Délos. Étude de la sculpture hellénistique en ronde-bosse découverte dans l'île*, *BEFAR* 215 (1969).

— M. KREEB, *Untersuchungen zur figürlichen Ausstattung delischer Privathäuser* (1988). Cf. aussi *BCH* 108 (1984), p. 317-343.

— M.-Fr. BOUSSAC, *Les sceaux de Délos, 1. Sceaux publics, Apollon, Hélios, Artémis, Hécate RechFH* 2,1 (1992). Cf. aussi *BCH* 106 (1982), p. 427-446 ; *RA* 1988, p. 307-340.

— N. Chr. STAMPOLIDIS, *Les sceaux de Délos,* 2. *Ο ερωτικός κύκλος*, *RechFH* 2,2A (1992).

— *SD* = A. HERMARY, Ph. JOCKEY, Fr. QUEYREL, sous la dir. de J. MARCADÉ, clichés de Ph. COLLET, *Sculptures déliennes*, *SitMon* XVII (1996). Présentation de cent sculptures trouvées à Délos.

SUJETS VARIÉS :

— *ÉD* = *BCH Suppl.* I, *Études déliennes publiées à l'occasion du centième anniversaire des fouilles de l'École française d'Athènes à Délos* (1973). Ce volume contient une trentaine de publications ou d'études d'archéologie et épigraphie déliennes.

III. Guides et présentations du site

— Ph. Bruneau, *Mosaïques de Délos* (1973) (traduction anglaise : *Mosaics on Delos* [1974]). Brochure illustrée résumant l'essentiel de *EAD* XXIX.

— Ph. Zaphiropoulou, *Délos. Monuments et Musée* (1983). Guide, dont l'édition originale, écrite en grec, a été traduite en français, en anglais, en allemand, en italien et en espagnol.

— Ph. Zaphiropoulou, *Δήλος. Μαρτυρίες από τα μουσειακά εκθέματα* (1998).

PREMIÈRE PARTIE

PRÉSENTATION GÉNÉRALE

GÉOGRAPHIE

HISTOIRE

LÉGENDES ET CULTES

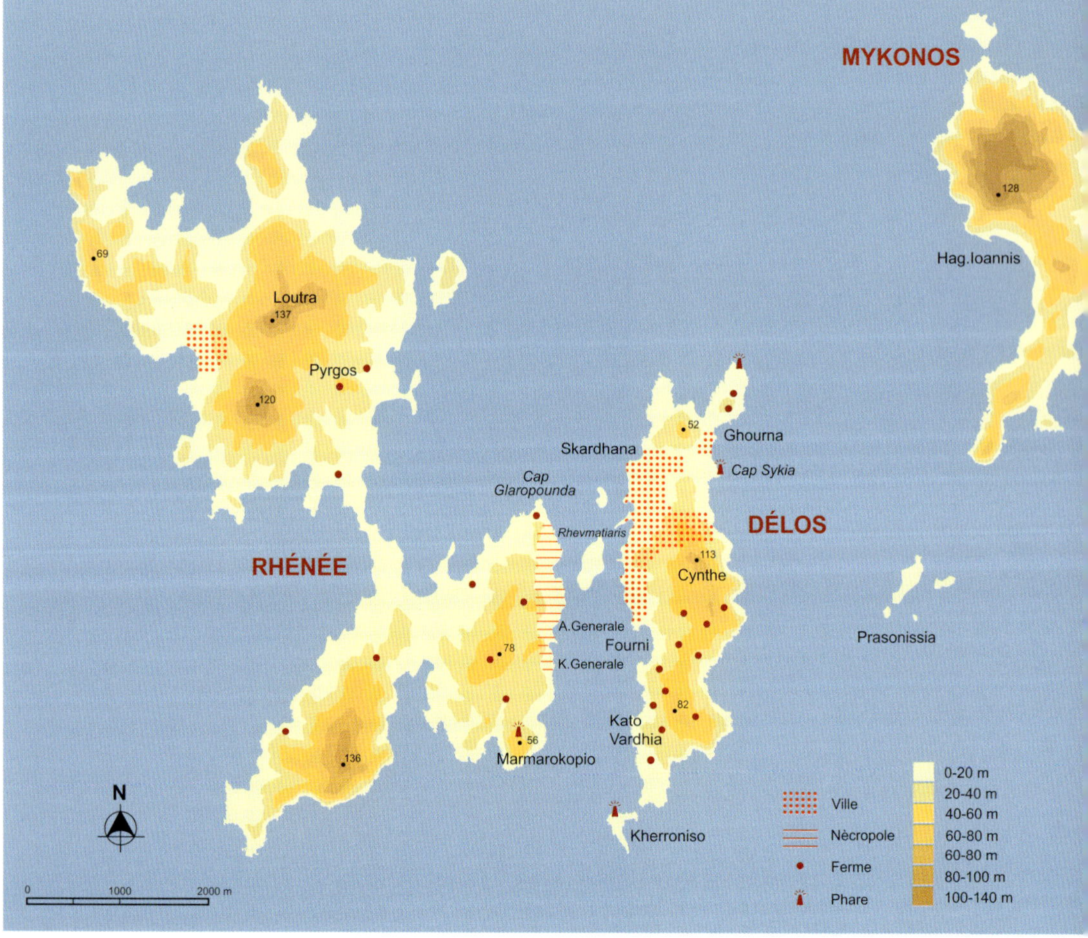

Fig. 1. — Délos et Rhénée.

GÉOGRAPHIE[1]

par Fernande DUCAT

Délos (**fig. 1**), une des plus petites, mais aussi la plus centrale des Cyclades, s'étire du Nord au Sud sur une longueur de 5 km environ ; très étroite, elle n'atteint jamais plus de 1 300 m d'Est en Ouest (environ 360 ha de superficie). Le Mont Cynthe, qui culmine à 112 m, domine d'autres collines : au Nord, Plakès (36 m) ; à l'Ouest, Ghlastropi (35 m) ; au Sud, Kato Vardhia (c'est-à-dire la « Guette d'en-bas », 82 m, par opposition au Cynthe qui serait la guette d'en-haut). La côte est le plus souvent escarpée et violemment découpée, avec seulement quelques mouillages : le Port antique près du Sanctuaire (**1**), Skardhana au Nord-Ouest, Ghourna au Nord-Est, et, sur le rivage occidental, la large baie sablonneuse de Fourni (**125-127**).

Les Cyclades, portées par un fragment de plateau continental, à 100-200 m de profondeur, appartiennent au socle ancien. Dans l'ensemble, les liaisons avec le Continent ont été conservées jusqu'au quaternaire ancien (*Elephas Antiquus* à Délos).

Délos émerge à peine de la mer, comparée aux reliefs vigoureux des autres îles égéennes. Du Nord vers le Sud, elle peut être divisée en trois unités : la région des presqu'îles et des gneiss ; la plaine, où fut installé le Sanctuaire ; le massif du Cynthe, relayé plus au Sud par celui de Kato Vardhia, uniquement granitiques. L'île possédait quelques gisements de marbre, de qualité assez médiocre, situés dans le secteur du Théâtre et du Réservoir de l'Inopos et, plus au Sud, sur le flanc Sud-Est du Cynthe[2]. Gneiss, granites et marbres furent exploités tout au long de l'histoire délienne pour la construction locale, comme en témoignent les fronts de taille de carrières encore visibles en plusieurs points de la ville et dans la campagne.

L'érosion, éolienne et marine, a complètement transformé le paysage. Sans doute est-ce à la pointe Nord de l'île que son action est la plus spectaculaire, mais partout la mer a échancré le rivage, déchiqueté le granit, coloré les roches et donné à l'île, en surcreusant les failles, sa forme rectangulaire.

1. Étude géologique de Délos : L. CAYEUX, *EAD* IV ; étude géographique : cf. P. BIROT, J. DRESCH, *La Méditerranée et le Moyen Orient* II (1956), p. 41-44 ; A. PHILIPPSON, *Die griech. Landschaften, IV. Das Aegaeische Meer und seine Inseln* (1959), p. 110-114. Pour une analyse mettant en relation les caractéristiques géographiques du milieu insulaire égéen et son histoire : P. BRUN, *Les archipels égéens dans l'Antiquité grecque* (1996).
2. Carrière étudiée par Ph. FRAISSE, T. KOŽELJ, *BCH* 115 (1991), p. 283-296.

Le climat de Délos est de type semi-aride : pluies d'automne et d'hiver, printemps très court, suivi par une longue période sèche, rafraîchie de juillet à septembre par le meltem, vent du Nord attiré par les basses pressions d'Égypte et de Syrie et qu'annonce l'amoncellement des nuages au-dessus de Tinos[3]. En dépit de la faible pluviométrie (200 à 400 mm par an), Délos ne manque pas d'eau : la nature granitique de son sol favorise l'absorption rapide des eaux pluviales et leur accumulation en de nombreuses nappes phréatiques peu profondes, d'où l'abondance des puits tant en ville que dans la campagne. Pour pallier les inconvénients d'une longue saison sèche et pour éviter l'érosion des sols due aux pluies violentes et concentrées, les habitants de l'île aménagèrent leurs terroirs au moyen de terrasses de culture et créèrent de grands bassins-réservoirs pour récupérer les eaux de ruissellement, qui servirent à l'irrigation de certains secteurs de la campagne (cf. p. 81) ou à l'alimentation en eau de la ville. Ainsi, à partir de la fin du IVe s., les eaux de l'Inopos, principal torrent intermittent de l'île dont le débit était, dans l'Antiquité comme aujourd'hui, très faible et surtout très irrégulier, furent recueillies dans un barrage de retenue (le Réservoir, **97**), ce qui permit en outre l'assèchement des zones marécageuses en aval, autour de l'embouchure du *potamos* située dans le secteur de la future Agora des Compétaliastes (**2**)[4].

3. Γλαῦχ᾽ ὅρα· βαθὺς γὰρ ἤδη κύμασιν ταράσσεται
πόντος, ἀμφὶ δ'ἄκρα Γυρέων ὀρθὸν ἵσταται νέφος,
σῆμα χειμῶνος· κιχάνει δ᾽ ἐξ ἀελπτίης φόβος.
« Vois, Glaucos, déjà la mer se creuse de hautes lames et, à la pointe des roches Gyres, un nuage s'élève tout droit, signe de tempête. Une brusque terreur nous frappe » (Archiloque, fragment 56 ; trad. A. BONNARD). On identifie les Gyres avec la montagne la plus haute de Tinos : Cicéron, *Ad Att.*, V 12, 1 : *itaque erat in animo nihil festinari, nec me Delo movere, nisi omnia ἄκρα Γυρέων pura vidissem*, « aussi avais-je l'intention de ne pas me hâter et de ne pas bouger de Délos que je n'aie vu les Gyres entièrement clairs ».
4. Cf. l'étude collective sur *L'eau à Délos*, à paraître dans l'*EAD*.

HISTOIRE[1]

I. Délos primitive

On peut prendre comme point de départ un texte célèbre de Thucydide (I 8). Parlant des plus anciens habitants de la Grèce, il signale[2] : « Plus spécialement, la piraterie était le fait des insulaires, Cariens et Phéniciens ; telle était, en effet, la population de la plupart des îles ; et voici qui en témoigne : lors de la purification de Délos par les Athéniens, au cours de la guerre qui nous occupe, quand on fit disparaître toutes les tombes qui se trouvaient dans l'île, on s'aperçut que plus de la moitié étaient des tombes cariennes ; cela se reconnut à l'attirail guerrier accompagnant le mort, ainsi qu'au mode de sépulture, qui est celui que pratiquent encore aujourd'hui les Cariens ». Suivant sa méthode originale, Thucydide ne se fie pas seulement aux traditions : ici il choisit de faire appel au témoignage de « fouilles » contemporaines, et quand il parle de Cariens il n'entend pas par là des populations préhelléniques en général (on leur donnait aussi, un peu au hasard, semble-t-il, les noms de Pélasges et de Lélèges), mais précisément les ancêtres des habitants de la Carie classique.

L'archéologie a-t-elle confirmé ce témoignage ? Les plus anciennes traces d'occupation humaine retrouvées à Délos remontent à la deuxième moitié du IIIe millénaire : c'est l'habitat du Cynthe (**105**). Il s'agit là de populations évidemment préhelléniques, mais que rien ne permet de rapprocher de la Carie[3]. Cette installation est d'ailleurs modeste, simple abri de pêcheurs… ou de pirates, comme le dit Thucydide.

Entre cet habitat du Cynthe et le début de l'époque mycénienne, il y a une lacune dans notre documentation : pratiquement rien n'a été trouvé qui puisse être daté avec certitude de la première moitié du IIe millénaire. Il en va de même dans toutes les Cyclades du Nord. Certains faits ont pu donner à penser que Délos avait été connue de la thalassocratie minoenne : la présence de très rares objets crétois, le nom de la fontaine Minoé (**30**), des traditions relatives à Anios (p. 52-53) ; mais aucun de ces éléments ne permet de l'établir avec certitude.

1. Bibliographie générale : ci-dessus, p. 19-25.
2. Sur ce passage, cf. A. M. Snodgrass, *JHS* 84 (1964), p. 113 (avec bibliographie).
3. Le nom du Cynthe est lui-même préhellénique, c'est-à-dire, très vraisemblablement, d'origine anatolienne.

Que sont donc les tombes dont parle Thucydide ? Il s'agit vraisemblablement de tombes contenant soit des armes, soit des objets interprétés comme des armes ; on pense en particulier aux faucilles, nombreuses dans la fosse de Rhénée, et qui, selon Hérodote (V 112 et VII 93), étaient utilisées comme des armes par les Cariens.

II. Délos mycénienne

La découverte de céramique mycénienne en différents points du sanctuaire atteste sans doute possible une présence humaine à Délos à l'HR III (1400-1200 env.). À ce niveau d'occupation correspond l'habitat (autrefois dit « palais ») décrit sous le nº **15**. On a aussi retrouvé des tombes : si l'existence même de ce qu'on appelle le Séma (**41**) n'est pas totalement assurée, **32**, sans être nécessairement la Théké, est en tout cas un tombeau mycénien. H. Gallet de Santerre a soutenu que, dès cette époque, Délos devait sa prospérité à ses sanctuaires. Cette thèse est aujourd'hui sinon contestée, du moins considérée comme indémontrable. On ne croit plus que le Temple Γ (7) remonte au-delà de l'époque géométrique. Le caractère sacré des constructions appelées « mégaron H » (**40**) et « Bâtiment Ac » (**46**) n'est pas évident : on se reportera à la discussion résumée sous ce dernier numéro. De toute façon, même si Ac était bien alors un lieu de culte, ce n'était certainement pas un « sanctuaire » d'un « statut » comparable à ceux que l'on connaît dans la période grecque et susceptible d'un rayonnement vers l'extérieur. Constatons donc simplement qu'il y avait à Délos, à l'époque mycénienne, une communauté humaine peut-être assez importante ; celle-ci avait évidemment des lieux de culte, mais nous n'en savons rien de sûr.

III. Délos protogéométrique et géométrique (Xᵉ-VIIIᵉ s.)

On a trouvé à Délos de la céramique submycénienne, mais en très petite quantité. On y a trouvé aussi de la céramique protogéométrique (régions du Trésor 4 et de l'Artémision, fosse de la Purification à Rhénée), mais elle semble dater de la fin de la période. Faut-il en conclure à une interruption de l'occupation, aux alentours de l'an mille ? Ce n'est pas sûr ; de toute façon, les tessons sont peu nombreux et cette dépopulation, cet appauvrissement dramatique, sont des phénomènes généraux en Grèce à cette époque. L'époque géométrique marque un redémarrage, qui devient spectaculaire à l'époque du Géométrique Récent.

Ainsi, à Délos, la céramique de cette période montre une augmentation considérable de la population ; elle est particulièrement abondante au Sud du sanctuaire d'Apollon (cf. p. 131). C'est également dans la deuxième moitié du VIIIe s. qu'apparaissent en quantités significatives les offrandes coûteuses en bronze.

L'*Odyssée* mentionne Délos (VI 162-165) : Ulysse compare la sveltesse de Nausicaa au palmier qu'il y a vu. L'*Hymne homérique* à Apollon (dont la date varie, selon les experts, entre 700 et 550 ; probablement deuxième moitié du VIIe s.) nous donne un tableau de Délos à la haute époque archaïque : « Mais quand ton cœur, Phoibos, trouve le plus de charme à Délos, c'est quand les Ioniens aux tuniques traînantes s'assemblent sur tes parvis, avec leurs enfants et leurs chastes épouses… » (v. 146-148 ; pour la suite de ce texte, cf. p. 56). La divinité principale est mâle, c'est Apollon. Le terme d'Ioniens est très précis. Délos serait à cette époque le lieu de culte commun à tous les Ioniens[4] réunis en une fédération (le Panionion) dont l'autre sanctuaire fédéral est celui du cap Mycale. Certaines raisons laissent même soupçonner l'existence d'une véritable amphictyonie[5], mais celle-ci ne peut toutefois être considérée comme certaine, le terme ne figurant pas dans l'*Hymne homérique*[6] ; ce serait de toute façon une structure beaucoup plus étroite.

IV. Délos archaïque (VIIe-VIe s.)

D'assez nombreux indices archéologiques suggèrent l'idée que Naxos a joué à Délos, dans la seconde moitié du VIIe et dans la première moitié du VIe s., un rôle particulièrement important : la plupart des statues de cette époque sont, les unes certainement, les autres vraisemblablement naxiennes (cf. p. 85-98) ; on attribue également aux Naxiens la construction la plus importante de cette période, l'« Oikos » (**6**) (la stoa **36** semble nettement plus récente), ainsi que les Lions (**55**). Aucun texte ne permet de préciser la nature de cette présence naxienne. Il est probable qu'elle n'avait aucun caractère politique, aucune forme institutionnelle, et qu'elle résultait essentiellement du rayonnement culturel de Naxos ;

4. C'est bien ainsi que l'interprète Thucydide, III 104.
5. Association des peuples habitant tout autour d'un sanctuaire, et qui en assure la gestion. L'exemple le plus célèbre est l'amphictionie pyléo-delphique.
6. Sur ce problème, cf. plus bas p. 35.

nous dirions plus précisément, de l'avance technique prise par les Naxiens dans le domaine du travail du marbre, pour les statues et pour la construction.

Dans la seconde moitié du VIe s., Paros également semble prendre de l'importance, sans que l'on puisse pour autant parler de « domination parienne ». Naxos aussi reste active ; il est de toute façon abusif de conclure d'une présence artistique à une hégémonie politique. Mais c'est surtout Athènes qui, pendant cette période, veut affirmer son autorité sur le sanctuaire. S'appuyant sur un oracle, Pisistrate « purifia » pour la première fois l'île, « non pas tout entière, mais ce que l'on peut en voir depuis le sanctuaire » (Thucydide, III 104 ; cf. Hérodote, I 64), c'est-à-dire qu'il fit enlever les tombes qui se trouvaient dans cette partie de Délos. Cette purification date de la troisième tyrannie de Pisistrate, soit probablement de la période 540-528. C'est peut-être à la même époque qu'a été commencée la construction du Pôrinos Naos (**11**) qui est de technique attique. Il n'est pas étonnant qu'Athènes, qui se prétendait la métropole des Ioniens, ait cherché à s'imposer à Délos ; on sait d'ailleurs qu'elle participait aux fêtes depuis longtemps, puisqu'on connaît un règlement relatif aux Délia qui remonte à l'époque solonienne[7]. Par ailleurs, une telle attitude s'accorde avec la politique expansionniste de Pisistrate dans les Cyclades ; dans ce même troisième quart du VIe s. on le voit aider à s'installer au pouvoir à Naxos un tyran, Lygdamis.

Cette politique semble avoir finalement échoué, ou plutôt elle cesse avec la mort de Pisistrate ; aussitôt après, vers 525 vraisemblablement, un autre tyran, Polycrate de Samos, affirme ses visées à l'hégémonie sur les Cyclades et se manifeste à Délos. « Rhénée est si proche de Délos que Polycrate, tyran de Samos, à l'époque où, ayant la suprématie navale, il s'empara de diverses îles, dont Rhénée, la consacra à Apollon Délien en la reliant à Délos par une chaîne » (Thucydide, III 104). Cette consécration est un moment important pour l'histoire du sanctuaire : Apollon, en effet, conserva toujours la propriété d'une partie de Rhénée et le sanctuaire tirait de l'exploitation de ces terres l'essentiel de ses revenus.

7. Cf. Athénée, VI 234, et discussion de H. GALLET DE SANTERRE, *DPA*, p. 286.

V. Délos classique (Ve-IVe s.)[8]

Délos réapparaît dans l'histoire au moment des guerres médiques, en 490. L'amiral perse Datis y passa en allant vers la Grèce ; il respecta et honora le sanctuaire, voulant montrer aux Grecs qu'il n'en avait pas à leurs dieux (Hérodote, VI 97). Après la défaite des Perses, lorsque Athènes crée sa Ligue Maritime (478), c'est naturellement Délos, sanctuaire ionien, qu'elle choisit comme siège de la confédération. C'est dans le temple d'Apollon qu'est déposé le trésor commun, jusqu'à son transfert à Athènes, sans doute en 454.

La mainmise athénienne sur Délos se traduit par un contrôle administratif sur le sanctuaire d'Apollon. Des magistrats athéniens, les amphictyons, ont la charge d'administrer les biens du dieu. Ils décident souverainement de la politique financière du sanctuaire, tout en recevant l'aide de magistrats subalternes déliens (néocores, *épiskopoi* ou *épitropoi*, hiéropes), athéniens (un collège de naopes responsable des constructions est créé au IVe s.) et, pour un court intervalle au IVe s. (377/6-374/3), d'Andriens qui portent aussi le titre d'amphictyons.

● UNE AMPHICTYONIE DÉLIENNE ? Y a-t-il jamais eu une amphictyonie gérant le sanctuaire d'Apollon à Délos ? Il semble peu probable que le titre pris par les magistrats athéniens soit une fiction imaginée de toutes pièces : pour qu'elle ait une efficacité, il fallait que cette fiction comportât une part de vérité, en renvoyant à un passé connu. Quand Thucydide dit (III 104, 3) : « Dans l'ancien temps déjà, il se faisait à Délos un grand rassemblement des Ioniens et des insulaires voisins, καὶ περικτιόντων νησιωτῶν », il semble bien évoquer, y compris dans les mots qu'il emploie, quelque chose comme une amphictyonie archaïque. Elle aurait compris essentiellement des cités des îles voisines (Mykonos, Naxos, Paros, Andros, Kéos), Karystos en Eubée, plus, peut-être, Athènes.

Le titre porté par les administrateurs athéniens constitue également une référence prestigieuse au sanctuaire de Delphes, qui connaît lui aussi des amphictions et des naopes. Les actes administratifs déliens de l'époque classique ne laissent en tout cas percevoir aucune collégialité.

Athènes est donc maîtresse absolue de la gestion des biens sacrés à Délos. Mais cette domination prend aussi une forme religieuse et politique. En 426, les Athéniens font procéder à une purification complète de l'île et proclament

8. Voir les pages consacrées à la période classique *in* Cl. PRÊTRE *et al.*, *Nouveau choix*, p. 25-57.

l'interdiction de naître et de mourir à Délos (Thucydide, III 104, 2)[9]. La même année, ils recréent les Délia, faisant revivre les « rassemblements des Ioniens et des insulaires du voisinage » (Thucydide, III 104, 3) qui avaient lieu autrefois à Délos. En reprenant cette tradition archaïque, Athènes entend affirmer davantage son hégémonie sur les Cyclades, au point de vouloir s'approprier totalement Délos : en 422, les Déliens sont expulsés, pour motif d'impureté (Thucydide, V 1), mais sans doute aussi pour des raisons politiques que nous ignorons. Ils furent accueillis par Pharnace dans la ville d'Adramyttion en Asie Mineure, mais les meilleurs d'entre eux furent ensuite massacrés par Arsace (Thucydide, VIII 108). L'année suivante, les Athéniens firent revenir les survivants à Délos, sur l'ordre du dieu de Delphes (Thucydide, V 32). La cité délienne continue alors à exister durant toute la période, élisant ses propres magistrats et votant des décrets. À la suite de la défaite athénienne de 404, les Déliens recouvrèrent le contrôle du sanctuaire et, de ce fait, l'intégrité de leur territoire. Mais dès 394, Athènes reprend pied à Délos et administre à nouveau le sanctuaire. Les Déliens n'acceptèrent jamais tout à fait cette domination. En 343/2, ils firent appel au tribunal de l'Amphictionie pyléo-delphique. Mais Philippe II de Macédoine, qui dominait alors l'Amphictionie, ne tenait pas à se brouiller avec Athènes, et les Déliens furent déboutés. Athènes continua sans doute à administrer sans changement le sanctuaire jusqu'en 315, mais nous ne disposons d'aucun acte administratif au-delà de 333/2.

VI. L'Indépendance de Délos (314-167)

Les principaux faits de l'histoire politique

Pendant les quelques décennies qui ouvrent l'époque hellénistique, les successeurs d'Alexandre se disputèrent la possession des provinces de son immense empire. Au cours de ces luttes, après la proclamation de Tyr sur l'autonomie des cités grecques en 315, Antigone Monophthalmos envoya son neveu Dioscoridès en Égée pour libérer les îles qui se trouvaient alors dans le camp de Cassandre.

9. Ces interdits religieux seront scrupuleusement respectés à travers toute l'Antiquité. Certaines tombes ont toutefois subsisté, soit qu'elles aient été oubliées, soit qu'on les ait considérées comme sacrées (Séma, **41** ; Théké, **32** ; tombes de l'Archégésion, **74**), mais les inhumations illégales sont rarissimes ou tardives (p. 39, n. 17). Quant aux restes exhumés en 426, ils furent enfouis de nouveau à Rhénée, dans une fosse commune qui a été découverte et fouillée en 1898-1899 (p. 323).

Lors de cette expédition, à la fin de l'été 314, les Athéniens furent écartés de l'administration du sanctuaire d'Apollon, qui revint aux Déliens[10]. Aussi les savants modernes ont-ils donné à cette période de l'histoire délienne le nom d'« Indépendance » : auparavant, la cité de Délos existait comme communauté politique autonome, mais elle devait accepter dans le sanctuaire la présence d'une autorité étrangère. Désormais, la souveraineté de la cité s'exerce sur la totalité du territoire de l'île sacrée. Délos conserva cette indépendance jusqu'en 167.

Au moment de la libération des îles égéennes, entre 315 et 313, Antigone Monophthalmos crée le *koinon* des Nésiotes, première organisation fédérale qui soit propre aux îles, et choisit pour sanctuaire commun celui d'Apollon Délien. Mais le fait que Délos joue le rôle de centre religieux dans cette confédération n'implique pas qu'elle soit soumise à la domination des monarchies qui prennent tour à tour le contrôle de l'Égée[11]. Les fêtes et les monuments des Antigonides dans l'île ne révèlent pas plus un protectorat que les fêtes et les monuments des Ptolémées, qui dominent les Cyclades au début du IIIe s., ou des Attalides par exemple. En revanche, l'évergétisme royal modifie la physionomie du sanctuaire par des constructions (**3**, **4**, **29**, **103**) et influence les cultes par l'institution de nouvelles fêtes en l'honneur des souverains[12].

Au IIe s., l'intervention de Rome en Grèce conduisit les Déliens, inquiets de la venue d'un nouvel *hégémôn*, à faire reconnaître de nouveau la neutralité de leur cité et le caractère sacré et inviolable de leur territoire. En effet, l'asylie concédée au port sacré en faisait un point stratégique pour les flottes ennemies qui croisaient en Égée et pouvaient mettre en péril la sécurité de l'île. Aussi la cité de Délos avait-elle une intense activité diplomatique, menée tous azimuts sans restrictions de choix politiques, pour répondre à l'intérêt des puissances à l'égard du sanctuaire et protéger sa neutralité[13].

10. La date de l'Indépendance de l'île a été déterminée par J. Tréheux, *RA* 1948, p. 1008-1032. Sur l'activité des Antigonides dans les îles durant ces années, cf. K. Buraselis, *Das hellenistische Makedonien und die Ägais* (1982), p. 39-45.

11. Le *koinon* des Nésiotes disparaît d'ailleurs vers le milieu du IIIe s. pour renaître dans le premier tiers du IIe s., sous hégémonie rhodienne, avec pour centre Ténos : cf. Rol. Étienne, *Ténos II, Ténos et les Cyclades* (1990), p. 118-123.

12. Sur les fêtes de fondation créées par les souverains hellénistiques et sur leurs offrandes, cf. Ph. Bruneau, *CDH*, p. 515-583.

13. Cf. M.-F. Baslez, Cl. Vial, « La diplomatie de Délos dans le premier tiers du IIe s. », *BCH* 111 (1987), p. 281-312.

La constitution et l'administration de Délos pendant l'indépendance

Aucun texte ancien ne nous décrit systématiquement la constitution de Délos ni les institutions du Sanctuaire, mais l'examen de leur fonctionnement, tel que nous le révèlent les inscriptions, permet d'en reconstituer, avec plus ou moins de certitude, diverses dispositions[14].

Les citoyens mâles, dont le nombre ne semble pas avoir excédé 1 200, étaient répartis en tribus, trittyes et phratries.

Quatre tribus étaient formées chacune de trois trittyes sans assise territoriale (à la différence des trittyes athéniennes), à la tête desquelles était placé un trictyarque. On ne pratiquait pas la rotation tribale, c'est-à-dire qu'on ne répartissait pas également entre les tribus les charges politiques, sans doute en raison de la petitesse du corps civique.

À Délos existaient, comme à Athènes, l'Assemblée du peuple ou Ekklésia, où siégeaient tous les citoyens, et le Conseil ou Boulé de composition plus restreinte.

L'Ekklésia, qui disposait d'une salle de réunion, l'Ekklésiastérion (cf. 47), avait le pouvoir de décision souverain en tous domaines : relations extérieures, politique financière de la Cité et du Sanctuaire, travaux, et élisait les magistrats non tirés au sort. — Désignée selon un mode de recrutement inconnu, la Boulé, qui siégeait au Bouleutérion (cf. **21**), préparait les débats de l'Assemblée, en assurait la présidence et était souvent chargée d'en exécuter les décisions ; elle surveillait et contrôlait les magistrats et jouait un rôle spécialement important en matière de finances. Une partie des conseillers formait un bureau renouvelé chaque mois, les « prytanes ».

La justice était rendue par trois tribunaux au moins dont le plus important était l'Héliée où siégeait une part importante des citoyens[15].

Plusieurs magistrats étaient désignés chaque année. Les principaux étaient l'archonte, tiré au sort et éponyme (c'est-à-dire que son nom servait à désigner l'année de sa charge) et les hiéropes élus, chargés de l'administration du Sanctuaire (cf. p. 57-58). Parmi les autres magistrats, étaient spécialement importants : des trésoriers ; trois agoranomes qui avaient à faire respecter les règlements commerciaux ; trois astynomes responsables de la police des rues et de la voirie ; des *sitônai* commis à l'achat du blé ; un gymnasiarque, assisté d'un hypogymnasiarque ; etc.

La chorégie était en usage : les fêtes de Dionysos donnaient lieu à la présentation d'un chœur de garçons et à des représentations tragiques et comiques dont la charge financière était supportée par douze citoyens et quatre métèques.

14. Cl. Vial, *DI.*

15. J.-Ch. Moretti, *BCH* 125 (2001), p. 133-143.

Exempte de guerre, comme le rappelle au IIIe s. le poète Callimaque (*Hymne à Délos*, v. 276-277), puisqu'il était interdit d'y mourir (p. 52), Délos, à la différence des autres cités grecques, était dégagée du souci de sa défense. Disposant à sa guise du trésor d'Apollon (cf. p. 57), elle était aussi à l'abri des soucis financiers.

La population, la ville et l'activité économique

Le nombre exact de la population n'est évidemment pas connu : puisque celui des citoyens mâles ne semble pas avoir excédé 1 200, les Déliens de naissance libre ne devaient être que quelques milliers, auxquels s'ajoutaient des esclaves et déjà des étrangers, Italiens (2), Égyptiens (**91**), etc. Quatre à six cents familles citoyennes, unies par une vive solidarité, formaient une communauté villageoise bien structurée, dont l'élite sociale et politique était constituée, comme dans toute cité grecque à cette époque, par les propriétaires fonciers. La ville était encore exiguë, réduite sans doute au Quartier du théâtre (**117**)[16] ; les autres quartiers, fouillés ou non, ne datent que de la période suivante (cf. **62** ●●) et l'on a pu montrer que la région qui s'étend à l'Est du Sanctuaire d'Apollon et du Quartier du lac était encore occupée, au moins partiellement, par des jardins à la fin de l'Indépendance (cf. 75 ●). Mais la ville s'est alors enrichie de nombreux monuments : c'est de cette époque que datent le Dôdékathéon (**51**), le Monument des taureaux (**24**), l'Asklépieion (**125**), l'Aphrodision de Stésiléos (**88**), le temple principal du Dioskourion (**123**), le Kynthion (**105**), le Théâtre (**114**), le Portique Sud (**4**), le Portique d'Antigone (**29**), les Sarapieia A et B (**91** et **96**), la Salle hypostyle (**50**), le Portique de Philippe (**3**), le Portique coudé de l'Agora des Déliens (**84**), le Temple D de l'Artémision (**46**). — Frappée de l'interdit rituel d'y mourir, Délos resta sans remparts jusqu'à la construction du Mur de Triarius (**69**) en 69 et fut toujours dépourvue de cimetière, l'île voisine de Rhénée servant de nécropole (p. 321-326)[17]. — Dès cette époque, se dessine une certaine spécialisation des

16. Sur la ville de l'Indépendance, cf. Ph. Bruneau, *BCH* 92 (1968), p. 634-658 ; *BCH* 103 (1979), p. 89-99 ; et *CDH*, p. 262-263. — Sur les étrangers à Délos pendant cette période, cf. M. Lacroix, « Les étrangers à Délos », *in Mélanges Glotz* (1932), II, p. 501-525.

17. Les quelques sépultures d'âge hellénistique qu'on a pu reconnaître sont de fortune ou clandestines (*BCH* 85 [1961], p. 913-915 : Maison de Fourni, **124** ; *BCH* 88 [1964], p. 900-901 : en face de l'Îlot de la Maison des comédiens, **59 B**. Autres ossements humains dans le même secteur : *BCH* 93 [1969], p. 1039).

secteurs de la ville : bâtiments civiques autour du Sanctuaire d'Apollon (**22**, peut-être **21** et **47**, **84**), installations commerciales près du port, établissements gymnastiques à l'Est du Lac (**67**, **75**, **78** et, à l'époque suivante, **66**, **76** et **77**), sanctuaires étrangers sur les pentes du Cynthe (**91**, **96**, **98**, **100** et, à l'époque suivante, **107** et **109**)[18].

L'activité économique est perceptible grâce aux prix des denrées donnés dans les comptes des hiéropes et au montant des taxes encaissées par la cité. Au IIIe s., la *pentecostè* perçue sur les marchandises témoigne d'un volume d'échanges modique, même s'il s'agit en partie d'un commerce de transit. Les Cyclades sont alors en mesure de fournir l'essentiel de la consommation de base et Délos, à cette période, n'est pas encore le centre de commerce égéen qu'elle deviendra à l'époque de la seconde domination athénienne. Tout au plus le marché délien joue-t-il le rôle de centre de redistribution régional pour les Cyclades[19] et semble s'organiser autour du port : la Salle hypostyle (**50**), qui peut avoir servi de halle pour les transactions commerciales, fut construite à cette époque. Comme le prouve l'augmentation constante des loyers versés pour les maisons, ateliers et boutiques dont Apollon était propriétaire en ville, artisanat et commerce deviennent alors des activités plus lucratives[20]. Ce sont les comptes de l'administration sacrée qui nous renseignent à ce sujet, ainsi que sur le système d'affermage des exploitations agricoles, au nombre de vingt-deux, qu'Apollon possédait à Délos, Rhénée et Mykonos. Ces propriétés, louées pour dix ans, avaient un rôle économique et social plus important que dans d'autres cités : la rente foncière qu'elles procuraient au dieu alimentait peu ou prou pour moitié chaque année le trésor sacré et, dans le même temps, ces domaines offraient aussi la possibilité de vivre de l'agriculture et de l'élevage à tout un groupe de citoyens qui n'étaient pas propriétaires de biens-fonds. Tout autant que de prestige social, ces activités étaient sources de revenus substantiels : certains montants de fermages dépassaient 1 000 drachmes par an, alors que la plupart des employés du sanctuaire touchaient

18. Il n'existe aucune monographie sérieuse sur la ville et l'urbanisation de Délos : l'article de Ph. BRUNEAU, *BCH* 92 (1968), p. 633-709, ne concerne que l'histoire urbaine ; quant à l'essai de A. PAPAGEORGIOU-VENETAS, *Recherches urbaines sur une ville antique* (1981), il n'est absolument pas crédible, ne serait-ce que pour reposer souvent sur des données chiffrées entièrement inventées. — Sur les places dans l'agglomération délienne, cf. Ph. FRAISSE, *BCH* 107 (1983), p. 301-313.

19. Voir G. REGER, *Regionalism and Change in the Economy of Independent Delos* (1994) et le compte rendu de Rol. ÉTIENNE, V. SABLÉ, *Topoi* 5 (1995), p. 555-560.

20. Cf. Cl. VIAL, *DI*, p. 317-356, et les synthèses afférentes *in* Cl. PRÊTRE *et al.*, *Nouveau choix*, p. 250-258.

un salaire annuel de 120 drachmes. Bien qu'ils n'aient pu satisfaire la totalité des besoins alimentaires de la population de l'île, les produits agricoles provenant du territoire devaient néanmoins couvrir à cette époque une part non négligeable de la demande locale.

VII. La domination athénienne : de 167 à 69

Les événements de 167

À la fin de 167, le Sénat romain livra Délos aux Athéniens ; le port fut déclaré franc (sans que ce régime d'immunité, ἀτέλεια, nous soit exactement connu) et les Déliens bientôt expulsés de leur île par le Sénat romain.

L'événement se situe après la guerre qui opposa Rome et le roi de Macédoine, Persée, et devait aboutir à la réduction de la Macédoine en province romaine ; les Déliens étaient restés en bons termes avec les deux belligérants ; le Sénat ne semble pas tant avoir désiré punir les Déliens d'une neutralité bienveillante envers la Macédoine que ruiner économiquement une adversaire puissante, Rhodes ; effectivement, l'immunité du port de Délos contribua à la décadence du commerce rhodien.

La population : accroissement et cosmopolitisme

Des colons athéniens s'installèrent aussitôt à Délos — des pauvres et, plus probablement encore, des bourgeois aisés établis là comme fonctionnaires et comme commerçants —, mais leur rôle s'affaiblit progressivement de 167 à 69. Les deux grands faits démographiques sont autres :

1. *l'accroissement de la population :* les fouilles ne cessent de mettre au jour une ville dont on n'a pas même encore dégagé la moitié, mais dont on peut aisément deviner l'extension en observant les murs qui affleurent au sol dans les secteurs non encore explorés et dont on commence à bien saisir la physionomie (cf. p. 74 et **62 ● ●**). Les critères chronologiques dont on dispose conduisent presque toujours à dater les maisons déliennes de la seconde moitié du IIe et du début du Ier s. ; il faut croire que durant moins d'un siècle Délos se développa comme une ville-champignon pour des raisons strictement commerciales. Il est difficile d'évaluer cette population car les données de base (nombre exact des maisons et surtout coefficient d'occupation quand on fonde l'estimation sur l'extension urbaine ; nombre de garçons par famille quand on exploite les listes d'éphèbes) nous échappent ;

2. *le cosmopolitisme :* cette population considérable provenait de différentes régions du monde méditerranéen[21] : à côté des Athéniens, des Grecs d'autres cités, des Italiens très nombreux (**2**), des Égyptiens, des Syriens (**98**, **118**), des Phéniciens (**57**), des gens de Palestine (**99**), des Juifs et des Samaritains (**80**) s'installaient à Délos pour des raisons commerciales. Ce sont eux qui sont responsables de la floraison de cultes orientaux dans l'île pendant cette période (p. 58-59). L'Établissement des Poseidoniastes de Bérytos (**57**) montre que certains groupes ethniques ont possédé leur local propre.

L'administration athénienne

À la tête de l'administration se trouvait l'épimélète, magistrat annuel recruté dans des familles en vue et, semble-t-il, après qu'il eut exercé d'autres charges ; ses attributions nous sont mal connues dans le détail (ex. : direction des travaux publics : cf. **49**), mais étaient considérables et touchaient à toutes les questions, civiles, religieuses et commerciales[22].

D'autres magistrats étaient plus spécialisés : administrateurs de biens sacrés (cf. p. 57-58) ; magistrats chargés de la surveillance des entrepôts (épimélètes de l'emporion, agoranomes) ; gymnasiarque chargé des établissements de gymnastique, gymnase et palestres (**66**, **67**, **76**).

Les catastrophes de 88 et 69

Hormis une révolte servile dont nous ne connaissons guère que l'existence, peu d'événements marquèrent l'histoire de l'île de 167 à 88. À cette date, une guerre opposait Rome et Mithridate Eupatôr, roi du Pont. Athènes prit parti pour Mithridate, mais Délos adopta une attitude politique indépendante sous l'influence des nombreux Italiens présents dans l'île. Pendant l'automne de 88, les troupes de Mithridate prirent Délos ; l'île fut complètement saccagée, au dire

21 Sur la population non athénienne, cf. P. Roussel, *DCA*, p. 72-96 ; O. Masson, *Hommages à André Dupont-Sommer* (1971), p. 61-71 ; M.-Th. Couilloud, *EAD* XXX, p. 307-335 ; M.-Fr. Baslez, *REG* 89 (1976), p. 343-360 ; J. Tréheux, *Index des Inscriptions de Délos* I (1992).

22. Sur ce magistrat, voir Chr. Habicht, « Zu den Epimeleten von Delos 167-88 », *Hermes* 119 (1991), p. 195-216.

d'Appien et de Pausanias qui probablement exagèrent beaucoup[23]. Puis Sylla, victorieux, visita Délos (**49**) dont Athènes reçut de nouveau l'administration ; les traces de la catastrophe de 88 furent effacées. Une seconde catastrophe survint en 69 : les pirates d'Athénodôros, alliés de Mithridate, débarquèrent à Délos et la saccagèrent ; on a retrouvé le mur que le légat romain Triarius fit élever pour la protéger (**69**). Mais il serait faux de croire que le sac de 69 provoqua l'abandon complet de Délos ; la ville fut peu à peu désertée pour des raisons inverses de celles qui l'avaient fait brusquement pousser un siècle auparavant : à cause de la concurrence des ports italiens tels que Pouzzoles et de l'établissement de relations commerciales directes entre l'Orient et l'Italie, Délos cessa d'être un relais dans le trafic méditerranéen.

L'ACTIVITÉ ÉCONOMIQUE

En effet la Délos du IIe et du début du Ier s. est avant tout une place de commerce ; c'est là le fait essentiel qui rend compte du « cas Délos » : développement puis abandon précipités d'une ville-champignon, cosmopolitisme de sa population. Le commerce était une tradition de l'île (déjà pendant l'Indépendance, ci-dessus p. 40) ; il se développa très largement après 167[24]. Il s'agit surtout d'un commerce de transit portant sans doute sur des marchandises de toutes sortes ; un passage de Strabon (XIV 5, 2) a rendu célèbre le marché d'esclaves de Délos (cf. **52**), mais il n'en faut pas conclure que c'était le seul ou même le principal trafic. Une conséquence de l'activité commerciale est le développement des banques ; il existait une banque publique fortement concurrencée par des banques privées que tenaient des Italiens ou des Orientaux (ainsi Philostrate d'Ascalon : **99**)[25].

Pour nous renseigner sur la production agricole à cette époque, nous ne possédons plus de comptes analogues à ceux de l'Indépendance, mais l'exploration archéologique du territoire permet d'affirmer que l'on ne cessa point de le cultiver, même si les produits de l'agriculture locale ne constituaient plus qu'un

23. Sur l'étendue réelle des catastrophes de 88 et 69 et l'« abandon » de Délos, cf. Ph. BRUNEAU, *BCH* 92 (1968), p. 671-691. — Sur Délos vers 58, cf. Cl. NICOLET, J.-Chr. DUMONT, J.-L. FERRARY, Ph. MOREAU, *Insula sacra, La loi Gabinia-Calpurnia de Délos* (1980).

24. Sur les causes de la prospérité du port de Délos à cette époque, voir F. DURRBACH, *Choix*, p. 163.

25. Sur les banquiers de Délos, cf. R. BOGAERT, *Banques et banquiers dans les cités grecques* (1968), p. 126-191.

appoint[26]. Quant à l'artisanat, outre des meuneries et des huileries (**121.2**) fournissant en produits alimentaires de première nécessité une population devenue plus nombreuse, des rebuts de fabrication retrouvés dans des maisons et dans des boutiques aux abords du Sanctuaire témoignent de l'existence de divers artisanats d'art ou de produits de luxe, destinés à une clientèle aisée, habitants ou pèlerins de passage : ateliers de sculpteurs (**52** et **83**), de coroplathes, de toreutes, de verriers ; fabriques de pourpre (**79.1** et **80.1**), parfumeries (**79**), fabriques d'*auloi* (**54** et **82**)[27].

La prospérité économique de Délos, au moins jusqu'aux alentours de 88, ne fait en effet aucun doute à en juger d'après l'habitat de cette époque : non seulement beaucoup de maisons ont une architecture et une décoration peinte et mosaïque coûteuses (cf. p. 115-130), mais il est d'autres indices d'aisance ; ainsi, contrairement à l'usage de toute l'Antiquité, 5 % des lampes de Délos ont alors plus d'un bec, de deux à trente, ce qui multiplie d'autant la dépense d'huile et témoigne aussi d'un luxe inhabituel dans l'éclairage[28].

VIII. Délos pendant l'époque impériale[29]

Délos redevint alors une petite agglomération, mais fut pourtant occupée sans interruption jusqu'au VIe s. ap. J.-C. au moins ; l'étendue en est réduite ; les limites en sont le rivage à l'Ouest, l'Établissement des Poseidoniastes au Nord, la Rue de l'Est à l'Est, le bas du Quartier du théâtre au Sud. On voit encore dans ce secteur quelques ruines d'époque impériale (**35**, **50**, **84**). L'installation de pressoirs à vin en plusieurs points de la ville hellénistique ruinée (cf. **121.1**) témoigne d'une ruralisation de l'agglomération au cours de cette période. Dans les faits, ce n'était plus qu'un village peu peuplé, et si les auteurs du temps se plaisent à développer le thème de la solitude délienne (Δῆλος — « la visible » par fausse étymologie — est devenue ἄδηλος « invisible »), c'est sans doute

26. Cf. W. Deonna, *BCH* 70 (1946), p. 154-163 = *La Vie privée des Déliens* (1948), p. 89-100 ; à propos de l'oléiculture, dont témoigne une huilerie du Ier s. installée dans le Quartier du théâtre (**121.2**) : J.-P. Brun, M. Brunet, *BCH* 121 (1997), p. 608-609.

27. Sur l'artisanat délien à la période hellénistique, voir le bilan dressé par M. Brunet, *Topoi* 8 (1998), p. 681-691.

28. Cf. Ph. Bruneau, *in Céramiques hellénistiques et romaines* (1980), p. 39.

29. P. Roussel, *DCA*, p. 336-340 ; Ph. Bruneau, *BCH* 92 (1968), p. 691-709, et *CDH*, p. 662-663 ; Ph. Bruneau, Ph. Fraisse, *BCH* 105 (1981), p. 151-153.

par référence à l'énorme ville hellénistique, dont les quartiers abandonnés rendaient saisissant le contraste entre le présent et le passé, car, en réalité, la ville du IIIe s. n'avait guère été plus étendue. L'administration de l'époque semble s'être préoccupée d'empêcher l'utilisation sauvage des habitations désertées, car c'est sans doute à elle qu'il faut imputer le murage de certaines portes extérieures (on en voit encore dans le Quartier du théâtre). — De l'histoire de l'île on sait peu de chose ; le règne d'Hadrien, empereur de goût philhellène, amena un regain de vie religieuse (les Athéniens envoyèrent chaque année à Délos une dôdécade, c'est-à-dire une offrande de douze victimes) qui dura peu ; les Athéniens, en effet, faillirent même, quelque temps après, vendre l'île.

IX. Délos après la fin du paganisme[30]

Vers la fin du IIIe s. ap. J.-C., une petite communauté chrétienne apparaît à Délos. L'île, en raison de son prestige séculaire, devint même le siège d'un évêché groupant Kéos, Kythnos, Mykonos, Syros et Sériphos ; les fouilles ont permis de retrouver les restes de plusieurs églises (seule est conservée la Basilique Saint-Cyrique, **86**) et d'un monastère (?) à l'emplacement de la Salle hypostyle, ainsi que divers objets mobiliers et inscriptions (**86** ●).

La relative prospérité de Délos déclina rapidement dès le début du VIe s. Le *Synecdème* (Recensement des évêchés) de Hiéroclès, rédigé vers le milieu du VIe s., reprend le jeu de mots Δῆλος ἄδηλος, bien que l'île figure encore dans la liste des villes appartenant à la province de Grèce. Au VIIIe s., Délos ne figure même plus dans la liste des îles rattachées au nouvel évêché de Syros.

Ravagée en 727 par l'empereur iconoclaste Léon l'Isaurien, en 769 par les Slaves, en 821 par les Sarrasins venus de Crète (un graffite, d'ailleurs mal daté, du Portique de Philippe, **3**, témoigne du passage d'Arabes), Délos, ruinée et déserte, fut conquise par les Latins après la prise de Constantinople en 1204. En 1326 un détachement des Hospitaliers de Saint-Jean, disposant d'une flotte, était venu s'y installer à l'instigation des ducs de Naxos, pour lutter contre la piraterie[31]. Ils séjournèrent plus probablement à Rhénée qu'à Délos. Au début du XVe s. ils avaient quitté l'île.

30. Ce paragraphe est dû à Fernande Ducat. — Délos chrétienne : An. ORLANDOS, *BCH* 60 (1936), p. 68-100. — Tessons byzantins : *BCH* 92 (1968), p. 708-709.

31. L. DELOBETTE, J.-Ch. MORETTI, *BCH* 113 (1989), p. 421-429.

L'abandon de Mykonos et Délos est bien illustré par un passage des délibérations du Sénat de Venise[32] :

« Giovanni Nadal, ancien recteur de Tinos-Mykonos, expose au Sénat : 1) les deux îles étaient louées pour 3 000 hyperpères, mais l'on ne trouve plus personne pour en donner ce prix ; 2) en effet, les terres ne sont plus cultivées, les animaux ne sont plus gardés, tout va en ruine ; 3) en outre la communauté des Tiniotes et Mykoniotes doit une somme de 5 000 hyperpères, qu'elle ne peut payer ».

Conquise par les Turcs en 1566, Délos, appelée Sdili, n'est plus qu'un asile pour les pirates et une inépuisable carrière pour les habitants des autres îles (cf. **9**). Elle resta sous la domination turque jusqu'à la Guerre d'Indépendance grecque (1821-1827).

X. Les voyageurs et les fouilles

Avant de susciter la curiosité de voyageurs, Délos intéressa les navigateurs[33] ; elle apparaît ainsi dans les nombreux *Insulaires* (*Isolarii*) des XVe et XVIe s. qui furent consacrés aux îles de la Méditerranée orientale. Le plus ancien, le *Liber insularum Archipelagi* dû au chanoine florentin Christoforo Buondelmonti (1420), est aussi le premier de ces ouvrages à représenter Délos et Rhénée sur une carte particulière. Ces recueils de cartes accompagnées d'un texte descriptif furent relayés par la longue série de récits (on en dénombre une centaine entre le XVe et le XIXe s.) qui relatent une visite dans l'île, effective ou inspirée par des récits antérieurs. Cyriaque d'Ancône, venu à Délos en 1445, fut le premier de ces voyageurs, érudits, naturalistes, diplomates, architectes ou peintres, qui décrivirent des vestiges et relevèrent des inscriptions, tout en manifestant souvent un intérêt conjoint pour les antiquités et pour les « merveilles de la nature »[34].

Signalons, entre autres, au XVIIe s., Jacob Spon, médecin lyonnais qui vint à Délos en août 1675 avec George Wheler, gentilhomme anglais ; au XVIIIe s., Joseph Pitton de Tournefort, botaniste envoyé en Orient par Louis XIV pour y découvrir des plantes nouvelles, qui effectua quatre visites à Délos entre octobre 1700 et février 1701 ;

32. F. Thiriet, *Régestes des délibérations du Sénat de Venise concernant la Romanie* III (1961), p. 159, n° 2833 (du 4 août 1450).

33. Voir L. Gallois, *EAD* III et M. Pelletier (dir.), *Couleurs de la terre* (1998), p. 56-61.

34. Le témoignage des voyageurs à propos de tel ou tel monument est invoqué généralement en tête des publications de l'*EAD*. Ces récits n'ont guère fait l'objet d'études analogues à celle de A. J. Reinach, « Cockerell à Délos », *RA* 1912, p. 260-312.

John Stuart et Nicholas Revett, dépêchés par la Société des Dilettanti (à Délos en mars et en juin 1753) ; le comte de Choiseul-Gouffier, ambassadeur de France à Constantinople (1776) ; L. Fauvel, consul de France à Athènes, qui se rendit à Délos en 1791-1792 à la demande de Choiseul-Gouffier pour y faire des relevés et y entreprendre des fouilles. Au XIXe s., Ch.-R. Cockerell, architecte anglais, qui fit quelques sondages au temple d'Apollon en octobre 1810 ; Bory de Saint-Vincent et A. Blouet, membres de l'Expédition scientifique de Morée (août 1829) ; A. Buchon, qui avait la particularité de s'intéresser plus à la Grèce du Moyen Âge qu'à la Grèce antique (à Délos en avril et en octobre 1841).

Presque tous ces voyageurs ont insisté sur l'hostilité naturelle de l'île et leur visite se révéla souvent décevante car, dans l'immense chaos de blocs imbriqués émergeant d'une végétation touffue, peu de monuments se laissaient identifier hormis le Colosse des Naxiens, le Portique de Philippe ou le Théâtre. À la suite de la création de l'École française d'Athènes en 1846, l'institution chargea plusieurs de ses membres de missions dans l'île. En 1864, L. Terrier rédigea après un séjour d'un mois à Délos un remarquable mémoire, qui consigne des observations rigoureuses accompagnées de propositions d'identification des vestiges souvent clairvoyantes. Neuf ans plus tard, en 1873, l'École française chargea A. Lebègue d'entreprendre des fouilles ; en dépit d'interruptions plus ou moins longues provoquées par la nécessité de travailler sur d'autres chantiers, l'École française n'a jamais cessé de poursuivre l'exploration d'un site dont la richesse suscite ou accompagne l'évolution de l'intérêt des archéologues et des historiens pour tel ou tel aspect de la civilisation grecque antique[35].

Jusqu'à la première guerre mondiale, sous l'impulsion de Th. Homolle puis de M. Holleaux, on privilégia les grands dégagements dans la zone du Sanctuaire et sur les pentes septentrionales du Cynthe, sans pour autant que le reste de l'île fût négligé, puisque furent levées à quelques années d'intervalle (1894 et 1907) deux cartes archéologiques, tandis qu'une étude de géographie physique était menée à bien par le géologue L. Cayeux (*EAD* IV). À partir de 1903, les fouilles bénéficièrent d'une dotation financière annuelle de la part de Joseph Florimont duc de Loubat (1831-1927), un riche mécène américain qui devint correspondant étranger de l'Académie des Inscriptions et Belles-Lettres. Cette importante contribution aux travaux de terrain fut complétée en 1920 par la création au bénéfice de l'Institut d'un *Fonds d'épigraphie grecque*, dont le revenu fut employé à la publication du *Choix d'inscriptions de Délos* de F. Durrbach (1921) et du *Corpus des inscriptions de Délos*.

35. À propos de l'histoire des fouilles à Délos, cf. A. PLASSART, *ÉD*, p. 5-16, et M. BRUNET, J.-Ch. MORETTI, *in Der neue Pauly* 13 (1999), col. 703-715, *s.v.* « Delos ».

À partir des années vingt, les efforts des membres de l'École française portèrent sur l'étude de monuments, de lots de matériels ou d'inscriptions mis au jour durant les décennies précédentes et les recherches exploratoires se concentrèrent sur des édifices plus que sur des ensembles. Entre la fin des années cinquante et la fin des années soixante-dix, on fouilla quelques grandes demeures (Maison de l'Hermès, **89**, Maison de Fourni, **124**), les îlots d'habitations formant le « Quartier Nord » (**62 ●**) au Sud de la baie de Skardhana, et l'on s'intéressa également à Rhénée, notamment à la nécropole (p. 321-326). Depuis le début des années 80, les fouilles ponctuelles se multiplient dans des monuments anciennement mis au jour afin de mener à bien leur publication, tandis que le territoire rural, à Délos comme à Rhénée, a fait l'objet de prospections et de fouilles.

Dès leurs débuts, les recherches menées à Délos par les archéologues français furent complétées et enrichies par les travaux des membres du Service archéologique grec et de chercheurs étrangers, qui furent toujours associés à l'exploration du site ; cependant, l'internationalisation des études déliennes s'est affirmée depuis les années quatre-vingts, avec la publication de plusieurs monographies ou ouvrages de synthèse en grec, allemand ou anglais. Bien qu'une grande partie des vestiges de la ville délienne soit encore sous la terre, le bilan des recherches accomplies est donc considérable. Mais aujourd'hui sont passées au premier plan des préoccupations la conservation et la restauration des vestiges, ainsi que leur aménagement pour un public toujours plus nombreux : ces dernières années, plusieurs salles du Musée ont fait l'objet d'une nouvelle présentation et, sur le site, des moulages prennent la place des originaux. Toutefois, en dépit de l'inscription du site en 1990 au patrimoine mondial de l'Unesco, les moyens dont disposent les restaurateurs sont très insuffisants face à la lente mais inexorable dégradation des ruines.

LÉGENDES ET CULTES

Si Délos doit son extension urbaine à son port et à son importance commerciale à l'époque hellénistique, c'est son statut religieux qui lui valut d'abord son prestige : dès l'archaïsme, elle passait pour le lieu de la naissance d'Apollon et, comme telle, possédait un sanctuaire renommé dont le fonctionnement nous est exceptionnellement bien connu pour la période de l'Indépendance et de la colonie athénienne (314 – environ 90)[1]. En effet, bien plus que sur les sources littéraires, relativement restreintes, l'histoire religieuse de Délos se construit sur les données épigraphiques et archéologiques et l'on verra p. 56-58 que c'est pour cette époque qu'elles sont de beaucoup les plus riches.

I. Mythologie et théologie déliennes

A. La naissance d'Apollon et l'édification de l'Autel de cornes

L'*Hymne homérique à Apollon*, composé au VIIe ou au VIe s., raconte longuement (v. 1-139) comment Apollon naquit à Délos : Léto, enceinte des œuvres de Zeus, cherche vainement un endroit où accoucher ; partout elle est repoussée, car on craint la jalousie d'Héra ; elle s'adresse enfin à Délos :

> « Délos, si tu voulais être la demeure de mon fils, Phoibos Apollon, et l'y laisser fonder un temple prospère ? Personne d'autre ne touchera jamais tes bords, ni ne t'honorera de sa présence. Tu ne seras pas non plus, je pense, riche en bœufs ni en moutons ; tu ne porteras point de vigne, ni ne verras grandir des plantes sans nombre. Mais si tu possèdes le temple de l'Archer Apollon, le monde entier se rassemblera ici pour mener des hécatombes à tes autels ; sans cesse une énorme fumée jaillira des chairs grasses ; c'est par le bras d'autrui que tu nourriras tes habitants, puisqu'il n'y a pas de fertilité dans ton sol » (v. 51-60).

1. C'est sur cette période que portent les *Cultes de Délos*... (*CDH*) de Ph. Bruneau, l'étude actuellement la plus développée d'histoire religieuse délienne. On y trouvera traités en détail la plupart des points abordés ici, mais l'auteur s'est attaché, surtout dans la section III du présent exposé, à présenter les faits essentiels d'une façon beaucoup plus synthétique et en y joignant quelques aperçus nouveaux. H. Gallet de Santerre, *DPA*, avait auparavant étudié les cultes déliens pendant les périodes antérieures au classicisme, mais, faute d'informations suffisantes, il lui a bien souvent fallu extrapoler à partir des données hellénistiques.

Sensible à cette argumentation, Délos accepte avec empressement ; mais elle a peur d'être abandonnée après la naissance :

« Ah, si tu t'engageais, Déesse, à me jurer par un grand serment qu'ici même il fondera d'abord un temple magnifique, qui sera l'oracle des gens, puis de l'humanité entière, tant il aura de renom ! » (v. 79-82).

Léto prononce le serment, et l'accouchement approche :

« Quand Eilithyie qui allège l'enfantement eut foulé le sol de Délos, Léto fut à l'instant saisie par les douleurs et eut le désir d'enfanter. Jetant ses bras autour du palmier, elle enfonça ses genoux dans l'herbe tendre et, sous elle, la terre sourit. Hors du sein maternel, il jaillit à la lumière, et toutes les déesses lancèrent des cris » (v. 115-119).

Cette naissance a un aspect miraculeux :

« Toutes les Immortelles l'admiraient, et Délos tout entière se couvrit d'or, pendant qu'elle contemplait la race de Zeus et de Léto, dans sa joie de voir que le dieu l'avait élue pour sa demeure et préférée aux îles ainsi qu'à la terre ferme. Elle fleurit, comme la cime d'un mont sous la floraison de sa forêt » (v. 134-139).

Les auteurs anciens situent volontiers la naissance d'Apollon sur le Cynthe, mais il ne faut pas voir là une localisation précise, car la montagne délienne, dans la poésie ancienne, désigne couramment l'île entière. Aussi bien d'autres auteurs placent-ils ailleurs le lieu de l'accouchement, tel Théognis (I, v. 7) près du Lac. Le plus probable est qu'un palmier, assimilé à celui que Léto, dans l'*Hymne homérique*, entoure de ses bras lors de l'accouchement, marquait l'emplacement de la naissance ; mais nous ignorons où il se trouvait, car plusieurs palmiers sont mentionnés dans les inscriptions[2].

Des textes ultérieurs, grecs et latins, confirment la même légende, apportant parfois de nouveaux détails. En particulier, au IIIe s., Callimaque, dont l'*Hymne à Délos* reprend avec diverses variantes l'essentiel du récit de l'*Hymne homérique,* précise qu'au moment de la naissance, l'île fut sept fois survolée par des cygnes (v. 249-252), oiseau dont, au Ve s., Euripide (*Iphigénie en Tauride,* v. 1104-1105) signalait déjà la présence à Délos (d'où, sans doute, la présence d'un cygne sur certains monnayages déliens ; cf. p. 155 et **fig. 38**, 6 et 8).

Callimaque est aussi le premier auteur à raconter comment Apollon construisit de ses mains « l'autel de cornes ». Cet ouvrage, que certains plaçaient au nombre des sept merveilles du monde, était toujours visible à l'époque hellénistique et la légende, de celles qu'on nomme « étiologiques », devait avoir pour rôle d'en expliquer l'existence : tout enfant, Apollon, en assemblant les cornes, droites ou

2. Cf. Chr. Le Roy, *ÉD*, p. 263-286.

gauches selon les auteurs, des chèvres qu'Artémis, sa sœur jumelle, chassait sur le Cynthe, aurait dressé l'« autel de cornes » ou Kératinos bômos, protégé ensuite dans une construction que les comptes de l'Indépendance appellent le Kératôn (cf. **39**).

B. Théologie d'Apollon Délien

La Grèce antique n'a pas connu de théologie aussi complète ni systématique que celle qu'a élaborée le christianisme, mais il est aisé de saisir certains traits des personnalités divines. Celles-ci peuvent varier considérablement d'un sanctuaire à l'autre. Ainsi l'Apollon de Délos n'est pas celui de Delphes.

1. *Absence d'oracle.* — D'abord tout porte à penser qu'il n'était pas oraculaire.

Les quelque douze textes d'époque impériale qui mentionnent un oracle d'Apollon à Délos paraissent peu crédibles et se trouvent démentis par la documentation archéologique et épigraphique où rien n'en atteste l'existence, du moins durant les périodes classique et hellénistique[3].

2. *La triade apollinienne.* — Ensuite, ce qui est en relation directe avec la légende de sa naissance, l'Apollon de Délos forme avec sa sœur Artémis et sa mère Léto une triade familiale dont il est le premier personnage et que, pour cette raison, on appelle généralement aujourd'hui la « triade apollinienne » ; jusqu'à l'époque impériale, les dédicaces se firent, en majorité, « à Apollon, à Artémis, à Léto ».

3. *Grâce et châtiment.* — Un trait important de la théologie d'Apollon Délien est lié à l'aspect de sa statue cultuelle, décrite par plusieurs textes dont le plus ancien est un fragment de Callimaque. Bien que, dès Homère, Apollon fût l'« Archer » par excellence, c'est à la main gauche qu'il était figuré tenant l'arc ; la droite portait les Charites, c'est-à-dire en grec, les Grâces. Que la théologie explique cette iconographie insolite ou, plus vraisemblablement, qu'elle en ait été ultérieurement inspirée, on assurait que l'Apollon de Délos était plus prompt à accorder ses grâces qu'à châtier[4]. Quelques documents archéologiques, en particulier des empreintes de sceaux (p. 143-144 et **fig. 37**), donnent une idée de cette statue cultuelle.

3. Détail de l'argumentation dans *CDH*, p. 142-160.

4. Cf. *CDH*, p. 54-60.

4. *Interdiction de naître et mourir à Délos.* — Enfin, Apollon Délien avait en horreur les deux événements sur lesquels s'ouvre et se clôt la vie des mortels. Aussi était-il défendu de naître et mourir à Délos, c'est donc dans l'île d'en face, à Rhénée, qu'on voyait le jour et rendait l'âme. Ces deux interdits semblent avoir été respectés jusqu'à la fin de l'Antiquité.

S'il n'est pas possible de vérifier que les accouchements aient eu lieu à Rhénée, du moins est-il certain qu'on n'avait garde de mourir à Délos : hormis des tombes très anciennes qui avaient été rattachées à la mythologie délienne (cf. **32** et **41**), on n'y a découvert que quelques rares sépultures de fortune, voire clandestines (cf. p. 39, n. 17 et **124**), tandis qu'à Rhénée se développe une vaste nécropole (cf. p. 321-326) ; en outre, les comptes du sanctuaire font plusieurs fois état des sacrifices purificatoires auxquels on devait procéder lorsque la mort souillait le sol de Délos, décès accidentel ou cadavre échoué sur le rivage[5]. Inversement, l'Artémis de Délos était directement liée à la mort et à la naissance : elle était la patronne de Rhénée et, à Délos même, protégeait les accouchées (**106**).

C. Autres figures de la mythologie délienne

La religion délienne comprend en outre plusieurs figures mythologiques qui lui sont propres, en particulier les mystérieuses Vierges hyperboréennes, dont, à l'époque d'Hérodote, on montrait les tombes au visiteur de Délos (cf. **32** et **41**), et l'archégète Anios, dont le sanctuaire (**74**) était probablement interdit aux non-Déliens, sans omettre la personnalité très pâle de Délos divinisée.

Les Vierges hyperboréennes[6] nous sont principalement connues par un assez long développement d'Hérodote (IV 33-35) : deux vierges, Opis et Argé, seraient d'abord venues d'Hyperborée, c'est-à-dire du Grand Nord, « en même temps que les dieux » et seraient mortes à Délos, où elles auraient été enterrées dans la Théké (cf. **32**). Deux autres vierges, Laodiké et Hyperokhé, vinrent ensuite apporter de mystérieuses offrandes dont il sera question p. 54-55 ; mortes également à Délos, elles furent ensevelies dans le Séma (cf. **41**) où les jeunes Déliennes, avant leur mariage, déposaient une boucle de cheveux enroulée autour d'un fuseau et les jeunes Déliens des mèches tressées autour d'une herbe. D'autres auteurs, en particulier Callimaque, nous ont transmis des versions un peu différentes.

Anios fait l'objet d'une trentaine de textes grecs et latins[7] : il était tenu pour le fils et le prêtre d'Apollon, dont il partageait le pouvoir oraculaire, et pour le roi de Délos. Il avait aussi le titre d'« archégète » (fondateur) et son sanctuaire se nommait « Archégésion » (**74**).

5. Cf. *CDH*, p. 48-52.
6. Cf. *CDH*, p. 45-48.
7. Ces textes sont rassemblés et commentés dans *CDH*, p. 413-420. Iconographie : *Lexicon iconographicum mythologiae classicae* I, *s.v.* « Anios ».

Les quelque quatre cents tessons inscrits qui en proviennent lui donnent aussi le titre de θεός (« dieu ») et de βασιλεύς (« roi »). — Le mythe d'Anios a aussi des aspects agraires. Ses filles, aux noms symboliques, Spermo, Oino, Élaio, avaient reçu de Dionysos le pouvoir de produire respectivement du blé, du vin, de l'huile. Elles auraient été mêlées à l'expédition des Grecs contre Troie, soit qu'elles aient ravitaillé l'armée de leur plein gré, soit qu'elles y aient été forcées par Agamemnon ; elles se seraient alors transformées en colombes. — Enfin, quelques auteurs, principalement latins, mettent Anios en rapport avec la famille d'Énée.

Délos était personnifiée puisqu'on l'a entendue dialoguer avec Létô dans l'*Hymne homérique,* mais elle a un rôle effacé : son culte est très peu développé et, dans l'imagerie, elle a été aussi peu représentée que les Vierges et Anios[8].

II. Les cultes déliens jusqu'à l'époque hellénistique

A. Le sanctuaire des origines à 314

1. *Les origines du sanctuaire* sont obscures et restent débattues entre spécialistes : pour les uns, le sanctuaire que nous connaissons à partir des VIIe-VIe s. est l'héritier d'une tradition mycénienne ; pour d'autres, aucune donnée ne permet de poser une continuité entre les vestiges mycéniens découverts à Délos et le sanctuaire apollinien, et tout se passe comme si ce dernier s'était constitué vers la fin de la période géométrique, selon un processus certes encore énigmatique, mais qui trouve son correspondant, vers la même époque, dans d'autres sanctuaires grecs.

D'un côté on argue en premier lieu des restes mycéniens découverts sous l'Artémision. Mais la superposition d'une occupation mycénienne et d'une occupation archaïque n'implique nullement une continuité, encore moins une continuité cultuelle et encore moins celle d'un même culte. Or, à l'Artémision, on ne peut pas établir autre chose que la présence, sous le temple archaïque, d'un habitat mycénien (cf. **15** et **46**)[9]. Il n'est pas plus acceptable, ensuite, de faire des Vierges hyperboréennes d'anciennes divinités déchues. À supposer que **32** et **41** soient bien les ruines de leurs Théké et Séma, ce sont certes des tombes mycéniennes, mais banales, qui ne prouvent nullement l'antiquité des Vierges. Il est beaucoup plus probable, comme cela se constate souvent, qu'on a rattaché le récit à des monuments préexistants qui lui étaient originellement étrangers. — Il est vrai, enfin, que la géranos (cf. ci-dessous, p. 55) est liée à l'histoire de Thésée revenant de Crète et qu'une tradition fait d'Anios un adjoint de Rhadamante. Il n'est pas impossible, et il est

8. Culte : *CDH*, p. 448-449. Iconographie : H. Gallet de Santerre, *BCH* 100 (1976), p. 291-298 ; Ph. Bruneau, *Lexicon iconographicum mythologiae classicae* III, *s.v.* « Délos ».
9. Cf. l'excellent exposé de Cl. Rolley, *Fouilles de Delphes* V 3 (1977), p. 139-142.

même probable, que des éléments anciens aient pu survivre à la réorganisation cultuelle du haut-archaïsme, mais il reste que le sanctuaire d'Anios, tout contemporain de Rhadamante que pût être son propriétaire, ne remonte pas plus haut que le début du VIe s.

Or c'est là le genre d'observations qui fournit la base de la thèse opposée : compte tenu, d'une part, de la relative imprécision de nos datations archéologiques et, d'autre part, de l'impossibilité, pour les gens du temps, de tout bâtir en un jour, force est de constater que les sanctuaires des divinités classiques de Délos sont à peu près contemporains : c'est entre le VIIe s. et le VIe s. que furent construits l'Oikos des Naxiens (**6**) (qui pourrait avoir été le premier temple d'Apollon), l'Artémision archaïque (**46**), l'Héraion I (**101**), le temple de Létô (**53**) et les Lions alignés dans son Téménos (**55**). Or ces quatre divinités, que l'archéologie voit s'installer à peu près dans le même temps, sont les protagonistes de la légende apollinienne, légende dont il est notable qu'elle fait aussi de Létô, d'Artémis et d'Apollon, l'une à bout de course et les deux autres par naissance, de nouveaux arrivés dans l'île. Il y a là une coïncidence importante ; mais, en bonne méthode, on doit cependant souligner qu'un culte peut toujours être antérieur aux plus anciennes manifestations matérielles qu'en saisit l'archéologie.

2. Les époques archaïque et classique[10] sont marquées, en premier lieu, par le développement architectural du sanctuaire que l'*Hymne homérique* présente comme celui de tous les Ioniens (p. 33) et que certains d'entre eux, Naxiens (**6**, **9**, **36** et **55**), Kéiens (voir **48**), Andriens (voir **43**), Karystiens (voir **16**), Athéniens (**12** et peut-être **42**), etc., ont contribué à édifier ; ensuite, par les interventions, déjà signalées p. 35-36, d'Athènes qui est responsable des deux « purifications » de Délos, sous Pisistrate et en 426, et, peut-être aussi, mais cela reste hypothétique, du changement d'itinéraire des offrandes hyperboréennes.

B. Rites et fêtes

L'arrivée de ces offrandes forme, avec le dépôt de prémices juvéniles au Séma (p. 52), la géranos ou danse de la grue, la flagellation autour de l'autel, la morsure de l'olivier et les chants et danses des filles de Délos, la partie la plus originale du rituel délien, celle que, pour cette raison, ont surtout notée les auteurs anciens, et sans doute aussi une partie ancienne.

1. Pour *les offrandes hyperboréennes,* la chose est, en tout cas, sûre[11]. Hérodote (IV 32-34), Callimaque (*Hymne à Délos*, v. 278-290) et Pausanias (I 31, 2) rapportent qu'arrivaient à Délos des offrandes envoyées par les Hyperboréens, dans la tradition de celles qu'avaient

10. Sur le sanctuaire à l'époque archaïque, cf. le bilan bibliographique de Ph. Jockey, *Topoi* 6 (1996), p. 159-197.

11. Cf. *CDH*, p. 38-44.

apportées les Vierges Hyperokhé et Laodiké. Selon Hérodote, c'étaient des « choses sacrées (ἱρά) enveloppées dans de la paille » ; selon Callimaque, de la paille et des gerbes. Deux inscriptions ont établi la réalité historique de ces offrandes au IVe s. et il est probable que Délos les recevait encore à l'époque où Callimaque en parle et durant la suite de l'époque hellénistique.

Les offrandes transitaient à travers la Grèce suivant un itinéraire précis : celui que décrivent Hérodote et Callimaque passait par Dodone, le golfe maliaque et l'Eubée ; chez Pausanias le trajet est différent avec une avant-dernière étape à Prasiai, sur la côte Est de l'Attique, les Athéniens ayant ainsi l'avantage d'apporter à Délos des offrandes qui, depuis la Scythie, étaient passées de mains en mains. La tradition rapportée par Pausanias correspond peut-être à une modification que les Athéniens, à l'époque où ils contrôlaient le Sanctuaire délien, avaient apportée à l'itinéraire traditionnel, celui qu'indiquent Hérodote et Callimaque.

2. La *géranos*, littéralement « la grue », est le nom d'une danse, qu'aux dires de Callimaque (*Hymne à Délos*, v. 307-315) et Plutarque (*Thésée*, 21), Thésée exécuta autour de l'Autel de cornes avec les jeunes gens échappés au Minotaure ; les figures imitaient les tours et détours du Labyrinthe. Ce rite, qui a donné lieu à bien des commentaires portant sur le sens de son nom et sur la reconstitution de ses évolutions, semble avoir été toujours pratiqué à l'époque de Callimaque[12].

3. *La course avec flagellation autour de l'autel et la morsure de l'olivier sacré* sont également décrites par Callimaque (v. 316-324) et étaient probablement toujours en usage de son temps : « Astéria [= autre nom de Délos], terre d'autels, terre de prières, quel marin, quel marchand de l'Égée passa jamais au large de tes bords, en son vaisseau rapide ? Non, jamais les vents ne le poussent si fort, jamais le besoin ne presse tant sa course, qu'il ne se hâte de plier sa voilure ; et il ne remonte en sa nef qu'il n'ait fait, sous les coups, le tour de ton grand autel, en se flagellant, et qu'il n'ait, les mains derrière le dos, mordu de ses dents le tronc de l'olivier sacré : invention de la nymphe délienne, amusement d'enfant pour faire rire Apollon ». Bien entendu l'interprétation rationaliste que Callimaque propose dans ce dernier vers ne saurait expliquer l'origine du rite qui est inconnue.

4. *Les Déliades*, ou jeunes filles de Délos, apparaissent dans l'*Hymne homérique à Apollon* (v. 154-165) qui les décrit chantant des hymnes et « imitant les langues de tous les hommes et leur parler confus ». De « cette grande merveille » (vers 156), il n'est pas question chez Callimaque qui, évoquant l'incessante activité cultuelle de Délos, oppose des hommes chantant et des femmes dansant. Ces chœurs de femmes avaient un rôle rituel important, car les comptes de l'Indépendance les mentionnent fréquemment à l'occasion de différentes fêtes[13].

12. Cf. *CDH*, p. 29-32, et, sur les évolutions des danseurs, G. Roux, *BCH* 103 (1979), p. 118-119. Sur la crédibilité de Callimaque en fait de rites, cf. Ph. Bruneau, « L'Hymne à Délos de Callimaque et les cultes déliens », *Études et travaux* 15 (1990), p. 94-98.

13. Cf. *CDH*, p. 35-37.

Fêtes et théories complétaient la pratique cultuelle de Délos. Un passage de l'*Hymne homérique* (v. 146-155), en partie reproduit par Thucydide (III 104), évoque les panégyries ioniennes de l'époque archaïque et les jeux qui s'y déroulaient :

> « Mais quand ton cœur, Phoibos, trouve le plus de charme à Délos, c'est lorsque les Ioniens aux tuniques traînantes s'assemblent sur tes parvis, avec leurs enfants et leurs chastes épouses. Fidèlement, ils se livrent pour te plaire au pugilat, à la danse et aux chants, lorsqu'ils célèbrent leurs jeux. Qui surviendrait alors que les Ioniens sont rassemblés les croirait immortels et exempts à jamais de vieillesse ; il verrait leur grâce à tous, et son cœur serait charmé en regardant les hommes, les femmes aux belles ceintures, les vaisseaux rapides avec toutes leurs richesses. »

À quoi s'ajoutaient les « théories »[14], délégations envoyées à Délos par les cités. Outre la remise d'une offrande, par exemple une phiale, elles s'accompagnaient parfois de fêtes. C'est le cas des Délia athéniennes, sur lesquelles semble déjà avoir existé un règlement d'époque solonienne signalé p. 34 et qui furent réorganisées en 426 : elles furent désormais célébrées tous les quatre ans (fêtes dites « pentétériques ») ; Plutarque (*Nicias*, 3) en a évoqué la splendeur l'année où elles furent conduites par Nicias (c'est à cette occasion qu'il offrit à Apollon le palmier de bronze **37**) ; tout le temps que la trière sacrée était en pèlerinage, les exécutions capitales étaient suspendues à Athènes et c'est ainsi que fut retardée celle de Socrate.

III. Les cultes de Délos à l'époque hellénistique

Les sources ; l'administration du sanctuaire

C'est à l'époque hellénistique — et, précisément, du point de vue épigraphique, à partir de 314 — que nous saisissons le mieux la vie cultuelle de Délos. Cela tient à une situation documentaire doublement favorable :

1° Archéologiquement, l'état hellénistique de Délos est le mieux connu ; en effet, l'île s'étant considérablement dépeuplée à l'époque impériale et ayant été complètement abandonnée dès le début du Moyen Âge (p. 45), c'est, en bien des endroits, le dernier état d'occupation, celui que, sur un site, on saisit toujours

14. Cf. J. Coupry, *BCH* 78 (1954), p. 285-294.

le mieux, puisqu'il n'a pas été détruit ou transformé par des réaménagements ultérieurs. Ainsi les ruines des sanctuaires que nous avons sous les yeux à Délos sont celles des sanctuaires fréquentés à l'époque hellénistique et une large part des objets mobiliers qu'on y a découverts sont ceux qui étaient alors en usage, même si certains d'entre eux sont de dates plus anciennes.

Cette situation est d'autant plus favorable que l'époque hellénistique est justement celle où, historiquement, la vie cultuelle délienne connut son plus ample développement avec un grand nombre de sanctuaires.

2° Épigraphiquement, nous disposons pour cette époque d'une masse considérable d'inscriptions intéressant l'histoire religieuse. Hormis divers textes de genres relativement peu abondants à Délos (règlements cultuels ; imprécations ; listes de souscripteurs recensant des fidèles ayant pécuniairement contribué à la construction de telle partie d'un sanctuaire), voire unique comme la « Chronique du Sarapieion » qui relate en grand détail la fondation du Sarapieion A (cf. **91**), l'essentiel de notre documentation se répartit en deux catégories principales : d'une part, plusieurs centaines de dédicaces, émanant tant de collectivités que de particuliers, qui s'adressent à toutes sortes de divinités, grecques ou non ; d'autre part, les « archives de l'intendance sacrée »[15], c'est-à-dire les « comptes » de gestion de la fortune d'Apollon et les « inventaires » des objets précieux conservés dans les bâtiments dépendant de l'administration du Sanctuaire.

Les dédicaces nous font connaître les divinités honorées à Délos ainsi que leurs liens cultuels (par exemple, l'association de Zeus Kynthios et Athéna Kynthia, cf. **105**), nous permettent d'apprécier leur popularité (ainsi se manifeste le déclin de divinités, autrefois importantes, comme Héra ou Létô) et parfois fournissent d'utiles indications sur la disposition de leur sanctuaire (cf., par exemple, **109**, sanctuaire C). La très grande majorité d'entre elles appartiennent à la seconde moitié du IIe et au premier tiers du Ier s.

Plus curieux et plus riches d'information sont *les documents administratifs* dits « comptes » et « inventaires »[16]. Lorsque Délos redevint indépendante en 314, l'administration du sanctuaire fut confiée à des « hiéropes », renouvelés chaque année par élection ; leur rôle était de gérer la fortune d'Apollon. Propriétaire de terres et de maisons qu'il louait, détenteur de capitaux qu'il prêtait, levant des impôts qu'il affermait, le dieu percevait chaque année des loyers, des intérêts et des taxes. Inversement, il prenait à son compte l'entretien de tous les bâtiments servant aux cultes officiellement reconnus (c'est-à-dire tous ceux des divinités grecques et, progressivement, ceux des divinités égyptiennes et syriennes), les frais entraînés par la célébration des fêtes et les salaires du personnel cultuel. Les hiéropes consignaient,

15. Cette expression est le titre de la thèse où Th. Homolle a présenté ces documents en 1886, peu après la découverte d'une partie d'entre eux.
16. Voir les exemples traduits et commentés dans Cl. PRÊTRE *et al.*, *Nouveau choix*.

à la moindre obole près, les recettes et les dépenses du dieu : ces *comptes* étaient annuellement gravés sur des stèles de marbre dont beaucoup nous sont conservées, et souvent en bon état. Ils nous fournissent maints renseignements sur l'histoire et la disposition des sanctuaires et sur les fêtes, parfois avec un luxe impressionnant de détails (cf. par exemple, p. 62, ce qui concerne les fêtes d'Eileithyie et de Poseidon).

Les hiéropes avaient aussi en charge toute une masse d'objets précieux, couronnes, bijoux, vaisselle d'or ou d'argent, etc., qui étaient déposés dans les temples. Ils s'assuraient chaque année que ce mobilier était bien au complet et en recopiaient la liste, et ils enregistraient les offrandes nouvelles entrées pendant leur mandat : ce sont les *inventaires,* souvent gravés au revers de la stèle portant les comptes.

Lorsqu'en 167 Délos repassa sous le contrôle d'Athènes, les hiéropes furent remplacés par les administrateurs athéniens « chargés de la garde des biens sacrés » qui, sans cesser, selon toute vraisemblance, de gérer la fortune d'Apollon, renoncèrent très vite à faire graver sur marbre, d'abord les comptes, puis les inventaires : c'est ainsi qu'après 140 environ fait défaut tout document administratif. Il s'ensuit que, en des domaines où nous étions, à la période précédente, très bien renseignés, nous manquons alors totalement d'information. Par exemple, il est des fêtes dont nous n'entendons plus parler après 167 : on n'en saurait conclure qu'elles n'étaient plus célébrées ; c'est seulement, sans doute, que n'existe plus le type de document où il en était antérieurement question. Mais cette discontinuité dans l'information empêche toutefois d'apprécier correctement si le rétablissement du contrôle athénien a modifié la vie religieuse de Délos.

A. Les dieux

Les divinités dont, d'une manière ou d'une autre, le culte est attesté à Délos, ne serait-ce qu'une fois, forment une liste impressionnante allant d'Apollon ou Dionysos aux égyptiens Sarapis et Isis (cf. **91**), au Dieu Très Haut *(Théos Hypsistos)* des Juifs (**80**) ou à l'arabe Sîn (**109**). Mais ni mythologiquement, ni cultuellement, elles ne constituent un panthéon organisé dont les membres soient en mutuelles relations ; tout au contraire, beaucoup d'entre elles ne se sont jamais rencontrées. Historiquement, en effet, elles se répartissent en deux groupes bien distincts. D'un côté, dès 314, les Déliens, sans parler de divinités locales comme Anios, Glaukos ou Brizô, honoraient la grande majorité des dieux grecs, non seulement la triade apollinienne ou des divinités plus importantes dans l'île qu'ailleurs comme Eileithyie, mais Zeus, Dionysos, Asclépios, etc. ; certaines de ces divinités avaient des rôles particuliers, Hermès, par exemple, étant patron du gymnase ou Aphrodite, patronne de magistrats. D'un autre côté, à partir de la fin du IIIe s. et de plus en plus au cours du siècle suivant, s'installèrent progressivement à Délos des divinités étrangères, orientales comme Sarapis et Isis ou le couple syrien Hadad et Atargatis (**98**) ou le Poseidon de Bérytos (**57**), et italiennes comme les Lares Compitales (p. 63).

Cette immigration a deux causes principales. D'abord, une situation qui s'observe non seulement à Délos, mais dans toute la Grèce : mis en contact plus aisé avec l'Orient par les conquêtes d'Alexandre et la constitution des royaumes hellénistiques, et nourrissant souvent de nouvelles exigences que leurs divinités traditionnelles étaient presque toutes incapables de satisfaire, les Grecs se mirent à honorer des divinités orientales répondant mieux à leurs besoins, telle Isis dont le culte est établi au Pirée et à Érétrie dès la fin du IVe s. Ensuite, une situation proprement délienne : les commerçants non grecs qui vinrent s'établir dans l'île, surtout après 167 (p. 42), apportèrent leurs dieux avec eux, et c'est ainsi qu'à la multiplicité des ethnies répondit une grande diversité de divinités étrangères les unes aux autres.

Cependant les contacts de leurs fidèles empêchaient qu'elles restassent dans leur situation d'origine. Certaines d'entre elles, bien que de nationalités différentes, se ressemblaient assez pour qu'on les rapprochât, voire les identifiât. Éventuellement renforcée par une imagerie commune, l'assimilation se manifeste principalement par la juxtaposition ou la traduction des noms : tantôt une divinité joint à son nom celui d'autres divinités apparentées, et c'est ainsi que des dédicaces déliennes sont faites « à Isis Astartè » ou « Isis Déméter » ; tantôt le nom d'origine s'efface complètement sous sa « traduction grecque » et, par exemple, les Bérytiens n'appellent leur dieu que « Poseidon » (57). Par ces faits dits aujourd'hui de « syncrétisme », des divinités originellement distinctes devaient être ressenties comme une seule et même personne : ainsi, à Délos, sous le nom d'Héraclès, se rassemblaient non seulement le héros hellénique qui y possédait un sanctuaire (cf. **93**), mais l'Hercule latin plusieurs fois figuré sur les peintures des Compétaliastes et des divinités orientales comme le Baal-Zebul de Iamneia en Palestine (**109**, Sanctuaire L) où l'on a reconnu l'ancêtre de notre Belzébuth.

Les divinités non grecques n'intéressaient d'abord que les étrangers qui, venus commercer à Délos, les y avaient importées : les dieux des Poseidoniastes de Bérytos, comme le répètent leurs dédicaces, sont leurs « dieux paternels » (57). Mais, une fois établies, elles pouvaient attirer des fidèles d'autre origine, au point que certains cultes, au lieu de rester privés, furent officialisés : tel fut le cas, dès 180 environ, de celui des divinités égyptiennes, dont un des sanctuaires, le Sarapieion C (**100**), fut pris en charge par l'administration du Sanctuaire d'Apollon ; ce fut ensuite le tour du culte des divinités syriennes (**98**).

B. Les sanctuaires

Avec tant de divinités, Délos comptait forcément des dizaines de sanctuaires, même si certaines d'entre elles étaient en usage de cohabiter, tels Zeus Kynthios et Athéna Kynthia au Kynthion (**105**), Déméter et Corè au Thesmophorion et beaucoup de divinités orientales qui souvent, comme disent certaines inscriptions des sanctuaires égyptiens, « ont temple et autel communs ».

Sur ces sanctuaires, nous disposons de deux genres de *données* qu'il n'est pas toujours possible d'accorder parfaitement. D'un côté, les ruines mises au jour par la fouille nous en font connaître les dispositions architecturales et nous en ont livré souvent des objets mobiliers, reliefs, statues, céramique, etc. De l'autre côté, des comptes et inventaires se dégage toute une liste de noms de sanctuaires assortie d'indications souvent très précises sur leur histoire architecturale, la fonction de leurs différents locaux et les offrandes précieuses qui s'y trouvaient déposées. C'est un problème général d'archéologie délienne — qui sera évoqué d'ensemble p. 74-77 — que faire coïncider cette nomenclature épigraphique avec les vestiges visibles sur le terrain. Quand on y parvient en toute certitude, c'est-à-dire quand un sanctuaire exhumé est sûrement « identifié », comme c'est le cas, par exemple, de l'Aphrodision de Stésiléos (**88**), on gagne évidemment de pouvoir combiner dans une même histoire données de terrain et données épigraphiques.

1. *La disposition des sanctuaires* était très variable, comme on le découvrira au cours de la visite. Ceux des divinités grecques étaient d'étendue très inégale, réduits parfois à une chapelle (**68**) ou à un temple et son autel, tel l'Héraion (**101**), ou, au contraire, occupant une vaste superficie, comme l'ancien « Téménos de Léto » (**53**), et comprenant diverses constructions, par exemple le Dioscourion (**123**) ou l'Asclépieion (**125**) qui avait à accueillir les malades venus consulter le dieu ; le plus original d'aspect est l'Antre du Cynthe (**104**) qui imite une grotte. — Quant aux sanctuaires des divinités orientales, ils sont de configuration sensiblement différente et d'autant plus variée qu'ils répondent à des nécessités liturgiques particulières (ainsi la salle de réunion du rabbin et des fidèles à la Synagogue, **80**, ou, au Sanctuaire syrien, **98**, le théâtre et la terrasse servant aux processions). Dans ces sanctuaires de divinités étrangères établis sur le sol grec, il est intéressant d'observer le mélange de l'hellénisme et des traditions d'origine : par exemple, le Sarapieion (**100**) possède, à l'égyptienne, un dromos bordé de sphinx, mais le Temple d'Isis et la statue de la déesse qui s'y dresse sont, l'un et l'autre, de type parfaitement grec.

2. Parvenus au moment où Délos a fait son plein de sanctuaires, il est intéressant d'en considérer *la répartition temporelle et spatiale.* C'est la première qui est la plus évidente : les plus anciens sanctuaires, comme on peut s'y attendre, sont ceux d'Apollon, de sa sœur et de sa mère ainsi que du quatrième acteur de leur légende, Héra que, selon la judicieuse remarque de Ch. Picard, les Déliens eussent été bien imprudents de ne pas honorer. Puis furent créés les sanctuaires de la plupart des divinités helléniques : ils existent pratiquement tous dès la fin du IVe s., certains sûrement beaucoup plus anciens comme le Dioscourion (**123**) et d'autres fondés seulement vers cette époque, ainsi l'Aphrodision de Stésiléos (**88**). Les divinités étrangères furent naturellement les dernières à s'installer : le plus ancien Sarapieion remonte à la fin du IIIe s. (**91**) et le premier état du Sanctuaire syrien à la première moitié du IIe (**98**) ; c'est au courant du IIe s. et

au début du Ier s. que, le cosmopolitisme délien ne cessant de s'accentuer, furent établis la plupart des sanctuaires non grecs.

Cette chronologie sacrée se combine avec une topographie sacrée. Avec deux zones principales de concentration, le Hiéron d'Apollon et le Cynthe, les sanctuaires étaient toutefois dispersés à travers tout le site, sans parler de l'« Artémision-en-l'île », sanctuaire important qui se trouvait hors de Délos, très probablement à Rhénée (p. 321). Les causes de la situation topographique des sanctuaires nous sont le plus souvent inconnues ; en particulier la raison de l'implantation dans la plaine de ceux d'Apollon, Artémis et Léto nous échappe complètement sitôt qu'on renonce à la thèse de la continuité cultuelle qui ferait de l'Artémision archaïque le successeur d'un sanctuaire mycénien (p. 32). Pourtant, généralement parlant, quelques principes de répartition se laissent apercevoir : théologique, rituel et juridique.

Ce sont des raisons théologiques, en premier lieu, qui peuvent expliquer la situation de l'Héraion (**101**), éloigné des sanctuaires d'Apollon, Artémis et Létô et, avec sa façade ouverte sur le Sud, leur tournant le dos ; de même, si bon nombre de sanctuaires orientaux sont construits sur les pentes du Cynthe (**109**), c'est sans doute qu'ils appartenaient à des Baal habitués à occuper les sommets, mais obligés, à Délos, de se contenter de situations moins culminantes, puisque Zeus et Athéna étaient, bien avant leur arrivée, installés au point le plus haut (**105**). — Viennent, en second lieu, des raisons rituelles. Ph. Bruneau a proposé d'expliquer de la sorte la situation de l'Asclépieion (**125**) sur le rivage le mieux abrité des vents : dans une île où il était interdit de mourir, un sanctuaire empli de malades qui n'obtenaient évidemment pas tous le miracle de la guérison avait intérêt à pouvoir évacuer les mourants, même par période de tempête, en les plaçant sur une barque arrimée à proximité du rivage[17]. C'est sans doute aussi une opportunité liturgique qui explique la situation du Sarapieion A (**91**) sur les bords de l'Inopos : ce ruisseau passait, en effet, dans l'Antiquité pour une dérivation du Nil, dont un prêtre égyptien devait juger bien commode d'avoir ainsi les eaux à proximité. — Ce Sarapieion illustre aussi, en dernier lieu, les contraintes juridiques qui pesaient sur l'implantation des sanctuaires étrangers : après qu'il eut acheté le terrain nécessaire, un procès fut intenté au prêtre de Sarapis ; la raison nous en est inconnue, mais on devine qu'il s'agit d'une irrégularité de procédure, sans doute l'absence du permis d'établir un culte nouveau, car d'autres sources attestent l'obligation de telles autorisations. Dans la mesure où l'administration du Sanctuaire d'Apollon ou de la cité jouissait ainsi d'un pouvoir de décision, on peut supposer que le choix des emplacements des sanctuaires étrangers lui est, pour une bonne part, imputable.

La topographie sacrée doit envisager non seulement l'installation et l'expansion des sanctuaires, mais leur amenuisement : le seul cas connu est celui du « Téménos de Léto »

17. Cf. *CDH*, p. 373 : cette hypothèse ne repose sur aucun indice textuel ; Ph. Bruneau a simplement cherché quel pouvait être le compromis entre les exigences d'Apollon et les contraintes d'un sanctuaire d'Asclépios.

qui, à l'extrême fin du IIIe s., occupait encore tout le terrain situé au Nord du Sanctuaire d'Apollon et, un siècle plus tard, était réduit à des dimensions autrement modestes (cf. **53**).

C. Les fêtes

Plusieurs rites proprement déliens ont déjà été signalés p. 54-56 ; ils étaient sûrement toujours en usage au IIIe s., époque où les décrit Callimaque. Mais le calendrier liturgique qui se dégage des comptes consiste seulement en sacrifices offerts chaque mois à la triade apollinienne et toute une série de fêtes célébrées en l'honneur des diverses divinités.

Chacune des grandes divinités grecques avait sa fête annuelle célébrée à date fixe, les Artémisia le 6 Artémision (= avril), les Dionysia le 12 Galaxion (= mars), etc.[18]. La fête d'une divinité était précédée du nettoyage de son sanctuaire, opération sur laquelle les comptes nous renseignent parfois minutieusement : ainsi on sait qu'en 279 le nettoyage de l'Artémision a nécessité l'achat de 4 oboles de nitre, de 2 drachmes d'éponges, etc.

La fête comprenait normalement un sacrifice : aux Apollonia, un bœuf était immolé à Apollon ; aux Thesmophoria, on offrait à Déméter, Corè et Zeus Eubouleus une truie pleine, un goret et un porcelet ; aux Eileithyieia, la victime était une brebis, etc. Le reste du programme variait selon les fêtes : les Apollonia comprenaient des concours gymniques ; les Dionysia des concours dramatiques (tragédie, comédie) et une phallophorie consistant à promener sur un char un phallus ailé dont le relief principal de l'ex-voto chorégique de Karystios (**81**) nous conserve l'image ; les Posideia et les Eileithyieia, un banquet civique servi en tel ou tel édifice public, par exemple une des palestres, et dont les comptes nous font connaître par le menu quels produits alimentaires on y consommait (farine, pois chiches, fruits secs, huile, vinaigre, crépinettes, vins, etc., aux Posideia ; fromage, pois chiches, fèves, miel, légumes, crépinettes, noix, etc., aux Eileithyieia)[19].

À ces fêtes proprement liturgiques s'ajoutaient les fêtes dites de fondation : il ressort des documents administratifs que des particuliers déposaient un capital dont les 10 % d'intérêts annuels servaient à financer une fête supplémentaire. C'est ainsi que Stésiléos avait non seulement construit l'Aphrodision (**88**), mais aussi fondé des « Stésileia », fête célébrée chaque année en l'honneur d'Aphrodite. Les rois hellénistiques — qui, d'ailleurs, très occasionnellement, pouvaient être eux-mêmes l'objet d'un culte (cf. **103**) — ont fondé de nombreuses fêtes de ce genre[20].

18. Cf. le calendrier des fêtes établi dans *CDH*, p. 508-509.
19. Cf. *CDH*, *passim*, et, pour les banquets, p. 261-264 et 217-218.
20. Cf. *CDH*, p. 514-583.

Les dieux étrangers avaient aussi leurs fêtes propres, mais comme les comptes n'ont pas à en faire état, puisque l'administration du Sanctuaire d'Apollon n'avait à sa charge que les cérémonies officielles, nous en ignorons pratiquement tout. La seule fête non grecque que nous saisissons est celle qui nous a laissé des traces archéologiques, les Compitalia, célébrées en hiver par des affranchis et esclaves italiens en l'honneur des Lares Compitales, c'est-à-dire les Lares des carrefours[21]. À cette occasion en effet, on peignait sur les murs extérieurs des maisons l'effigie des divinités honorées par les Compétaliastes et surtout des scènes représentant des moments de la cérémonie, offrande de l'encens, sacrifice d'un porc, etc. D'un dessin sommaire, ces peintures nous renseignent cependant bien sur les rites et les officiants. Elles étaient assez régulièrement renouvelées, puisqu'on a souvent trouvé une dizaine d'enduits superposés (cf. p. 122-123 et **fig. 27** et 73).

D. Le personnel cultuel et les fidèles

Un *clergé* propre était attaché à chaque sanctuaire. De l'un à l'autre la composition en était très variable et subit diverses modifications à la suite des changements politiques de 167[22].

Sous l'Indépendance, les sanctuaires sont desservis les uns par un prêtre (rappelons que, dans la Grèce antique, la prêtrise est une charge civique qui ne suppose ni vocation personnelle ni appartenance à un corps particulier), d'autres par un « néocore » (étymologiquement : « balayeur de temples ») dont l'appointement était de 10 drachmes par mois, d'autres par un prêtre et un néocore. Après 167, les néocores furent remplacés par des prêtres qui, comme tous les prêtres en fonction à Délos, furent alors des citoyens athéniens. Le personnel cultuel des sanctuaires était en nombre inégal. Par exemple, après 167, Artémis ne disposait que d'une sous-prêtresse tandis qu'à Zeus Kynthios et Athéna Kynthia étaient attachés un prêtre, un zacore (espèce de « sacristain »), un cleidouque (littéralement : « détenteur des clefs »), un esclave public et un « hoplophore » (« porte-armes ») dont le rôle est mal établi.

La dévotion des fidèles nous est très imparfaitement connue, et surtout les sentiments religieux qui les animaient. Mais les inventaires du trésor des temples, les dédicaces et les listes de souscripteurs fournissent d'utiles informations. Ainsi, ces inscriptions font paraître un contraste patent entre le déclin de vieux cultes comme ceux d'Héra ou de Léto, qui ne reçoivent pratiquement aucune offrande

21. Cl. Hasenohr, *BCH* 127 (2003), p. 167-249.
22. Cf. le tableau récapitulatif dans *CDH*, p. 505-506.

privée pendant toute l'époque hellénistique, et la faveur des cultes nouveaux, comme celui des divinités égyptiennes qui sont au contraire bénéficiaires de centaines d'offrandes. Dans leur cas, il est même possible de dresser de longues listes de dévots dont on peut, plus ou moins bien, apprécier la répartition chronologique, ethnique (ainsi la clientèle des dieux égyptiens ou syriens se compose de gens d'origines géographiques très variées), sociale (gens en vue, esclaves), sexuelle (rapport numérique des hommes et des femmes)[23]. En outre, certaines maisons d'habitation ont livré des dédicaces, des reliefs votifs, des amulettes qui ne peuvent témoigner que de la dévotion privée[24].

Conclusion : importance et déclin du Sanctuaire délien

On peut maintenant comprendre l'intérêt de l'histoire religieuse de Délos : à d'exceptionnelles commodités d'investigation, dues à l'abondance et à la variété des données épigraphiques et archéologiques, répond une réalité antique également exceptionnelle. En effet, un grand sanctuaire hellénique, peu à peu édifié sur le lieu d'une nativité divine et rassemblant cultuellement la quasi-totalité du panthéon grec, a connu l'extraordinaire aventure d'être colonisé par une variété, pratiquement unique à l'époque, de divinités non grecques, avec toutes les concurrences et les syncrétismes qui peuvent naître d'un tel contact, quand il s'assortit de celui d'hommes venus de tous les coins du monde hellénistique.

Le Sanctuaire délien a malgré tout subi le contrecoup du déclin de la ville. Certes, il survit à l'exode que précipitent les événements de 88 et 69 : à l'époque impériale, il est desservi par un prêtre athénien nommé à vie et, pendant quelque temps, au IIe s. de notre ère, les Athéniens recommencent d'y envoyer une théorie nommée « dôdécade ». À l'occasion d'une trouvaille épigraphique, nous apprenons même qu'un culte nouveau avait trouvé un fidèle à Délos (c'est le cas de Zeus Sabazios)[25]. Mais, autant que nous le sachions, pendant les trois siècles qui précédèrent l'implantation du christianisme sur l'île, l'activité cultuelle du Sanctuaire apollinien fut des plus réduite.

23. Cf. M.-F. Baslez, *Recherches sur les conditions de pénétration et de diffusion des religions orientales à Délos* (1977).

24. Cf. *CDH*, p. 639-642.

25. Le peu qu'on sait sur l'histoire religieuse de Délos à l'époque impériale est rassemblé dans *CDH*, p. 662-663.

DEUXIÈME PARTIE

PRÉCIS D'ARCHÉOLOGIE DÉLIENNE

ARCHITECTURE ET TOPOGRAPHIE

LE TERRITOIRE RURAL

LA SCULPTURE

LA PEINTURE

LES MOSAÏQUES

LA CÉRAMIQUE

AUTRES OBJETS MOBILIERS

LES INSCRIPTIONS

LES MONNAIES

Fig. 2. — Le temple d'Aphrodite (**88**) vu du Sud-Est : appareil trapézoïdal à décrochements.

ARCHITECTURE ET TOPOGRAPHIE[1]

I. Technique architecturale

Il n'est pas question de présenter ici un traité d'architecture antique, ni même d'architecture délienne. Mais le mode délien de construction offre des traits particuliers, qu'il nous semble nécessaire de connaître pour comprendre les ruines.

ÉPOQUES PRÉ- ET PROTOHISTORIQUE

Les murs de l'habitat cycladique du Cynthe (**105**) sont construits à l'aide de blocs moyens de granit ou de gneiss, non taillés, juxtaposés sans art et liaisonnés par un mortier de terre. Ceux de l'habitat mycénien du sanctuaire (**15**) sont faits de blocs bruts de granit ; une certaine différenciation apparaît entre les fondations, où ces blocs sont souvent gros, et l'élévation, où ils sont plus petits. Les plans curvilignes sont de règle au Cynthe.

ÉPOQUE HELLÉNIQUE

Comme l'écrit R. Vallois[2] : « la concurrence du granit et du gneiss, leur rivalité avec le marbre et le pôros, qui s'introduisirent au VIe s. dans la construction des murs, sont pour nous le fil conducteur de l'architecture délienne ».

1) *Fondations.* Dès l'époque archaïque, celles-ci se distinguent nettement, par leur largeur et par leur appareil, des parties visibles des murs. Dans les monuments les plus anciens (Héraion I, **101** ; Artémision E, **46**), le gneiss est le matériau essentiel. Par la suite, notamment dans les monuments naxiens (Oikos, **6**), le granit s'impose, en gros blocs pratiquement bruts ; cet usage persiste pendant tout le VIe s. (oikoi de l'Archégésion, **74** ; Létoon, **53**). Au début du Ve s., on substitue au granit le gneiss, taillé en assises régulières ; les blocs sont souvent de grandes dimensions (Monument **48** ; Temple d'Apollon, **13** ; Trésors **16-20** ; autel C à l'Ouest du Prytanée, **23**). À en juger par le parallèle du temple

1. Bibliographie : aux travaux essentiels indiqués p. 23 s'ajoutent diverses contributions particulières, ainsi, sur les chapiteaux, R. MARTIN, *ÉD,* p. 371-398 ; J. MARCADÉ, *BCH* 98 (1974), p. 299-331. — Sur « Les architectes et les entrepreneurs de Délos de 314 à 240 », voir M. LACROIX, *RPhil* 38 (1914), p. 303-330.

2. *AHHD* II, p. 8.

de Kastri à Paros (VIe s.), cette technique semble être d'origine parienne. La deuxième moitié du IVe s. et l'époque hellénistique marquent un retour au granit, mais sous forme de gros blocs bien taillés, qui constituent le « noyau » de bâtiments comme le Dodékathéon (**51**) et le Monument des taureaux (**24**).

L'emploi du pôros, dans les fondations comme dans l'élévation, est, avant l'époque hellénistique, un trait non délien. Les monuments qui le présentent sont d'inspiration et de technique athéniennes.

2) *Élévation.* Une évolution comparable se retrouve dans l'appareil des murs. Au VIIe s., ceux-ci sont faits uniquement de minces plaques de gneiss. À l'Héraion I (**101**), elles sont disposées en assises irrégulières et interrompues, avec un peu de mortier de terre ; l'appareil du parement externe des murs de l'Artémision E (**46**) est plus régulier. Au VIe s., l'usage du gneiss persiste, en plaques plus épaisses (ex. : Létoon, **53**), mais son emploi est le plus souvent combiné avec celui d'un autre matériau. Celui-ci peut être le marbre, utilisé soit pour tout le parement externe (Monument aux hexagones, **44** ; Trésors 1-2, **19-20**), soit seulement pour des chaînages d'angle (Létoon, **53** ; Kréné Minoé, **30**), soit pour les assises inférieures (Létoon, **53** ; Édifice Δ, **21**) ; les murs entièrement en marbre sont rares (« temple » **68**). Mais c'est le plus souvent le granit qui réapparaît ainsi dans l'élévation. Il est utilisé pour le parement externe, en carreaux, souvent énormes : blocs plats, dressés en orthostates, et dont une seule face est taillée. L'Oikos des Naxiens (**6**) et les *oikoi* de l'Archégésion (**74**) en donnent les meilleurs exemples. Les carreaux forment véritablement l'ossature du mur ; aux angles ou aux endroits vitaux, ils peuvent être remplacés par de gros blocs plus hauts que larges, en forme de piliers. De petites pièces de gneiss, soigneusement empilées, bouchent les intervalles. Les carreaux ne sont pas taillés régulièrement : d'où l'utilité des plaques de gneiss, qui épousent les sinuosités des blocs quasi bruts de granit. Dans le parement interne, moins important pour la solidité du monument, le granit est plus rare, et le gneiss l'emporte nettement.

Au début du Ve s., sans doute pour obtenir un appareil plus uniforme et plus régulier, on renonce à l'emploi du granit. Le mur Nord de l'Ekklésiastérion (**47**) donne un bon exemple de ce nouveau type d'appareil : rangées régulières et égales de blocs de gneiss de taille moyenne, pouvant atteindre 1 m de long, bien rectangulaires ; quelques intervalles sont bouchés par de minces plaques. Dans le bâtiment voisin (**48**), les blocs de gneiss sont plus gros (mais il s'agit à vrai dire d'un socle) et les interstices sont emplis de piles de plaquettes de marbre. Le mur d'enceinte de l'Archégésion (**74**) montre l'étape suivante de l'évolution : les piles de plaques ont disparu (mais là le parement interne demeure de type archaïque). Les murs de marbre, eux aussi, présentent de plus en plus de régularité. Les temples sont construits en appareil isodome.

L'appareil des murs est beaucoup moins régulier à l'époque hellénistique, sauf pour les murs en marbre, dont on a à Délos de magnifiques spécimens à joints obliques (Salle hypostyle, **50** ; Théâtre, **114** ; Aphrodision, **88** ; Réservoir de l'Inopos, **97**) (**fig. 2**). Dans les murs ordinaires les plus soignés le granit peut jouer un rôle important, soit sous forme de blocs bruts énormes (Maison des Masques, **112**), soit en gros blocs soigneusement équarris et appareillés (Palestre de granit, **66** ; Monument de granit, **54** ; « Antre » du Cynthe, **104**), soit en carreaux de forme géométrique et régulièrement disposés (péribole du Sanctuaire à l'Est, **26**).

À l'époque archaïque, le bois était aussi employé dans la construction autrement que pour la charpente : une colonnade de bois entourait les états les plus anciens des temples d'Héra (**101**) et de l'Archégète Anios (74). À l'époque hellénistique, la charpente des monuments les plus grands et les plus soignés était également en bois.

3) *Liaisonnement.* Le mode de liaisonnement des pierres fournit aussi à l'archéologue des indications chronologiques[3] ; il faut toutefois tenir compte du fait que les progrès ont été plus rapides dans les petits édifices (les autels, par exemple), dans lesquels le faible poids des blocs rendait le liaisonnement plus important aux yeux des Anciens. La forme typique de l'époque archaïque est la queue-d'aronde ; dans la première moitié du VIe s. coexistent les queues-d'aronde simples (« larmier » de l'Oikos des Naxiens, **6** ; autel A à l'Ouest du Prytanée, **23**) et les queues-d'aronde avec griffes verticales[4] (ex. : Monument aux hexagones, **44**). D'abord large, avec des contours incurvés, la queue-d'aronde évolue vers une forme plus étroite et plus rectiligne. D'autres formes, beaucoup plus exceptionnelles, existent à l'époque archaïque. L'autel B à l'Ouest du Prytanée (**23**) montre des scellements en pointes de flèche et en Z ; l'autel B du Dioskourion (**123**) en possède qui ont la forme de volutes (**fig. 3**).

Concurremment avec la queue-d'aronde apparaît au Ve s., sans doute sous l'influence d'Athènes (le premier exemple à Délos est le Pôrinos Naos, **11**), le scellement en double T (avec agrafe métallique de même forme). Quoiqu'il offre l'avantage de ne pas entailler profondément le marbre, ce procédé restera limité, pratiquement, aux Temples et Trésors (auxquels on ajoutera l'Asklépieion, **125**).

À partir de la fin du IVe s. s'impose le scellement dit « en π », comprenant une agrafe de cette forme dans une cuvette droite : terme ultime de l'évolution de la queue-d'aronde. C'est le scellement normal à l'époque hellénistique (ex. : Portique de Philippe, **3**). Une queue-d'aronde étroite réapparaît toutefois vers la fin de cette période.

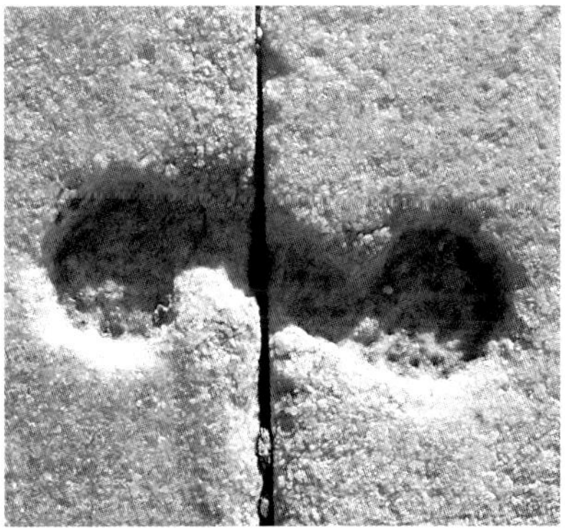

Fig. 3. — Autel B du Dioskourion (**123**) : cuvette de scellement en forme de volutes en S.

3. Ne sont en général liaisonnées horizontalement que les assises de marbre ou de pôros. Souvent seules les pierres d'angle et les assises supérieures ou les superstructures sont liaisonnées.

4. Les agrafes métalliques servant à lier entre eux deux blocs (elles peuvent être en bronze, plus rarement, à Délos, en fer, et quelquefois même en plomb) sont noyées dans du plomb coulé dans la cuvette. La plupart de ces agrafes ont été arrachées au Moyen Âge à des fins de récupération du métal.

II. Originalité de l'architecture délienne

Ce n'est pas seulement dans la technique de construction que Délos a une originalité marquée : celle-ci s'étend à la conception même des monuments, sacrés ou officiels.

A. Plan

Plan et orientation sont souvent — on peut même dire le plus souvent — non canoniques. Beaucoup de temples font face à l'Ouest (temples d'Apollon, **11-13** ; d'Isis, **100**, etc.), d'autres au Sud (Pythion, **42** ; Létoon hellénistique, **53** ; temple d'Aphrodite, **88** ; temple d'Héra, **101**), d'autres au Nord (sanctuaires du théâtre, **116 a-c**). Nombreux sont les monuments de plan bizarre : plan barlong[5] (temple A du Dioskourion, **123** ; Édifice Δ, **21**) ; plan excessivement allongé (Monument des taureaux, **24**) ; plan de type unique (Prytanée, **22**, avec ses deux « vestibules » successifs séparés par une cour ; Monument à péristyle, **48**). Aucun des temples d'Apollon (**11-13**) n'est exempt de particularités curieuses dans son plan. Le Létoon archaïque (**53**) est un temple à vestibule avec une entrée sur la face latérale de ce vestibule. L'état le plus ancien de l'Archégésion (**74**) est une espèce de cour entourée soit de portiques, soit d'un mur doublé à l'extérieur d'une colonnade en bois.

Les Déliens ont eu une prédilection, surtout à l'époque archaïque, pour les porches extérieurs ou prostôa : Oikos des Naxiens (**6**), Pôrinos Naos (**11**). On notera aussi la relative fréquence des lanterneaux (Monument des taureaux, **24** ; Pythion, **42** ; peut-être salles de **48** ; Salle hypostyle, **50**), plus liée d'ailleurs aux nécessités du culte (foyers ou autels intérieurs) ou de l'éclairage qu'à un parti pris architectural.

B. Élévation

1) *Époque archaïque.* Dans certains monuments très soignés, en marbre, on a utilisé à l'époque archaïque (exactement dans la seconde moitié du VIe s.) un décor d'hexagones (Létoon, **53** ; Monument aux hexagones, **44**). Ces mêmes monuments se dressent sur des soubassements qui forment banquettes. Plusieurs édifices étaient couverts de tuiles de marbre (Oikos des Naxiens, **6** ; Héraion, **101**)[6] (**fig. 4**).

Également pour l'époque archaïque, on notera certaines particularités de l'ordre ionique. Certaines colonnes ioniques reposent non sur des bases, mais sur des dés cylindriques ou tronconiques. À l'Oikos des Naxiens (**6**), ces dés sont exceptionnellement hauts et reposent eux-mêmes sur des dalles en forme de fromages de Gruyère. Les bases sont caractérisées par la beauté de leurs proportions ; elles se composent normalement de deux blocs superposés,

5. On entend par barlong un édifice dont la façade principale (marquée par la ou les entrées) se trouve placée sur un long côté.

6. A. Ohnesorg, *Architektur auf Naxos und Paros, II. Inselionische Marmordächer* (1993).

un bloc-scotie (très légèrement creusé au prostôon de l'Oikos des Naxiens) et un bloc-tore lisse. Une telle base, de grandes dimensions, provenant probablement d'une colonne votive, se trouve actuellement dans la rue longeant à l'Est le Sanctuaire. Les chapiteaux de la première moitié du VIe s. sont d'un type insulaire, probablement naxien ; mais dans cette série se manifeste une grande variété, comme si les recherches allaient simultanément dans plusieurs directions. Dans la seconde moitié du siècle s'impose le type « samien », mais il n'exclut pas les variantes, parfois à l'intérieur d'un même monument (Stoa des Naxiens, **36**).

L'ionique était l'ordre normal à l'époque archaïque, mais le dorique est aussi attesté. Délos donne de bons exemples de la lignée dorique insulaire, qui d'ailleurs a des prolongements jusqu'à l'époque hellénistique. Certains chapiteaux ont une échine très aplatie, « en galette » (Kréné Minoé, **30** ; Samothrakeion, **93**), d'autres, une échine courte et droite, anguleuse, « en écuelle » (Prytanée, **22**) ; ils sont généralement dépourvus d'annelets. Comme les colonnes ioniques (Édifice **48**), les colonnes doriques sont assez souvent dépourvues de cannelures (Héraion II, **101** ; Kréné Minoé, **30** ; Prytanée, **22**).

2) *Époque hellénistique.* Les études de R. Vallois ont mis en valeur de façon saisissante l'originalité de l'architecture hellénistique à Délos. Les partis adoptés sont à la fois élancés et chargés sur le plan décoratif ; sur le plan technique ils sont souvent audacieux. Le principe constant est celui de la superposition des colonnades, celle du haut étant le plus souvent un attique (cf. par ex. **52** et **fig. 60**)[7]. Et il fallait percher en haut de ce fragile échafaudage des frontons et de lourdes toitures de marbre : ceci suppose de prodigieux travaux de charpenterie[8]. Les monuments de Délos, à cette époque, nous apparaissent comme des défis à la pesanteur : les architectures peintes sur les murs des maisons de Pompéi, loin d'être purement fantaisistes comme on l'a longtemps cru, s'y trouvent à l'occasion réalisées ; c'est le cas de la tour de la Maison des frontons (**59 B** et **fig. 65**). — Un caractère notable de l'architecture hellénistique de Délos est l'emploi de structures courbes : arcs et voûtes appareillés (**66**, S ; **90** ; **115** et **fig. 100**) ou linteaux évidés en plein cintre (**76**).

Fig. 4. — Tuile faîtière en marbre de l'Oikos des Naxiens.

7. R. Vallois, « Attiques déliens », *CRAI* 1912, p. 105-115.
8. Il est possible que R. Vallois ait eu tendance à exagérer ce caractère. Toutefois, même si l'on reste dans le domaine de ce qui parait assuré, la hardiesse de l'architecture hellénistique à Délos demeure étonnante.

III. L'architecture privée hellénistique[9]

Il faut accorder un intérêt spécial aux habitations privées du IIe et du Ier s. qui forment la grande majorité des édifices déliens et qui, par comparaison avec les autres sites de la Grèce, constituent une des principales originalités archéologiques de Délos.

La maison

Les maisons de Délos ont un plan du type habituel dans la Grèce antique : le centre de la demeure est formé d'une cour autour de laquelle sont distribuées les différentes pièces ; la maison tourne le dos à la rue à laquelle elle présente, au moins au rez-de-chaussée, des murs aveugles (si l'on possède des restes de fenêtres d'étage, les fenêtres de rez-de-chaussée sont tout à fait exceptionnelles : cf. **118**) percés seulement d'une ou plusieurs portes. C'est là un principe général de construction, mais qui admet d'infinies variantes d'application : même s'il est commode d'engager le visiteur à s'arrêter plus longtemps à la Maison de l'Hermès (**89**), à laquelle son état exceptionnel de conservation confère une valeur exemplaire, cela ne signifie pas qu'il y ait un plan-standard de maison.

La cour centrale ne comporte un péristyle que dans les demeures les plus riches, et même alors le type du péristyle et le nombre de colonnes sont très variables (sur le type du péristyle dit « rhodien » : **112** et **118**) ; les colonnes sont très souvent d'ordre dorique, mais généralement seule la partie supérieure en est canoniquement cannelée ; dans la partie inférieure, elles sont seulement taillées à pans coupés. Il arrive (deux variantes connues : **59 A** et **59 B**, Maison des tritons) que, sur deux côtés de la cour, règne une colonnade juchée sur un parapet.

Les pièces sont disposées de manières très diverses et manquent même parfois sur un des côtés de la maison parce que l'espace faisait défaut (**111** et **118**). Il est souvent fort difficile d'en préciser l'usage : à leurs dimensions spacieuses et à la richesse de leurs décors, certaines d'entre elles se font reconnaître comme salles de réception (l'une d'elles était généralement plus vaste ; on la

9. J. Chamonard, *EAD* VIII, *Le Quartier du théâtre,* est aussi une « étude sur l'habitation délienne à l'époque hellénistique ». En regard, la monographie consacrée au seul Îlot de la Maison des comédiens, *EAD* XXVII, donne une idée de l'ensemble d'une habitation : non seulement l'architecture, mais aussi la décoration intérieure et le mobilier. Cf. aussi Ph. Bruneau, « La maison délienne », *RAMAGE* 12 (1994-1995), p. 77-118 ; M. Trümper, *Wohnen in Delos* (1998) ; et G. Siebert, *EAD* XXXVIII.

nomme *œcus maior* par opposition à des boudoirs ou salons plus exigus, *œci minores*). On signalera au passage les particularités notables (salle à manger, **89**, pièce G ; communs, **111** ; quelques baignoires, par exemple **89**, pièce C) ; les latrines, avec leur caniveau en équerre disposé le long de deux murs, sont aussi très reconnaissables (**59 A●** ; cf. **52**, pièce C ; **66**, pièce O ; **89**, etc.). Sur les côtés qui bordent la rue, les maisons comportaient parfois une rangée de pièces indépendantes s'ouvrant vers l'extérieur : il s'agit de locaux à usage commercial ou artisanal ; ces boutiques se rencontrent surtout le long des artères principales comme la Rue du théâtre (**120**) et la « Rue 5 » (**121.1**) ou le long du port (**122** ; voir aussi les magasins du Monument de granit, **54**).

Les maisons comportaient généralement un, et parfois plusieurs étages. La restitution de l'Îlot de la Maison des comédiens (**59 B**), un des ensembles d'ailleurs les plus originaux de Délos, donnera une idée de ce qu'était une maison hellénistique délienne (**fig. 65**).

À la Maison de l'Hermès (**89**), quatre niveaux sont partiellement conservés ; ailleurs, on reconnaît l'existence d'un étage à deux indices : la présence d'un escalier et la découverte, pendant la fouille, de fragments de pavement effondrés qu'on trouve avant d'atteindre le niveau du rez-de-chaussée et qui ne peuvent provenir que de l'étage. — Le plan de l'étage devait être analogue à celui du rez-de-chaussée ; dans les maisons à péristyle, une galerie d'étage se développait autour du vide de la cour centrale (Maison de l'Hermès, **89** : restauration de la galerie de l'étage). — Le marbre est rarement utilisé à l'étage, sauf à la Maison de Kerdon (**83**), à la Maison de l'Hermès (**89** : ordre d'étage au-dessus du péristyle), à l'Îlot de la Maison des comédiens (**59 B**). — Quant aux escaliers, tantôt ils étaient entièrement de bois et parfois des traces s'en retrouvent sur les murs ; tantôt les marches inférieures étaient en pierre (ex. : **120**) et les volées supérieures en bois ; parfois aussi les escaliers sont entièrement en pierre (**89**). On a reconnu quelques escaliers extérieurs (par exemple **112**, fin) qui conduisaient directement de la rue à l'étage.

Pour la construction de ces maisons on a employé — souvent conjointement — des matériaux variés, fournis généralement par les carrières de l'île : on rencontre le marbre, le granit, le pôros, qui, plus léger, était employé surtout à l'étage ; par curiosité, noter l'usage abondant qui est fait à la Maison de l'Inopos (**95**) de moellons d'amphibolite et de pyroxénite dont un gisement se trouve à l'endroit même. À signaler aussi quelques murs de terre crue reposant sur un socle en moellons (**59 B**). Mais c'est le gneiss qui domine de loin et donne aux murs déliens leur physionomie si particulière : cette roche, comme les schistes, se délite aisément, surtout à Délos, où, à la suite de dislocations, les couches de gneiss ont été traversées de diaclases verticales ; on assemblait ainsi des moellons de toutes formes et de toutes tailles ; l'irrégularité de l'appareil était masquée par un épais revêtement mural en stuc (p. 116-119). Le sol des pièces était souvent revêtu de mosaïques, le plus généralement unies mais parfois décorées (p. 125-130).

À défaut de fontaines publiques, l'alimentation en eau était assurée par des citernes (**57** ●, **61**, **113** ; cf. **124**) et par des puits (**30**, **79**) dont certains, telle la Citerne du théâtre (**115**), étaient aussi alimentés par les eaux de pluie. — Sur l'éclairage et l'absence de chauffage, cf. p. 135.

Les quartiers d'habitation

Toutes les maisons sont groupées en quartiers dont trois seulement sont jusqu'ici partiellement fouillés, ceux dits de Skardhana et du lac (**59-66**), du stade (**79**) et du théâtre (**117**). Nous reviendrons, dans la description du site, sur leur histoire et leurs physionomies propres (**62** ●● et **117**), ainsi que sur celles des rues qui les desservent (**62** ●). Notons seulement ici que les quartiers ne semblent pas avoir été spécialisés, ni par la fortune de leurs habitants, les demeures les plus riches voisinant avec les plus simples, ni par leur appartenance ethnique : en dépit du cosmopolitisme de la population (p. 42), toutes les maisons déliennes sont du même type et, quand, ce qui est exceptionnel, il est possible de déterminer la nationalité des occupants[10], il apparaît que les demeures de compatriotes sont dispersées en des quartiers différents ; c'est ainsi qu'au début du Ier siècle une maison du Quartier du stade (**79**), la Maison de l'Hermès (**89**) et probablement celle dite de Philostrate d'Ascalon (**99**) étaient également des demeures italiennes.

IV. Identification des édifices

Les monuments antiques portent très rarement leur nom inscrit sur leur façade, surtout à haute époque. Aussi leur identification ne va-t-elle pas de soi, mais requiert une recherche particulière. Il est deux voies d'accès à la solution de ces problèmes : l'une est commune à toute investigation archéologique ; l'autre est propre à certains sites comme Athènes, Delphes ou justement Délos.

A. *Indices fournis par le monument*

Plus ou moins sûrs, le monument lui-même contient parfois des indices. À défaut de son nom, il peut porter une dédicace révélatrice comme celle qui

10. Ph. Bruneau a recensé les cas connus dans *EAD* XXIX, p. 115-116.

est gravée à l'architrave du portique **3** et y a fait reconnaître le Portique de Philippe. Le plus souvent c'est le matériel contenu dans l'édifice qui en livre l'identité. Il arrive sur certains sites que ce soient des séries de statuettes ou d'ustensiles caractéristiques de tel culte, de tel emploi politique ou autre. Mais à Délos il s'agit essentiellement, plus décisives que du matériel anépigraphe, d'inscriptions gravées sur marbre ou sur des vases. À l'Archégésion (**74**) ou à l'Héraion (**101**) la divinité titulaire du sanctuaire a été connue grâce à des centaines de tessons portant le nom d'Anios ou ses titres de « Dieu » et « roi » et celui d'Héra. Les Sarapieia (**91**, **96**, **100**), la Synagogue (**80**), l'Établissement des Poseidoniastes de Bérytos (**57**) ont été identifiés grâce aux dédicaces sur marbre qui y furent mises au jour, auxquelles s'ajoutait encore, au Sarapieion A, la célèbre « Chronique » qui en relate la fondation. Notablement, ces sanctuaires ou établissements étrangers étaient beaucoup plus riches en dédicaces que les sanctuaires de divinités helléniques : par exemple, dix-neuf au Sarapieion A, plus de cent soixante-dix au Sarapieion C !

Cette abondance est la condition d'une identification assurée. Certes, une seule inscription suffit en principe, mais il reste toujours possible qu'elle ait été déplacée et provienne d'ailleurs : c'est ce qui avait suscité une identification erronée du petit temple **68** et qui alimente la discussion sur celle du Dioskourion (**123**).

B. *Ruines sans noms, noms sans ruines*

À Athènes, Delphes ou Olympie, bien des monuments et ex-voto doivent leur identification à la description de Pausanias dont le texte suit un ordre assez précis et constitue un véritable « guide » antique. Mais Pausanias n'a pas décrit les îles. Toutefois, même si l'on ne dispose pas pour elle d'une description aussi systématique, la notoriété de Délos lui a valu d'être souvent citée dans la littérature antique, voire parfois tel ou tel de ses monuments comme l'Autel de cornes, le Létoon ou ceux qu'Hérodote (IV 34-35) a vus en visitant l'île au Ve s. Et surtout les administrateurs du sanctuaire faisaient graver chaque année sur des stèles de marbre, heureusement conservées en grande partie, d'une part, des comptes de gestion qui, entre autres, recensent des travaux, construction et plus souvent entretien, réalisés sur tel ou tel édifice ; d'autre part, les inventaires des offrandes déposées dans les bâtiments dépendant du Sanctuaire d'Apollon (p. 58). Ainsi, tandis que la fouille livre un champ de ruines sans noms, les textes, littéraires et épigraphiques, permettent de constituer une liste de noms sans ruines. L'objectif est simple : mettre en contrepoint l'inventaire archéologique et la nomenclature antique. Mais dans l'application la coïncidence de ces deux séries s'avère souvent difficile à établir, parce que le nombre des termes en présence est fort élevé (rien qu'en installations cultuelles une cinquantaine de ruines et une cinquantaine de noms) et parce qu'aucune des listes n'est finie puisqu'on peut toujours découvrir une nouvelle ruine ou un nouveau nom.

Dans ce cadre, l'identification peut, d'abord, résulter d'une convenance entre l'information textuelle et le monument. Elle est parfaite à l'Aphrodision (**88**) qui conserve toujours en place les bases inscrites qui sont décrites dans les inventaires. Le théâtre (**114**) est de configuration trop spécifique pour n'être pas celui dont les comptes relatent la construction à partir de la fin du IVe s. De même, avec son plan étiré et son décor marin, le Monument des taureaux (**24**) a toutes les chances d'être le Néôrion (= « cale à bateau ») des inscriptions. Dès lors que l'étude architecturale montre qu'il présentait en façade deux escaliers latéraux et peut-être une rampe centrale, le Monument à abside (**39**) prend une allure d'autel monumental et du coup, s'ouvrant sur un grand parvis en marbre, doit être l'autel majeur de Délos, celui que les textes littéraires nomment l'Autel de cornes et les comptes, le Kératôn. Mais les pièges ne manquent pas : pendant plus d'un demi-siècle, on s'est acharné à faire coïncider la description du « Gymnase » dans les inventaires du milieu du IIe s. avec l'ordonnance du bâtiment **76** jusqu'à ce qu'on s'avise tout récemment que celui-ci n'était pas encore construit à cette date et que le dit « Gymnase » doit être l'édifice **67** (cf. p. 242-243).

Les textes, en second lieu, fournissent quelques indications topographiques, souvent peu utilisables. Strabon nous assure qu'au Nord du sanctuaire d'Apollon s'étendait celui de Létô (**55**). Mais quand Hérodote, IV 35, déclare que la Thékè des Vierges hyperboréennes était « derrière l'Artémision, tout près de l'Hestiatorion des Kéiens », cette seconde précision est peu utilisable puisqu'on ne sait où était l'Hestiatorion et il est loisible de débattre du sens d'ὄπισθεν, « derrière », qui peut indiquer des distances très variées, au point de dénier que la tombe **39** soit bien la Thékè. Même incertitude quand on apprend que l'Autel d'Apollon Génétôr était « derrière » l'Autel de cornes. — R. Vallois attendait beaucoup de l'ordre où les monuments sont cités dans les inventaires parce qu'il le supposait topographique et propre à situer les bâtiments non encore identifiés par rapport à ceux qui le sont. Cela est malheureusement douteux : l'ordre n'est pas constant d'un inventaire à l'autre et peut simplement correspondre à celui où les administrateurs avaient visité les sanctuaires au cours de l'année.

Plus la liste des noms vient en correspondance avec celle des ruines, moins sont nombreuses les équivalences possibles entre les uns et les autres, en sorte que l'identification peut s'opérer par élimination. Ainsi on a longtemps débattu de la localisation du Kératôn et du Pythion des inscriptions et de l'identification des monuments **39** et **42** ; maintenant que paraît acquise l'identification du Monument à abside **39** avec le Kératôn, l'équivalence restante Pythion = **42** est presque assurée. De même les inscriptions mentionnent une « Stoa élevée par les Naxiens » ; or, toutes les stoas pouvant convenir ayant été déjà identifiées, la stoa **36** est presque immanquablement la construction naxienne.

Il s'en faut toutefois qu'on atteigne à un parfait résultat. Une identification, même généralement admise, peut n'être que de vraisemblance. Rien ne prouve absolument que le temple **12** soit le « Temple des Athéniens ». De même que l'identification de l'Artémision (**46**) ne repose vraiment que sur la découverte dans le voisinage d'un fragment d'architrave portant les lettres TEM qui pourraient être un reste de Ἀρτέμιδι, car, n'étant pas accompagnées de leurs bases, les *korai* trouvées là peuvent venir d'ailleurs.

Au bout du compte, bien des monuments connus par les textes ne sont toujours pas localisés, par exemple le Thesmophorion, le Hiéropoion, l'Oikos des Andriens ou l'Hestiatorion des Kéiens ; et inversement bien des édifices mis au jour restent anonymes, comme les « trésors » **16** à **20** ou les édifices **43** et **44**. Aussi les identifications et leur degré de certitude varient-elles au cours des ans et selon les hypothèses émises par les uns et les autres, de telle sorte qu'il n'est guère possible de dresser une liste d'équivalences qui soit stable[11].

11. Il y a quelque trente ans Ph. BRUNEAU, *CDH*, p. 509-514, a fait le point sur la topographie des édifices religieux de Délos sous la forme de deux listes qui demeurent valables pour l'essentiel : liste alphabétique des noms de sanctuaires connus par les textes avec les localisations proposées ; liste des sanctuaires mis au jour, dans l'ordre du *Guide*, avec les identifications. — On trouve aussi dans les inscriptions des désignations topographiques de maisons : cf. la liste dressée dans *BCH* 92 (1968), p. 631-709.

LE TERRITOIRE RURAL[1]

par Michèle Brunet

Au Nord et au Sud des ruines de la ville — qui, vers le milieu du Ier s., s'étendait sur environ 95 ha —, la campagne délienne conserve de nombreux vestiges témoignant du souci de la mise en valeur de leur territoire rural qu'eurent, durant toute l'Antiquité, les habitants de l'île. Toutefois, le finage exploité par les Déliens ne se limitait pas à la seule île de Délos : depuis l'époque de sa consécration à Apollon par Polycrate de Samos (cf. p. 34), une partie de Rhénée (dont on ignore l'étendue exacte) était rattachée à la cité (cf. p. 321-322) et, à partir du milieu du IIIe s., le dieu possédait également des terres à Mykonos.

Notre connaissance du territoire repose sur deux types de sources, par chance largement complémentaires. D'une part, *les paysages*, conservés dans leur état d'aménagement antique, nous informent sur les pratiques essentiellement agricoles et pastorales dont ils sont le produit.

Cette exceptionnelle préservation s'explique par plusieurs causes. Désertée au VIIe s. par toute population permanente (cf. p. 45), Délos devint un terrain de pacage utilisé par les bergers des îles voisines. Les nombreux murs de clôture en pierre sèche qui délimitent aujourd'hui les zones de pâturage furent progressivement édifiés tout au long du XXe s., mais leur maillage vint simplement se surimposer au paysage antique, dont l'organisation avait été conçue en étroite symbiose avec l'environnement. En effet, l'harmonieux mariage naturel du granite et de l'eau (cf. p. 30) fut renforcé par divers aménagements — terrasses agricoles et bassins-réservoirs —, qui étaient destinés à préserver les terroirs de l'érosion tout en facilitant leur mise en culture et qui permirent ainsi une conservation remarquable du paysage dans la longue durée.

D'autre part *les inscriptions* nous renseignent sur une catégorie juridique particulière de propriétés, les *téménè* — biens-fonds « sacrés » appartenant à Apollon —, qui étaient gérés par les magistrats chargés de la fortune du dieu (cf. p. 57-58).

1. L'étude du territoire délien fut longtemps envisagée comme un commentaire des inscriptions se rapportant aux fermes d'Apollon. Cette approche fut illustrée par de nombreux articles de J. Tréheux, par le mémoire toujours utile de J.-H. Kent, *Hesperia* 17 (1948), p. 243-338 et, plus récemment, par les analyses de Cl. Vial, *DI*, p. 317-338 et de G. Reger, *Regionalism and Change* (1994), p. 189-247. L'étude s'est ensuite élargie aux aspects techniques de la mise en valeur agricole et à l'organisation du paysage dans son ensemble, cf. M. Brunet, *JS* 1999, p. 1-50.

L' importance de ce corpus fut cause d'une illusion d'optique longtemps dommageable : faute de disposer d'une documentation comparable à propos des autres catégories de biens-fonds — exploitations privées ou appartenant à des groupements civiques, telles les phratries et les trittyes —, on supposa qu'Apollon était propriétaire de la totalité du sol à Délos. La relecture de l'ensemble des inscriptions déliennes conduit à abandonner une telle hypothèse.

Quelque soixante-dix passages des comptes financiers du Sanctuaire, inégalement répartis entre la fin du Ve et le milieu du IIe s., constituent sans conteste le plus riche dossier du monde grec antique concernant des biens-fonds affermés. Trois catégories de documents le composent : deux « contrats-types » (le plus ancien, daté de 300 et connu sous le nom de *Hiéra Syngraphé*, est malheureusement très incomplet) réglementant tous les aspects de l'affermage ; des listes annuelles enregistrant les versements des fermages (toujours en numéraire) ; enfin, quelques listes de baux, normalement conclus pour une décennie, où figurent pour chaque domaine à partir de 250, outre les noms du preneur, de ses garants et le montant du fermage, un bref inventaire des locaux et des plantations au moment de l'entrée en jouissance.

Ces textes permettent une analyse précise des aspects juridiques et du rôle socio-économique de l'affermage dans la cité indépendante (cf. p. 40) ; ils fournissent également quelques informations sur les cultures du territoire et sur les bâtiments des domaines sacrés, sans pour autant autoriser une restitution architecturale des fermes ou une localisation précise des exploitations du dieu[2].

Les vestiges du paysage agraire antique

Ce paysage est très homogène et cohérent, car, depuis le moment de sa « construction » — que l'on situe vers la fin de l'époque archaïque — jusqu'à son abandon, il ne subit aucune refonte d'envergure, même si, à partir de la seconde moitié du IIe s., les surfaces agricoles furent réduites du fait de l'expansion urbaine (cf. 75 ●). Compte tenu des caractéristiques environnementales, *l'organisation du territoire* fut en effet conçue dès l'origine pour la pratique d'une polyculture de subsistance étroitement associée à de l'élevage. Les deux presqu'îles du Nord servaient presque exclusivement de pacage : on n'y rencontre en effet, en dehors de quelques carrières de gneiss et d'un phare (79.2), que de grands enclos rectangulaires pourvus d'un point d'eau et flanqués de bergeries. À l'Est et au Sud de la ville en revanche, sur les pentes des deux massifs collinaires de l'île, s'étendent des terroirs étagés qui étaient dévolus à l'agriculture, avec par endroits des carrières de granite peu étendues.

2. Cf. M. Brunet, *BCH* 114 (1990), p. 669-682 et synthèse, *in* Cl. Prêtre *et al.*, *Nouveau choix*, p. 250-258 et 262-264.

Un réseau de chemins organisait la circulation en étroite relation avec la topographie : depuis le haut du Quartier du théâtre, une voie principale de direction Nord-Sud (dont le tracé s'est perpétué jusqu'à nos jours), formait au centre de l'île une sorte d'épine dorsale sur laquelle se greffaient des chemins desservant les fermes isolées et ménageant le passage entre les ensembles de champs en gradins.

Une dizaine de fermes, réparties entre les divers bassins-versants, étaient dispersées dans toute la moitié Sud ; l'examen des tessons de surface alentour indique qu'aucun de ces habitats ne fut occupé après le Ier s. av. J.-C. Leur implantation est avant tout commandée par le souci d'économiser la terre : elles se trouvent généralement sur des replats en hauteur, en des endroits où la roche est à nu. Ce sont pour la plupart des maisons-blocs (cf. **128**), avec dans leurs abords immédiats des abris pour le bétail et, quelquefois, une aire de dépiquage pour les céréales. Fait notable, aucune n'est pourvue d'une tour, alors qu'à même époque dans tout l'Archipel, le *pyrgos* est une caractéristique constante de la grande majorité des habitats isolés : l'inviolabilité qui, dans l'Antiquité, protégeait tout sanctuaire s'étendait à Délos à la totalité de l'île, ce qui explique l'absence d'ouvrages défensifs dans le territoire tout comme de rempart autour de la ville.

Quel que soit le degré de déclivité des pentes (qui est quelquefois très faible), les *champs en terrasses* sont groupés en ensembles séparés par des chemins, qui épousent et soulignent les grands axes du relief ; dans certains secteurs, ils ont la forme de larges et longues planches de culture autorisant le passage d'un araire tiré par un couple de bœufs, tandis qu'ailleurs, ce ne sont que d'étroites banquettes plus adaptées à l'arboriculture.

Constituant des surfaces planes qui facilitent l'absorption diffuse des précipitations, les terrasses de culture jouent encore de nos jours un rôle essentiel dans la protection du milieu contre l'érosion. Ces aménagements avaient cependant pour corollaire indispensable des installations hydrauliques, destinées tout autant à éviter les ruissellements concentrés sous la forme de torrents dévastateurs qu'à stocker l'eau à des fins d'irrigation. En quelques points du territoire ont donc été repérés *des bassins-réservoirs* édifiés dans cette double intention, qui constituaient les points de départ de réseaux d'irrigation par gravité (cf. **128** ●). Ces dispositifs hydrauliques, complétés par de nombreux *puits*, permettaient aux Déliens d'assouplir le cycle très contraignant de l'agriculture sèche et d'étendre la gamme de leurs cultures à des variétés d'arbres et à des espèces maraîchères nécessitant de l'eau. Les parcelles irriguées formant des *kèpoi* (« jardins » cf. 75 ●), proches des fermes ou intercalées au milieu des champs ouverts emblavés, devaient impérativement être protégées contre la divagation des troupeaux : elles étaient donc encloses par des murs de pierre, de même qu'étaient bordés de murs tous les chemins de l'île qu'empruntait le bétail.

Mais, alors que se sont ainsi conservées des bribes du *parcellaire agricole* antique, nous ignorons tout du *parcellaire foncier* et de son évolution au fil du temps : conformément à l'usage le plus fréquent dans la Grèce antique, les limites des propriétés rurales étaient très vraisemblablement matérialisées par des bornes (qui n'étaient pas nécessairement inscrites) aujourd'hui disparues ou difficilement repérables. Impossible donc d'estimer le nombre des exploitations agricoles (toutes ne possédaient pas de bâtiments de ferme) ou leurs dimensions (elles n'étaient d'ailleurs pas nécessairement d'un seul tenant), *a fortiori* de reconnaître celles qui appartenaient à Apollon.

CULTURES ET ÉLEVAGE : UNE POLYCULTURE VIVRIÈRE

Les contrats d'affermage transmis par les inscriptions ne reflètent que très partiellement la variété de l'agriculture vivrière délienne, que permettent de mieux appréhender les vestiges d'aménagements agraires décrits ci-dessus. En effet, les rapides inventaires dont sont assortis les baux ne mentionnent que les cultures dénombrables, c'est-à-dire les arbres fruitiers (principalement des figuiers) et les vignes, et laissent dans l'ombre toutes les cultures qui étaient pratiquées au rythme d'un assolement biennal, céréales (surtout de l'orge) et légumineuses, donc l'essentiel des productions du territoire. La viticulture[3] était manifestement plus développée à Rhénée qu'à Délos, mais elle semble avoir été longtemps privilégiée dans les deux îles aux dépens de l'oléiculture[4]. Il est toutefois possible que la culture des oliviers se soit un peu développée sous la seconde domination athénienne, puisqu'il existait quelques huileries artisanales (cf. **121.2**) dans la ville du Ier s. La *Hiéra Syngraphè* de 300 distingue deux groupes de propriétés sacrées, selon qu'on y pratiquait ou non l'élevage. De fait, d'après les états des lieux, certaines fermes étaient équipées d'une bergerie et d'une étable (qui pouvait n'abriter que la paire de bœufs nécessaire aux labours). Des textes littéraires évoquent par ailleurs l'élevage des chapons comme une spécialité délienne[5].

3. Voir le bilan concernant la vigne dressé par Ph. BRUNEAU, *BCH* 105 (1981), p. 141-145.
4. Oliviers et oléastres — dont l'huile était recommandée dans l'Antiquité pour la fabrication des parfums (cf. **79.1**) — ne sont recensés que dans les deux domaines sacrés sis à Mykonos ; on trouvera un bilan sur l'oléiculture délienne dans J.-P. BRUN, M. BRUNET, *BCH* 121 (1997), p. 605-612.
5. Voir Ph. BRUNEAU, *BCH* 109 (1985), p. 547-549.

Faute d'informations concernant les superficies globales des exploitations et les surfaces respectives dévolues à chaque catégorie de cultures, il est impossible d'estimer les rendements ou le niveau de rentabilité des tenures, quel qu'ait été leur mode de faire-valoir. Toutefois, les montants de redevance, qui fluctuèrent au fil du temps au gré de facteurs divers qu'il nous est difficile d'apprécier (les aléas du climat se combinant avec les variations de la conjoncture locale tout autant que régionale), sont généralement assez élevés, ce qui indique que l'agriculture était certainement rentable à l'époque de l'Indépendance. On peut estimer qu'à cette époque, les produits du finage délien subvenaient pour une part non négligeable aux besoins d'une population encore restreinte (cf. p. 39). Toutefois, à partir de la seconde moitié du IIe s., l'agriculture devint sans doute durant un siècle environ une activité qui ne pouvait plus prétendre répondre à la demande d'une population très nombreuse, mais fournissait des artisanats de transformation localisés en ville, parfumeries et huileries. Par la suite et jusqu'à l'abandon de l'île, c'est de nouveau une polyculture vivrière qui fut pratiquée par la petite communauté de paysans qui vivait regroupée dans un secteur de la ville hellénistique. Et si c'est seulement à ces époques tardives qu'apparaissent des témoins de la viticulture sous la forme des pressoirs installés dans l'agglomération (cf. **121.1** et ●), c'est sans doute parce qu'auparavant, le produit des vignobles peu étendus était traité à une échelle individuelle dans les différentes fermes du territoire, avec des appareils plus rudimentaires qui n'ont pas laissé de trace immobilière.

LA SCULPTURE

I. La sculpture archaïque[1]

Les sculptures archaïques découvertes à Délos composent un des ensembles les plus importants de Grèce, avec ceux d'Athènes, de Delphes, de Samos et du Ptoion. Elles éclairent les origines de la plastique grecque en marbre et constituent un des rares témoignages sur le dynamisme culturel des îles voisines, Naxos et Paros. Nous présentons, selon un classement logique qui a généralement été accepté, les plus importantes[2].

Les types représentés sont nombreux : figurines masculines et féminines, effigies divines, sphinx, Nikè, cavaliers, animaux divers. Ce sont les représentations humaines qui sont de loin les plus nombreuses. Le *kouros* (pl. *kouroi*) est une statue masculine debout, nue, présentée dans une posture rigide et frontale, les bras le long du corps, une jambe (normalement la gauche) un peu avancée. Son pendant féminin est la *korè* (pl. *korai*), qui, elle, est vêtue : si dans le *kouros* c'est l'anatomie qui passionne le sculpteur, dans la *korè*, ce sont les formes que dessine le vêtement. Ce ne sont pas des représentations de divinités (ici, Apollon et Artémis), et elles n'en ont pas les attributs (arc et flèches ou phiale). Figures humaines idéalisées, au faîte de la jeunesse et de la beauté, elles constituent des offrandes et une parure pour le sanctuaire.

Comment ces statues étaient-elles présentées à Délos ? Leurs pieds adhéraient à une plinthe qui était encastrée dans une base : celle d'Euthykartidès (ci-dessous) et du Colosse des Naxiens (**9**) en sont des exemples remarquables, qui d'ailleurs sortent tous les deux de l'ordinaire. Le plus souvent, cette base reposait sur le sol (voir par ex. une base double, pour *kouros* et *korè*, qui se trouve à l'Ouest du Monument des taureaux **24**) ; mais il arrivait aussi qu'à la façon des sphinx ou des *Nikai*, le *kouros* ou la *korè* fût « monté » au sommet d'une colonne ou d'un pilier.

1. La rédaction de ce chapitre a bénéficié de nombreuses suggestions de Fr. Prost.
2. Les *korai* archaïques ont été anciennement étudiées par Th. HOMOLLE, *De antiquissimis Dianae simulacris Deliacis* (1885). Un corpus de la sculpture archaïque de Délos est en préparation ; les *kouroi* seront publiés par P. Lévêque (†) et Fr. Prost dans un premier fascicule, à paraître dans l'*EAD*. Voir en attendant Ph. JOCKEY, dans *SD* (1996), p. 14-54. — Sur les sculpteurs ayant travaillé à Délos : J. MARCADÉ, *Recueil des signatures de sculpteurs grecs*, 2e livraison (1957).

Ces statues se répartissaient entre deux centres d'art principaux, Naxos et Paros. La répartition se fonde essentiellement sur le style, mais celui-ci est quelquefois difficile à apprécier, et on aimerait pouvoir utiliser systématiquement les critères « objectifs » du marbre. De fait, quand ils ont leur aspect le plus caractéristique, les marbres de Naxos et de Paros sont faciles à identifier ; mais entre le matériau naxien typique, à gros cristaux, parfois bleuté ou saumoné, et le matériau parien typique, blanc et à cristaux fins, tous les intermédiaires existent, et il est souvent difficile de trancher.

A. LES ORIGINES

1) *Korai.* Avec l'ex-voto de la naxienne Nikandrè, qui se trouve au Musée National d'Athènes (inv. 1), Délos a fourni une œuvre exceptionnelle à tous égards, sans doute la plus ancienne *korè* cycladique connue (**fig.** 5).

Fig. 5. — *Korè* consacrée par la naxienne Nikandrè, Athènes MN 1.

On retiendra l'extraordinaire « platitude » de cette œuvre, statue-stèle qui semble taillée dans une planche : les sculptures contemporaines de Grèce continentale ont au contraire une section carrée. Vêtue d'une tunique longue serrée à la taille par une ceinture, les épaules recouvertes par une petite cape, elle est dessinée selon des courbes très simplifiées. Le visage triangulaire, la lourde coiffure en perruque rappellent le « style dédalique ». Les mains sont percées de petits trous : la statue tenait peut-être deux fauves en laisse, comme le fait parfois Artémis à haute époque. Dédicace (gravée à hauteur de la cuisse gauche) : *ID* 2.

Le marbre, la dédicace, le style, indiquent sans conteste une origine naxienne. La date se situe dans la seconde moitié du VIIe s. ; il est impossible de préciser : c'est le seul exemplaire naxien de statue féminine découvert à Délos. Elle se place dans le sillage de l'art « dédalique », mais des différences évidentes en font une œuvre purement cycladique. Une *korè* d'un style très comparable a été découverte en 2000 à Santorin dans la nécropole de l'ancienne Thèra.

Fig. 6. — Le torse du *kouros* A 334.

2) *Kouroi.* On pourra voir les restes de cinq *kouroi* datables entre 625 et 580.

— Torse A 334 (**fig. 6**). Le fragment comprend la tête, très usée, avec un visage ovale et une chevelure rejetée en arrière (les *korai* ne portent jamais cette coiffure). Les perles de la chevelure sont larges et molles. Une ceinture à double bande serre la taille, étroite. La musculature du thorax est assez marquée, le dos est lisse et plat, la ligne des flancs est raide et légèrement convexe. Vers 620 ?

— BASSIN ET JAMBE A 333 (**fig.** 7). C'est un des plus beaux morceaux de sculpture de Délos ; la surface a conservé de manière exceptionnelle son poli d'origine. La taille est serrée par une ceinture soigneusement détaillée ; les muscles sont rendus avec plus de naturalisme que dans le précédent. Le sexe aussi est très soigné ; le membre était fixé au moyen d'un scellement au plomb. Vers 600 ?

— BASSIN ET JAMBES A 4052 (**fig. 8**). La face antérieure a été mutilée quand ce fragment a été incorporé dans un mur, mais l'arrière est très bien conservé. Les fesses sont petites et carrées. Les muscles de la face externe des jambes sont rendus par des sortes de « baguettes » en saillie. Comme dans le précédent, le sexe était rapporté. On a tenté de rapprocher ce fragment des pieds du *kouros* appartenant à la base d'Euthykartidès, mais les différences des marbres et la nécessité d'une torsion insupportable s'y opposent[3]. Début du VIe s.

— BASE D'EUTHYKARTIDÈS, A 728. Elle est d'un type unique dans le monde grec, en forme de triangle isocèle. L'angle antérieur est décoré d'une tête de bélier, les deux autres respectivement d'une tête de Gorgone (crocs recourbés) et d'une tête de lion (oreilles pointues). Cette décoration est grossièrement exécutée. Entre la tête de bélier et la tête de lion est gravée la dédicace, qui est aussi une des premières signatures de sculpteur grec (*ID* 1) : Ε̣ὐ̣θ̣υ̣καρτίδης μἀνέθεκε ho Νάhσιος ποιέσας, « Euthykartidès le Naxien m'a fait et m'a consacré ». De la plinthe de la statue subsiste la moitié antérieure, avec le pied gauche et une faible trace du pied droit (celui-ci avait été retrouvé au moment de la fouille, mais s'est perdu depuis). Ce monument est évidemment très difficile à dater ; il se place quelque part dans la seconde moitié du VIIe s.

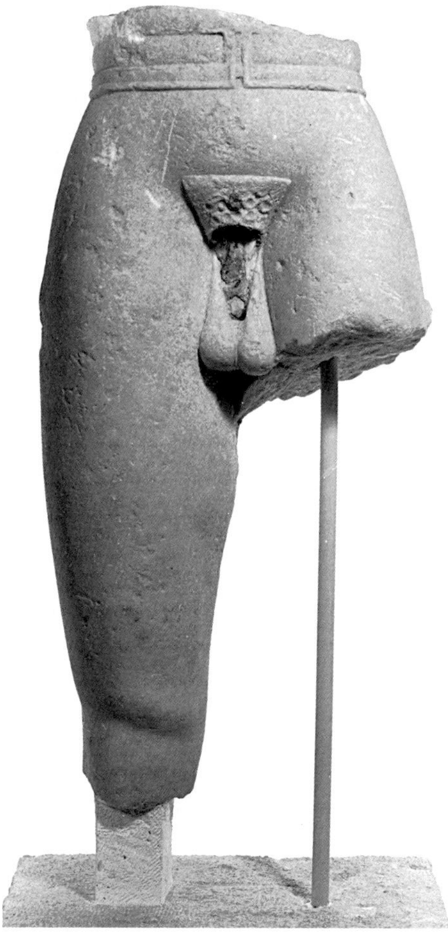

Fig. 7. — Bassin et jambes du *kouros* A 333.

— COLOSSE DES NAXIENS : cf. **9**.

3. P. LÉVÊQUE, *ÉD*, p. 287-290.

Fig. 8. — Bassin et jambes du *kouros* A 4052.

De ces six *kouroi* et *korai* antérieurs à 580, trois sont attribuables à Naxos sur la foi des inscriptions qu'ils portent ; les autres leur ressemblent suffisamment pour qu'on leur assigne la même origine. Toutes ces statues sont faites de marbre naxien. Ce groupe illustre à la fois le rayonnement culturel de Naxos à Délos durant cette époque et le rôle joué par cette île dans l'élaboration des types de la grande sculpture grecque.

3) *Lions.* Cf. **55** et **fig. 62**.

B. L'ÉVOLUTION DU TYPE DU *KOUROS* AU VIe SIÈCLE

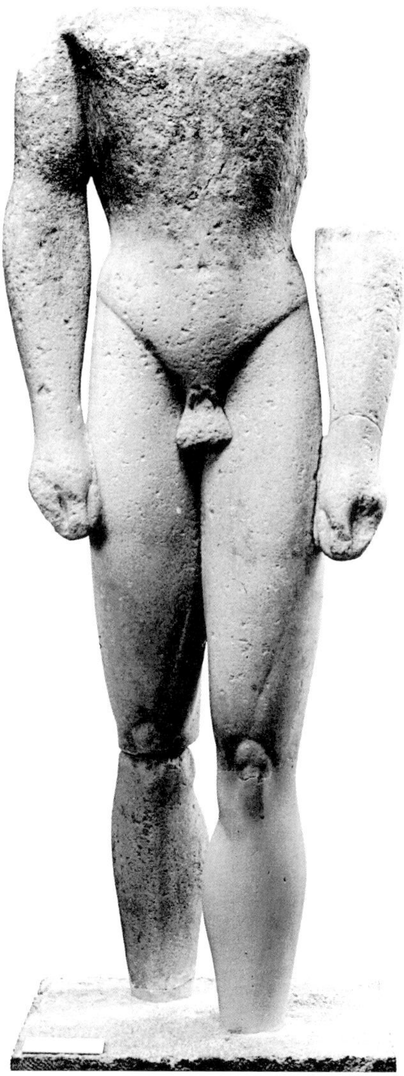

Fig. 9. — Le *kouros* A 4048.

1) *Kouroi* naxiens (560-550 env.)

— A 4048 (**fig. 9**). Ce *kouros* est conservé des épaules non comprises jusqu'à mi-jambe ; la jambe droite et le bras gauche ont été recollés. C'est une très belle œuvre. Le sculpteur n'a pas recherché des effets de musculature ; il aime les surfaces lisses, planes et doucement incurvées. Le traitement, très particulier, des aines (non pas pli, mais dénivellation) évoque un *kouros* de Cyrène (G. RICHTER, *Kouroi*[2], n° 133). Le profil frappe par l'extrême minceur du torse, des bras, des mains. Le marbre, bleuté, est naxien et, quoique cette statue diffère notablement des suivantes, on ne peut guère douter de son origine : il y a eu à Naxos plusieurs ateliers.

— A 1742 (**fig. 10**). Ce *kouros*, trouvé dans le puits de la Salle hypostyle, est très intéressant en dépit de son mauvais état de conservation. La minceur du torse, vu de profil, est remarquable. Les formes sont douces, les flancs dessinent de molles courbes, les volumes sont réduits à leur plus simple expression. Le dos forme une seule surface, s'élançant d'un seul jet de la taille mince aux larges épaules. On le rapprochera de deux autres *kouroi* : Athènes MN 10 (du Ptoion) et Rhodes (de Camiros). Bien conservé, le *kouros* du Ptoion permet d'imaginer ce que pouvait être à l'origine celui de Délos.

— A 4085 + A 4293. Le torse, très corrodé, a longtemps passé pour une des plus anciennes sculptures de Délos, mais le recollage, effectué récemment, avec la partie inférieure, révèle les caractères véritables de l'œuvre. Par la stylisation du corps, ce *kouros* ressemble beaucoup à A 1742.

— A 4051, de petite taille, est extrêmement soigné. La musculature est plus marquée que dans les précédents (pectoraux, limite inférieure du thorax, dorsaux), mais cela tient en partie au meilleur état de conservation. À peine moins plat, il partage pour l'essentiel leurs caractéristiques stylistiques.

— A 4083 n'appartient pas au groupe très homogène que forment les trois statues précédentes. La différence d'allure tient en partie à son inachèvement (voir entre les bras et les flancs la trace de la pointe), mais il est certain que les formes sont plus épaisses, la taille plus large. Cependant, sa ressemblance avec un *kouros* de Berlin (Staatliche Museen 1555) provenant de Naxos pousse à l'attribuer à un atelier naxien.

On peut analyser ainsi les traits caractéristiques des statues archaïques de Naxos. Les torses sont plats comme des planches (comme, déjà, la statue de Nikandrè) ; la taille est mince et les flancs s'évasent harmonieusement. Le ventre est légèrement bombé. Les détails anatomiques sont suggérés par de simples dénivellations ou dessinés par des sillons. Le sculpteur naxien a l'amour des belles surfaces planes soigneusement travaillées (sa technique est parfaite dès la seconde moitié du VIIe s.) et des courbes amples exemptes du bossellement des muscles. Certes, A 4048 et A 4083 montrent que, comme on pouvait s'y attendre, tous les sculpteurs naxiens n'avaient pas une conception strictement identique de ce que devait être une statue, mais tous ont en commun la recherche d'une stylisation harmonieuse plutôt que de l'imitation exacte de la réalité.

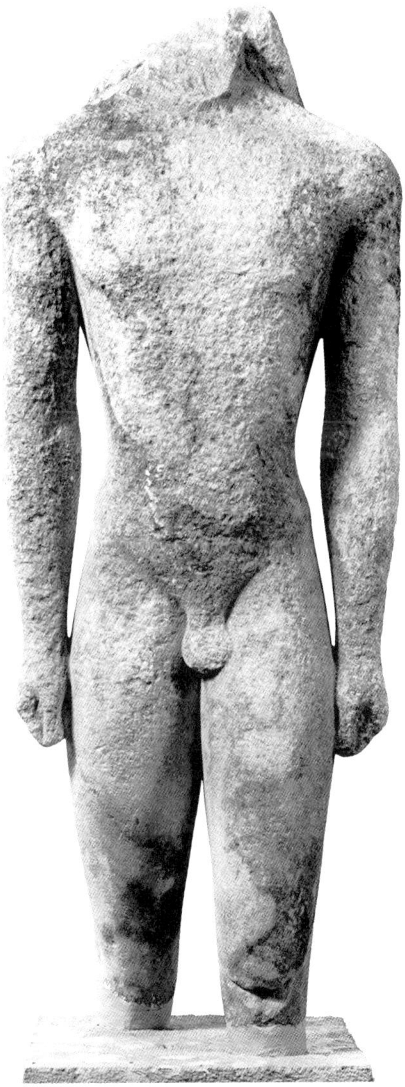

Fig. 10. — Le *kouros* A 1742.

2) *Kouroi* pariens

La tradition de la grande sculpture est manifestement plus récente à Paros qu'à Naxos. On peut la faire commencer, aux environs de 580, avec deux statues, dont l'origine n'est au vrai pas absolument assurée.

— A 4045 est assez mal conservé. Les formes sont lourdes, la taille est longue et épaisse, ainsi que le torse. Les pectoraux, quoique usés, font une forte saillie. Les aines sont très obliques (c'est-à-dire presque verticales). La chevelure tombe en larges perles caractéristiques de cette époque.

— A 3997 ressemble beaucoup au précédent. Malgré son usure extrême, il permet de se faire une idée du type de visage caractérisant ce sous-groupe : un ovale allongé, avec un sourire marqué et des yeux grand ouverts.

Malgré quelques doutes qui tiennent peut-être surtout à leur état, et au fait que le marbre n'est pas vraiment caractéristique, on peut estimer que ces deux *kouroi*, qui ont en commun avec les statues qui vont suivre certains traits typiques comme l'obliquité des aines et une anatomie épaisse et musculeuse, forment comme l'avant-garde de l'escouade parienne du milieu du siècle.

— A 4047 est fort mal conservé. Les mains entières adhéraient aux cuisses. L'articulation des aines dessine un angle très fermé.

— A 1741 est maintenant presque complet, grâce aux recollages de J. Marcadé et J. Bakoulis ; mais la surface est très endommagée, sauf dans le dos.

— A 3990 (de l'Archégésion) est heureusement mieux conservé ; c'est un des plus beaux *kouroi* de Délos, et il peut être considéré comme le « modèle » du *kouros* parien (**fig. 11**).

— La tête A 4113 peut être placée dans ce groupe à cause de ses grandes affinités avec la tête d'un *kouros* du Louvre (MND 888) provenant de Paros. Très corrodée, elle laisse cependant paraître quelques traits marquants : rondeur de la forme, large sourire, yeux à fleur de tête.

Ces œuvres ont été sculptées vers 550-540 dans du marbre de Paros. Elles s'intègrent dans un groupe plus vaste, comprenant notamment un *kouros* de Delphes (n° 2696) en marbre parien, un de Paros, et un d'Istanbul provenant de Paros. C'est dire que de nombreux indices désignent ce groupe comme parien.

Les *kouroi* de Délos donnent un bon exemple du style parien au milieu du VIe s. Si les Naxiens aimaient surtout les courbes douces, les Pariens recherchaient

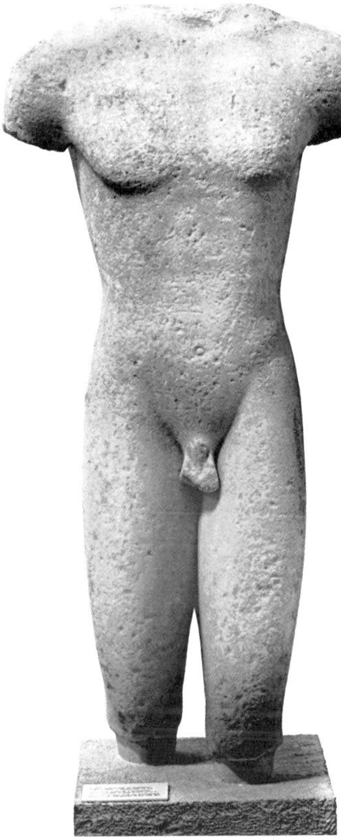

Fig. 11. — Le *kouros* A 3990.

les formes athlétiques. Leurs *kouroi* sont fortement charpentés ; ils ont les hanches étroites, la taille longue et épaisse. Pour mettre en valeur sa musculature, le *kouros* parien tire ses bras et ses épaules vers l'arrière, ce qui fait ressortir la poitrine. Les muscles rattachant aux bras les pectoraux et les dorsaux se tendent comme des lanières, en général profondément refouillées par-dessous : un magnifique *kouros*, d'Orchomène, conservé au Musée de Chéronée, et vraisemblablement d'origine parienne, donne de ce procédé un exemple typique. Un autre trait typique des *kouroi* pariens est l'extrême obliquité des aines. Enfin, malgré la solidité des formes, le style conserve dans l'ensemble le « coulant » qui caractérise la sculpture insulaire archaïque.

C. KORAI

Après la Nikandrè, les plus anciennes *korai* que nous rencontrions sont les suivantes :

— KORÈ A 4062. Recomposée de deux fragments qui ne se rajustent pas, mais dont le rapprochement est sûr, c'est un bel exemple de *korè* archaïque en *péplos* (vêtement très simple, en une seule pièce, qui adhère au corps comme un fourreau, sans faire de pli). N'est décorée qu'une bande verticale d'étoffe à la face antérieure, où est incisé un double méandre, jadis souligné de couleurs. Les bras sont plaqués au corps, le bras droit pendant, le bras gauche replié contre la poitrine, dans un geste fréquent chez les *korai* ; elle porte une ceinture. La douceur discrète des formes, le traitement assez souple de la chevelure, la comparaison avec une *korè* de Lindos (Rhodes) dont le corps est à Istanbul et la tête à Copenhague, ainsi qu'avec certaines terres cuites, suggèrent que cette statue n'est pas antérieure à 580 au plus tôt. Le marbre semble parien.

— BUSTE DE KORÈ A 3996. Ce n'est qu'un fragment, mais intéressant, d'une statue qui semble avoir reproduit à plus petite échelle les caractéristiques stylistiques de la précédente ; elle doit être un peu plus récente.

Trois *korai* d'un type identique ont été découvertes à Paros ; il est très probable que les statues déliennes sont issues du même centre d'art, qui était donc actif avant 550[4].

Vient ensuite tout un groupe de *korai* de la seconde moitié du VIe s., que caractérise un arrangement beaucoup plus exubérant du vêtement. Il comprend deux éléments : un long et fin *chiton*, par-dessus lequel est drapé un *himation* en tissu plus épais, qui forme des plis tuyautés caractéristiques. Cet *himation* est posé en diagonale sur la poitrine, où il forme souvent un gros bourrelet. Le détail de l'ornementation était rendu à la peinture. Chez de nombreuses statues, des ornements en bronze (doré ?) terminaient les nattes de la chevelure ; ils étaient fixés au plomb dans de petits trous carrés ; certaines portent un collier. On retiendra notamment A 4064 avec son jeu de plis dégradés sur le côté gauche, A 4063 avec son vigoureux mouvement des bras, A 4068 avec son opulence dynamique. A 4067 semble plutôt être une figure de fronton (mortaise rectangulaire au dos).

Ces *korai* constituent un témoignage du dynamisme des ateliers pariens de cette époque. Ils dominent alors très largement la production des Cyclades et contribuent activement aux recherches qui aboutiront au style sévère.

4. N. ZAPHEIROPOULOS, *in* H. KYRIELEIS (éd.), *Archaische und klassische griechische Plastik* I (1986), p. 93-106 ; Fr. CROISSANT, *in Αρχαία Ελληνική Γλυπτική. Μουσείο Μπενάκη, 1ο παράρτημα* (2002), p. 53-62.

D. Un important ensemble de la fin du VIe siècle

Certaines de ces *korai* appartiennent à un important ensemble de sculptures des environs de 500, identifié par J. Marcadé[5]. Les statues qui le composent sont rapprochées par une caractéristique technique : elles sont souvent traitées très simplement ou même recreusées à l'arrière, ce qui prouve qu'elles devaient être vues de face.

Ce groupe comprend les statues de six divinités :

— Athéna : A 4197 (**fig. 57**). Fragments du corps, des bras, d'une jambe. La déesse est identifiable grâce aux boucles des serpents (ou aux trous d'encastrement de boucles rapportées) qui bordaient son égide. Elle tenait de la main droite la lance et du bras gauche le bouclier. On possède des fragments du bouclier : en marbre, il est décoré de sphinx ou de griffons.

— Artémis : A 4077. Torse féminin en six morceaux, vêtu d'une peau de bête ; les peintures de vases montrent quelquefois Artémis dans cette tenue.

— Léto : Athènes MN 22 (**fig. 58**). Très belle *korè* dont le dos est traité très largement ; le *péplos* enveloppait aussi la tête, ce qui permet de l'identifier comme Léto.

— Apollon citharède : A 4092. Les plis du vêtement et les mèches de la chevelure sont d'une extrême finesse.

— Héra assise : A 4069. Deux fragments non jointifs, rapprochés avant la guerre par Chr. Karouzos. Le travail est excellent, le style, très dépouillé, plus sévère que dans la statue précédente.

— Zeus assis : A 4054. Fragments du torse. La carrure est athlétique ; il ne peut donc s'agir d'une *korè*, comme on le croyait autrefois.

Tous ces fragments ont été trouvés vers l'angle Sud-Ouest de l'Agora des Italiens. Quoique leur style ne soit pas uniforme, ils appartiennent vraisemblablement à un même ensemble. Le lieu de trouvaille s'accorde avec l'hypothèse de J. Marcadé, selon laquelle ces statues proviendraient d'une « Agora des Dieux » située dans les parages du Dôdékathéon hellénistique (**51**). On notera toutefois qu'en dehors des statues et des vestiges d'un péribole, aucune trace certaine d'installation archaïque n'a été découverte à cet endroit précis.

5. *BCH* 74 (1950), p. 181-215 ; additions et corrections : *BCH* 75 (1951), p. 189 ; 76 (1952), p. 278 ; 77 (1953), p. 290.

E. Autres offrandes

On a retrouvé à Délos les restes d'offrandes autres que des *kouroi* et des *korai*.

1) *Sphinx.* Le Musée conserve les fragments plus ou moins importants de plusieurs chapiteaux ioniques richement décorés (plus richement que les chapiteaux ioniques architecturaux, et d'une manière légèrement différente) ayant servi de supports à des sphinx. Une mortaise rectangulaire étroite est ménagée dans la face supérieure du chapiteau ; elle recevait un tenon taillé dans le même bloc que la plinthe du sphinx. L'un d'eux est assez bien conservé : c'est le nº A 583, dont on possède la tête et le corps, la base (avec les pattes arrière) et le chapiteau (**fig. 12**). On le rapproche traditionnellement du Sphinx des Naxiens à Delphes, et on y voit une consécration naxienne (vers 550). En réalité, ni le style de la sculpture (en particulier la tête), ni le type du chapiteau[6], ni la matière (marbre de Paros) n'autorisent l'attribution à Naxos de cette offrande.

Ces sphinx se dressaient au sommet de hautes colonnes isolées (les *kouroi* pouvaient eux aussi, à l'occasion, être ainsi « montés ») ; on possède peut-être la dalle de soubassement de la colonne du Sphinx A 583 (dalle avec cavité centrale circulaire et encastrements de stèles le long des côtés ; elle se trouve, avec une autre dalle semblable, dans un dépôt de marbres au Nord du Monument aux hexagones, 44).

2) *Cavaliers.* Comme sur l'Acropole d'Athènes il y avait à Délos des cavaliers votifs, comme le montre le superbe cheval A 4100, la tête A 4101, au « toupet » remarquable, et peut-être encore la tête d'homme A 4108, qui est inclinée vers la droite d'une façon caractéristique. Mais on peut aussi proposer pour certains d'entre eux de les interpréter comme les Dioscures : c'est notamment le cas pour la paire de cavaliers récemment reconstituée A 4102 et A 4098[7].

3) *Offrandes diverses.* On signalera trois types beaucoup plus rares : deux colombes (A 3122 et A 3123) provenant de l'Héraion, deux oiseaux (oies ?) (A 4049 et A 4050) qui servaient d'appui à un trône, peut-être de Léto, et la Sirène A 3995, œuvre très soignée (la Sirène grecque est un oiseau à tête humaine).

6. Pour un chapiteau analogue, et certainement de même destination, trouvé à Paros, cf. *BCH* 85 (1961), p. 847, fig. 24 et 25, et *BCH* 86 (1962), p. 861, fig. 10. La décoration du canal et le procédé de fixation par mortaise profonde et étroite semblent des traits spécifiquement pariens. Pour la tête, cf. le kouros du Louvre MND 888 (G. Richter, *Kouroi*[2] [1960], nº 116). — Pour Paros, cf. N. Kontoléon, *Entretiens sur l'Antiquité classique* 10, *Archiloque*, p. 45 et n. 1. On comparera avec le nouveau « sphinx Wix » reconstitué à Thasos : B. Holtzmann, *BCH* 115 (1991), p. 125-165.
7. Ph. Jockey, *REA* 95 (1993), p. 45-59.

4) *La* Nikè *dite « d'Archermos »* (**fig. 13**). Cette œuvre célèbre est exposée au Musée National d'Athènes (inv. 21). Il s'agit d'une *Nikè* (Victoire) dans la position, habituelle à l'époque archaïque, de la « course agenouillée ».

Le sculpteur montre beaucoup de raffinement dans le traitement du détail. Chaque surface (chevelure, ailes, bas du vêtement) est pour lui l'occasion de déployer sa virtuosité graphique. La figure portait au-dessus du front un diadème décoré d'éléments rapportés en métal, et, au cou, un collier à pendentifs. Deux sortes de rondelles, d'interprétation discutée, sont placées devant les aisselles. Le sculpteur a animé la statue en jouant des contrastes : entre le bas et le haut du vêtement, lisse et tendu par la ceinture ; entre la structure, osseuse et presque carrée, du visage, et l'animation (un peu forcée) des traits.

Une base quadrangulaire, qui a été trouvée non loin de la statue quelques années plus tard, et qui est conservée elle aussi au Musée National d'Athènes, en est traditionnellement rapprochée. Elle porte la signature de deux sculpteurs de Chios connus par ailleurs, Mikkiadès et son fils Archermos[8]. Ce rapprochement a paru d'autant plus vraisemblable que certains textes littéraires attribuent à Archermos l'invention du type de la *Nikè*. Du coup, cette statue passe aujourd'hui pour le paradigme de la plastique archaïque de Chios. Tout cela n'a rien d'impossible, mais le rapprochement de la statue et de la base reste d'autant plus hypothétique que l'empreinte sur la face supérieure de la base ne semble guère convenir à une *Nikè*.

Fig. 12. — La sphinge A 583 et son chapiteau.

8. Texte de cette inscription : *ID* 9 ; F. Durrbach, *Choix*, n° 4 ; J. Marcadé, *Recueil des signatures de sculpteurs grecs* II, feuillet 21. B. S. Ridgway, *in* J. Boardman, B. Vaphopoulou (éds), *Chios* (1986), p. 259-274.

Fig. 13. — La *Nikè* dite « d'Archermos », Athènes MN 21.

II. La sculpture du Ve et du IVe siècles

par Antoine HERMARY

La rareté des œuvres d'époque classique mises au jour à Délos s'accorde avec le petit nombre de bases inscrites de la même période et, si l'on excepte le palmier de Nicias (**37**), l'absence des témoignages littéraires. On distinguera trois groupes principaux :

A. SCULPTURES ANTÉRIEURES AU MILIEU DU Ve SIÈCLE[9]

Quatre torses athlétiques illustrent bien la volonté des sculpteurs attachés au travail du marbre (presque certainement des Pariens) de suivre l'évolution de l'art grec dans les années 490-470, quand les bronziers introduisent une véritable révolution dans l'expression du mouvement :

— A 4275, torse plus petit que nature appartenant probablement à un lanceur de javelot, qui frappe par son énergie musculaire et l'ampleur du geste athlétique : la rupture avec le type traditionnel du *kouros* est consommée (vers 490-480).

— A 4277, à l'attitude plus statique et à la musculature excessivement développée, dont le travail du dos est un peu plus « moderne » que celui de l'avant (vers 470).

— A 4276, trouvé près de l'Artémision, montrait un discobole se préparant au lancer ; c'est un équivalent superbe des images d'athlètes en bronze de l'époque sévère (vers 470).

— A 1740, torse proche du précédent, mais beaucoup plus érodé (athlète faisant un geste de victoire ou discobole).

Trouvée dans la région du Lac, la lionne en arrêt A 4105 (cycladique plutôt qu'attique ?) prolonge, dans le deuxième quart du Ve s., la tradition des célèbres lions archaïques (**55**).

9. A. HERMARY, *EAD* XXXIV.

B. Les acrotères du temple des Athéniens (12)

C'est probablement au cours de la « Paix de Nicias » (421-415) qu'a été sculpté (par un atelier parien ?) cet ensemble qui montrait, de chaque côté, une scène d'enlèvement au centre et une femme en fuite à chaque angle.

Au-dessus du fronton Ouest, Éôs, l'Aurore, enlevait le jeune héros athénien Képhalos, qui est accompagné de son chien (A 4281 et 4282) : le groupe est très fragmentaire, mais des peintures de vases permettent de restituer l'aspect général de la scène.

Le groupe central de l'acrotère Est est mieux conservé : Borée, dieu du vent du Nord, venu de la Thrace, emporte la jeune Oreithyie, fille du roi d'Athènes Érechthée ; à leurs pieds s'enfuit un animal, probablement un chien. Malgré la disparition des ailes de Borée, l'aspect aérien du groupe, véritable tour de force technique, est encore très sensible, ainsi que le contraste entre l'expression sauvage du dieu et l'attitude de la jeune fille, résignée et gracieuse.

Le choix des sujets s'explique par la position des sculptures en acrotères, l'origine athénienne des héros, mais aussi, peut-être, par la volonté de légitimer symboliquement l'impérialisme athénien vers le Nord de l'Égée (Borée) et vers ses rivages orientaux (Éôs).

C. Œuvres du IVe siècle

En dehors des reliefs appartenant au décor de l'Édifice 42, extrêmement mutilés, et de l'hermès des Propylées, daté de 341-340 par l'inscription de la base, dont le visage s'inspire probablement de celui de l'hermès créé par Alcamène à la fin du siècle précédent, on ne connaît pas de sculptures déliennes qui soient sûrement antérieures à l'époque de l'Indépendance. La provenance délienne du beau relief funéraire conservé au British Museum (inv. 625) n'est pas tout à fait assurée.

III. La sculpture hellénistique

par Jean MARCADÉ

La sculpture hellénistique est, à Délos, remarquablement abondante[10]. On en voit des témoins sur la fouille ; les salles d'exposition du musée local présentent les torses les plus spectaculaires, les têtes les mieux conservées et un choix d'œuvres caractéristiques ; les réserves contiennent une quantité considérable de statuettes, de reliefs et de fragments : quelques pièces majeures ont été transportées au Musée National d'Athènes[11].

Le tout constitue une documentation très utile pour notre connaissance de l'art hellénistique, d'autant plus que le sac de Délos en 88 fournit un *terminus ante quem* presque absolu. Il convient toutefois d'en marquer les limites.

1) Chronologiquement, ce matériel, qui provient surtout des quartiers d'habitation, des établissements et des sanctuaires du temps de la Colonie athénienne, date en quasi-totalité de la seconde moitié du IIe s. et du début du Ier s. Il concerne peu la période de l'Indépendance où Délos connut une grande activité architecturale (cf. p. 39) et s'enrichit de nombreuses consécrations officielles, œuvres de sculpteurs éminents.

2) Techniquement, il ne s'agit guère que de marbre ; or le bronze restait à l'époque hellénistique le matériau noble, les inscriptions en témoignent et la plupart des bases signées. Ce qui est parvenu jusqu'à nous, ce sont en général des sculptures d'appartement à fonction décorative, des statuettes de laraire pour la dévotion domestique, ou des ex-voto fabriqués en série dans des officines artisanales, bref une production de second rang. Les grandes effigies divines sont rares, la sculpture monumentale est pauvrement représentée, seules les effigies-portraits revêtent un intérêt original.

10. Voir, en général, J. MARCADÉ, *MD*. — Sur les sculpteurs attestés à Délos, J. MARCADÉ, *Recueil des signatures de sculpteurs grecs,* 2e livraison (1957).

11. Le Louvre possède un beau torse provenant de Délos ; dénommé jadis l'Inopos, il a été ensuite interprété comme Alexandre le Grand (selon Fr. Queyrel), ou comme Mithridate Eupatôr (*SD*, n° 33). — Au British Museum, un Triton en haut-relief appartenait sans doute à la grande frise marine du Monument des Taureaux, **24** (J. MARCADÉ, *BCH* 79 [1951], p. 78-80).

3) Stylistiquement, peu d'œuvres conservées sont vraiment significatives. À travers des reprises approximatives et des adaptations plus ou moins adroites, on reconnaît le reflet des grands courants artistiques de l'époque (archaïsant, classicisant, orientalisant) avec des références explicites parfois à la tradition attique, à l'inspiration pergaménienne, rhodienne, alexandrine, ou bien au goût romain, mais entre les composantes habituelles de la « koinè » hellénistique seul le dosage fait le ton général de la sculpture délienne. On ne saurait parler d'une école.

Dans ces conditions, le mieux semble de présenter individuellement les œuvres les plus caractéristiques ou les plus originales et de rejeter en fin d'exposé quelques remarques d'ordre plus général.

A. La sculpture monumentale

Plusieurs monuments importants ont été élevés à Délos durant l'époque hellénistique. Quelques-uns comportaient un décor sculpté : il reste d'assez nombreux fragments de métopes et de frises, ainsi qu'un acrotère, du Monument des taureaux (**24**) ; le temple d'Isis du Sarapieion C (**100**, I) a conservé l'un de ses acrotères et son fronton s'ornait d'un buste ; des médaillons décoraient le Monument de Mithridate (**94**) ; enfin le musée conserve des fragments de quatre jeunes satyres accroupis qui, trouvés dans la citerne du théâtre, proviennent sans doute d'un des monuments qui bordaient la place du Théâtre.

Pourtant, la plupart des édifices hellénistiques sont dépourvus de décor historié, ou bien celui-ci se réduit à des motifs ornementaux : têtes de taureaux sur les triglyphes du Portique d'Antigone (**29**), métopes ornées alternativement de trépieds et de bucranes au proskénion du Théâtre (**114**, **fig. 99**) ou de rosettes et de bucranes sur une base anonyme (**14**). Les représentations figurées en relief sur le socle de l'ex-voto chorégique de Karystios (**81**) ou la « base aux armes » sur le côté Nord de l'Agora de Théophrastos (**49**) font figure d'exceptions.

B. Les reliefs

Les reliefs, les plus nombreux, se répartissent en deux catégories principales : *reliefs funéraires* (cf. p. 111-113) et *reliefs à sujets religieux*. Ceux-ci, presque toujours votifs, sont souvent remarquables par la rareté du sujet ; bien qu'on n'ait pas pu encore les interpréter tous exactement, ce sont des documents de premier ordre pour l'histoire des cultes hellénistiques. Citons parmi les plus originaux le Relief d'Agathodaimon (A 3195) d'inspiration égyptienne où un énorme serpent se dresse entre Isis et Sarapis ; — le Relief d'Isis Pélagia (A 3187) où Isis, protectrice des navigateurs, est figurée debout à la proue d'un bateau tenant son manteau gonflé en guise de voile (cf. la lampe de la **fig. 91**) ; — le Relief du dieu Sol (A 2915, **fig. 109**). Très intéressants aussi du point de vue iconographique sont les reliefs du Monument de granit (**54**), ceux de la Maison de Fourni (**124**, **fig. 110**) et la plaque de pôros (A 1776) qui figure un homme pourvu de deux phallus gigantesques[12].

Deux reliefs présentent plus d'intérêt pour l'histoire de l'art :

— Le RELIEF ARCHAÏSANT (A 9) de la Maison du Lac (**64**, **fig. 68**) : on y voit Hermès conduisant Athéna, Apollon et Artémis ; l'attitude, la coiffure, le costume des quatre divinités évoquent l'art grec archaïque ; pourtant le rendu est plus souple, et la guirlande suspendue entre des bucranes en haut du tableau est purement hellénistique. Ce relief se rattache au courant « néo-attique » qui circule dans l'art gréco-romain à partir de la fin du IIe s. et se caractérise par un retour aux types classiques, voire par une reprise des procédés de l'archaïsme (style dit « archaïsant »).

— La PLAQUE DE BRONZE reproduite **fig. 94** a été retrouvée dans la Krénè Minoé (**30**), mais semble en fait provenir du prodomos du Sanctuaire d'Agathé Tyché (**103**), qui aurait été d'abord le Philadelpheion ; le relief serait ainsi d'inspiration alexandrine : Artémis, tenant deux torches allumées, officie devant un autel, assistée de deux satyres : l'un attise le feu, l'autre apporte une œnochoé et une corbeille à offrandes ; à l'arrière, sur un haut pilier, se dresse une statue (d'Artémis ?). Une autre plaque de bronze, aujourd'hui perdue, faisait pendant à celle-ci. La scène, dont l'interprétation est mal assurée, semble toutefois se rapporter aux cultes d'Artémis et de Dionysos (lequel figurait peut-être sur la plaque perdue). — Parce qu'il est en bronze, ce relief est déjà une pièce rare ; mais, en outre, en raison de sa date très haute (IIIe s.), on le fait intervenir fréquemment dans la question fort débattue des reliefs dits « pittoresques » : ceux-ci, datés presque exclusivement de l'époque impériale, présentent volontiers des scènes d'un genre voisin dans un cadre paysagiste beaucoup plus développé, il est vrai, mais d'où ne sont pas exclus satyres, autels et piliers supportant des statues ; la plaque de Délos sert d'argument à ceux qui veulent faire remonter très haut et situer à Alexandrie l'origine des reliefs « pittoresques »[13].

12. Agathodaimon : M. BULARD, *BCH* 31 (1907), p. 525-529. — Isis Pélagia : Ph. BRUNEAU, *BCH* 85 (1961), p. 435-446 et 98 (1974), p. 333-352. — Sol : A. PLASSART, *BCH* 40 (1916), p. 191 et 193 (A. Plassart, par erreur, interprète le personnage comme Phoibè). — Reliefs de la Maison de Fourni : J. MARCADÉ, *ÉD*, p. 329-369. — Personnage à double phallus : W. DEONNA, *EAD* XVIII, p. 354-357. — Et, d'une façon générale, pour les reliefs à sujets religieux, cf. Ph. BRUNEAU, *CDH*.

13. Bibliographie considérable réunie par A. ADRIANI, *Divagazioni intorno ad una coppa paesistica* (1959), p. 72, n. 155. Les études de base sont celles de R. VALLOIS, *BCH* 45 (1921), p. 242-269 et de Ch. PICARD, *AJA* 38 (1934), p. 147.

C. La ronde-bosse

— Le Diadumène, retrouvé dans la Maison qui porte son nom (**61**), est actuellement exposé au Musée National d'Athènes (MN 1826, **fig. 14**), mais un moulage se trouve au musée de Délos. C'est une copie de l'œuvre célèbre de Polyclète (troisième quart du Ve s.) dont on connaît à travers le monde de nombreuses répliques antiques, petites ou grandes et plus ou moins mutilées. La statue de Délos porte la marque de l'académisme néo-attique ; un carquois contre le tronc d'arbre support sur lequel est jetée une draperie indique une interprétation apollinienne du modèle athlétique, mais le marbre est à grandeur de l'original qui était en bronze, et le personnage est presque complet : seules manquent les mains qui serraient autour du front la bandelette de victoire[14].

— La réplique de la Petite Herculanaise de Dresde, qui provient de la Maison du Lac (**64**) et qui est aujourd'hui au Musée National d'Athènes (MN 1827), est, elle aussi, bien conservée et reflète une création célèbre : on attribue à Praxitèle, le grand sculpteur attique du IVe s., l'invention, pour une effigie de Coré, de ce type féminin drapé dont la tête est coiffée en côtes de melon.

Ces deux exemples attestent, vers 100, la vogue des copies de chefs-d'œuvre classiques dont les familles riches et cultivées aimaient à parer leurs demeures. Plus fréquemment toutefois, à l'époque hellénistique, les sculpteurs s'inspiraient des créations du Ve et du IVe s. pour des adaptations libres dans le goût de leur temps.

— Ainsi en va-t-il pour certains Hermès. Cette forme de documents qui superpose une tête à un fût de section rectangulaire est copieusement représentée à Délos. Dans la tradition ancienne, la tête est barbue et le fût est lisse à l'exception du sexe exprimé plastiquement. La tête reproduite **fig. 82** (A 4118), qui provient de la Maison de l'Hermès (**89**) à laquelle elle a valu son nom[15], reste fidèle à ce type ; elle dérive, sinon du fameux Hermès Propylaios d'Alcamène, du moins d'un autre hermès archaïsant du Ve s. associant à la stylisation conventionnelle des cheveux et de la barbe un modelé naturaliste des parties nues du visage. D'autres hermès déliens sont imberbes et, dans l'idéalisation des traits, dans la douceur de l'expression de certaines têtes, on sent comme un prolongement de l'art praxitélien du IVe s. Plus nettement marquées par l'esprit des temps hellénistiques sont les têtes de personnages individualisés et les têtes pittoresques de Silène, de Satyre, de Pan, de Priape, d'Hermaphrodite, d'Harpocrate ou d'Héraclès ; le fût peut alors être drapé et les bras indiqués.

— Délos est avant tout l'île d'Apollon et d'Artémis, et les représentations de ces deux divinités, auxquelles l'art du IVe s. s'était intéressé, ne sont pas absentes du répertoire de la

14. L'examen de l'œuvre au vidéo-microscope et l'analyse de sa surface par fluorescence X ont révélé qu'à l'imitation de l'original polyclétéen en bronze qu'elle copie, la statue était à l'origine entièrement dorée à la feuille, tronc d'arbre support compris. Le Gaulois blessé de l'Agora des Italiens (fig. 17, p. 108) présentait un traitement comparable.

15. J. Marcadé, *BCH* 77 (1953), p. 500-512.

Fig. 14. — Le Diadumène de Polyclète (copie), Athènes MN 1826.

sculpture hellénistique. Mais leur image « en action » est préférée à leur présentation hiératique : la déesse chasseresse A 449 rejoint et écrase au sol sous son genou la biche qu'elle va percer de son épieu ; le dieu citharède A 4125 est accompagné d'un groupe féminin (A 4126, A 4127, A 4128, A 4129), et il entraîne à sa suite les MUSES (A 351, A 4130, A 4131, A 4132).

Fig. 15. — Le Papposilène A 4123.

— La tendance est d'ailleurs générale. APHRODITE et DIONYSOS sont particulièrement honorés à l'époque dont nous parlons ; or ils ne viennent pas seuls. Si les statuettes d'Aphrodite demi-nue et nue, debout, accroupie, accoudée ou en équilibre sur un pied et détachant sa sandale, s'apprêtant au bain ou séchant sa chevelure, l'emportent de loin en nombre sur les putti et les éros, l'association croissante de la déesse d'amour avec un petit compagnon vaut d'être notée, et dans le cycle dionysiaque le dieu lui-même le cède aux membres du cortège bachique, plus cocasses et plus hauts en couleur (ex. les PAPPOSILÈNES A 4122, A 4123, A 4143 : **fig. 15**). Cela rejoint un aspect de ce qu'il est convenu d'appeler l'alexandrinisme[16].

— La conjonction des thèmes aphrodisiens et dionysiaques aboutit à une œuvre des plus piquantes avec le groupe de PAN et APHRODITE du Musée National d'Athènes (MN 3335 ; **fig. 64**) qui provient de l'Établissement des Poseidoniastes (**57** ; base inscrite portant la dédicace de Dionysios originaire de Beyrouth)[17]. Aphrodite, nue mais pudique, menace de sa sandale gauche un Pan camard, capripède et cornu, trop entreprenant ; entre eux vole un petit Amour dont la présence souligne la signification galante de la rencontre. L'Aphrodite n'est après tout qu'une adaptation de la Cnidienne de Praxitèle (première moitié du IVe s.) ; toutefois le groupe, sans parallèle connu, semble original. Il fait penser aux Pans ou Satyres hellénistiques attaquant Ménades ou Hermaphrodites et surtout il évoque le groupe de Pan enseignant au berger Daphnis l'art de la flûte : même contraste volontaire entre la silhouette à demi animale de Pan et les formes parfaites de Daphnis ou d'Aphrodite ; seulement le contraste s'enrichit ici d'intentions érotiques où l'Amour joufflu et souriant met quelque mignardise.

16. Ce que suggèrent les marbres est confirmé par les sujets en bronze : voir G. SIEBERT, *ÉD*, p. 555-587, et *Bronzes hellénistiques et romains : Tradition et renouveau, actes du Ve Colloque international sur les bronzes antiques, Lausanne, 8-13 mai 1978* (1979), p. 173 *sqq*., et ici même p. 140-141.

17. M. BULARD, *BCH* 30 (1916), p. 610-631 ; cf. Ch. PICARD, *Berytus* 2 (1935), p. 11-24. — *ID*, 1783.

Dans un autre ordre d'idées, deux traits de la sculpture hellénistique délienne valent d'être soulignés : l'évocation des divinités étrangères et l'apparition des thèmes historiques.

— Si l'esprit grec, épris d'anthropomorphisme, répugnait aussi bien aux symboles abstraits qu'aux représentations thériomorphiques, il s'ouvrait de plus en plus aux religions orientales. Tant que les cultes restaient privés, les objets sacrés étaient importés ou copiaient exactement les images rituelles des pays d'origine[18], mais pour les sanctuaires officiels installés sur les pentes du Cynthe (**98** : Dieux Syriens ; **100** : Sarapieion C), diverses statues de culte furent créées au IIe s. L'une est assez bien conservée : l'Isis du Sarapieion C, dans un petit temple à la grecque, au Nord de l'avenue bordée d'autels et de sphinx qui reproduisait en miniature un dromos égyptien. L'apparence tout hellénique du drapé de la déesse rappelle son assimilation syncrétique avec Tyché dont elle se distinguait sans doute surtout par sa couronne.

— Il n'y a pas plus d'exotisme dans la statue de la DÉESSE ROME redressée dans l'une des chapelles de l'Établissement des Poseidoniastes de Bérytos (57), où elle voisinait avec des images, elles-mêmes hellénisées, des divinités nationales des Bérytiens. Pour honorer leur divine bienfaitrice, les commerçants libanais s'étaient contentés d'une belle statue féminine vêtue à la mode du temps et le goût de la seconde moitié du IIe s. pour les voiles transparents (*Coae vestes*) drapés sur une robe plus épaisse trouve ici une excellente illustration.

L'une des grandes aventures de l'époque hellénistique fut le déferlement de hordes celtiques sur la Grèce du Nord, puis dans le Proche-Orient où les victoires d'Attale Ier sur les Galates ont été à l'origine de l'essor de Pergame. La sculpture de Délos en garde le souvenir.

— Citons d'abord une effigie d'APOLLON (A 4121 ; **fig. 16**) où le dieu nu et couronné de bandelettes, le bras droit ramené sur la tête et le gauche appuyé à un tronc d'arbre, foule « avec un calme dédaigneux » des boucliers galates[19].

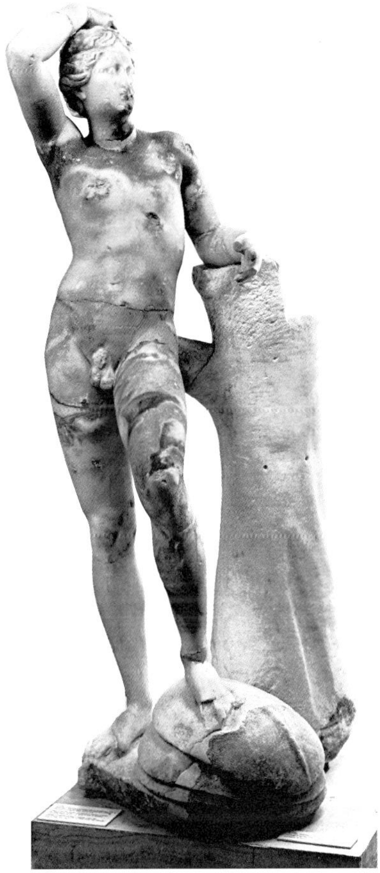

Fig. 16. — Apollon foulant les boucliers galates A 4124.

18. On a notamment retrouvé à Délos une statuette féminine égyptienne en roche verte dont le pilier dorsal est couvert d'hiéroglyphes : J. MARCADÉ, *BCH* 76 (1952), p. 119 ; J. LECLANT, H. DE MEULENAERE, *Kêmi* 14 (1957), p. 34-42.
19. Ch. PICARD, *Genava* 5 (1927), p. 52-63.

Fig. 17. — Le Gaulois blessé, Athènes MN 247.

Le type est praxitélisant, mais réutilisé pour commémorer un événement historique. À en croire certains exégètes, la statue délienne serait la réplique en réduction d'une statue érigée à Delphes après l'alerte de 279-278. Quoi qu'il en soit, cette adaptation d'un type ancien à une circonstance concrète relève, dans la plastique hellénistique, de la tendance conservatrice.

— Le Gaulois blessé trouvé sur le côté Nord de l'Agora des Italiens (**52**) et exposé au Musée National d'Athènes (MN 247 ; **fig.** 17) se rattache au contraire à la série des créations originales que l'on rapporte à l'école de Pergame. Désigné comme Celte par le casque à cornes posé sur la plinthe, ce combattant tombé sur le genou droit après avoir reçu une blessure à la cuisse réunit toute son énergie pour se relever et pour lutter encore : il se protège du bras gauche levé et tous ses muscles sont bandés dans un effort héroïque. La tête rejetée en arrière, la bouche entrouverte dans un rictus pour une ultime bravade, est en majeure part conservée (A 4194)[20] ; il est malheureusement difficile de la placer avec précision, car la base du cou manque.

20. L'analyse cristallographique a montré que le marbre de la tête était le même que celui du corps. L'objection technique invoquée dans *MD*, p. 364-365, est caduque : le goujon attesté dans le haut du buste n'était pas dans l'axe du cou. Enfin, la petitesse de la tête par rapport au corps est plus apparente que réelle si l'on restitue la partie manquante du crâne et des cheveux : la disproportion est bien plus évidente dans le « Gladiateur Borghèse » du Louvre, signé par Agasias d'Éphèse fils de Dosithéos que dans le marbre délien attribué parfois à Agasias fils de Ménophilos qui travailla à l'Agora des Italiens. Voir en dernier lieu J. Marcadé, Fr. Queyrel, *Monuments Piot* 82 (2003), p. 5-97.

— Par allusion peut-être au legs d'Attale III, les Romains établis à Délos avaient, semble-t-il, orné l'Agora des Italiens d'une « suite galatique » inspirée des grands ex-voto attalides, car les fragments d'autres figures analogues au Gaulois blessé sont parvenus jusqu'à nous. Ainsi la TÊTE DE GAULOIS A 4195. La partie droite est mutilée, mais l'expression de sourde douleur demeure sensible ; le visage osseux, la chevelure traitée en mèches épaisses, l'ensemble même de la physionomie rappellent de près le Galate Ludovisi (Rome, Musée Altemps) qui est un des témoins les moins contestés de l'art pergaménien.

D. L'ART DU PORTRAIT

Parmi les pièces de ronde-bosse, il faut réserver une place spéciale aux portraits[21]. Certains, trouvés dans les maisons, étaient des portraits privés, d'autres avaient un caractère plus officiel ; quelques-uns étaient des bustes[22], la plupart étaient des portraits en pied.

— Des copies des statues de l'Athénienne CLÉOPATRA et de son mari DIOSCOURIDÈS ont été mises en place dans la maison dite « de Cléopâtre » (**119**) ; ces deux effigies sont aujourd'hui acéphales et n'ont plus d'intérêt que pour les modes du drapé.

— Plusieurs torses de généraux cuirassés sont exposés au musée, mais le meilleur exemplaire de ce type, C. BILLIENUS, est redressé sur sa base dans l'aile Est du Portique d'Antigone (**28**).

— La représentation en armes est une référence concrète à la fonction. Certains préféraient une apparence plus flatteuse. La statue-portrait de C. OFELLIUS A 4340[23] (cf. **52**, niche F) s'inspirait pour le corps de l'iconographie divine d'Hermès. Même volonté d'embellissement dans le cas du PSEUDO-ATHLÈTE découvert dans la Maison du Diadumène (**61**) et actuellement conservé au Musée National d'Athènes (MN 1828)[24] : l'anatomie est conforme à l'idéal athlétique ; mais la statue est cette fois complète ; or la tête est traitée au contraire de la façon la plus réaliste, avec un crâne chauve et des oreilles exagérément écartées.

— Ce goût, sûrement romain, du rendu réaliste des traits n'étonne pas à Délos où les Italiens étaient nombreux (cf. **2**). Il se retrouve sur quantité de têtes isolées exposées au musée (ainsi : vieillard A 2136 = *EAD* XIII, pl. 21 ; homme Inv. 6050 = *EAD* XIII, pl. 23 ; homme Inv. 6780 = *EAD* XIII, pl. 27 ; femme A 4196 = *EAD* XIII, pl. 33).

21. Voir en général C. MICHALOWSKI, *EAD* XIII.
22. Deux bustes ont été découverts dans le quartier de Skardhana : *BCH* 93 (1969), p. 1043, fig. 22, et *BCH* 99 (1975), p. 719, fig. 5.
23. Fr. QUEYREL, *BCH* 115 (1991), p. 389-464.
24. C. MICHALOWSKI, *EAD* XIII, p. 17-22. L'avant-bras gauche, identifié en 1950 à Délos par J. Marcadé, a été transporté à Athènes et rajusté (*BCH* 75 [1951], p. 188).

Ces œuvres de goût romain restent souvent dans la médiocrité. Les deux plus belles têtes-portraits de Délos sont aujourd'hui conservées au Musée National d'Athènes :

— La tête colossale en marbre MN 429 reproduite **fig. 18** représente un jeune homme dans une attitude mélancolique, la tête légèrement inclinée vers l'épaule gauche, le regard levé vers le ciel (IIe s.). Il s'agirait de Mithridate VI Eupatôr[25].

— La Tête en bronze de la Palestre MN 14612 (**fig. 70**), d'un réalisme très discret, est une des œuvres majeures de la seconde période hellénistique ; elle a été découverte à la Palestre de granit (**66**) et représente peut-être un Levantin[26]. Le visage est charnu et le front barré de rides ; la patte-d'oie, le cou ramassé, l'expression mélancolique du regard rendu plus vivant par le traitement polychrome des globes oculaires contrastent avec l'abstraction intemporelle du canon classique sans verser dans le réalisme outrancier des portraits romains. Le personnage, anonyme, est lourd des pensées de l'instant ; ce n'est plus ici la perfection formelle du visage qui confère à l'œuvre sa valeur, mais le poids d'une présence humaine.

Fig. 18. — Portrait présumé de Mithridate VI Eupatôr, Athènes MN 429.

Envisagée dans sa totalité, la sculpture hellénistique trouvée à Délos déçoit par le nombre des ex-voto de série et des statues d'appartement médiocres. Pourtant il s'y trouve aussi des pièces de qualité qui reflètent assez complètement l'esthétique des deux derniers siècles avant notre ère. Les grandes œuvres d'art antérieures jouissent alors d'un prestige évident : on copie le Diadumène de Polyclète, on adapte à des fins plus modernes les Aphrodites de Praxitèle ; l'archaïsme même revient à la mode ; mais simultanément l'influence des écoles proprement hellénistiques est indéniable, avec des apports alexandrins, pergaméniens ou romains. Ville cosmopolite par excellence dans un monde cosmopolite, Délos reçoit aux IIe et Ier s. de tous côtés. Du coup, la sculpture délienne gagne en variété ce qu'elle perd en unité stylistique, et, pour s'inscrire dans l'histoire de l'art grec, il lui suffit d'une ou deux

25 C. Michalowski, *EAD* XIII, p. 5-7.

26. *Ibid.*, p. 1-5.

œuvres éminentes comme la Tête en bronze de la Palestre, qui mettent en lumière la richesse trop souvent méconnue de la plastique hellénistique.

E. Les stèles funéraires

par M.-Th. Couilloud-Le Dinahet

La nécropole de Délos se trouvait à Rhénée (p. 322-326). Quoiqu'elle ait été peu fouillée, on connaît bien le genre de monuments funéraires que les Déliens y érigeaient[27] : des statues d'hommes et femmes debout et de lions protecteurs des tombeaux, des autels décorés de têtes de taureaux et de guirlandes et des stèles, comme il était d'usage dans le monde égéen à l'époque hellénistique. Plus de quatre cents stèles présentent un sujet reconnaissable et constituent la plus importante des collections de stèles sculptées à décor figuré connues pour l'époque hellénistique.

La première étude de ces documents fut l'œuvre des membres de l'Expédition de Morée, groupe de savants français placé sous la direction de J.-B. Bory de Saint-Vincent, qui, en 1828-1830, ont visité la Grèce et fait avec le plus grand soin des relevés des antiquités ; leurs dessins ont permis l'identification de nombreuses stèles déliennes réparties aujourd'hui entre les Musées d'Athènes et d'Égine. En effet, au même moment, les Grecs, qui venaient de conquérir leur indépendance, s'efforçaient de protéger leurs antiquités et de les réunir en un Musée ; c'est ainsi que des stèles de Rhénée, acquises par les soins du gouvernement grec des mains des paysans de Mykonos qui les avaient découvertes, furent transportées dans le Musée d'Égine, puis dans celui qui fut rapidement créé à Athènes. La collection ainsi constituée fut enrichie à la fin du XIXe s. par les fouilles de l'éphore D. Stavropoullos et par les fouilles récentes (1968, 1975 et 1977) ; d'autres stèles ont été trouvées à Délos même et proviennent soit d'ateliers de marbriers, soit de constructions byzantines où elles se trouvaient en remploi.

L'intérêt pour ces documents ne date d'ailleurs pas du XIXe s. Dès le XVe s., Cyriaque d'Ancône dessinait des stèles et des épitaphes de Rhénée ; entre le XVIIe et le XVIIIe s., de nombreux voyageurs ont signalé l'intérêt de la nécropole. Ce goût pour les « antiques » explique la dispersion des stèles dans les Musées européens (en Grèce même : Musée de Corfou ; en Grande Bretagne : British Museum, Musées de Leeds et de Cambridge ; en Norvège : Musée d'Oslo ; en France : Louvre et même cimetière du Père Lachaise, Musée de Melun, Musée Calvet d'Avignon ; en Autriche : Musée de Vienne ; en Italie : Musées de Venise, de Vérone, d'Ancône et de Naples ; en Russie : Musée de l'Ermitage).

27. M.-Th. Couilloud, *EAD* XXX.

Fig. 19. — Stèle funéraire de Diodora, scène de *dexiosis* (*EAD* XXX, 65).

Fig. 20. — Stèle funéraire d'un naufragé nommé Kerdon (*EAD* XXX, 348).

Fig. 21. — Stèle funéraire de Spurius Granius, Romain (*EAD* XXX, 343).

Plus de 90 % de ces œuvres datent du dernier tiers du IIe s. ou du début du Ier s.[28]. L'abondance des documents de cette époque correspond à une réalité sociale : l'enrichissement délien dû au développement du grand commerce avec l'Orient et l'Italie a permis à toute la population — y compris à des esclaves ou à des affranchis — d'offrir aux défunts des sculptures.

Ces stèles expriment, comme les statues de la nécropole, cette fidélité aux conventions de l'art attique du IVe s. qui caractérise une bonne part des œuvres des sculpteurs déliens de l'époque hellénistique. Beaucoup d'entre elles n'en sont pas moins l'œuvre d'artisans médiocres et valent plus par les renseignements historiques qu'apportent l'étude iconographique et celle des épitaphes que par leur valeur esthétique. Bon nombre de stèles ont la forme de naïskoi aux entablements composites et témoignent de l'intérêt porté aux formes architecturales (**fig. 19-21**).

28. St. SCHMIDT, *Hellenistische Grabreliefs* (1991), présente une chronologie des stèles déliennes fondée sur l'évolution stylistique et en date quelques-unes des années 170-150. Cependant, il admet que la majeure partie de la production se situe entre les années 130 et le début du Ier s.

Les Déliens font sculpter sur les tombes un portrait idéalisé du mort dans une attitude noble, lorsqu'il s'agit d'adultes ou d'adolescents, ou plus familière, lorsqu'il s'agit d'enfants accompagnés de leurs animaux favoris. Souvent, ces défunts tiennent ou ont près d'eux des objets dont ils avaient l'habitude de se servir (strigile, rouleau, armes ; masque tragique, corbeille à laine) ; la présence de serviteurs et de servantes précise la condition sociale du défunt. Mais de nombreux reliefs représentant le geste de la *dexiosis* (serrement de mains) évoquent le mort non pas seul ou en compagnie d'un serviteur, mais au sein de sa famille : les Déliens entourent ainsi le défunt de l'affection de ceux qui l'ont aimé, parents proches et enfants (**fig. 19**). Comme rien ne distingue le mort de parents auprès de lui, le même relief peut, au lieu d'être consacré à un seul personnage, servir de mémorial familial. Les représentations de banquets, peu fréquentes à Délos, participent de la même atmosphère familiale. Aussi peut-on les mettre en relation avec le rituel funéraire : le défunt participe au repas qui lui est offert par sa famille sur sa tombe ; ceux qui l'entourent appartiennent encore au monde des vivants.

Une série de reliefs offre un intérêt particulier, car elle rappelle les dangers de la navigation dans les Cyclades : ce sont des cénotaphes élevés à la mémoire de disparus en mer dont le sort tragique est symbolisé soit par un navire renversé, soit par une scène de noyade (**fig. 20**), soit par l'image d'un homme assis, dans une attitude de tristesse, sur un navire ou sur un rocher à côté de la proue d'un navire (**fig. 21**)[29].

Toutes ces images sont donc empruntées à la vie de ce monde et dépourvues de signification mystique. Les épigrammes seules évoquent les conceptions que les Déliens pouvaient avoir de l'au-delà, soit qu'elles donnent de l'Hadès une image traditionnelle, soit qu'elles évoquent les séjours des bienheureux.

Les épigrammes et, plus généralement, l'ensemble des épitaphes ont permis de préciser l'origine de la population cosmopolite de Délos et de compléter le tableau que, dès 1916, P. Roussel[30] avait établi en utilisant les autres inscriptions, en particulier de déterminer le rôle que jouaient, aux côtés des Italiens et des Orientaux, les Grecs d'Asie Mineure et des Cyclades.

F. LA PETITE PLASTIQUE DE TERRE CUITE ET DE BRONZE : p. 134-135 et 140-141.

29. Cf. Ph. BRUNEAU, *BCH* 99 (1975), p. 294-297.

30. P. ROUSSEL, *DCA*, p. 72-96.

LA PEINTURE[1]

par Françoise ALABE
et Ulpiano T. BEZERRA DE MENESES

Les auteurs anciens nous apprennent que la peinture jouissait d'une extraordinaire faveur chez les Grecs. Malheureusement, presque aucune œuvre artistique originale n'a pu être conservée, à cause de la fragilité des supports sur lesquels on peignait, le bois ou la toile. Notre information ne s'est guère constituée que par voie indirecte, par l'étude des vases et par celle des tombeaux et stèles peintes, sans parler des documents de la peinture romaine qui dérivent de modèles grecs. Cependant les peintures subsistant à Délos, malgré leur caractère artisanal et leur état assez fragmentaire, constituent une source d'information de rare valeur, qui reste encore peu explorée ; elles datent toutes du IIe et du Ier s. Il s'agit de quinze ensembles de peintures sur stuc, à sujets variés et dont la conception et l'exécution peuvent nous fournir, sinon des connaissances immédiates et précises sur la grande peinture grecque, du moins une idée de ce qu'était la « civilisation picturale » en Grèce propre, dans un des centres les plus suggestifs du monde hellénistique. De plus, cette documentation est très riche sur les usages de la peinture dans le cadre de l'organisation sociale délienne. Ces peintures ne sont pas des tableaux indépendants, comme les *pinakes* (tableautins) votifs offerts dans les sanctuaires ; c'étaient des frises qui ornaient le mur des pièces principales

1. En attendant la publication d'un corpus des enduits peints déliens dans un fascicule de l'*EAD* en préparation, le lecteur trouvera bon nombre d'exemples de la décoration murale ordinaire dans : M. BULARD, *Peintures murales et mosaïques de Délos, Monuments et Mémoires Piot* 14 (1908), 2e partie ; A. PLASSART, *BCH* 40 (1916), p. 124-256 (Quartier du stade) ; J. CHAMONARD, *EAD* VIII, p. 358-391 ; cf. Ph. BRUNEAU, *BCH* 99 (1975), p. 289-292. — La peinture figurée non religieuse demeure pratiquement inédite : M. BULARD, *ibid.*, chap. III, en cite quelques exemples. U. BEZERRA DE MENESES a publié les deux ensembles de l'Îlot de la Maison des Comédiens, *EAD* XXVII, p. 151-193, et J. DELORME, *Pallas* 12 (1964), p. 19-47, une frise de la Palestre du lac. Des illustrations suggestives sont données par V. J. BRUNO, *Hellenistic Painting Techniques. The Evidence of Delos Fragments* (1985). — La peinture figurée religieuse a mérité d'abondantes études du point de vue de l'iconographie et de l'histoire des religions : M. BULARD, *op. cit.*, 1re partie ; *EAD* IX, et *La religion domestique dans la colonie italienne de Délos d'après les peintures murales et les autels historiés* (1926) ; Ph. BRUNEAU, *CDH*, p. 589-615, et *BCH* 99 (1975), p. 292-294 ; U. BEZERRA DE MENESES, H. SARIAN, *ÉD*, p. 77-109. — Pour des témoignages sur d'autres documents, aujourd'hui disparus, R. VALLOIS, « Les πίνακες déliens », *in Mélanges Holleaux* (1913), p. 289-301.

dans les maisons privées les plus soigneusement décorées ; elles s'insèrent donc dans l'ensemble de la décoration murale. Une deuxième série est constituée par des peintures à sujets religieux, à l'extérieur des maisons.

A. La décoration murale

Afin de protéger et d'unifier la maçonnerie, les murs déliens étaient normalement recouverts d'enduit, simple enduit de propreté dans le quart des 450 pièces (presque toutes situées dans des maisons privées) dont la finition intérieure a pu être observée, mais présentant dans la plupart des cas un décor plus ou moins élaboré. À travers des variantes d'exécution qui peuvent en modifier considérablement l'aspect, la formule décorative en vigueur à Délos est toujours celle de l'imitation d'une construction en grand appareil régulier. Un simple jeu d'incisions, tracées dans le mortier frais, peut en délimiter les pseudo-blocs (15 % des décors connus : **fig. 22**). Mais l'usage de la couleur, en lignes ou en à-plats, et celui du relief (deux tiers des décors connus) conféraient à la structure de cet appareil une plus grande lisibilité.

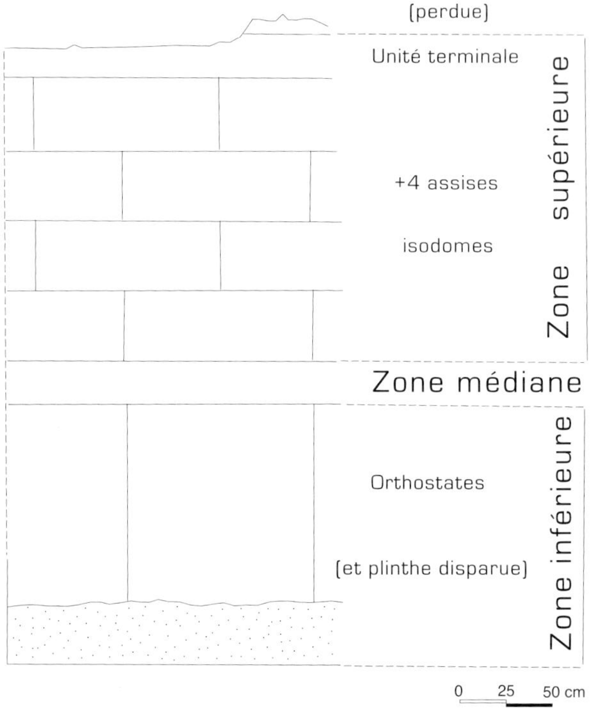

Fig. 22. — Maison du Dionysos (**120**), salle j : nomenclature de l'élévation d'une paroi peinte.

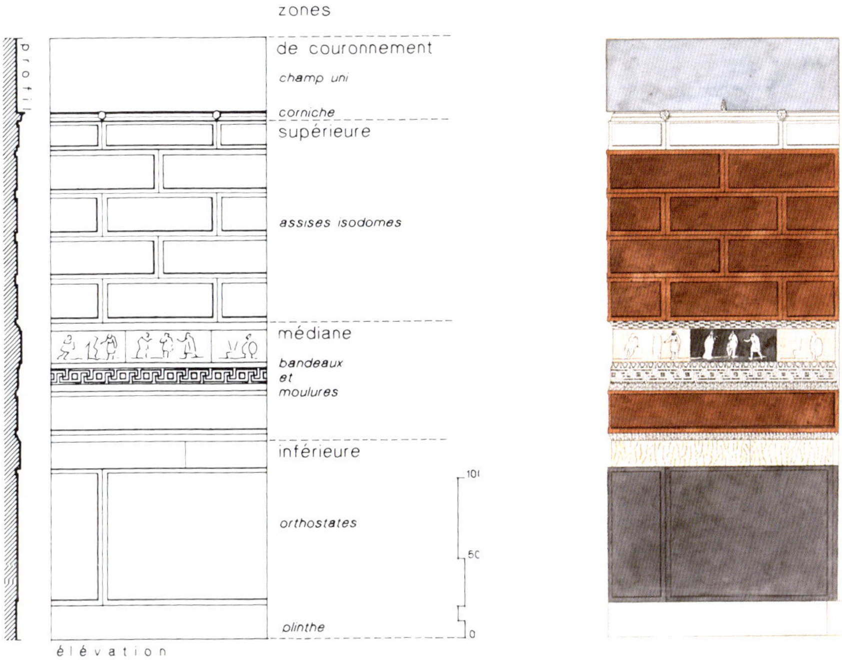

Fig. 23. — Maison des comédiens (59 B) : restitution de l'élévation d'une paroi peinte.

Le décor s'organise en quatre zones, coïncidant avec les hauteurs successives des échafaudages nécessités par la réalisation de l'ensemble. Autonome du point de vue décoratif, chacune de ces zones peut à son tour se subdiviser en plusieurs unités horizontales. Sous le plafond[2], la zone de couronnement, rarement conservée, était souvent constituée d'un champ uni ; la fréquence du bleu clair dans cette zone, la présence assez régulière de corniches en stuc, voire d'ordres appliqués, laissent penser qu'elle évoquait le ciel sur lequel pouvaient se détacher des portiques d'étage fictifs. C'est en zone médiane, à hauteur de regard, que se concentrent les recherches décoratives : le bandeau plat, qui rompt seul l'uniformité des parois les plus simples, est souvent peint ; il peut être en saillie de 1 à 2 cm sur le nu du mur ; quand cette saillie est plus prononcée, il s'accompagne de moulures de transition ornées de motifs peints empruntés au répertoire architectural (tresses ou guillochis, oves, rais-de-cœur) et peut se subdiviser en

2. Des fragments de plafonds peints ont été recueillis lors des fouilles au Quartier de Skardhana en 1968, 1986 et 1987. Réalisés dans une palette de couleurs d'une grande richesse, ils portent de petits motifs géométriques, généralement concentriques, que leur répertoire et leur mode de composition rapprochent des mosaïques : cf. Fr. ALABE, *BCH* 111 (1987), p. 643 ; 126 (2002), p. 231-263.

Fig. 24. — Maison de l'épée (**59 E**) : restitution de la zone de couronnement d'une peinture de l'étage.

deux ou trois bandeaux eux-mêmes séparés par des moulures de transition (**fig. 23**). La moitié environ de ces bandeaux sont unis et, parmi ceux-ci, la moitié sont rouges et le quart sont restés blancs. Mais on peut aussi y rencontrer des imitations de marbres ou conglomérats polychromes, des méandres, des guirlandes végétales ou des scènes animées. Les méandres, comme les tresses, oves et rais-de-cœur, sont normalement rendus en trompe-l'œil. Cette exubérance de la zone médiane contraste avec la sobriété et la régularité des zones inférieure et supérieure, toujours traitées en à-plats de couleurs unies (sauf une seule zone supérieure à assises de conglomérats polychromes et une quinzaine de zones inférieures à orthostates imitant des marbres veinés).

Ce système « structural » de décoration trouve des parallèles ailleurs dans le monde hellénistique, depuis la fin du IVe s. : Macédoine, Athènes, Cnide, Samothrace, Théra, Alexandrie, Palestine, Magnésie du Méandre, Pergame, Priène, Russie méridionale, mais aussi Rome, Sicile, Espagne, Italie ; il apparaît aujourd'hui que les décors les plus anciens de Pompéi et d'Herculanum, traditionnellement connus comme « premier style pompéien », seraient une variante régionale de ce style international qu'on pourrait appeler « style de grand appareil » et dont les maisons déliennes constituent sans doute le corpus le plus riche et le plus représentatif. La régularité du mur isodome, soumis à une syntaxe rigoureuse qu'accentue l'articulation nette et voulue de toutes les composantes de la paroi, a pu inciter certains spécialistes à chercher dans l'architecture classique des Ve et IVe s. la source d'inspiration de ce style, que caractérise d'autre part l'usage constant, pour souligner toutes ces articulations, des incisions et/ou du relief, c'est-à-dire des possibilités plastiques du mortier de stuc.

Il est curieux qu'il se soit conservé à Délos, sans trop d'altérations, pendant toute la durée de la ville hellénistique. Néanmoins, il y a lieu de croire que, vraisemblablement vers la fin du IIe s. ou au début du siècle suivant, la complication des zones médianes et surtout la vogue des stucs plastiques (originaire d'Orient ?) avaient déjà commencé à limiter l'apparence « statique » de la paroi. Des colonnettes et des piliers, quelquefois assez hauts, des entablements complets, avec un abondant décor en relief, des corniches diverses et des moulurations très saillantes, introduisent dans les parties hautes une animation (Maison du Dionysos, **120** ; Maison des comédiens, **59 B**) qui pouvait aller jusqu'à l'exagération (Maison aux stucs, **87**). C'était un pas vers le « Second style pompéien », de même que la zone de couronnement trouvée dans la cour de la Maison de l'épée (**59 E** : **fig. 24**) où était peinte une guirlande végétale « en feston » suspendue aux chapiteaux d'une colonnade corinthienne représentée en trompe-l'œil ; les zones supérieure, médiane et inférieure de ce décor, exécuté en 69 av. J.-C., s'écartent à peine des canons du « style de grand appareil ». On observe d'ailleurs une situation analogue en d'autres points du monde hellénistique (Macédoine, Chypre, Cnide).

B. Les bandeaux figurés

C'est dans ce contexte qu'il faut insérer les peintures à personnages de l'intérieur des maisons, car, à Délos, la peinture se soumet au cadre du bandeau, en tant que celui-ci est une unité du décor mural ; l'aménagement de l'espace, la disposition des personnages rendent sensible cette dépendance.

Il est impossible de savoir avec précision la date à laquelle ont été introduits sur les bandeaux peints des sujets à figures. L'existence de quelques bandeaux à personnages qui remplacèrent un ancien bandeau à couleur plate semble indiquer qu'ils ne devinrent courants qu'à une époque assez tardive. Rien d'étonnant à cela ; ils brisaient, eux aussi, l'ordonnance logique de la paroi. Le simple décor floral était, de ce point de vue, plus discret. Il serait donc tentant de croire que les « rinceaux peuplés », tel celui de la Maison I C du Quartier du stade[3] (des Éros à la chasse, au milieu de feuilles et de fleurs), ont pu ménager une espèce de transition.

Les thèmes purement décoratifs, étalés sur des frises continues, sont très nombreux. On peut citer les courses de biges conduits par des Nikés ou des Éros

3. Les maisons du Quartier du stade (**79**) sont désignées selon la nomenclature d'A. Plassart, *BCH* 40 (1916), p. 144-256 ; celles du Quartier du théâtre (**117**) selon celle de J. Chamonard, *EAD* VIII.

(Palestre du lac, **67** ; Maison des tritons, **59 B** ; Maison I A du Quartier du stade, **79** ; Palestre de granit, **66**) ou le motif stéréotypé des Éros qui se livrent à des jeux ou à des occupations de la vie journalière (Maison des dauphins, **111**). Un grand nombre de peintures, toutefois, témoigne d'un autre esprit, auquel correspond même une forme précise, la division du bandeau en métopes. On a souvent pu établir que ces panneaux obéissent à un certain souci d'unité ou tout au moins qu'il y a un rapport entre eux. C'est ce que prouve l'ensemble le plus complet, celui de la Maison des comédiens (**59 B**), qui doit son nom à ses représentations de scènes de la comédie nouvelle ou de la tragédie (**fig. 23** et **25**). La Maison VI O du Quartier du théâtre a conservé des fragments qui se réfèrent au mythe dionysiaque : Ariane abandonnée à Naxos, puis retrouvée (mais c'est Psychè qui la découvre), enfin en compagnie de Dionysos. La Maison II B du Quartier du stade a plusieurs panneaux se rapportant au Jugement de Pâris. La Palestre de granit (**66**) était décorée de sujets relatifs aux compétitions sportives : lutteurs à la palestre, courses de chars (**fig. 26**), scènes de conversation, de chasse et de nature cérémonielle. De la frise de la Maison VI E du Quartier du théâtre sont conservés plusieurs fragments où figurent des danses, sûrement de caractère religieux avec la représentation d'Hermès Psychopompe, et une scène d'initiation.

Deux points sont à souligner. D'abord, tous les thèmes sont de tradition exclusivement grecque : même les sujets religieux, si nombreux, ne portent aucune trace de syncrétisme, malgré l'importance des cultes étrangers à Délos. Ensuite, tous les thèmes appartiennent à un répertoire déjà cristallisé, d'où est exclue toute allusion à l'expérience directe. Les scènes de palestre sont la seule exception en ce qui regarde l'univers du quotidien ; quant à celui du travail, il n'intervient que sous une forme idyllique, par l'intermédiaire des Éros. Les indications de paysage ont un sens purement topographique.

C'est l'alternance du fond (en général rouge/noir) qui sert avant tout à distinguer l'un de l'autre les panneaux de la frise. La composition de certaines métopes à plusieurs personnages reste assez lâche en dépit de réminiscences classiques ; c'est le fond à couleur plate (procédé également de tradition classique) qui établit une liaison entre les figures, à défaut de moyens plus organiques. Cette couleur ne crée jamais l'espace ; on dirait plutôt un écran devant lequel sont disposées les figures. La règle souffre pourtant des exceptions ; les plus remarquables sont le Galate mourant de la Maison du Dionysos (**120**), étendu obliquement devant un fond qu'il occupe de façon à donner une impression de profondeur, et la scène d'entretien d'Arès avec Aphrodite (?), dans un cadre à plusieurs plans, orné d'un arbre et de rideaux, et peuplé d'Éros qui jouent avec les armes du dieu.

Au contraire d'autres parties du revêtement mural, à propos desquelles on peut parler de fresque, les frises figurées ont été faites à la détrempe. Mais les modes d'exécution varient. L'un des plus en faveur est celui du fond foncé (en général rouge) avec des figures peintes au moyen de touches d'un blanc crémeux très dilué, à la façon d'une aquarelle, et de manière à laisser jouer la couleur du fond, pour l'indication des volumes et des ombres ; des *lumi* (points qui accrochent la lumière) sont obtenus avec des touches très légères de couleurs voisines, par ex. le jaune blanchâtre. Ailleurs sont employées des touches plus chargées, de couleurs diverses ; bien que la gamme en soit assez variée, les tonalités brunes et rouges paraissent l'emporter. La lumière et le relief sont alors indiqués par des hachures, mais la ligne a une importance presque négligeable. Quelquefois, cependant, un dessin au trait, en guise de croquis, a précédé l'application des couleurs. Il arrive aussi, bien que très exceptionnellement, que la ligne soit complètement abolie et qu'une figure se compose uniquement de masses de couleurs, qui se fondent pour traduire le volume. En principe la lumière n'est jamais indépendante du rendu des volumes ; elle ne se transforme pas en atmosphère lumineuse et les sources d'éclairages sont rarement cohérentes.

Fig. 25. — Maison des comédiens (**59 B**) ; bandeau représentant Œdipe et Antigone.

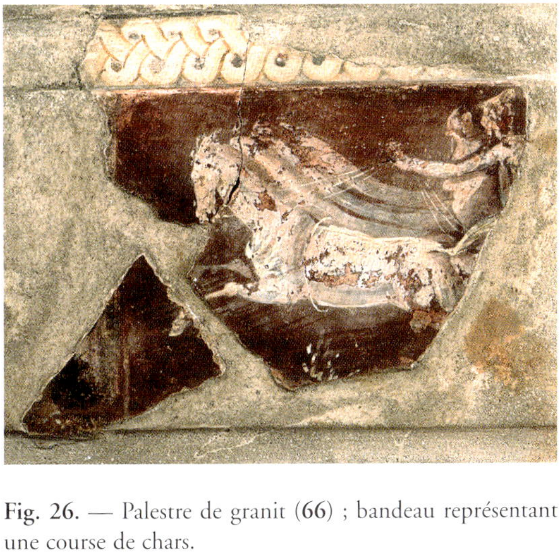

Fig. 26. — Palestre de granit (**66**) ; bandeau représentant une course de chars.

Dans une même frise, on peut quelquefois déceler la contribution de plusieurs mains. Dans d'autres, les différences et incohérences tiennent aux sources multiples (l'iconographie théâtrale, la tradition littéraire, la sculpture), ou, le plus souvent, au décalage entre des renseignements sur les principales conquêtes de la peinture classique tardive (IVe s.), la conception et le niveau d'exécution. La copie est en effet un recours essentiel. Elle concerne aussi bien des œuvres célèbres (par ex. la chasse de Cratéros par Philoxénos d'Érétrie ; Arès et Aphrodite par Aétion, etc.), que des techniques (comme les *monochromata ex albo* de Zeuxis) ou des cartons isolés, tous remontant au grand siècle de la peinture grecque. Les traits « modernes » (par exemple le soi-disant impressionnisme alexandrin) sont extrêmement rares, mais leur présence est lourde de signification.

C. La peinture religieuse

Reste une autre série de documents picturaux, indépendante de la précédente et assez abondamment représentée (les ensembles sont trois fois plus nombreux que ceux des frises) : les peintures de caractère strictement religieux ; elles décoraient soit des autels destinés aux cultes domestiques (situés à l'extérieur des maisons), soit des niches ou des parois proches de la porte. Les thèmes qui reviennent constamment sont les libations, les prières et les offrandes d'encens faites sur un autel par un groupe d'hommes ; d'autres personnages peuvent s'y ajouter : jeunes serviteurs, joueurs de flûte ou de trompette (**fig.** 27). Très souvent aussi, des esclaves amènent un porc au sacrifice ou en dépècent la hure. Des jeux sont également représentés : les couples de lutteurs sont nombreux (**fig.** 73). Si le panromanisme de quelques exégètes a un peu négligé certains apports grecs, il est indubitable que les cultes dont il est question dans ces peintures se rapportent au monde romain. Il en va de même des personnages et de leur tenue : les hommes portent la toge et sacrifient *ritu romano*, la tête couverte ; les chaussures à languettes sont typiques, les jeunes serviteurs sont des *camilli*, le pagne des esclaves est le *limus*, les sacrifices s'adressent aux Lares, en l'honneur de qui ont lieu les *Compitalia* (jeux des Lares des carrefours). Enfin, sur ces peintures sont parfois inscrits des noms en caractères latins. On représentait aussi des divinités, comme les Lares eux-mêmes, ou bien des divinités grecques du culte privé, Héraclès (**fig.** 73) et Hermès, protecteurs de la maison, ou encore des thèmes, comme le Héros Cavalier, très répandus dans le monde hellénistique.

Le caractère narratif de ces peintures, véritables célébrations, est direct. Elles découlent d'une expérience immédiate, qui va jusqu'à l'épisode particulier et l'individu : on ajoute même, parfois, les noms des personnages.

Il est vraisemblable que le *collegium* des Compétaliastes, organisé vers la fin du IIe s. et composé d'esclaves et d'affranchis d'origine grecque ou orientale, se chargeait de la commande de ces peintures (cf. p. 63, n. 21). Exécutées à fresque, rapidement, sans trop de prétention et sans trop de soin, mais avec beaucoup de verve et de fraîcheur, elles s'abîmaient facilement. On les remplaçait au fur et à mesure par de nouvelles couches (on en a compté jusqu'à douze), très fréquemment décorées des mêmes sujets. Les figures (parfois isolées) se disposent généralement en plusieurs registres, dont les plans se confondent.

D'après la technique, on pourrait distinguer trois groupes. Le premier est composé de simples griffonnages, faits par n'importe qui. Le deuxième révèle des contacts professionnels avec des problèmes picturaux (la spatialité, la lumière) posés par la peinture classique. Le troisième qui, comme le précédent, présuppose une main-d'œuvre spécialisée, pousse cette connaissance jusqu'à la peinture contemporaine (rendu purement optique des formes), beaucoup plus couramment que dans la peinture des frises. Il reste hors de doute que celles-ci, ainsi que les deux derniers groupes, ont été exécutées par les mêmes artisans.

D. La signification des peintures[4]

La société commerçante, sans racines locales et très hétérogène du point de vue culturel, responsable du développement très rapide d'une ville vite devenue une métropole, ne trouvait que deux voies d'intégration : d'un côté, le système économique, qui était sa raison d'être ; de l'autre côté, la culture grecque, l'art grec en particulier. Dans ce monde cosmopolite, la peinture grecque du IVe s., établie comme l'apogée de cet art, était une valeur assurée, sans les risques des nouveautés de l'époque. Les peintures à l'extérieur,

Fig. 27. — Peinture liturgique découverte en face de la Maison de la colline (**60**).

4. Cf. U. Bezerra de Meneses, « Essai de lecture sociologique de la décoration murale des maisons d'habitation hellénistiques à Délos », *Quaderni dei Dialoghi di Archeologia* 1 (1985), p. 215-226.

au contraire, n'impliquaient aucun compromis de cet ordre : elles peuvent donc intégrer les expériences de la peinture contemporaine.

D'autre part, ces mêmes conditions de formation de la société délienne lui donnent une mobilité très élevée. De plus, la légitimation des oscillations, la montée des fortunes demandent des marques extérieures : les frises peintes des maisons étaient peut-être l'indicateur de statuts sociaux le plus efficace à Délos.

L'homogénéité de l'espace urbain, au cours de son développement, ainsi que le caractère improductif de la propriété urbaine, la qualité comparable des techniques et des matériaux de construction, l'importance relative des différences de dimensions : voilà qui rend la maison un instrument assez inadéquat pour signaler les statuts sociaux. Compte tenu du prestige de la peinture, ce rôle était joué par la décoration murale, d'autant plus que son pendant, la décoration mosaïque, était beaucoup moins souple et d'une obtention plus aléatoire (d'où le nombre assez restreint des *emblemata*).

Ainsi, au contraire des peintures liturgiques, la peinture des frises est à la fois un support d'intégration et de différenciation sociale.

LES MOSAÏQUES[1]

Les mosaïques constituent un des éléments les plus spectaculaires d'une visite de Délos. Elles forment aussi, entre les grandes séries de mosaïques de galets du IVe s. et du début du IIIe s. (Olynthe, Pella) et les nombreuses mosaïques de l'époque impériale, l'ensemble le plus considérable actuellement connu dans le monde hellénistique, avantageusement groupé sur un court laps de temps : dernière moitié du IIe s. et premier tiers du Ier s.

C'est la date approximative qu'on doit assigner à la quasi-totalité des mosaïques de Délos. Il s'en faut que toutes soient exactement datées, mais nous disposons de quelques données sûres : plusieurs mosaïques portent des inscriptions mentionnant des personnages dont la date est connue par ailleurs ; d'autres se trouvent dans des édifices dont la chronologie est bien fixée ; et, de toute façon, l'histoire générale de Délos apporte de fortes présomptions en faveur de la période 130-88 qui est celle du développement maximum de la ville.

A. Répartition et fonction

On compte quelque trois cent cinquante mosaïques, toutes de pavement, dont cent vingt environ sont plus ou moins largement décorées. Bien que ce nombre soit archéologiquement impressionnant, il est assez faible en regard de la superficie de la ville actuellement fouillée : même en ajoutant les dallages de gneiss, il est certain qu'en grande majorité, les sols restaient en terre battue (il arrive même que le rocher émerge sans qu'on ait pris soin de l'araser) et que les mosaïques restaient un luxe.

Elles décorent des édifices de tous genres : des sanctuaires comme celui des dieux syriens (**98**), des monuments publics comme l'Agora des Italiens (**52**) et surtout des maisons privées. La mosaïque n'est donc pas liée à tel type d'édifice et si la grande majorité des mosaïques se rencontre dans des maisons d'habitation, c'est sans doute que celles-ci sont aussi les plus nombreuses parmi les ruines mises au jour à Délos.

1. Ph. Bruneau, *EAD* XXIX, où les mosaïques sont présentées dans l'ordre du présent *Guide*, et dont l'essentiel est résumé dans la brochure *Mosaïques de Délos* (1973) ; édition anglaise *Mosaics on Delos* (1974), avec photographies, en noir ou en couleurs, de toutes les mosaïques à sujets figurés. Pour l'emploi du verre, de la faïence et de la peinture dans les mosaïques, cf. A.-M. Guimier-Sorbets, M.-D. Nenna, *BCH* 116 (1992), p. 606-631.

Beaucoup de mosaïques appartiennent à des rez-de-chaussée. Mais il n'était pas rare que les sols des étages soient mosaïqués : au cours des fouilles, on recueille généralement, parmi les décombres des superstructures, des fragments de mosaïques dont la technique, souvent très fine, et le décor donnent à penser que les pavements d'étage étaient fréquemment plus riches que ceux du rez-de-chaussée. En quasi-totalité, les mosaïques de rez-de-chaussée ont été laissées sur place, tandis que les mosaïques d'étage sont conservées au Musée.

Quel qu'en fût le lieu d'utilisation, les mosaïques pouvaient assumer deux fonctions : en général, nous sommes surtout sensibles à la fonction décorative, d'autant plus importante si la technique utilisée s'y prête mieux. Mais toute mosaïque, la plus simple comme la plus richement décorée, avait une fonction pratique : paver un sol en mosaïque, c'est, avant tout, lui donner un revêtement imperméable et aisément lavable.

B. TECHNIQUE

Plusieurs techniques mosaïstiques sont représentées à Délos, dont trois sont les plus fréquemment mises en œuvre :

1° La grande majorité des mosaïques de Délos est faite en éclats de marbre ou en tuileaux (c'est-à-dire en fragments d'amphores). Ces matériaux se recommandaient par un prix de revient assez bas et convenaient soit à des budgets modestes soit, dans des maisons plus riches, aux pavements des pièces de service. Mais les possibilités ornementales étaient très limitées et les cas sont assez peu nombreux où l'association des éclats de marbre et des tuileaux instaure un décor géométrique très simple en blanc et rouge.

2° Aussi les mosaïques à décor sont-elles exécutées dans une autre technique, dite *opus tessellatum*, qui utilise des éléments de forme irrégulièrement cubique, taillés par le mosaïste et qu'on nomme « tesselles ».

Les tesselles mesurent le plus souvent 0,8 cm de côté ; elles étaient directement insérées dans le ciment-support, en sorte que les côtés fussent à peu près parallèles à ceux de la mosaïque entière. Très fréquemment, les tesselles marginales d'un motif, au lieu d'être en contact direct avec celles du fond ou du motif voisin, sont cernées d'une mince lame de plomb, haute de 1,2 à 2 cm, dont le tracé épouse celui du motif. Le décor devait être préalablement dessiné à la pointe sur le ciment frais, parfois à l'aide de patrons[2].

2. Cf. Ph. BRUNEAU, *BCH* 99 (1975), p. 306-308.

L'*opus tessellatum* est employé le plus souvent pour les décors géométriques, rarement pour les surfaces unies, assez fréquemment pour les sujets figurés.

3° Dans le cas des sujets figurés, pour peu que l'image soit détaillée et de format réduit, les tesselles de 0,8 cm sont un matériau assez inadéquat. Aussi certains motifs végétaux et plusieurs sujets figurés sont-ils exécutés dans une technique mieux appropriée au rendu des détails et qu'on appelle par convention *opus vermiculatum* (ainsi **112**, A et **120**). Les tesselles s'y réduisent à des dimensions infimes (entre 0,4 et 0,1 cm, parfois moins encore) et affectent des formes très variées, propres à réduire au maximum la part du ciment interstitiel. Encore celui-ci est-il parfois coloré dans le ton général des tesselles voisines (**120**). La petitesse des tesselles dont l'individualité cesse d'être perceptible à l'œil et ce camouflage du ciment ont pour effet de rapprocher la mosaïque de la peinture.

De fait, depuis la fin du IVe s., tous les efforts des mosaïstes ont visé à l'imitation de la peinture, ce qui justifie le mot de Pline l'Ancien désignant la mosaïque comme une manière de « faire de la peinture en pierre » et explique aussi que les historiens modernes de l'art antique n'aient longtemps étudié la mosaïque que comme un reflet de la grande peinture perdue. Seule, à Délos, la mosaïque de la Tritonesse (**59 B**, **fig. 30**) est d'un style archaïsant qui imite les mosaïques du IVe s. (p. 234).

Il arrive que les parties en *opus vermiculatum* aient été exécutées séparément et insérées ensuite dans le pavement : cela paraît être le cas du Dionysos de la Maison des masques (**112**, A).

C. Le décor

Le principe de composition des pavements est presque partout le même : la mosaïque est conçue comme l'imitation d'un tapis à décor centré.

Le centre du « tapis » coïncide à peu près avec celui du local qu'il décore, mais la superficie en est sensiblement inférieure à celle du pavement tout entier (des « bandes de raccord » occupent l'intervalle entre le tapis et les murs de la pièce ; au tapis central s'ajoute parfois un second ensemble décoratif de dimensions plus restreintes et toujours placé devant la porte à la façon d'un paillasson). — Le tapis constitue un système décoratif centré : plusieurs bandes d'encadrement diversement décorées entourent un « champ » central dans lequel s'insèrent parfois un, plus rarement deux ou trois « panneaux », décorés de motifs végétaux ou de scènes figurées. La bande d'encadrement externe des tapis forme toujours un rectangle ou un carré ; les autres bandes et le champ y sont généralement concentriques, sauf dans la mosaïque des dauphins de la Maison des dauphins (**111**) où un grand motif circulaire s'inscrit dans le cadre carré (**fig. 96**).

Le répertoire décoratif comprend un nombre assez considérable de motifs géométriques ou végétaux stylisés et de sujets figurés dont l'emploi varie selon la qualité d'exécution et la richesse du pavement, c'est-à-dire son prix de revient : le décor peut se réduire ici à une ou deux bandes d'encadrement tandis que là des bandes nombreuses et de motifs variés encadrent un ou plusieurs tableaux figurés.

Les bandes d'encadrement sont le plus souvent unies ou décorées de motifs géométriques ; les guirlandes végétales sont beaucoup moins fréquentes et les sujets figurés sont très rares : on ne compte guère que deux frises de masques de théâtre (**59 A** et **112**, B, **fig. 28**) et une bande ornée de têtes de lions et de griffons (**111**). — Dans les champs et panneaux sont placés des motifs géométriques, des rosaces végétales stylisées (par exemple **121**), des inscriptions (**98**, D, L, M ; **105**, L) ou des sujets figurés. En ces deux derniers cas, le mosaïste se heurtait au problème de la lisibilité : posés au sol, un tableau figuré ou une inscription s'offrent à la vue sous des angles multiples dont la plupart sont mauvais. Aussi les panneaux sont-ils lisibles, tantôt de l'entrée, tantôt d'un autre côté de la pièce, sans que ces diverses dispositions se laissent réduire à des règles fixes : vraisemblablement, l'orientation des tableaux figurés était subordonnée à l'aménagement d'ensemble de la pièce.

Fig. 28. — Maison des masques (**112**) : mosaïque représentant un masque de Pan.

Les sujets figurés, quoique assez nombreux, se retrouvent souvent à plusieurs exemplaires : on possède actuellement quatre dauphins à l'ancre (**fig. 106**), trois mosaïques aux masques (**fig. 28**), deux et probablement trois Dionysos chevauchant le fauve (**fig. 29**). Cela tient à la fois aux préférences du milieu (ainsi les masques s'expliquent par le goût du monde hellénistique pour le théâtre et toutes les mosaïques qui contribuent à l'exaltation de Dionysos par la faveur où l'on tenait alors le dieu) et aux habitudes professionnelles des mosaïstes. Cette répétition des mêmes sujets affaiblit considérablement l'hypothèse, défendue par certains archéologues, selon laquelle le décor d'une mosaïque est approprié à la fonction de l'édifice qui la contient ou comporte des allusions à la vie personnelle du propriétaire.

Les mosaïques à sujets figurés conservées sur place sont commentées dans la IIIe partie au fur et à mesure de la visite.

Fig. 29. — Maison des masques (**112**) : mosaïque représentant Dionysos sur un guépard.

Les thèmes traités sont les suivants :

— Thèmes marins : la Tritonesse et l'Éros (**59 B**, **fig. 30**) ; les dauphins (**111**, **fig. 96**) ; le dauphin s'enroulant autour d'une ancre (quatre exemples dont **118** et **121**, **fig. 106**) ; le trident (**118**, **fig. 103**).

— Sujets empruntés à la vie des jeux et du théâtre : l'amphore ou l'hydrie associée à la palme (trois exemples : **52**, niche 1 ; **112**, D ; **118**, **fig. 104**) ; masques (**59 A** et **112**, B, **fig. 28**) ; scène d'un drame satyrique (**112**, C) ; table agonistique (**124**). Les thèmes théâtraux sont courants dans tout l'art hellénistique.

— Sujets mythologiques : la Tritonesse déjà citée (**59 B**, **fig. 30**), Lycurgue et Ambrosia (**59 A**, **fig. 31** : menacée par Lycurgue, la nymphe Ambrosia, de l'entourage de Dionysos, implore, en la frappant de la main, la Terre qui la métamorphose en vigne), Athéna et Hermès de part et d'autre d'un personnage assis, sans doute féminin, non identifié (**59 A**), Dionysos sur le guépard ou la panthère (deux exemples : **112**, A [**fig. 29**] et **120** ; en outre tête de panthère provenant sûrement d'un tableau identique), Centaures (**112**, A).

— Animaux : outre les dauphins et les panthères dionysiaques mentionnés plus haut, poissons (**124**) et un panneau d'étage provenant du Quartier de l'Inopos (**95**) : trois colombes sont posées sur le bord d'un bassin (**fig. 86**).

Fig. 30. — Maison des tritons (**59 B**) : mosaïque représentant une Tritonesse.

Fig. 31. — Îlot des Bijoux (**59 A**) : mosaïque représentant Lycurgue et Ambrosia.

— Signe apotropaïque : signe de Tanit (**111**, fig. 97b).

Il est très rare qu'on puisse rattacher ces mosaïques à des faits connus de l'histoire de l'art hellénistique. À cet égard pourtant la mosaïque des colombes est spécialement intéressante : Pline l'Ancien (XXXVI 184) décrit une mosaïque de sujet analogue dont il cite l'auteur : Sosos de Pergame ; plusieurs mosaïques antiques reprennent le sujet, parmi lesquelles celle de Délos est la plus ancienne ou une des plus anciennes.

D. LES MOSAÏSTES ET LEURS CLIENTS

Le rôle utilitaire de la mosaïque l'a empêchée de recevoir dans l'Antiquité le statut prestigieux qu'avaient alors la peinture et la sculpture. Alors que les sculpteurs les moins en vue signaient leurs œuvres, les mosaïstes restaient presque toujours anonymes : deux mosaïques seulement sont signées à Délos, une mosaïque à décor géométrique du Sanctuaire des dieux syriens (**98**, M : Antaios) et celle des dauphins à la Maison des dauphins (**111** : [Asklé]piadès d'Arados, à qui certains savants ont attribué abusivement d'autres mosaïques déliennes, comme le Dionysos de la Maison des masques, **112**, A[7]).

La clientèle des mosaïstes n'est pas non plus bien connue : les quelques dédicaces inscrites sur mosaïque prouvent, en tout cas, qu'elle se recrutait également dans les différentes fractions ethniques de la population de Délos, Athéniens, Italiens, et Syro-phéniciens, sans que ce cosmopolitisme ait brisé l'uniformité stylistique des mosaïques ; le répertoire ne semble guère avoir été influencé non plus par la nationalité des clients.

7. Cette hypothèse de J. CHAMONARD (*EAD* XIV, p. 38-41) est devenue une certitude dans certains livres de vulgarisation.

LA CÉRAMIQUE

La céramique est, étymologiquement, l'ensemble des objets de terre cuite, bien que le sens du mot soit souvent restreint à celui de vaisselle. Beaucoup mieux conservée que les objets de métal et, en raison de son faible coût, produite en une abondance qui nous permet des classements relativement fiables, elle est un matériel archéologique de première importance ; en particulier, c'est souvent elle qui fournit, en fouille, les seuls indices de datation.

I. Céramique préhistorique, archaïque et classique[1]

La plupart des vases provenant de Délos ne se trouvent pas au Musée de Délos, mais à celui de Mykonos. En effet, lors de la purification de 426, le contenu des tombes déliennes (ossements et offrandes) fut, à de très rares exceptions près, transporté à Rhénée et déversé dans une fosse commune. Celle-ci fut découverte et fouillée en 1898-1899 ; ces trouvailles furent emportées à Mykonos.

Céramique préhistorique

Chronologiquement, la collection commence avec les vases préhistoriques (IIIe millénaire) provenant de l'habitat du Cynthe (**105**) : grands pithoi et plusieurs petits vases, tous sans décor[2].

De l'époque mycénienne on n'a guère retrouvé que des tessons (quelques vases, assez grossiers).

Céramique géométrique

La céramique géométrique des Cyclades est bien représentée à Délos. On y distinguera deux classes principales : dans l'une, l'argile apparaît avec sa teinte naturelle ; dans l'autre, elle est recouverte d'un engobe crème. Les plus anciens de ces vases ont une décoration purement

1. *EAD* X, XV, XVII, XXI, XLI (cf. p. 20-21, remarques présentées à propos de ces fascicules).
2. Voir J. A. MacGillivray, *BCH* 104 (1980), p. 3-45 ; et 105 (1981), p. 615-621.

géométrique. On remarquera la fréquence, dans les Cyclades, du motif de la « roue ». Dans le Géométrique Récent apparaissent des représentations : oiseaux (soit seuls, soit schématisés en files), chevaux, bouquetins.

On remarquera les vases suivants :

B 7297. Grande amphore sans engobe. Sur l'épaule, suite de « métopes » ornées chacune d'une « roue ». La forme, avec son haut col, évoque celle des grandes amphores attiques du Dipylon. Il s'agit soit d'un vase attique, soit, plutôt, d'une imitation cycladique. Artémision.

B 4113. Grande amphore pansue sans engobe ; le col manque. On remarquera la petite frise de biches couchées avec la tête retournée. Le corps, très stylisé, est rendu en silhouette : l'effet est extrêmement élégant. Artémision, VIIIe s.

B 4203. Cratère sur haut pied cannelé, avec engobe. Des animaux (oiseaux, cerfs, chevaux) sont représentés dans de petits tableaux. Sous l'anse double, roue dentée. Seconde moitié du VIIIe s.

B 4208. Amphore de taille moyenne, recouverte d'un engobe crème. La scène principale représente deux chevaux encadrant un objet que Dugas et Kontoléon interprètent comme une mangeoire. En dessous, frise de femmes dansant. On notera également une petite œnochoé à corps globulaire décorée d'une file de cercles concentriques au-dessus d'un ornement serpentin, et une grenade à décoration géométrique (damiers).

Parmi les objets d'époque géométrique se trouvent plusieurs tessons sans engobe, très soignés, dont certains sont probablement attiques (notamment un couvercle), et des chevaux en terre cuite provenant de couvercles de pyxides attiques. Un très beau tesson orientalisant (premier quart du VIIe s.) représente sans doute Apollon citharède et Artémis.

On peut dire que pratiquement seule l'époque géométrique récente est représentée au Musée de Délos ; le Géométrique Ancien et le Protogéométrique font presque totalement défaut[3].

Céramique orientalisante

Celle-ci couvre pratiquement le VIIe s., quoique ses origines remontent à la fin du VIIIe s. Il n'y a d'ailleurs pas, à Délos comme ailleurs, de rupture entre le Géométrique et l'Orientalisant.

Du début de l'époque orientalisante (fin du VIIIe s.) date l'amphore à large col B 4218. Sur le col et la panse sont représentés des sphinx marchant. Artémision.

Très remarquable est le grand tesson B 243, fragment d'une amphore de taille exceptionnelle (provenance : Quartier du théâtre). Il est couvert d'un engobe crème. Sous l'anse

3. À part quelques tessons : H. Gallet de Santerre, *DPA*, p. 214 et n. 7.

est figuré un lion dessiné au trait, avec le corps couvert de points. Le corps est mince, la tête petite, les griffes énormes. À gauche se voit une tête d'homme avec une barbe pointue et les bras ramenés au-dessus de la tête (attitude habituelle des pleureurs). Un ornement évoque beaucoup B 4218. Date : premier quart du VIIe s. Selon N. Kontoléon, ce fragment serait naxien.

B 6082. Grand skyphos aux parois fines couvertes d'un engobe crème. La forme est imitée du Protocorinthien, mais des vases de cette taille ne se rencontrent jamais à Corinthe. Sur le milieu de la lèvre est représenté un sanglier, entre des ornements variés. Ce vase, classé argivo-cycladique par Dugas, serait naxien selon Kontoléon. Héraion.

B 6230. Vase du type dit « calice de Chios ». Un engobe couvre les parois très fines ; rehauts de couleur (blanc et rouge) notamment pour la décoration de l'intérieur. Face principale : taureau entre lions. Héraion.

De Rhodes viennent de nombreux plats avec ou sans pied comportant une décoration florale à l'intérieur et des bandes à l'extérieur ; des œnochoés ornées de files de bouquetins ; des vases-couronnes à décoration géométrique.

Le style dit « mélien » (dont on ignore en réalité l'origine exacte ; l'hypothèse parienne semble actuellement la plus vraisemblable) est représenté par de nombreux plats décorés de spirales à l'extérieur, et quelques hydries à la décoration analogue, mais enrichies de scènes figurées, avec généralement un visage féminin sur le col[4].

Corinthe. Le style corinthien du VIIe s. (« protocorinthien ») est représenté à Délos par d'assez nombreux aryballes pointus ordinaires décorés de « chiens courants ». On remarquera B 6186, grand aryballe aplati du début du VIIe s., un des plus beaux de sa catégorie.

Un ensemble important de vases provient de tombes fouillées à proximité de l'Archégésion (74) : hydries méliennes, vases protocorinthiens et corinthiens. Des tessons et vases inscrits proviennent du sanctuaire, dont ils ont permis l'identification.

Céramique archaïque et classique

Au VIe s. la céramique cycladique disparaît pratiquement. Deux fabriques sont en concurrence : l'Attique et Corinthe. Les vases corinthiens (dont beaucoup d'excellente qualité), à la décoration très chargée, forment une part importante de la trouvaille de l'Héraion. À partir du milieu du VIe s. la fabrique corinthienne est éliminée, et on ne rencontre plus que des vases attiques (également de l'Héraion : beaucoup portent des inscriptions, dédicaces à Héra).

4. Voir Ph. Zaphiropoulou, *EAD* XLI.

Petite plastique archaïque

De nombreux masques votifs en terre cuite, représentant des visages féminins (seconde moitié du VIe s.) ainsi que des vases plastiques et des statuettes féminines pourvues d'ailes schématiques proviennent de l'Héraion.

II. Céramique, figurines et mobilier hellénistiques

Les nombreuses maisons hellénistiques déjà fouillées à Délos ont livré une énorme masse d'objets de terre cuite, presque tous datables du IIe s. ou du début du Ier s.

1) *La vaisselle*[5]. La vaisselle commune sans décor — cruches, marmites, poêles — est largement représentée. On trouve aussi couramment à Délos les types ordinaires de la production de la fin de l'époque hellénistique : lagynoi (= cruches à long col étroit) à fond blanc, dont certains sont originaires de Chypre et d'autres, ornés de guirlandes ou d'instruments de musique peints au vernis brunâtre, qui proviennent de la côte ionienne ; vases du genre dit « west slope »[6] caractérisés par un décor géométrique ou végétal exécuté à la peinture blanche et à l'argile diluée sur vernis noir, produits à Athènes ; très nombreux bols ornés d'un décor en relief moulé (motifs géométriques ou végétaux et, parfois, scènes figurées) importés de différentes régions de l'Égée. La grande majorité des bols dits autrefois « déliens »[7] provient d'ateliers « éphéso-ioniens » ; certains, beaucoup moins nombreux, viennent d'Athènes ou du Péloponnèse. La vaisselle dite autrefois « pergaménienne », dénommée aujourd'hui *Eastern Sigillata A*, produite en Syrie-Palestine et caractérisée par un beau vernis rouge violacé et une argile claire, est abondante de même que d'autres vases à vernis rouge, parfois décorés de reliefs appliqués[8], produits à Pergame.

À côté de ces importations orientales majoritaires, le matériel délien se caractérise, dans la vaisselle fine comme dans les séries plus grossières (céramique de cuisson notamment), par un nombre non négligeable d'importations occidentales, dans des proportions supérieures

5. La céramique hellénistique de Délos n'a pas fait l'objet d'une publication exhaustive. Un échantillonnage de la vaisselle qu'on trouve couramment dans les habitations déliennes est présenté par Ph. BRUNEAU, dans *EAD* XXVII, p. 239-262. Voir aussi P. CHATZIDAKIS, *Hellenistic Pottery from the Aegean* (1994), p. 46-73 ; A. PEIGNARD, *Συνάντηση για την Ελληνιστική Κεραμική 4, Μυτιλήνη 1994* (1997), p. 308-316 et pl. 231-234. La rédaction de ce paragraphe a bénéficié du concours d'A. Peignard-Giros.
6. Parce que les premiers exemplaires connus de ce type proviennent de la pente occidentale (« west slope » en anglais) de l'Acropole d'Athènes.
7. A. LAUMONIER, *EAD* XXXI.
8. Ph. BRUNEAU, *BCH* 115 (1991), p. 597-666.

à ce que l'on observe sur d'autres sites de Grèce à la même époque : plats à four italiques, originaires pour la plupart de Campanie (en particulier les séries dites « à engobe rouge pompéien »), céramiques campaniennes[9], gobelets à parois fines abondent dans toutes les maisons de la fin du IIe - début du Ier s. av. J.-C. Aucun faciès particulier ne semble se dégager de certaines maisons qui permettrait d'en inférer l'origine des habitants.

2) *Les lampes*[10] forment une collection de quelque cinq mille numéros, dont plus des 4/5 appartiennent à la fin du IIe s. et au début du Ier s., ce qui en fait l'ensemble le plus important actuellement connu pour cette époque. — Tournées ou moulées et, en ce dernier cas, décorées (motifs géométriques ou végétaux, très rarement figurés), ces lampes des environs des IIe-Ier s. sont de types très variés et souvent très différents de ceux qu'on rencontre sur d'autres sites de Grèce propre, en particulier Athènes ; c'est qu'une grande partie d'entre elles provenaient d'Asie Mineure, ce qui n'est pas sans intérêt pour l'histoire commerciale délienne de cette époque. Le pourcentage des lampes à plusieurs becs est considérable par rapport aux autres sites (cf. p. 45) et indique, par la consommation d'huile que cela nécessitait, un luxe d'éclairage très exceptionnel et aussi révélateur que les maisons du haut niveau de vie d'une partie de la population. — Des niches ménagées dans certains murs (par ex. **120**) semblent avoir servi à recevoir des lampes.

3) *Les figurines de terre cuite*[11], également très nombreuses, mais souvent mutilées, proviennent d'ateliers fort divers, souvent mal déterminés. L'iconographie en est très variée : outre de nombreuses figurines masculines et féminines anonymes, on reconnaît des dieux et héros grecs, des divinités orientales, des figures de théâtre.

4) *Le mobilier.* Une partie des autres objets mobiliers (cf. p. 145-152) était en terre cuite[12], entre autres les pesons utilisés pour le tissage et surtout les *réchauds* qui servaient à la cuisine et au chauffage qu'en l'absence de cheminée ou de tout autre dispositif ils étaient seuls à assurer. Ils étaient de plusieurs types[13]; on n'en possède le plus souvent que des fragments, mais quelques exemplaires ont pu être reconstitués ; l'un d'eux (**fig. 32**) est décoré de façon particulièrement remarquable.

La céramique et les objets datant des époques impériale et paléochrétienne[14] sont peu nombreux mais prouvent que Délos fut continûment occupée jusqu'au VIIe s. ap. J.-C. (cf. p. 45).

9. J.-P. MOREL, *BCH* 110 (1986), p. 461-493.
10. Ph. BRUNEAU, *EAD* XXVI, avec les compléments indiqués p. 21.
11. A. LAUMONIER, *EAD* XXIII. — Compléments : A. BOVON, *EAD* XXVII, p. 209-217 ; Ph. BRUNEAU, *BCH* 99 (1975), p. 298-299.
12. W. DEONNA, *EAD* XVIII, *passim* ; Ph. Bruneau a présenté deux ustensiles assez énigmatiques dans *BCH* 99 (1975), p. 308-311.
13. Chr. LE ROY, *BCH* 85 (1961), p. 474-500 ; G. SIEBERT, *EAD* XXVII, p. 267-276.
14. Ph. BRUNEAU, *EAD* XXVI, nos 4570-4752 (lampes) ; An. ORLANDOS, *BCH* 60 (1936), p. 68-100 (objets paléochrétiens). Cf. aussi p. 45, n. 31 et p. 261, n. 11.

Fig. 32. — Réchaud trouvé dans le Quartier du théâtre.

III. Les amphores[15]

par Jean-Yves EMPEREUR

À la fin de 1982, les collections déliennes comptaient 7938 anses timbrées et amphores, dont 236 amphores complètes : le classement de cet ensemble considérable a été réalisé par V. Grace à partir de 1950 et continué par l'auteur de ces lignes depuis 1979.

Ces amphores ont été trouvées en place dans les celliers des maisons ou alignées par dizaines, fichées dans le sol meuble des boutiques de vente au détail. Souvent aussi, elles ont été récupérées de remplois divers tels que remblais de fondation (par ex. Portique de

15. Quatre études traitent de ce matériel délien : V. GRACE, *BCH* 76 (1952), p. 514-540 ; V. GRACE, M. SAVVATIANOU-PÉTROPOULAKOU, *EAD* XXVII, p. 277-382 ; V. GRACE, *ÉD*, p. 183-208 ; J.-Y. EMPEREUR, *BCH* 106 (1982), p. 219-233.

Philippe, **3**), maçonnerie de murs (par ex. au Quartier du stade, **79**) ou encore canalisations (par ex. conduites horizontales et bouches verticales de la rue au Sud de l'Agora des Italiens, **52**).

L'étude de ces amphores vise deux buts principaux : 1° l'établissement d'une chronologie : certaines anses timbrées peuvent être datées à quelques années près et donc permettre de dater à leur tour la couche dans laquelle elles ont été trouvées ; 2° esquisser l'histoire des amphores et — avec des précautions de méthode — celle de leurs contenus, vin et huile principalement. Un des intérêts des fouilles déliennes est de fournir souvent un terminus (88 ou 69) pour des amphores de types mal connus jusqu'à présent.

La difficulté de l'entreprise est double : 1° on doit traiter des quantités considérables de matériel ; et 2° ne plus mettre en œuvre les seules anses timbrées, mais l'ensemble des amphores, même très fragmentaires et qu'elles soient timbrées ou non.

La chronologie du matériel amphorique ne se singularise pas du reste des trouvailles domestiques déliennes ; à part quelques exceptions de l'âge archaïque et classique, l'ensemble appartient à l'époque hellénistique et principalement à la seconde période athénienne : presque toutes les amphores complètes sont contemporaines des deux vagues de destruction de 88 et de 69 ; ensuite, le matériel reste rare jusqu'au VIe s. ap. J.-C.

La collection délienne, fort variée, donne un aperçu de l'ensemble des productions d'amphores dans le monde hellénistique, oriental et occidental. De récentes études ont permis de distinguer les différentes sources majeures d'approvisionnement suivant les époques, la place dominante sur le marché délien revenant successivement à diverses cités : au IIIe s. et jusque vers 175, Rhodes possède une primauté qui lui est bientôt ravie par Cnide qui la conserve jusqu'au sac d'Archélaos (88). La désorganisation du commerce cnidien lors de l'expédition mithridatique au Sud de l'Asie Mineure favorise la montée des produits de Cos et de Chios (qui, certes, n'étaient pas inconnus à Délos auparavant, mais qui voient leur vente s'accroître considérablement), des produits venus d'Afrique (type Cintas 312) et surtout italiens (Lamboglia 2, Dressel IA et C) dont l'importation prend des dimensions considérables : les boutiques et celliers détruits par les pirates en 69 étaient remplis de ces amphores occidentales (en revanche, on peut, en règle générale, noter la faible quantité des productions septentrionales — Thasos et mer Noire —, phénomène que doit en grande partie expliquer la chronologie basse des trouvailles déliennes).

Les études récentes ont mis en lumière l'énormité de la masse des amphores italiennes ; pour certaines maisons (par ex. la Maison de Fourni, **124**), on arrive à des situations de quasi-monopole (de l'ordre de 90 %) : il convient d'insister sur ce dernier trait qui singularise peut-être Délos du reste du monde égéen au début du Ier s.

Fig. 33. — Ivoire mycénien trouvé à l'Artémision (**46**) : guerrier.

AUTRES OBJETS MOBILIERS

I. Les ivoires mycéniens

En 1946, H. Gallet de Santerre et J. Tréheux ont découvert à l'Artémision (**46**, 1) tout un « trésor » d'objets d'époque mycénienne, la plupart en or et en ivoire, suite des premières trouvailles faites en 1928 par R. Vallois dans un sondage voisin[1].

Les pièces les plus remarquables sont :

— Plaque d'ivoire sculptée : guerrier mycénien (**fig. 33**). Le corps cambré, la tête rejetée en arrière, il tient du bras droit tendu en avant une lance. Par son type physique, l'homme se place dans la tradition minoenne : épaules larges, taille étranglée, cuisses et jambes massives. Le costume aussi — un pagne très succinct — se situe dans cette tradition. L'armement est celui qui est courant à l'époque mycénienne : casque en dents de sanglier et en forme de tiare, bouclier en forme de huit, lance. Le visage, avec son nez fort, a quelque chose d'asiatique. J.-Cl. Poursat attribue cette plaque à Chypre.

— Très longue plaque d'ivoire sculptée : combat d'animaux (lions contre cervidés et bovidés). Elle est probablement d'origine orientale.

— Plaque sculptée et découpée : combat d'un griffon contre un cervidé. Sa forme très particulière laisse penser qu'il s'agit d'une pièce de réparation autrefois insérée dans une longue frise. Le style semble proprement mycénien.

— Plaque gravée et découpée : combat d'un lion et d'un griffon. La conservation, excellente, permet d'apprécier la qualité tout à fait exceptionnelle de cette œuvre. Le dessin est à la fois stylisé et plein de vie ; le souci de la composition semble toutefois l'emporter sur celui du réalisme. J.-Cl. Poursat attribue également cette plaque à Chypre.

— Statuette de bronze : personnage debout, apparemment nu, mais portant un haut bonnet. Il tient dans la main droite une sorte d'épée courbe (harpè) et dans la gauche un petit bouclier rond. Ce type est d'origine orientale ; s'agit-il d'un simple guerrier ou d'un dieu, on ne sait.

Ces objets datent vraisemblablement de la période 1350-1250. Selon I. Tournavitou, une bonne partie du matériel convient à un usage funéraire et l'essentiel peut provenir d'un atelier local[2].

1. *BCH* 71-72 (1947-1948), p. 148-254 ; J.-Cl. Poursat, *ÉD*, p. 415-425.
2. I. Tournavitou, *BCH* 119 (1995), p. 479-527.

II. Les bronzes géométriques et orientaux[3]

La série comprend : des fragments de trépieds à cuve clouée, de fabrication grecque ; des appliques de chaudrons orientaux (griffon, Sirène, tête barbue, tête de taureau) ; des statuettes de style géométrique grec (hommes, chevaux, autres animaux). Elle est pauvre, pour un sanctuaire comme Délos, et son intérêt est surtout historique. En effet, elle est essentiellement « récente » (un seul objet antérieur à 800, deux entre 800 et 750). Or, des objets comme ces offrandes coûteuses en bronze sont caractéristiques de l'activité d'un sanctuaire. Cela montre que le « démarrage » de celui d'Apollon s'est effectué, à Délos comme à Delphes et ailleurs, dans la deuxième moitié du VIIIe s.

III. Les bronzes hellénistiques

par Gérard SIEBERT

Délos avait dans l'Antiquité la réputation d'un centre de fabrication d'objets en bronze. Pline, dans un texte célèbre *(H.N.,* XXXIV 9), évoque l'*aes deliacum,* la vaisselle délienne en bronze, les lits en bronze du type délien[4]. Or, jusqu'aux fouilles récentes dans le quartier Nord, dit de Skardhana (**59 C** et **D**), on n'avait trouvé que peu de bronzes à Délos et des pièces dont la fabrication locale n'était pas assurée : la tête-portrait de la Palestre de granit (p. 110 et **fig. 70**), le relief provenant de la Kréné Minoé (p. 103 et **fig. 94**).

Le Musée abrite encore de rares débris de statues en bronze dont on ne conserve, en grand nombre sur le site, que les bases, ainsi que quelques figurines, des anses de vases et une importante collection d'objets de toilette. Tout ce qui dans l'Antiquité avait échappé aux chasseurs de métal et aux amateurs d'art disparut rongé par l'oxydation et par l'acidité du sol délien.

Il fallut attendre plus de cent ans d'exploration de l'île pour qu'en 1968 apparût un véritable « trésor » de bronzes, et un autre en 1974-1975, sauvés de l'oxydation par une circonstance exceptionnelle : l'épais manteau de cendres et de charbons qui recouvrait à la fois une des maisons incendiées de l'Îlot des bronzes

3. Cl. ROLLEY, *ÉD,* p. 491-524.
4. Les textes anciens sur l'*aes deliacum* sont rassemblés et commentés par Ph. BRUNEAU, *in Recueil Plassart* (1976), p. 36-45.

et la Maison des sceaux[5]. On a ainsi découvert des appliques de mobilier qui avaient orné des portes, des lits, des coffres, des coffrets (**fig. 34**), ainsi que de la vaisselle et divers ustensiles[6].

Certains types d'appliques (buste d'Hermès, buste de Satyre couronné de lierre, chien couché) connaîtront une longue postérité à l'époque romaine. D'autres pièces (tête de Silène au foulard, statuette hermaïque de Papposilène drapé dans la léonté d'Héraclès) se rattachent si étroitement à des types iconographiques de la plastique délienne en marbre que leur attribution à des officines de bronziers déliens est très vraisemblable. À cette petite plastique s'ajoutent de la vaisselle en bronze (pichets, situles, pyxides, lampes, forme à décor végétal) et des ustensiles domestiques (pied de table, balance, outils, serrures). Par une singulière coïncidence on a retrouvé dans une boutique voisine de l'Îlot des bronzes une douzaine de moules qui avaient servi à la fabrication des pieds de lit dont un spécimen complet et des fragments proviennent des maisons récemment fouillées.

Fig. 34. — Appliques en bronze trouvées dans l'Îlot des bronzes (**59 C**).

5. G. Siebert, *BCH* 93 (1969), p. 1042-1044 ; 99 (1975), p. 721 ; 100 (1976), p. 813-814 et 818-819.
6. G. Siebert, *ÉD*, p. 555-587 ; *Bronzes hellénistiques et romains, Tradition et renouveau, Ve Colloque international sur les bronzes antiques, Lausanne, 8-13 mai 1978* (1979), p. 173-176 et pl. 103-105.

Fig. 35. — Bijoux trouvés dans l'Îlot des bijoux (59 A).

IV. Les bijoux

Délos n'a livré que peu de bijoux en dehors de deux ensembles découverts dans un même îlot du Quartier Nord, dit pour cette raison « Îlot des bijoux » (**59 A**) : médaillons en or, bracelets, colliers à pendentifs, boucles d'oreille à pendentifs (**fig. 35**)[7].

Le matériel des deux ensembles est très similaire et l'un des médaillons est analogue à un médaillon trouvé dans la Maison de Kerdon (**83**) : il doit donc s'agir d'une bijouterie de modèle très courant. Les données de fouille et les monnaies auxquelles étaient associés les bijoux font penser qu'ils ont été les uns cachés et les autres perdus lors des événements de 88 ou de 69.

7. E. Lévy, T. Hackens, *BCH* 89 (1965), p. 503-566 ; E. Lévy, *BCH* 92 (1968), p. 523-539. — Autres bijoux : W. Deonna, *EAD* XVIII, p. 299-319.

V. Cachets à empreintes

par Marie-Françoise Boussac

Une des découvertes les plus importantes des dernières décennies est celle d'environ 16000 pastilles portant 26 à 27000 empreintes de sceaux et provenant d'un dépôt d'archives[8] (**fig. 36** et 37).

Trouvés dans les ruines d'une maison du Quartier Nord, dite pour cette raison « Maison des sceaux » (**59 D**), qui fut détruite au Ier s. — en 69 selon le fouilleur[9] — , ces cachets, le plus souvent fragmentaires, sont d'une argile très fine. Ils portent au droit un nombre variable d'empreintes de sceaux (de une à douze) et au revers des traces de fibres de papyrus. Tous sont percés d'un canal longitudinal produit par le passage du lien qui les appliquait à la surface de la feuille de papyrus (des fibres carbonisées subsistent dans quelques cas). Le feu qui permit leur cuisson et donc leur conservation détruisit en revanche les actes qu'ils scellaient. Certains documents d'archives, notamment des papyrus ptolémaïques d'Éléphantine, peuvent cependant donner une idée de l'ensemble : après rédaction, le contrat était roulé et entouré d'un (ou plusieurs) lien sur lequel on appliquait une (ou plusieurs) pastille d'argile. Les personnes impliquées dans la transaction y apposaient alors leur sceau en guise de signature.

Le monde grec a livré toute une série de trouvailles similaires datant des époques hellénistique et impériale, qu'il s'agisse de cachets comme les nôtres trouvés en Grèce même (Pella, Gitani en Thesprotide, Kallipolis d'Étolie) ou dans l'Orient hellénisé (Artachate, Zeugma, Syrie, Égypte, Paphos), ou de « bulles en manchon » qui entouraient le document roulé et qui ont été trouvées en différents endroits de l'empire séleucide (Séleucie du Tigre, etc.). Peu de trouvailles cependant, mises à part celles de Zeugma et de Séleucie du Tigre, sont comparables à celle de Délos pour l'importance numérique. Pour le type — cachets à empreintes multiples — les exemplaires déliens se rapprochent essentiellement de ceux de Cyrène, Éléphantine ou Sélinonte.

Le caractère privé de la maison, sa situation dans un quartier d'habitation, le type même des cachets montrent que nous avons affaire aux archives d'un particulier, gros négociant sans doute, peut-être même banquier (à Athènes, les actes privés n'étaient pas enregistrés, mais étaient déposés chez des particuliers, notamment des banquiers). L'exemple des papyrus d'Éléphantine, la rareté des sceaux publics (sceaux de villes ou de magistrats comme celui de l'épimélète de l'île, **fig. 36**) indiquent que les archives contenaient essentiellement des documents juridiques de nature privée. Il est probable — certains indices en font foi — que toutes les affaires enregistrées n'ont pas été traitées à Délos. Le caractère cosmopolite

8. M.-Fr. Boussac, *Les sceaux de Délos* 1 (1992) ; N. Chr. Stampolidis, *Les sceaux de Délos* 2 (1992) ; M.-Fr. Boussac, *CRAI* 1993, p. 677-693 ; Y. Auda, M.-Fr. Boussac, *BCH Suppl.* 29 (1996), p. 511-523.

9. G. Siebert, *EAD* XXXVIII.

Fig. 36. — Sceau de l'épimélète de Délos trouvé dans la Maison des sceaux (**59 D**).

Fig. 37. — Sceau représentant la statue de culte d'Apollon Délien trouvé dans la Maison des sceaux (**59 D**).

de l'ensemble ne saurait en tout cas étonner à Délos et les Italiens dont les noms apparaissent sur quelques cachets sont le plus souvent membres de *gentes* attestées depuis longtemps sur l'île.

Les empreintes, dont la grande majorité datent de la seconde moitié du IIe et du début du Ier s., mais dont quelques exemplaires appartiennent encore à la fin du IIIe siècle, offrent enfin un répertoire complet des thèmes et des styles de la glyptique hellénistique de cette époque. Elles donnent surtout un aperçu fidèle des goûts et des tendances, religieuses ou artistiques, de la société délienne. Signalons par exemple une série purement locale qui représente la statue de culte d'Apollon Délien[10] (**fig. 37**) ou un groupe important de portraits stylistiquement proches de certaines représentations en ronde-bosse trouvées à Délos.

VI. Les objets en verre[11]

par Marie-Dominique NENNA

Les fouilles déliennes ont livré un peu moins de 1 400 fragments ou ensembles de fragments de verre dont la quasi-totalité provient de contextes datés de la fin du IIe et du début du Ier s. av. J.-C. Ils illustrent les différentes techniques du verre employées avant l'invention du verre soufflé : verre moulé sur noyau, verre moulé polychrome, verre moulé monochrome. Les contenants à parfum en verre moulé sur noyau sont principalement représentés à l'époque hellénistique par des alabastres fusiformes et des amphorisques qui imitent la forme des amphores vinaires, produits au moins à Rhodes. La verrerie moulée polychrome comprend essentiellement des vases ouverts ; les techniques d'assemblages de fils de verre bichrome,

10. M.-Fr. BOUSSAC, *BCH* 106 (1982), p. 427-443.
11. M.-D. NENNA, *EAD* XXXVII.

de sections de baguettes à motifs de fleurs ou de spirales, de plaquettes constituées de différents fils de verre sont variées et on songera volontiers à une origine égyptienne pour cette centaine de fragments. Parmi les onze cents fragments de bols en verre moulé monochrome produits en Syro-Palestine, la grande majorité sont décorés de rainures sur la paroi interne ou externe du vase, mais certains portent un décor perlé sous le bord, ou un calice végétal, composé de longues feuilles minces ou de feuilles de lotus alternant avec des joncs, qui se déploie sur toute la panse. On dispose donc là d'un ensemble complet et bien daté de la vaisselle en verre employée à la basse époque hellénistique. L'apport des fragments déliens est fondamental, car ces derniers fournissent pour certaines formes et certains décors les premiers points d'ancrage chronologique et viennent compléter les données dont on disposait déjà grâce aux découvertes de l'épave d'Anticythère et à celles du site de Tell Anafa en Israël. L'analyse des contextes de découverte permet de se faire une première idée de lieux de vente et des modes de consommation de cette vaisselle à boire qui est encore, à cette époque, un produit assez luxueux.

Le verre était aussi employé dans le décor de la maison. Plus d'une cinquantaine de pavements déliens comportent des tesselles de verre (cf. p. 125, n. 1). Il s'agit d'un côté de mosaïques aux motifs géométriques traités en perspective, de l'autre de mosaïques à décor figuré ou végétal où une gamme étendue de couleurs était nécessaire. Les mosaïstes se sont servis de tesselles de verre pour rendre cinq couleurs : le bleu et le vert, le rouge et le jaune, et le violet. Les tesselles de verre proviennent de fils de verre découpés, ou de blocs de matière première concassés ; les tesselles sont, en certains cas, remplacées par des tessons de bols en verre. On dispose aussi à Délos d'éléments en verre monochrome qui appartenaient certainement à la décoration du mobilier. Il s'agit d'éléments de forme géométrique et de plaques de verre qui devaient être incrustés sur des meubles, des lits ou des coffres, et de pastilles de verre qui décoraient, en outre, des vases en céramique ou en métal et des vêtements.

Les pièces de verroterie — perles, jetons, osselets — ont été mises au jour par centaines dans les maisons déliennes et on peut supposer que certaines étaient fabriquées à Délos même. Les données qui permettent de supposer l'existence d'ateliers secondaires de verriers à Délos sont maigres. On n'y a découvert aucun four susceptible d'avoir été utilisé pour fabriquer du verre ou des objets en verre, ni aucun fragment de creuset ou d'outil spécifique au travail du verrier. On dispose seulement de quelques blocs de matière première. En revanche, les demi-produits y ont été découverts en abondance : fils de verre étirés avec une marque de pince à l'une des extrémités, fils de verre découpés de section cylindrique ou de section carrée, tubes de verre et plaquettes de verre de section rectangulaire. Plus élaborées sont les baguettes de verre à plusieurs couleurs servant à la réalisation de perles à décor oculé et les plaquettes de verre destinées à la fabrication des perles rubanées.

Les contextes de découvertes des fragments de matière brute et des demi-produits permettent de localiser au moins trois ateliers à Délos : un premier dans les magasins à l'Ouest de la Maison aux stucs (**87**), un deuxième dans la zone située au Sud du Samothrakeion (**93**), un dernier dans un établissement de la haute vallée de l'Inopos. Il s'agit, au vu de la nature des déchets, d'ateliers de perles où le verre était importé et retravaillé. Dans la Délos de la fin du IIe s. et du début du Ier s., on ne produisait vraisemblablement pas de vaisselle en verre et cette dernière était certainement importée.

VII. Mobilier divers[12]

Enfin, outre le matériel céramique signalé p. 131-137, les maisons ont livré une quantité considérable d'objets de tous genres et de toutes matières (marbre, lave, os, ivoire, bronze, plomb, fer) qui donne une bonne idée du mobilier courant à la fin du IIe et au début du Ier s., à l'exclusion, évidemment, du mobilier en bois qui ne s'est pas conservé : sièges, tables, bassins, baignoires (cf. **89**), pressoirs à huile (cf. **118**), mortiers, broyeurs, armes, spatules, aiguilles, cuillers, objets de toilette, fragments d'instruments de musique, instruments de mesure (ainsi les « sékomata », plaques de marbre creusées de cavités circulaires souvent munies de trous d'écoulement, qui servaient à mesurer les liquides : cf. **89**).

12. W. DEONNA, *EAD* XVIII et compléments, *BCH* 62 (1938), p. 210-221 ; A. BOVON, *in EAD* XXVII, p. 219-237 (sur le fragment de lyre de la p. 233, cf. P. COURBIN, *BCH Suppl.* 6 [1980], p. 112). — M. SZABÓ, *BCH* 95 (1971), p. 503-514, a commenté une fibule celtique.

LES INSCRIPTIONS[1]

TEXTES LITTÉRAIRES ET INSCRIPTIONS

Les documents qui viennent d'être présentés contribuent largement à notre connaissance historique de Délos, mais l'apport de sources écrites est naturellement le bienvenu. Or les textes littéraires sont très insuffisants. Certes, dans des chapitres précédents, nous avons utilisé Hérodote, Thucydide ou Strabon, mais il s'agit toujours de passages très courts où Délos n'intervient qu'incidemment, au cours de développements plus généraux. Nous ne possédons sur l'île aucun exposé monographique : Pausanias n'a pas décrit l'archipel et les ouvrages antiques sur l'histoire de Délos ne nous sont pas parvenus ; ainsi, de la *Déliade* écrite au IIIe s. par Sémos de Délos, il ne nous reste que des bribes, une quinzaine de fragments de quelques lignes chacun (l'un d'eux est cité au no **50**).

On comprend, dans ces conditions, l'importance d'un autre genre de textes : les inscriptions découvertes au cours des fouilles. À très peu d'exceptions près, elles sont aujourd'hui toutes assemblées dans un corpus en neuf fascicules qui compte environ 2 860 numéros. Ce nombre relativement fort élevé correspond, pour deux raisons, à des textes de longueur très inégale. D'abord, à cause de la variété des genres : si les dédicaces se réduisent souvent à quatre ou cinq mots, les comptes de gestion du sanctuaire peuvent atteindre plus de 500 lignes de quelque 130 lettres chacune. Ensuite, du fait de leur conservation : tandis que telle stèle porte des dizaines ou des centaines de lignes parfaitement lisibles, d'autres marbres ne sont que des éclats de quelques lettres ou sont si usés que le texte est devenu indistinct. La patience des épigraphistes a d'ailleurs fréquemment eu raison de ces difficultés : des fragments isolés ont été recomposés en textes suivis ; des gravures presque effacées n'ont finalement pas résisté au déchiffrement.

1. Outre les volumes du corpus énumérés plus bas, voir F. DURRBACH, *Choix*, et Cl. PRÊTRE *et al.*, *Nouveau choix*, qui présentent une sélection de textes avec traduction et commentaire ; L. H. JEFFERY, *The Local Scripts of Archaic Greece* (1961, 2e éd. 1990), p. 289-298, sur les inscriptions archaïques. — Beaucoup des travaux de synthèse cités dans la bibliographie des p. 22-24 utilisent les inscriptions à des fins diverses ; plus proprement épigraphiques sont la thèse inédite de J. TRÉHEUX, *Études critiques sur les inventaires de l'Indépendance* (1959), et celle de M.-Chr. HELLMANN, *Recherches sur le vocabulaire de l'architecture grecque, d'après les inscriptions de Délos* (1992). Les actes du colloque édités par D. KNOEPFLER, *Comptes et inventaires dans la cité grecque* (1988) contiennent plusieurs articles consacrés à Délos et une bibliographie de J. Tréheux. — En outre, on suit commodément le progrès des travaux d'épigraphie délienne en consultant la rubrique « Délos » du « Bulletin épigraphique » dans la *REG*.

Répartition chronologique

Publiées par ordre chronologique sous une numérotation continue, les inscriptions de Délos ne forment pas une collection de présentation unitaire : deux fascicules parus avant 1914 font partie de la série des *Inscriptiones Graecae*, ou *IG*, éditée à Berlin avec commentaire en latin ; après la première guerre mondiale, on préféra poursuivre la publication sous une forme indépendante, les *Inscriptions de Délos*, ou *ID*, avec commentaire en français. Les inscriptions funéraires et une partie des graffites ont été publiées à part.

Chronologiquement, le corpus, aujourd'hui complet (à l'exclusion, évidemment, des inscriptions découvertes après sa parution), se répartit ainsi :

Époque archaïque et classique

— *ID* 1-88 : dédicaces, décrets, etc., du VIIe au IVe s.
— *ID* 89-104.33 : actes administratifs de l'amphictyonie attico-délienne.

Époque de l'Indépendance

— *IG* XI 2, 105-289 : actes des archontes ; comptes des hiéropes.
— *ID* 290-371 : comptes des hiéropes (suite).
— *ID* 372-509 : comptes des hiéropes (fin) ; lois, règlements, contrats, devis.
— *IG* XI 4, 510-1349 : décrets honorifiques, catalogues, dédicaces, etc.

Époque athénienne

— *ID* 1400-1496 : actes des fonctionnaires athéniens préposés à l'administration du Sanctuaire, fragments d'actes divers.

— *ID* 1497-2219 : décrets et dédicaces postérieurs à 167.

— *ID* 2220-2879 : dédicaces (suite), règlements, imprécations, catalogues, inscriptions chrétiennes et byzantines, etc.

— *EAD* XXX : épitaphes.

— *EAD* XXVIII, p. 100-137 et *BCH* 122 (1998), p. 201-212 : graffites du Gymnase et de la Palestre du lac.

— *EAD* VIII, p. 204 ; *BCH* 51 (1927), p. 234-243 ; *BCH* 99 (1975), p. 286-289 ; 102 (1978), p. 146-147 : graffites sur des murs de maisons.

— *CDH,* p. 223, 305, 467, 651-652 ; *BCH* 106 (1982), p. 469-474 : publication ou transcriptions de textes hellénistiques trouvés après la parution des fascicules correspondants du corpus.

Depuis la parution du corpus, de nouvelles inscriptions ainsi que des raccords et des corrections ont été publiés :

— V. Chankowski-Sablé, Chr. Feyel, « Comptes de la fin de l'Indépendance délienne », *BCH* 121 (1997), p. 103-124.

— V. Chankowski, « Le compte des hiéropes de 174 et l'administration du sanctuaire d'Apollon à la fin de l'Indépendance délienne », *BCH* 122 (1998), p. 213-238.

— V. CHANKOWSKI, « Un nouveau procès délien : le compte des naopes de Délos et la procédure athénienne au IVe s. », *BCH* 125 (2001), p. 175-193.

— Rol. ÉTIENNE, « Inscriptions de Délos », *BCH* 105 (1981), p. 171-182.

— Chr. FEYEL, Fr. PROST, « Un règlement délien », *BCH* 122 (1998), p. 455-468.

— Chr. FEYEL, « Inscriptions inédites du Prytanée délien : dédicaces et actes d'archontes », *BCH* 124 (2000), p. 247-260.

— Cl. PRÊTRE, « La *Tabula* délienne de 168 av. J.-C. », *BCH* 124 (2000), p. 261-271.

— G. REGER, « Two Estates of Delian Apollo on Mykonos and the Date of *ID* 452 + 467 », *Hesperia* 63 (1994), p. 105-110.

— J. TRÉHEUX, « Les hiéropes de 171 avant J.-C. », *BCH* 109 (1985), p. 485-497.

— J. TRÉHEUX (†), P. CHARNEUX, « Décret du peuple athénien pour Pausanias de Mélitè, gymnasiarque à Délos », *BCH* 121 (1997), p. 153-173.

— J. TRÉHEUX (†), P. CHARNEUX, « Décret des Athéniens de Délos en l'honneur d'un épimélète de l'île », *BCH* 122 (1998), p. 239-276.

Des *indices* des *Inscriptions de Délos* sont en cours d'édition. On en doit le premier tome à J. Tréheux :

— J. TRÉHEUX, *Index des Inscriptions de Délos, I. Les étrangers à l'exclusion des Athéniens de la clérouchie et des Romains* (1992).

La table des matières du corpus montre que, comme partout, ce sont les époques archaïque et, dans une moindre mesure, classique qui sont les moins représentées : les plus anciennes inscriptions sont des dédicaces en alphabet naxien gravées sur des statues ou sur leurs bases, à partir de 650 environ, la dédicace de Nikandré (p. 86), la base d'Euthykartidès (p. 88) et celle du Colosse des Naxiens (**9**). Quantitativement, l'essentiel du corpus classique est occupé par les actes administratifs des Amphictyons.

Avec quatre volumes, l'époque de l'Indépendance fournit une partie considérable du matériel épigraphique. Hormis un assez petit nombre de dédicaces et la très originale « Chronique du Sarapieion » (cf. **91**), il s'agit surtout de décrets honorifiques concernant des bienfaiteurs de Délos et d'actes administratifs, les comptes et inventaires des archontes et ceux des hiéropes (cf. p. 57-58), qui forment incontestablement la partie la plus originale des inscriptions de Délos.

Très riche également en inscriptions, l'époque athénienne présente cependant, par rapport à la période précédente, une répartition inversée des genres : tandis que les actes administratifs disparaissent vers 140 (cf. p. 57-58), le nombre des dédicaces croît considérablement. Émanant des diverses ethnies, elles n'en sont pas moins, pour la très grande majorité, rédigées en grec ; toutefois les inscriptions latines ou bilingues (texte grec et traduction latine) se multiplient et l'on possède même quelques textes en langues et écritures sémitiques (*ID* 2315, 2319, 2320, 2322). C'est à cette période qu'appartiennent la plupart des épitaphes et les graffites.

Les inscriptions de l'époque impériale, peu nombreuses, ont été regrettablement mêlées à celles de la période 167-69. La raison en est que les derniers fascicules du corpus rassemblent toutes les inscriptions de la domination athénienne et que Délos a conservé ce statut jusqu'à la fin de l'Antiquité, mais on y perd de pouvoir saisir immédiatement la documentation disponible pour cette période mal connue de l'histoire de l'île[2].

Intérêt documentaire

Des inscriptions si nombreuses et si variées ont forcément enrichi notre connaissance de Délos en des domaines très divers qu'on ne peut ici qu'énumérer rapidement :

1) *Philologie et paléographie* : un texte écrit renseigne nécessairement d'abord sur ce sans quoi il n'existerait pas : d'une part, la langue dans laquelle il est rédigé, et c'est ainsi que les inscriptions de Délos nous ont révélé certains mots grecs inconnus par ailleurs et des particularités grammaticales du dialecte délien ; d'autre part, l'écriture, et, en particulier, les tessons inscrits de l'époque archaïque permettent de préciser quelque peu l'originalité d'un alphabet délien qui disparaît dans la seconde moitié du Ve s. au profit de l'alphabet ionien commun[3].

2) *Histoire politique* : on a déjà vu p. 38-39 que les inscriptions ont seules permis de reconstituer les institutions de Délos ; les décrets rendus par les Déliens en l'honneur de tel prince ou grand personnage éclairent les relations extérieures de l'île et, plus largement, contribuent parfois à l'histoire hellénistique en général.

3) *Aménagement profane et cultuel de l'île* : à un plan strictement local, les comptes et inventaires des administrateurs du sanctuaire fournissent comme le pendant épigraphique de la fouille : ils nous font connaître un grand nombre de noms de bâtiments qui ont beaucoup facilité l'identification des vestiges exhumés sur le terrain ; ils livrent souvent aussi d'utiles informations sur leur aménagement intérieur et contiennent parfois des indications chronologiques très précises, par exemple sur le théâtre dont on suit régulièrement la construction, etc. Enfin ils nous informent également à propos des fermes édifiées sur les biens-fonds appartenant à Apollon et sur les cultures qu'on y pratiquait (cf. p. 79-83).

4) *Prix et salaires* : relevés minutieux des recettes et dépenses du Sanctuaire, les mêmes documents contiennent une masse énorme de chiffres : salaires d'ouvriers employés à des travaux, coût de fournitures, montant des loyers de maisons et de fermes dont l'intérêt est d'autant plus grand qu'à travers un siècle et demi ils concernent souvent les mêmes articles ; par exemple, il est possible de suivre les variations des fermages, du prix de certains produits, etc. (voir les ouvrages cités dans la bibliographie générale).

2. Liste des inscriptions d'époque impériale dans *BCH* 92 (1968), p. 695 ; cf. aussi des relectures de Cl. Vatin dans *CDH*, p. 246 et 630.
3. Cf. Fr. Prost, *in* Ch. Müller, Fr. Prost (éds), *Identités et cultures dans le monde méditerranéen antique* (2002), p. 305-328.

5) *Onomastique, prosopographie et démographie* : ces mêmes actes administratifs et les dédicaces nous font connaître des centaines de personnes dont on parvient parfois à reconstituer les relations familiales[4]. Cette énorme prosopographie est un outil précieux pour l'histoire démographique, même s'il est impossible de parvenir à des résultats numériques aussi exacts et précis que ceux dont on dispose pour une population moderne.

6) *Cultes et dévotions* : on a déjà indiqué (p. 57-58) en quoi les comptes et les inventaires nous instruisent du fonctionnement des cultes et les dédicaces des variations de la dévotion particulière (ascension ou déclin des divinités, répartition sociologique des fidèles).

4 Voir Cl. VIAL, *DI* ; O. MASSON, *in* D. KNOEPFLER (éd.), *Comptes et inventaires dans la cité grecque* (1988), p. 71-80 ; P. M. FRASER, E. MATTHEWS (éds), *Lexicon of Greek Personal Names* I (1987).

Fig. 38. — Monnaies de Délos.

LES MONNAIES

par Véronique CHANKOWSKI[1]

LES DOCUMENTS

De grandes quantités de monnaies de diverses provenances circulaient à Délos du fait de la fréquentation cosmopolite du sanctuaire et de l'importance du commerce dans l'île à l'époque hellénistique. Le dossier numismatisque de Délos ne se limite donc pas à l'étude du monnayage de la cité, d'ailleurs de faible importance : il permet aussi d'observer la circulation monétaire dans cette région des Cyclades.

Un grand nombre de monnaies sont apparues à Délos au cours des fouilles successives. L'exploration des quartiers d'habitations (Îlots des bijoux **59 A**, de la Maison des comédiens **59 B**, des bronzes **59 C**, en particulier) a mis au jour d'importantes quantités de monnaies de bronze, qui renseignent sur la circulation monétaire à Délos aux IIe-Ier s. Une trentaine de trésors ont également été découverts dans l'île. Mais les monnaies qui circulaient à Délos nous sont aussi connues par les inscriptions. Depuis la période classique, les administrateurs du sanctuaire qui publiaient chaque année l'état de la fortune d'Apollon inventoriaient les monnaies entrées dans la caisse. Au IIe s., les hiéropes déliens ajoutent à leurs comptes annuels l'inventaire des jarres du trésor sacré et du trésor civique en énumérant les espèces thésaurisées. La documentation épigraphique permet ainsi de mettre en rapport les trouvailles monétaires faites sur le site avec des informations portant sur les dénominations et les quantités de numéraire.

LES ÉMISSIONS DÉLIENNES

L'histoire du monnayage de Délos comporte bien des lacunes. Il est peu représenté, tant dans les grandes collections publiques que dans les trésors ou les lots provenant de fouilles, et sa chronologie est mal assurée, car on ne dispose que très rarement de contextes archéologiques permettant de dater les émissions[2].

1. Ce chapitre s'appuie sur la présentation qu'avait rédigée T. Hackens pour les précédentes éditions du *Guide*, ici revue et complétée.
2. W. WROTH, *BMC, Crete and the Aegean Islands* (1886), p. XLIII, XLV et 99 ; B. V. HEAD, *Historia Numorum*² (1911), p. 387-388, 480, 485 ; E. BABELON, *Traité des monnaies grecques et romaines* II 1 (1907), p. 1299-1302 ; II 3, p. 834-838 ; H. WEBER, *NC* (1892), p. 201-203. L'illustration la plus abondante se trouve dans J. N. SVORONOS, B. PICK, *Les monnaies d'Athènes* (1923-1926), pl. 105 ; T. HACKENS, *in EAD* XXVII, p. 387-419 et pl. 64-68. Quelques monnaies déliennes ont été retrouvées dans les fouilles de l'Archégésion, cf. A. DESTROOPER-GEORGIADÈS, *BCH* 125 (2001), p. 154-155. Le corpus des monnaies de Délos indépendante est en préparation.

À l'époque archaïque, et probablement jusqu'en 478, date de la fondation de la Ligue délienne, Délos émit des monnaies d'argent, essentiellement des didrachmes, des drachmes et une gamme de petites valeurs (trioboles, hémioboles et tritèmoria)[3]. Elles portent, au droit, la cithare, symbole d'Apollon que la cité de Délos conserve comme emblème tout au long de son existence. À l'époque archaïque, la cithare est surmontée de deux dauphins (**fig. 38, 1**) ou d'un delta majuscule abrégeant le nom de Délos (**fig. 38, 2**). Au revers, on trouve à cette époque des carrés creux de style différent. Ce motif du « carré creux » est une dépression de forme plus ou moins carrée obtenue au moyen d'un coin sans type figuré. Une émission fait exception et présente au revers une roue à quatre rais, entre lesquels on lit les lettres Δ - H - Λ - I (**fig. 38, 3**).

Au total, le monnayage archaïque est attesté par 22 exemplaires dans les cabinets numismatiques du monde entier. Les variantes techniques et stylistiques sont très nombreuses et témoignent d'une vitalité peu commune pour l'atelier d'une petite île. Toutefois, ces monnaies sont absentes, à une exception près, des trésors archaïques connus jusqu'ici. Peu d'indices permettent de les situer dans une chronologie plus précise, mais les parallèles techniques et stylistiques avec d'autres monnayages, dans le traitement des revers en carrés creux, apportent davantage d'informations.

Le type le plus ancien, un carré creux, sans subdivisions, rapproche le premier monnayage délien de celui d'autres Cyclades, qui se mirent tôt à imiter (ou à surfrapper) le monnayage d'Égine. Ces monnayages semblent pouvoir être situés après le milieu du VIe s. ; ils sont sans doute parmi les plus anciens émules occidentaux des monnayages de l'Asie Mineure. Suivant certaines hypothèses[4], les monnayages en argent pourraient tous être postérieurs à la décision de Crésus, roi de Lydie (560-545), de frapper des monnaies en or et en argent au lieu des monnaies en électrum plus anciennes. Un autre type de carré creux, proche de certains exemplaires naxiens, semble s'inspirer du revers des *Wappenmünzen* athéniennes (un carré creux divisé par des filets perpendiculaires ou diagonaux en relief) dont on s'accorde aujourd'hui pour dire qu'elles furent émises sous les Pisistratides. Cette série délienne se poursuit jusqu'à la fin du VIe s. : une drachme a été trouvée dans un sondage stratigraphique près de l'Héraion (**101**), dans une couche datée par la céramique des environs de 510 ; une autre provient du trésor de Demanhur, daté entre 510 et 490.

Ces parallèles conduisent donc à placer les premières monnaies de Délos à l'époque de Pisistrate et de ses fils, tyrans à Athènes, et dont H. Gallet de Santerre a conjecturé avec vraisemblance qu'ils avaient établi une influence sur Délos. Cette hypothèse est étayée par un indice majeur fourni par les monnaies : elles sont d'étalon attique, alors que celui-ci est inconnu dans toutes les autres Cyclades à cette époque.

Une série de statères éginétiques d'époque archaïque, présentant au droit deux dauphins sans légende, au revers un carré creux, a été parfois attribuée à tort à Délos : d'étalon éginétique, ces monnaies appartiennent à une île du Dodécanèse ou à Théra[5].

3. Le monnayage délien archaïque a été étudié par T. HACKENS, *ÉD*, p. 209-226.
4. En particulier C. KRAAY, *Archaic and Classical Greek Coinage* (1976), p. 43.
5. E. BABELON, *op. cit.*, col. 1327 ; K. REGLING, *ZfNum* 25 (1906), p. 39 et 41 ; 37 (1927), p. 57 et 89.

Durant la période de domination athénienne sur Délos, qui débute avec la fondation de la Ligue et s'achève en 314, lorsque l'île recouvre son indépendance, il est fort probable que le monnayage délien se soit arrêté, malgré quelques courtes interruptions de l'hégémonie athénienne. En effet, l'impérialisme politique d'Athènes lui permet de dominer l'Égée également sur le plan monétaire. La découverte d'un trésor monétaire, nommé « *Decadrachm Hoard* », a mis récemment en lumière l'arrêt du monnayage dans beaucoup de cités grecques à la fin des années 460, bien avant le décret de Cléarque imposant l'usage des poids, mesures et monnaies athéniens (*IG* I³, 1453), si l'on admet pour ce document la date basse des années 420[6]. C'est donc à l'époque de l'Indépendance de l'île qu'il faut attribuer les émissions d'argent et de bronze qui constituent l'essentiel des trouvailles de monnaies de la cité de Délos.

Entre 314 et 167, les Déliens ont frappé des monnaies d'argent (drachmes et hémidrachmes surtout) qui portent au droit la tête d'Apollon lauré, tandis que la cithare est désormais reléguée au revers. On lit, de part et d'autre de ce symbole, la légende ΔΗΛΙΩΝ, (**fig. 38**, 5) remplacée ensuite par les lettres Δ-Η (**fig. 38**, 4) sans doute dans le courant du IIIe s. Au IIe s., la cithare est remplacée par un palmier surmonté d'un cygne : l'émission de ces monnaies, nommées *phoinicophores* dans les inventaires[7], est sans doute à mettre en relation avec l'élection, en 169, de « commissaires chargés de la frappe de la monnaie » (*ID* 461, *Aa*, l. 76). Ce monnayage présente la particularité d'être de poids réduit par rapport à la monnaie attique, qui constitue l'étalon de référence dans le système pondéral et monétaire délien[8]. À cause de leur faible poids, ces monnaies furent pendant longtemps rattachées de façon erronée au système pondéral rhodien. Or d'une part, l'existence d'une prétendue aire monétaire rhodienne à la fin du IVe s. est aujourd'hui remise en question et le phénomène des frappes de poids réduit, d'autre part, n'est sans doute pas limité au seul cas délien en Égée[9]. En assimilant ses monnaies à la drachme attique, relayée par celle d'Alexandre, la cité de Délos imposait à ses monnaies un cours surévalué, reconnu dans les limites de son propre territoire. Elle faisait ainsi un bénéfice en économisant du métal tout en profitant d'un change à parité.

Le monnayage de Délos Indépendante comporte également des petites divisions de bronze, qui reprennent les mêmes types que le monnayage d'argent (**fig. 38**, **6** à **8**). Au droit, la tête d'Apollon lauré est présentée tantôt sur le profil droit, tantôt sur le profil gauche selon les émissions, avec dans certains cas une allure nettement archaïque (**fig. 38**, 7). Au revers,

6. I. Carradice (éd.), *Coinage and Administration in the Athenian and Persian Empires*, *BAR Suppl.* 343 (1987) ; *IGCH Suppl. Coin Hoards* VII (1994), n° 48.

7. C'est L. Robert qui a reconnu dans les *phoinicophores* les monnaies de Délos Indépendante : *Études de numismatique grecque* (1951), p. 143-178 ; sur les *phoinicophores*, p. 153. Également *RN* 1962, p. 18-24.

8. J. Tréheux a mis en évidence l'emploi de la drachme attique comme seule unité de poids et de mesure des hiéropes *in* T. Linders, B. Alroth (éds), *Economics of Cult in the Ancient Greek World, Proceedings of the Uppsala Symposium 1990* (1992), p. 21-23.

9. On doit cette démonstration à O. Picard, *in Χαρακτήρ. Mélanges offerts à Mando Oikonomidou* (1996), p. 243-250.

la cithare prend des formes diverses. Les lettres Δ-H sont toujours disposées de part et d'autre, et des symboles leur sont parfois adjoints : un cygne (**fig. 38, 6**), un rameau, une corne d'abondance ou une étoile. Peut-être en même temps que les *phoinicophores*, apparaît une émission qui porte au droit la tête d'Artémis, de profil à droite ou à gauche, parfois avec un carquois, et au revers le palmier, souvent surmonté d'un cygne et toujours flanqué des lettres Δ-H de part et d'autre du tronc (**fig. 38, 8**). Ces faibles dénominations, réservées à de petites transactions locales, devaient servir en particulier aux hiéropes pour les rémunérations de menus travaux dans le sanctuaire, telles qu'elles sont mentionnées à maintes reprises dans les comptes.

Le monnayage de Délos prit fin en 167 lorsque les Athéniens devinrent maîtres de l'île et que les Déliens en furent expulsés. Les inventaires de la caisse du sanctuaire, établis dans les années qui suivirent, montrent que les administrateurs athéniens ont rassemblé pour les exclure de la circulation les monnaies d'étalon non attique qu'elle contenait, avec parmi celles-ci les *phoinicophores* déliennes de poids réduit. Les clérouquies ayant d'ordinaire le droit de frapper des monnaies de bronze pour leur usage local, des monnaies trouvées à Délos, portant l'inscription AΘE avec au droit la tête d'Apollon ou d'Artémis associés au revers à la cithare, au trépied, au carquois ou encore à des attributs athéniens (chouette, amphore panathénaïque, plemmochoé éleusinienne), ont été attribuées à la clérouquie de Délos. Cette identification est aujourd'hui remise en cause, en grande partie par les trouvailles de l'Agora d'Athènes où ces monnaies circulent. Il est donc exclu qu'elles aient été frappées à Délos par la clérouquie, même si une ou deux séries monétaires, plus rares sur l'Agora, ont pu être émises à Athènes et destinées à la circulation délienne[10].

La circulation monétaire

Les monnaies trouvées à Délos ou mentionnées dans les inscriptions offrent également un panorama de la circulation monétaire aux IIe-Ier s. dans cette région de l'Égée[11].

La caisse du sanctuaire, dont la composition nous est connue grâce aux inventaires de jarres rédigés par les hiéropes déliens, puis par les administrateurs athéniens, contribuait à

10. M. Thompson, *Hesperia* 10 (1941), p. 199-236 ; J. H. Kroll, *The Athenian Agora, XXVI. The Greek Coins* (1993), p. 66-80 et p. 168-170.
11. Les premières trouvailles des fouilles ont été rassemblées par J. N. Svoronos, *Journal International d'Archéologie Numismatique* 3 (1900), p. 50-54 ; 9 (1906), p. 255-267 ; 10 (1907), p. 193-214 ; 13 (1911), p. 58, 75-78, 83. Sur les trouvailles des fouilles de quartiers d'habitation, on consultera T. Hackens, *in EAD* XXVII, p. 387-419 et pl. 64-68 ; Ph. Bruneau, *BCH* 92 (1968), p. 645-648 et 659-664, pour les trouvailles monétaires. Les trésors de Délos ont été recensés par T. Hackens, M. Oikonomidès, *in* M. Thompson, C. M. Kraay, O. Mørkholm, *Inventory of Greek Coin Hoards* (1973), où l'on trouvera la bibliographie antérieure. Sur l'un de ces trésors, voir T. Hackens, E. Lévy, *BCH* 89 (1965), p. 503-566 et pl. X-XXIII.

brasser des masses importantes de numéraire, par l'intermédiaire des prêts qu'elle consentait et des dons qu'elle recevait. Ces inventaires de monnaies permettaient de classer le numéraire par étalons, pour en faciliter l'usage dans le cas des hiéropes ou pour en exclure une partie dans le cas des administrateurs athéniens. Des conversions effectuées par les banquiers leur permettaient de n'utiliser que la seule unité de compte attique[12].

Avant la domination athénienne, la composition de la caisse au IIe s. montre que, outre les *phoinicophores*, plusieurs espèces étrangères circulaient dans l'île. L'argent d'Histiée (*histiaicon*) y occupe une place écrasante, non pas tant, comme on l'a d'abord cru, en raison de l'importance commerciale de la cité que par le fait d'imitations, émises en grande quantité pendant la troisième guerre de Macédoine pour le compte de Rome, mais aussi de la Macédoine. La catégorie *rhodion* comporte à la fois des monnaies authentiquement rhodiennes et des monnaies d'imitation rattachées au même étalon. Il faut y ajouter les *plinthophores*, nouveau monnayage rhodien créé après 188. La caisse contient également des tétradrachmes *taurophores* (Eubée), des *cratérophores* (Naxos), des *botryophores* (Ténos). On constate qu'au milieu du IIe s., l'argent romain était peu connu parmi les espèces courantes, alors que les banquiers et commerçants italiens étaient déjà bien installés à Délos et en Égée[13].

À partir de la reprise de Délos par Athènes, le monnayage dit « du nouveau style » domine la circulation monétaire dans l'île[14]. Ce phénomène est clairement mis en évidence par les trésors trouvés à Délos, qui révèlent une écrasante majorité de ces tétradrachmes stéphanéphores. Les autres numéraires apparaissant quelquefois sont les *cistophores* de Pergame et les *plinthophores* de Rhodes en argent et parfois en or.

Les trouvailles monétaires peuvent être classées en deux catégories : trésors (accumulation de pièces cachées pour être retrouvées) et monnaies perdues isolément dans des circonstances diverses. Les trésors de monnaies recensés à Délos sont au nombre de 30 au moins, pour la période hellénistique ; il faut y ajouter un trésor de deniers romains et un trésor de monnaies impériales du IVe s. ap. J.-C. Les trésors hellénistiques sont restés en terre à cause des deux invasions de pirates à Délos, du moins la plupart d'entre eux. Ceci ne signifie pas qu'ils ont été tous cachés à ce moment de panique : beaucoup étaient en terre depuis quelque temps, parce qu'on ne déposait pas toujours son argent dans une banque et que l'on ne devait pas toujours se souvenir d'une cachette après la disparition du propriétaire. Par ailleurs, il ne faut pas s'attendre à ce que chaque trésor contienne toutes les espèces de numéraire jusqu'au jour de l'enfouissement : les pièces toutes récentes ont pu mettre

12. Sur l'utilisation des différentes espèces monétaires de la caisse sacrée par les hiéropes, voir V. Chankowski-Sablé, *REA* 99 (1997), p. 357-369.

13. Sur les monnaies d'Histiée, voir L. Robert, *Études de numismatique grecque* (1951), p. 179-216, à compléter pour la question des imitations par W. P. Wallace, *NC* 2 (1962), p. 17, et M. Crawford, *Coinage and Money under the Roman Republic : Italy and the Mediterranean Economy* (1985), p. 345. Sur le monnayage rhodien, voir A. Bresson, *DHA* 19/1 (1993), p. 119-169 ; *REA* 98 (1996), p. 65-77 ; *Topoi* 7 (1997), p. 11-32. Les *taurophores* ont été identifiées comme des monnaies eubéennes par O. Picard, *Chalcis et la Confédération eubéenne* (1979), p. 198-202.

14. Sur ce monnayage, voir M. Thompson, *The New Silver Style Coinage of Athens* (1961) ; O. Mørkholm, *NAC* 9 (1980), p. 145-158.

du temps à arriver dans cette île et ont moins de chance d'être représentées en nombre. Quelques trésors ne sont en fait que de petites bourses en plomb, d'autres (tel celui trouvé en 1964) représentent des valeurs considérables, enfouies d'ailleurs avec des bijoux en or.

Les monnaies perdues accidentellement rendent un témoignage différent : dans certains cas, il s'agit avant tout de dénominations très petites, sans grande valeur et ce sont surtout des espèces athéniennes : en 88 ou 69, il restait en circulation un certain stock de monnaies déliennes, mais leur part dans l'ensemble est réduite (28 sur 500 environ dans l'Îlot de la Maison des comédiens [**59 B**]). Les monnaies de bronze étrangères présentes dans ces lots viennent de l'ensemble du monde méditerranéen : Afrique, royaume de Mithridate, Corcyre, etc. Ces régions entretenaient des liens réguliers avec Délos, surtout depuis que Rome en avait fait un port franc. Cependant, ces trouvailles isolées informent en fait davantage sur la circulation des personnes, et ne peuvent pas être utilisées pour établir des statistiques sur les flux commerciaux. Dans d'autres cas (Îlot des Bijoux [**59 A**]), des monnaies en bronze plus grandes sont retrouvées, mêlées à des monnaies d'argent : il s'agit souvent de couches de destruction violente, dans des circonstances qui n'ont pas permis aux propriétaires de récupérer leur argent. Les deux types de trouvailles doivent être observés pour donner de la circulation monétaire du bronze une image exacte.

TROISIÈME PARTIE

DESCRIPTION DES RUINES

ORGANISATION DE LA VISITE

La visite commence par le port sacré et l'Agora des Compétaliastes, c'est-à-dire par le point normal de débarquement. Tous les édifices sont décrits comme s'ils étaient accessibles aux visiteurs, ce qui n'est pas actuellement le cas. Le Musée étant en réaménagement, il n'a pas paru souhaitable de présenter ici une description des salles ; on trouvera dans la IIe partie de ce guide quelques commentaires destinés à en faciliter la visite.

TYPOGRAPHIE

Cette IIIe partie consiste en une description systématique des ruines antiques de Délos. Les majuscules grasses sont réservées au nom des **QUARTIERS**, les minuscules grasses au nom des **monuments**, les caractères italiques à l'indication des *itinéraires.* Les parties imprimées en gros caractères contiennent l'essentiel et permettent une visite rapide. Seul le visiteur disposant de son temps peut lire sur place les passages en petits caractères, réservés à des développements plus spécialisés ou à la description de monuments d'importance secondaire.

Le signe ● introduit l'exposé d'indications plus générales dont tel point de la visite fournit l'occasion.

ILLUSTRATION

La description des ruines est accompagnée de plans de monuments et des plans dépliants des principaux secteurs de Délos (numérotés **dépliants I** à **VIII**) ; la position respective de ces huit plans est indiquée sur le croquis placé sur le premier rabat de la couverture. Sur ces huit dépliants, les monuments sont signalés par les numéros dont ils sont affectés dans le texte.

1. Le port[1]. L'anse où abordent normalement les bateaux d'aujourd'hui correspond au port principal de la Délos antique ; mais la physionomie en est actuellement rendue méconnaissable à la fois par la montée du niveau marin[2], par l'ensablement naturel et par l'apport de déblais de fouilles ; en particulier la longue langue de terre qui sépare maintenant l'anse en deux parties est moderne et artificielle.

La partie de l'anse située au Nord de cette langue de terre (à gauche, lorsqu'on arrive en bateau) constituait ce qu'on nomme traditionnellement le « Port sacré » : une grande plage où les bateaux pouvaient être tirés à sec. Il était protégé au Nord par un grand môle orienté NE-SO (long. : environ 100 m ; file de blocs granitiques) qui s'allongeait à l'extérieur du rivage septentrional actuel. Le long de cette plage, desservie au Sud par l'Agora dite des Compétaliastes (**2**) et au Nord par l'Agora de Théophrastos (**49**), se développait une voie ; la ligne en est encore concrétisée par une série de dalles de gneiss dressées au Nord de l'Agora des Compétaliastes (**2**) et faisant retour le long de l'allée cimentée qui borde le sanctuaire d'Apollon ; la voie ne s'élevait que très peu au-dessus de la plage. — Au Sud de la langue de terre moderne s'étend une rue du front de mer, bordée de maisons et de magasins parmi lesquels on a reconnu les vestiges d'un petit monument archaïque[3]. Dans la partie septentrionale du rivage sont visibles les restes immergés d'une construction circulaire, d'une grande citerne rectangulaire et d'un portique dorique. — Il y avait peut-être un phare à l'entrée du port (cf. **79.1** ●).

Le port est ici décrit dans son état immédiatement antérieur à la ruine de 69. Mais son développement fut progressif. Seuls sont très anciens le grand môle du « Port sacré » et la voie située à l'Ouest du hiéron d'Apollon le long de la Stoa des Naxiens (**36**). À partir du dernier quart du IIIe s., la cité prit en charge un remblaiement en bord de mer ainsi que l'atteste la mention dans les comptes du sanctuaire de crédits destinés à l'établissement d'un terre-plein (χώματα), dont l'emplacement n'a pu être assurément déterminé. Les terrains des futures Agora des Compétaliastes (**2**) et Agora de Théophrastos (**49**) restèrent longtemps occupés par un marais littoral, qui fut asséché dans la seconde moitié du IIe s. Un nouveau marais a tendance à apparaître de nos jours aux mêmes emplacements, en raison de l'élévation du niveau marin.

Skardhana et Ghourna (p. 29) constituaient deux ports secondaires où des vestiges, immergés, sont encore visibles. On a longtemps cru[4] que l'accès au sanctuaire d'Apollon s'était d'abord fait par Skardhana ; on expliquait ainsi la Terrasse (dite à tort « Allée ») des lions (**55**), la porte Ouest du Létoon (**53**) et la porte Nord de l'Oikos des Naxiens (**9**). Selon cette façon de voir, l'arrivée par le port sacré, entraînant l'entrée par l'Ouest ou le

1. J. Pâris, *BCH* 40 (1916), p. 5-73 ; Ph. Bruneau, *BCH* 105 (1981), p. 107-118 ; H. Duchêne, Ph. Fraisse *et al.*, *EAD* XXXIX.
2. *BCH* 119 (1995), p. 699-701.
3. J.-Ch. Moretti, *RA* 1998, p. 227-262.
4. H. Gallet de Santerre, *EAD* XXIV, p. 70 ; P. Courbin, *EAD* XXXIII, p. 38 et *in* J.-P. Descoeudres (éd.), *Eumousia : Ceramic and Iconographic Studies in Honour of Alexander Cambitoglou, Mediterranean Archaeology Suppl.* 1 (1990), p. 47-54.

Sud-Ouest, aurait été une innovation de la première moitié du VIe s., concrétisée par la construction des Propylées (5). On ne croit plus guère à ce schéma, et il semble impossible qu'à Skardhana, baie très mal abritée et où les vestiges visibles de quais ne sont pas antérieurs à l'époque hellénistique, ait été situé le débarcadère à haute époque[5].

5. Ph. BRUNEAU, *BCH* 111 (1987), p. 327-331.

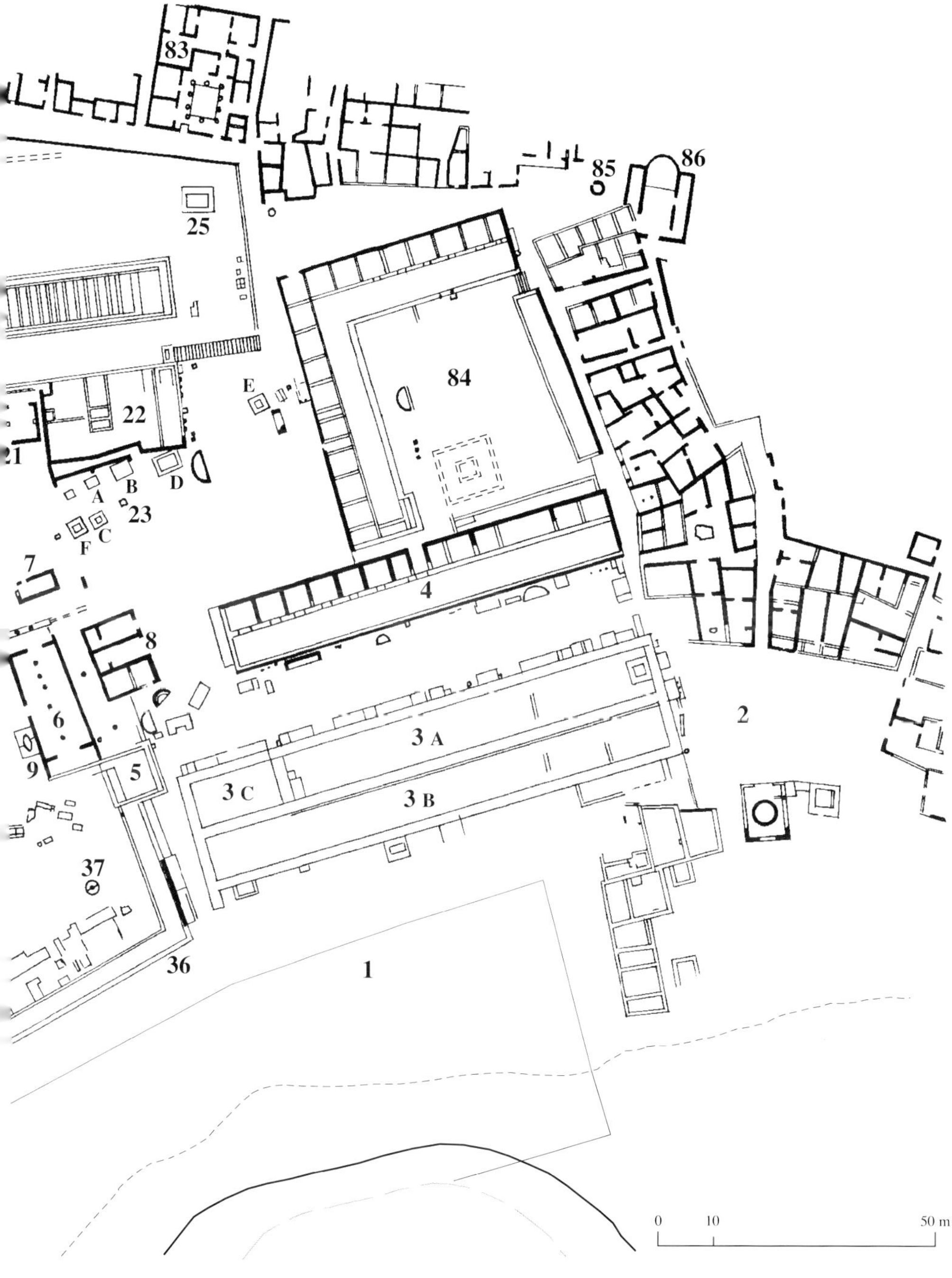

83
85
86
25
84
E
22
21
A
B
D
23
F
C
7
4
8
6
2
3 A
9
5
3 C
3 B
37
36
1
0
10
50 m

DÉPLIANT I : LE SANCTUAIRE D'APOLLON ET SES ABORDS

Dépliant I : Le sanctuaire d'Apollon et ses abords

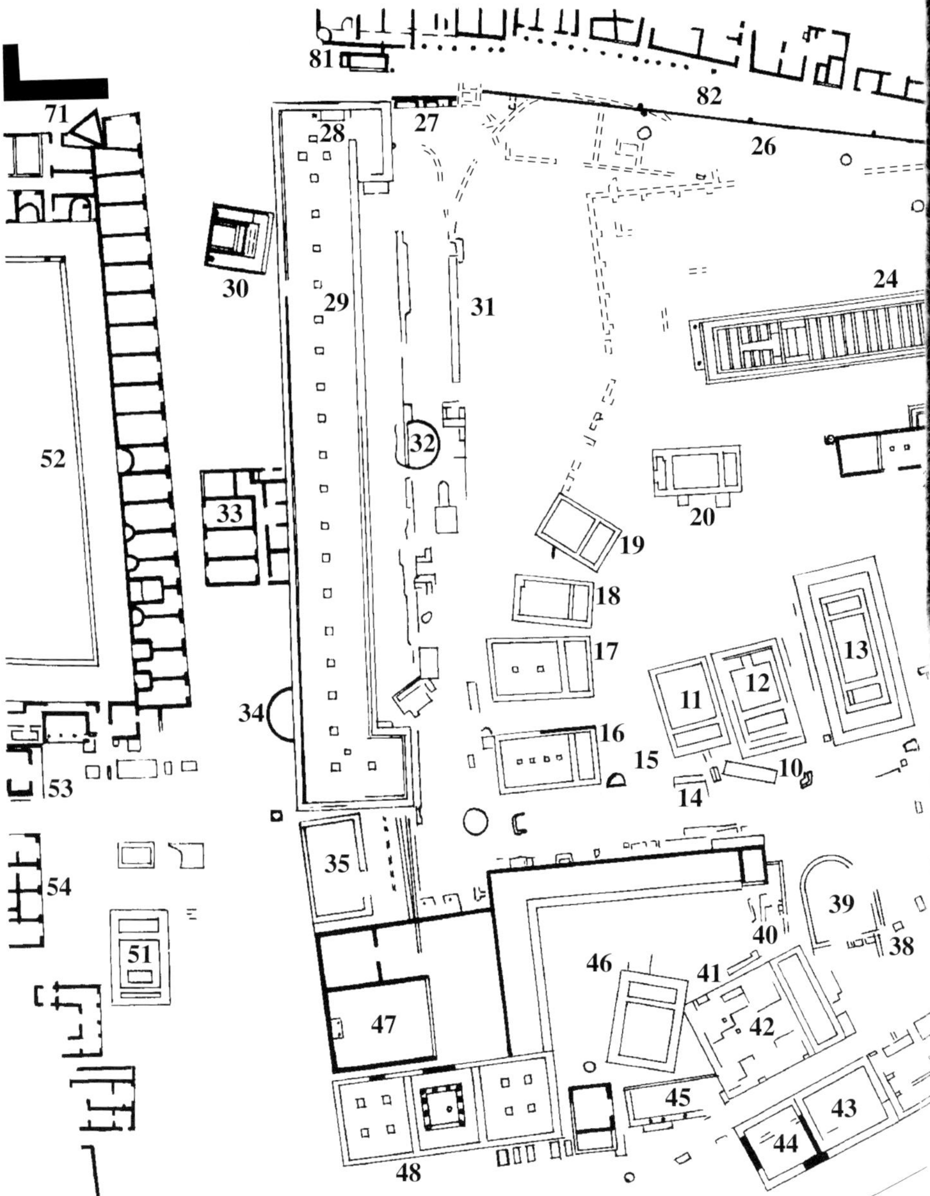
81
82
71
27
28
26
30
29
31
24
52
32
20
33
19
18
17
13
12
11
34
16
15
10
53
14
35
39
54
40
38
46
41
51
42
47
45
43
44
48
50
49

LES ABORDS SUD-OUEST DU SANCTUAIRE D'APOLLON

Dépliant I

2. Le môle de débarquement vient buter contre le côté Ouest d'une place irrégulière dite **Agora des Hermaïstes ou des Compétaliastes**[1].

Les Italiens à Délos : Hermaïstes et Compétaliastes. On a indiqué (p. 42) le caractère cosmopolite de la population de Délos (surtout après 167 lorsque son port, déclaré port franc, attira les commerçants de toute la Méditerranée). Les Italiens s'installèrent eux aussi à Délos, mais leur importance fut d'autant plus grande que s'accroissait l'ingérence de Rome dans les affaires politiques de l'Orient méditerranéen (au point qu'en 31, il se trouvera entièrement conquis par elle).

On rencontre des Italiens à Délos dès le IIIe s., mais ils affluent après 167 et surtout à partir de 125 ; la prise de Délos par l'armée de Mithridate en 88 ne les fait pas disparaître. L'épigraphie nous renseigne sur ces Italiens : originaires de Rome, du Latium, d'Italie méridionale ou de Sicile, ils étaient de conditions sociales différentes : à côté d'hommes libres, beaucoup d'affranchis et des esclaves ; la plupart étaient banquiers (la banque délienne est peu à peu confisquée par des Italiens) ou commerçants (on connaît des associations de marchands d'huile et de marchands de vin), mais parmi les premiers Italiens établis à Délos figurent un bateleur et un ouvrier marquant au fer rouge les troupeaux. Archéologiquement, la présence des Italiens à Délos ne se manifeste pas seulement par l'Agora qui porte aujourd'hui leur nom (**52**).

1. Sur les Italiens à Délos : J. Hatzfeld, *BCH* 36 (1912), p. 1-208 ; Chr. Müller, Cl. Hasenohr (éds), *BCH Suppl.* 41 (2002), p. 1-76. — Sur les associations d'Italiens et leurs activités religieuses : Ph. Bruneau, *CDH*, p. 585-620. — Sur l'Agora : Ph. Bruneau, *CDH*, p. 587-589, avec bibliographie antérieure ; Th. Mavrojannis, *BCH* 119 (1995), p. 89-123 ; Cl. Hasenohr, *RA* 2000, p. 198-202 ; *REA* 104 (2002), p. 85-110. Voir aussi, à propos des constructions post-hellénistiques, Ph. Bruneau, *BCH* 92 (1968), p. 702-705.

Fig. 39. — Le Sanctuaire d'Apollon, le Dromos et l'Agora des Déliens : maquette restituée, vue de l'Ouest.

On a découvert sur la place qui nous occupe de nombreuses dédicaces émanant d'Italiens qui portaient les titres d'Hermaïstes, Apolloniastes, Poséidoniastes et Compétaliastes. On ne sait si ces personnages étaient les présidents d'associations privées, religieuses ou professionnelles, ou des magistrats nommés par la communauté italienne pour prendre soin de ses sanctuaires. Les Hermaïstes, Apolloniastes et Poséidoniastes étaient des hommes libres et des affranchis, alors que les Compétaliastes, dont le nom dérive de celui des Lares du carrefour, les Lares Compitales (cf. p. 63), accueillaient aussi des esclaves.

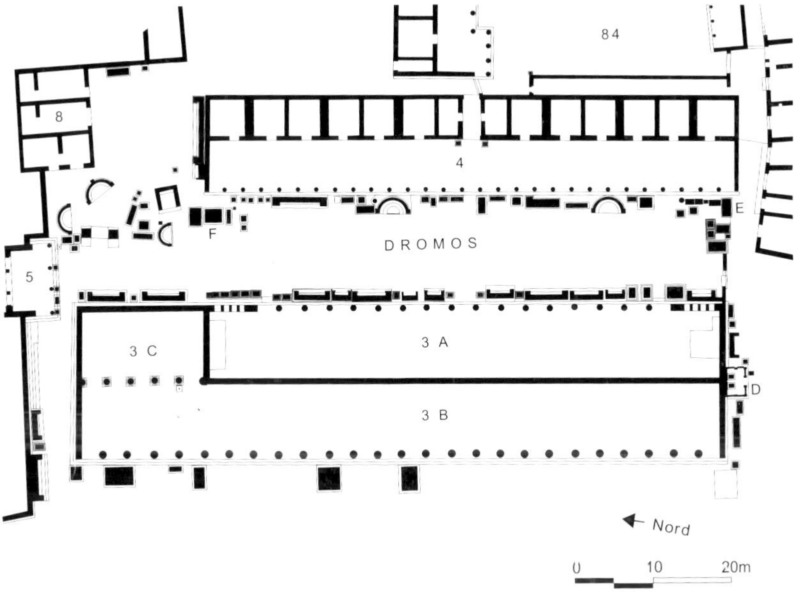

Fig. 40. — Le portique de Philippe, le Portique Sud et les Propylées : plan.

DESCRIPTION. La place est bordée au Sud et à l'Est par des maisons et des magasins du Quartier du théâtre (**117**), au Nord par les extrémités Sud du Portique de Philippe et du Portique Ouest (**3**). Les boutiques du front oriental remontent au moins au IVe s. À la fin de l'Indépendance un portique supportant une avancée de l'étage (cf. **82** ●) fut édifié devant leur façade. Il était bordé par une grève sur laquelle un apport de remblai permit dans le troisième quart du IIe s. d'aménager une place dallée de gneiss. L'Agora accueillit presque exclusivement des consécrations italiennes : autels, dont beaucoup sont ornés de guirlandes et de bucranes, bases de statues et trois petits temples, au moins.

Fig. 41. — Extrémité Sud du Portique de Philippe : élévation restituée de la façade.

Le premier, adossé au Portique de Philippe, était un petit naïskos ionique à quatre colonnes en façade (**fig. 40, D**). Il abritait deux statues (bases jumelles en place). Devant ce naïskos, autel à bucranes et tronc à offrandes en marbre dont le couvercle est orné de deux serpents et d'une garniture de bronze en forme de caducée (dédicace au nom de C. VARIUS C(aii) L(ibertus) = *ID* 2575). — Le second, érigé au centre de la place dans un péribole rectangulaire, était une tholos monoptère à quatre colonnes, qui abritait probablement une ou deux statues ; l'architrave ionique porte la dédicace *ID* 1738 ; le toit est conique avec décor d'écailles. — Du troisième, qui est d'ordre dorique, on ne connaît pas l'emplacement mais seulement des blocs de l'élévation. Il portait sur l'architrave une dédicace des Hermaïstes à Hermès et Maïa. — Au Sud de la tholos se dresse une imposante base à degrés en marbre dont on ignore la destination.

Le Portique de Philippe est bordé de deux avenues autrefois dallées ; celle de l'Ouest (la plus proche de la mer) bordait la plage du port (**1**) ; celle de l'Est, ou Dromos (avenue des processions), conduit au Sanctuaire d'Apollon.

3. *On s'engage dans le Dromos* (**fig. 39-40**). À gauche s'étend le **Portique de Philippe**[2] en marbre bleu-gris édifié par Philippe V, roi de Macédoine, probablement vers 210 (**fig. 40, 3 A** et **fig. 41**).

DESCRIPTION. Aujourd'hui très ruiné, le Portique présentait sur trois côtés des murs pleins ; sur le côté Est, une colonnade dorique (seize colonnes) établie entre deux murs percés à leur partie supérieure d'un attique ; les colonnes (hauteur restituée : 5,91 m) sont taillées à pans coupés en bas et cannelées en haut. L'entablement est actuellement visible sur le dromos en avant de la colonnade ; l'architrave porte la dédicace[3] Βασιλεὺς Μακεδόνων Φίλιππος Βασιλέως Δημητρίου Ἀπόλλωνι [ἀνέθηκεν] = « Offrande de Philippe, roi de Macédoine, fils du roi Démétrios, à Apollon ». La frise comportait deux triglyphes par entrecolonnement[4].

CONSTRUCTIONS AJOUTÉES : ultérieurement (peut-être dès 180) on agrandit l'édifice en y ajoutant : a) un portique, dit Portique Ouest (**fig. 40, 3 B**) tourné vers la mer et adossé au mur Ouest du Portique de Philippe, mais plus long (vingt-cinq colonnes doriques de même hauteur que celles du Portique de Philippe) ; b) une salle (**fig. 40, 3 C**) accolée au mur Nord du Portique de Philippe et destinée à lui donner la même longueur que le Portique Ouest ; fermée sur trois côtés, elle communiquait à l'Ouest avec le Portique Ouest par une colonnade ionique à fûts ovales dont les restes sont visibles. — Les côtés Ouest, Sud et Est du complexe des deux portiques sont encombrés de nombreux piédestaux et exèdres. — Dans la partie méridionale du Portique Ouest, une petite stèle de marbre, restée en place sur sa base de granit où elle est scellée au plomb, porte un règlement de la vente du bois et du charbon datant du IIIe s. (*ID* 509). — Le graffite arabe gravé sur l'ante Sud du Portique de Philippe date du Moyen Âge.

2. R. VALLOIS, *EAD* VII.
3. *IG* XI 4, 1099 (= F. DURRBACH, *Choix*, n° 57).
4. Il y a dans l'architecture hellénistique de Délos des ordres doriques à un (**29**, **125**), deux (**57**), voire trois (**50**) triglyphes par entrecolonnement.

4. L'autre côté du Dromos est bordé par un autre portique, dit par convention **Portique Sud**[5], édifié vers le milieu du IIIe s. (**fig. 40**, 4).

Il présentait des murs pleins sur trois côtés (celui du Sud assez bien conservé) et une colonnade dorique de marbre blanc sur le côté Ouest. La moitié orientale de l'édifice était occupée par une série de magasins interrompue seulement par un passage percé au milieu du mur Est et conduisant vers l'Agora des Déliens (**84**)[6]. Parmi les petits monuments alignés devant la colonnade, noter au Sud (**fig. 40, E**) la base de la statue équestre d'Épigénès, général d'Attale Ier roi de 241 à 197, et au Nord (**fig. 40, F**) une base qui, d'après l'inscription[7], a dû porter des statues de Galates et commémore probablement une victoire d'Attale sur les Galates.

5. R. Vallois, *AHHD* I, p. 65-68.
6. Peut-être y affichait-on les terrains à vendre : cf. Ph. Bruneau, *BCH* 99 (1975), p. 281-282.
7. Respectivement *IG* XI 4, 1109 (= F. Durrbach, *Choix*, nº 53) et 1110.

LE SANCTUAIRE D'APOLLON

Dépliants I et II ; fig. 39 et 42

5. Le Dromos aboutit aux trois degrés en marbre bleu des **Propylées**[1], construits par les Athéniens probablement vers le milieu du IIe s. (**fig. 40**). Ils comportaient des ordres doriques de marbre blanc en avant (4 colonnes) et en arrière (2 colonnes) ; une dédicace du Peuple athénien était gravée sur l'architrave.

On distingue dans les fondations des traces de deux états antérieurs :

1) un état archaïque (550-540 selon Vallois ; premier quart du VIe s. selon Courbin ; au plus tard au début du deuxième quart du VIe s. selon Gruben) : lui appartiennent les assises inférieures en marbre de Naxos des murs Nord-Sud ;

2) un état tardo-archaïque (dernier quart du VIe s. selon Gruben) ou classique (deuxième quart du Ve s. selon Courbin), où l'orientation des murs a été légèrement modifiée pour s'accorder avec celle de l'Oikos des Naxiens (**9**) et permettre de lier ensemble les deux monuments. On peut observer, là où le retour Sud de la krépis Ouest de l'Oikos vient buter contre le mur Est des Propylées, le procédé utilisé : laissant en place la fondation et la première assise, on a fait légèrement pivoter chacune des autres assises par rapport à celle qui la supporte. Selon G. Gruben, les propylées auraient comporté deux colonnes *in antis* du côté Nord et, du côté Sud, quatre colonnes prostyles dont proviendrait le grand chapiteau d'angle ionique exposé à l'entrée du Musée.

En avant des Propylées se dresse un moulage de l'Hermès Propylaios érigé par les Amphictyons de 341/0[2].

*La topographie du Sanctuaire d'Apollon paraît nécessairement très confuse à qui visite Délos pour la première fois. Lorsqu'on se trouve dans les Propylées, on a devant soi la voie qui traverse du Nord au Sud le Sanctuaire, à droite (Est) les temples d'Apollon, à gauche (Ouest) divers édifices dont les principaux sont l'Autel de cornes et l'Artémision. Cette répartition a fait adopter l'itinéraire suivant : on parcourra d'abord la partie Est du Sanctuaire d'Apollon (***6** *à* **35***), puis on reviendra aux Propylées avant d'entreprendre la visite de la partie occidentale (***36** *à* **48***).*

1. R. Vallois, *AHHD* I, p. 238-242 ; P. Courbin, *EAD* XXXIII, *passim* ; G. Gruben, *JDAI* 112 (1997), p. 350-372. — Dédicace : *ID* 1611.
2. J. Marcadé, *BCH* 75 (1951), p. 188-189 ; A. Hermary, *BCH* 103 (1979), p. 137-149.

Fig. 42. — La partie occidentale de la ville et le sanctuaire d'Apollon, vue aérienne du Nord.

Dépliant II : Plan restitué du sanctuaire d'Apollon, du Dromos et de l'Agora des Déliens

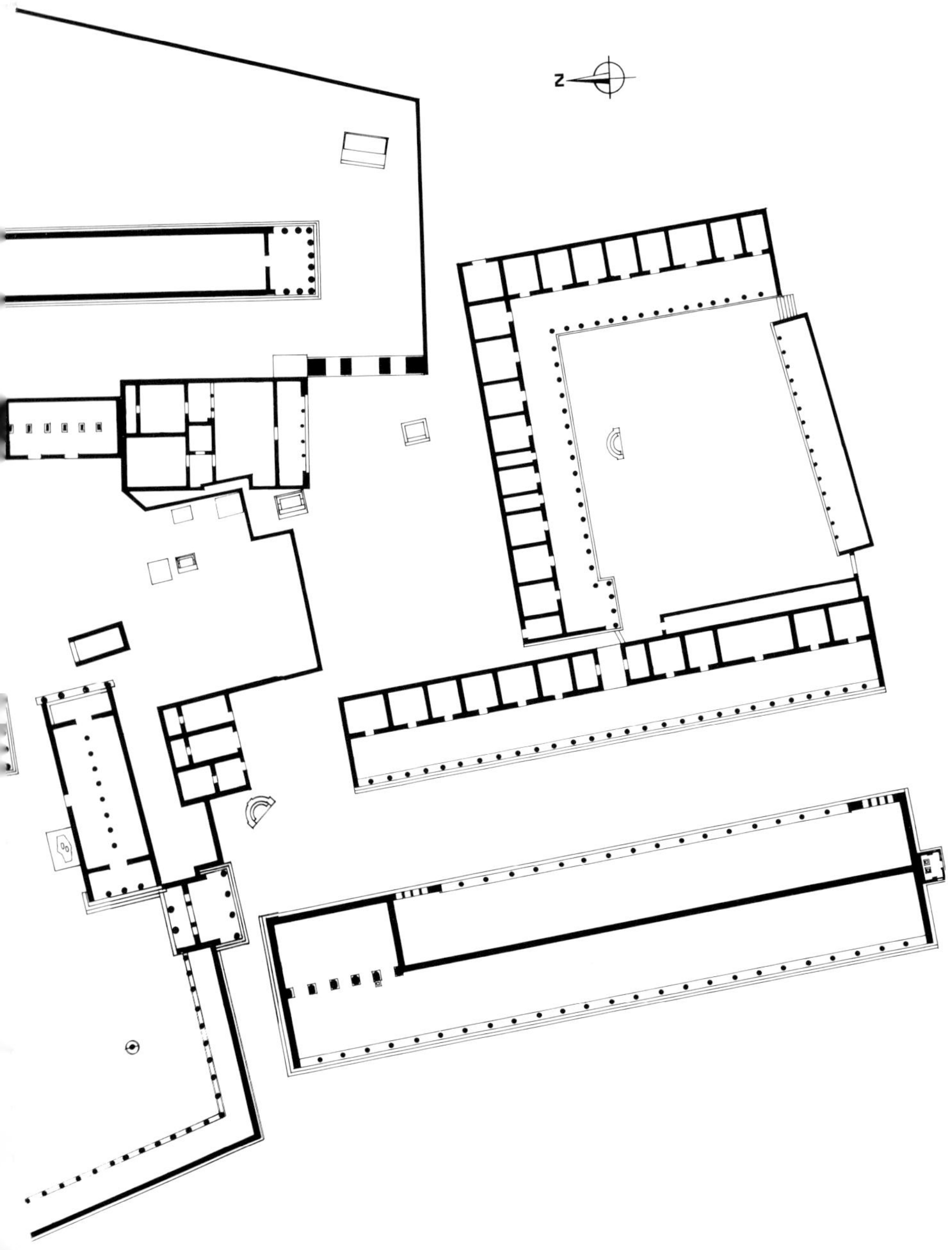

Parmi les exèdres et les bases de statues, seules sont représentées celles qui sont mentionnées dans le texte.

Dépliant II : Plan restitué du sanctuaire d'Apollon, du Dromos et de l'Agora des Déliens

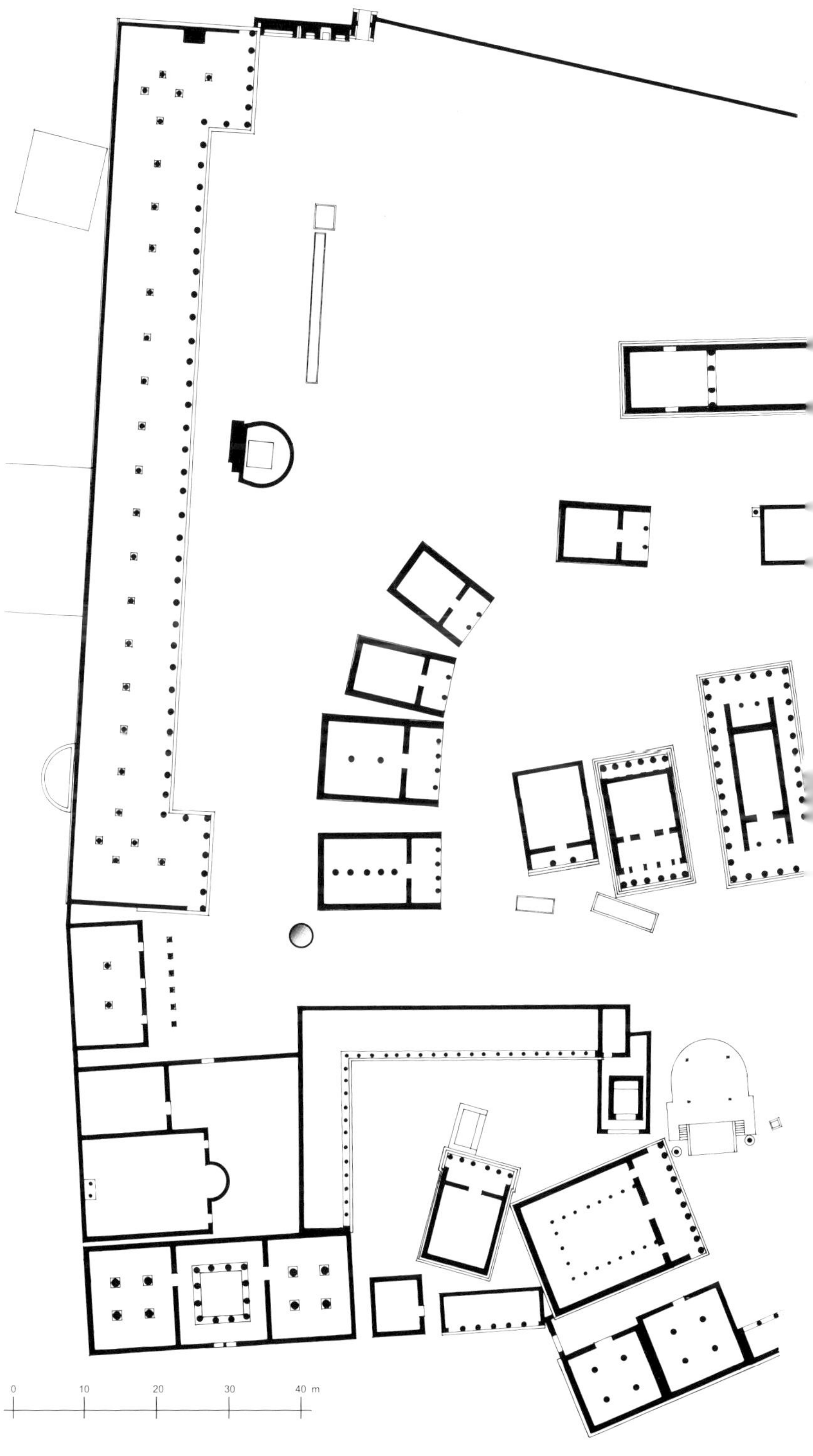

Dépliant II : Plan restitué du sanctuaire d'Apollon, du Dromos et de l'Agora des Déliens

6. *Immédiatement à droite des Propylées, en entrant dans le sanctuaire* se trouve un des monuments les plus remarquables de Délos ; nous lui conserverons son appellation traditionnelle d'**Oikos des Naxiens**[3] **(fig. 43-45)**.

● *OIKOI* À DÉLOS. Ce sont des bâtiments faisant partie des sanctuaires, mais qui ne sont pas des lieux de culte. On y entreposait des offrandes et du matériel : ainsi, dans l'Oikos des Naxiens, les inventaires mentionnent des objets en bronze (chaudrons, bassins, cratères, lampes), des agrès de trière, une tunique en cuir, des cnémides, des poignards, etc. Les inscriptions comportent trois façons de désigner les *oikoi* : soit par leur emplacement, leur forme ou leur contenu (*oikos* près du Diadumène, *Plinthinos oikos*, *oikos* où sont les *graphai*), soit par leur appartenance à un sanctuaire (*oikoi* de l'Archégèsion, du Thesmophorion), soit par leur appartenance à une cité. Ce dernier type a un intérêt directement historique. Sont attestés, outre l'*oikos* des Déliens, ceux des Karystiens, des Andriens, des Naxiens ; et, indirectement, des Kéiens et des Mykoniens ; enfin, très indirectement, des Siphniens. Mais il est plus que probable que tous ne sont pas mentionnés. Comme ils étaient gérés par les cités « propriétaires », ils ne peuvent apparaître dans les inventaires pour eux-mêmes ou pour leur contenu, mais seulement comme points de repère. On voit cependant qu'une liste se dessine : ce sont des cités insulaires voisines et on peut se demander si ne s'est pas établi à l'époque archaïque un lien entre l'édification d'un *oikos* et l'appartenance à l'Amphictyonie (p. 35).

Les *oikoi* n'étaient pas moins divers du point de vue architectural. Certains devaient être des constructions modestes, à vocation d'entrepôts ; d'autres servaient aussi de salles de banquets (*hestiatoria*) ; d'autres, comme 44, sont très soigneusement construits, en marbre, avec une décoration élaborée ; d'autres enfin, par leur plan, évoquent ce qu'à Delphes et à Olympie on appelle traditionnellement « trésors ».

On a longtemps distingué trois états successifs de l'Oikos des Naxiens, mais la réalité du premier est maintenant considérée comme très douteuse.

1) L'hypothèse de l'existence d'un « Pré-Oikos » repose sur l'interprétation de vestiges enfouis sous le dallage et mis au jour par la fouille de Ch. Dugas en 1909.

Il s'agit essentiellement de deux files de trous creusés dans le rocher pour l'implantation de poteaux de bois (8 paires de trous, espacés d'environ 2 m, avec un écartement Nord-Sud variant de 1,80 m à 2,15 m). À l'extrémité Ouest se trouve, également sous le dallage, une cuvette rectangulaire (1,05 x 0,62 m), en marbre, prolongée vers l'Ouest par un canal qui, passant sous le mur de refend et sous l'opisthodome, aboutissait dehors.

3. P. COURBIN, *EAD* XXXIII ; G. GRUBEN, *JDAI* 112 (1997), p. 301-350.

Les murs du « Pré-Oikos » seraient ceux que l'on peut voir encore aujourd'hui et qui auraient ensuite servi pour l'Oikos proprement dit. La double colonnade axiale, aux étais nombreux et rapprochés, amène P. Courbin à restituer un toit plat, en argile ou en torchis. Les portes seraient celles encore visibles, sauf la porte Ouest : ce mur de refend, dans cet état, serait plein, ce qui ferait que l'opisthodome ne s'ouvrirait que vers l'extérieur.

Ce premier état, qui daterait de la seconde moitié du VIIe s., est très évanide. La seule trace évidente est constituée par les trous de poteaux, mais ce n'est pas ainsi qu'on fonde normalement des étais intérieurs : sur du rocher il n'est pas utile de creuser des trous profonds. On a plutôt tendance actuellement[4] à voir là les marques de l'implantation d'échafaudages (dont on a d'autres exemples) pour le montage des colonnes, des poutres et des tuiles de marbre, très lourdes.

La tendance est donc à renoncer au « Pré-Oikos » tel qu'il a été restitué par P. Courbin. Cela permet d'éviter le paradoxe que constituerait dans l'histoire de l'architecture grecque le cas d'une colonnade intérieure unique succédant à une colonnade double.

2) Dans son premier état, l'Oikos des Naxiens se présente comme un bâtiment distyle ou, peut-être plutôt, tristyle *in antis*, le prodomos étant situé à l'Ouest. L'édifice n'est pas horizontal, mais épouse la pente du terrain ; la position de la cuvette est donc logique.

Les *murs* des longs côtés sont orientés en gros Est-Ouest. Ils dessinent un plan légèrement trapézoïdal (L. env. 24 m ; l. env. 10 m). Les fondations consistent en de gros blocs de granit presque bruts ; l'élévation comprend de gros carreaux de granit et des piles de plaques de gneiss (on remarquera que, pour une raison qui nous échappe, les parements du mur Nord sont inversés). Une *porte secondaire* donne sur le Nord : elle n'est pas située au centre de ce côté. Il n'en subsiste que le seuil de marbre, qui ne présente pas de traces de gonds : les battants devaient être fixés aux jambages. La *porte principale*, à l'Ouest, était monumentale, avec un seuil et un encadrement en marbre. Le prodomos comporte une krépis à trois degrés plus le stylobate ; il semble avoir été surmonté d'un fronton.

La *colonnade intérieure*, axiale, est en marbre. Les colonnes, à 24 cannelures à arêtes vives, reposent sur des disques (D. env. 1 m ; poids : une demi-tonne) surmontés de dés tronconiques (D. 44 et 41 cm). Leur hauteur semble avoir été d'environ 5 m. Le chapiteau, dont un seul exemplaire est conservé, est de type cycladique. Cette colonnade supportait, par l'intermédiaire d'entraits horizontaux et de poinçons verticaux, la poutre faîtière.

Cette *charpente* et la *toiture* étaient entièrement en marbre[5] : c'est le premier toit de marbre de Délos et très probablement de Grèce ; il s'agit d'une innovation technique considérable, qui montre la maîtrise des marbriers naxiens. On possède des éléments du couronnement des murs (carreaux), des dalles de rive (avec entailles pour l'implantation des

4. A. Kalpaxis, *AA* 1990, p. 149-153 ; G. Gruben, *in* J. des Courtils, J.-Ch. Moretti (éds), *Les grands ateliers d'architecture dans le monde égéen du VIe siècle av. J.-C. Actes du colloque d'Istanbul, 23-25 mai 1991* (1993), p. 97-109.

5. A. Ohnesorg, *Architektur auf Naxos und Paros, II. Inselionische Marmordächer* (1993), p. 53-59.

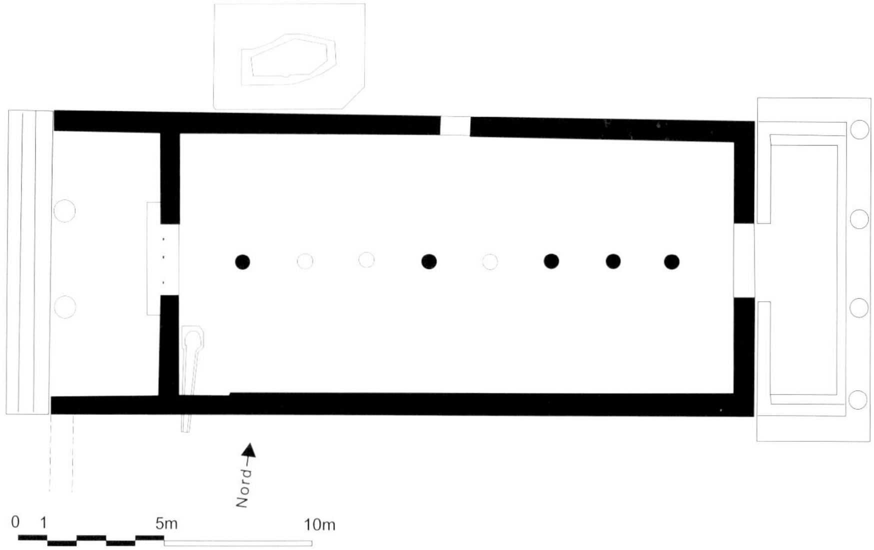

Fig. 43. — L'Oikos des Naxiens : plan du dernier état.

tuiles), des tuiles plates (en réalité, légèrement concaves), des couvre-joints semi-cylindriques (ceux de rive, formant antéfixes, sont décorés de *gorgoneia* finement gravés ; au Musée), des tuiles faîtières, également semi-cylindriques (**fig.** 4) ; tout cela en marbre naxien. La pente du toit était très faible : guère plus de 11°. On est tenté d'associer à cette innovation le nom du Naxien Byzès, qui, selon Pausanias, aurait inventé, à l'époque d'Alyatte et d'Astyage, la tuile de marbre.

Plus tard furent posés des *dallages* en marbre : d'abord, dans le prodomos Ouest, puis, après quelque délai, à l'intérieur. Ce dallage recouvrit la cuvette ; au lieu de la déplacer, on en installa une nouvelle dans le coin Sud-Ouest de la cella ; son canal d'écoulement aboutit, à l'extérieur, dans un puisard.

L'essentiel de la construction doit dater du premier quart du VIe s.

3) La seconde étape fut l'adjonction, à l'Est, d'un prostôon également en marbre naxien (**fig.** 43 et 44). Elle entraîna la création de la porte Est.

Cette *porte* avait un seuil et un encadrement en marbre. Le linteau était surmonté d'une frise supportée par des consoles. La baie, large de 2,46 m, était fermée à l'intérieur par une double porte à quatre panneaux, et à l'extérieur par une grille.

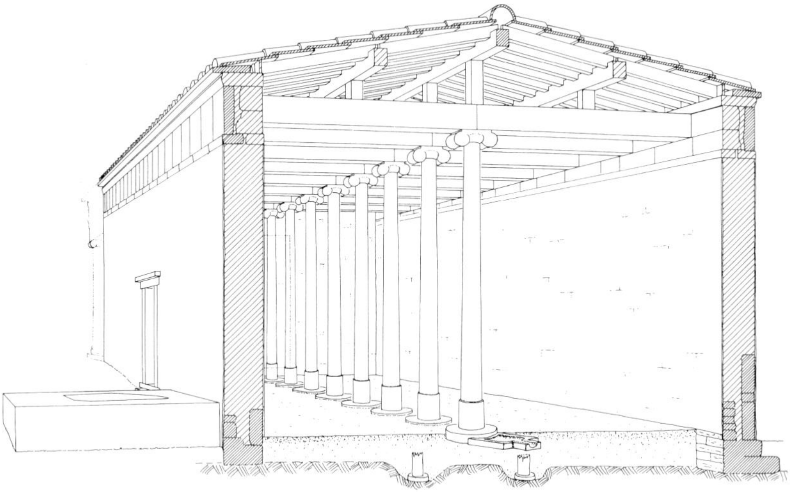

Fig. 44. — L'Oikos des Naxiens : perspective et coupe restituées de l'Ouest.

Le prostôon comportait quatre *colonnes* ioniques, dont les bases sont encore en place. De type « samien », elles se composent d'un trochilos légèrement concave surmonté d'un tore. Les fûts n'ont pas été retrouvés ; on possède un chapiteau probable. L'*épistyle* comportait une architrave à deux fasces, une assise moulurée (hypothétique), une frise de très faible hauteur (20 cm) surmontée d'un astragale, et un couronnement à mouluration architecturale « lesbique » ; au-dessus venaient les corniches et le fronton. On ne sait rien du plafond (?) ni de la charpente. Le *dallage* est situé à un niveau nettement inférieur à celui du stylobate, dont la fondation intérieure, en marbre, constitue un degré. On y descendait donc : d'où la construction, au Nord, d'un *escalier* à deux degrés (un troisième fut ajouté par la suite, probablement quand la construction du Grand Temple, **13**, vers le milieu du Ve s., entraîna un exhaussement du sol extérieur de ce côté). Sur les marches de cet escalier et sur le dallage se voient les traces d'implantation d'une *banquette* qui s'appuyait au mur de part et d'autre de la porte.

La construction de ce porche, très soigné, intervint peu avant 550. Elle portait à 29,42 m la longueur totale de l'édifice.

Comme son histoire, la destination du monument fait l'objet d'un débat. L'origine naxienne n'est pas remise en cause ; non qu'il existe un argument décisif — celui de la proximité du Colosse, offrande naxienne, quoique souvent allégué autrefois, est en vérité très faible (voir **9**) —, mais il y a une convergence d'indices

Fig. 45. — L'Oikos des Naxiens vu de l'Ouest.

(nature du marbre, technique, style des chapiteaux et des bases) qui entraîne un consensus général. Avec la construction, vers la fin du siècle, de la stoa **36**, cette région du sanctuaire, celle que l'on découvrait en entrant par les Propylées **5**, devint véritablement un « quartier naxien ». On ne conteste pas davantage que ce soit bien là le bâtiment que les inscriptions appellent l'« Oikos des Naxiens », appellation qui lui convient mieux qu'à aucun autre. Le problème en discussion est de savoir *s'il a toujours été* l'Oikos des Naxiens. Dans sa publication et dans plusieurs articles ultérieurs[6], P. Courbin a soutenu qu'il a été d'abord le premier temple d'Apollon.

6. Voir surtout *BCH* 111 (1987), p. 63-78.

La chose est possible : le Pôrinos Naos **11** offre un cas sûr de temple « déclassé » en *oikos*. Elle n'est toutefois démontrée par aucun indice matériel décisif : ni trace de base pour une statue de culte, ni banquette à offrande, ni autel dans ou devant l'édifice, ni dépôt d'objets consacrés. Aucun des arguments techniques invoqués par P. Courbin n'est sans réplique[7]. Le bâtiment occupe une place de choix dans le sanctuaire : mais, arrivé parmi les premiers, il le pouvait, et cette qualité s'impose aussi bien pour un Oikos-« trésor » que pour un temple. Il a, pour la Délos du VIe s., des dimensions exceptionnelles, mais cela ne prouve rien et, pour prendre l'exemple de deux édifices à peu près contemporains entre eux, le Trésor 5 (**16**) est plus grand que le Pôrinos Naos (**11**). Sa construction est très soignée ; ne peut-on cependant pas en dire autant, par exemple, de **44** ? Le plan trapézoïdal se retrouve dans l'architecture privée. En fait, au-delà des considérations de ce genre, l'argument le plus persuasif est celui de l'absence : si l'Oikos n'est pas le temple, Apollon n'en a pas eu à Délos avant le Pôrinos, à moins de supposer l'existence d'un prédécesseur du Pôrinos qui aurait entièrement disparu. Un temple est-il vraiment nécessaire ? L'état de nos connaissances sur l'histoire des cultes en Grèce archaïque nous permet de répondre que l'absence de temple est tout à fait possible[8]. Ce qui est indispensable pour un culte, c'est l'autel ; en l'occurrence, l'« Autel de cornes » ; or, l'emplacement qu'on lui assigne maintenant (voir **39**) n'a pas de relation évidente avec l'Oikos des Naxiens.

Telle est l'opinion qui l'emporte actuellement. Il reste que considérer comme un *oikos* dès l'origine un monument aussi vaste et aussi ambitieux pour son époque ne va pas absolument de soi. C'est pourquoi on propose aussi pour l'Oikos une destination première plus brillante, lieu de réunion ou de banquet. Cela expliquerait les cuvettes successives, permettant de laver le sol à grande eau, et aussi la fréquentation importante dont témoignerait l'usure du seuil de la porte Nord.

7. À 6 m environ à l'Est de l'Oikos des Naxiens se trouve le bâtiment qu'on appelle « **Temple Γ** »[9].

La datation proposée par R. Vallois (époque mycénienne) n'est plus admise aujourd'hui ; la présence de céramique mycénienne « auprès des fondations » ne prouve rien, car il y en a un peu partout dans le sanctuaire. L'isolement du bâtiment (mais l'existence d'un péribole est fort douteuse) et son plan, très allongé, avec une porte monumentale, suggèrent qu'il s'agit d'un temple, à dater vraisemblablement de l'époque géométrique. S'agirait-il du premier lieu de culte d'Apollon ? C'est peu probable, à cause de son éloignement de l'Autel de cornes **39**. R. Vallois voulait qu'il eût porté, à l'époque classique, le nom de Plinthinos oikos ; mais il est plus probable qu'à cette époque il était déjà en ruines.

7. Discussion par H. GALLET DE SANTERRE, *BCH* 108 (1984), p. 675-693.
8. Rol. ÉTIENNE, *in Fondation Hardt. Entretiens sur l'Antiquité classique* 37 (1992), p. 303-304.
9. R. VALLOIS, *AHHD* I, p. 14-16.

Fig. 46. — Le torse et le bassin du Colosse des Naxiens.

8. De l'angle Sud-Est de l'Oikos des Naxiens, on peut gagner un bâtiment parallèle à lui au Sud et identifié comme les **Ergastéria des Théandridai**[10] ; les Théandridai semblent avoir été une des anciennes trittyes[11] déliennes ; ces « ateliers », leur propriété, seraient passés dans le domaine d'Apollon peu après 167.

Adossée contre le mur Nord de l'Oikos des Naxiens se trouve la base du Colosse des Naxiens.

9. Le Colosse des Naxiens (**fig. 46**), *kouros* d'environ 9 m de hauteur, était célèbre dès l'Antiquité. Le torse et le bassin, très dégradés, sont dans l'Artémision (**46**) ; les doigts du pied gauche, faisant corps avec un fragment de la plinthe,

10. R. Vallois, *AHHD* I, p. 55.
11. Cf. p. 38.

au British Museum (B 322). La base est placée contre le mur Nord de l'Oikos des Naxiens. Certains morceaux vus autrefois par les voyageurs ont été emportés comme pièces de collection (et la plupart perdus, notamment le visage, scié vers 1670) ; d'autres ont fini, comme beaucoup de marbres de Délos, dans les fours à chaux. Les trous carrés creusés à l'arrière du bassin ne peuvent correspondre, comme on l'a cru, à une tentative de débitage, des traces de métal étant visibles au fond.

A) LA STATUE. C'est un *kouros* debout, qui était tourné vers l'Ouest ; la façon très particulière dont, aux épaules, les bras sont rattachés au torse (l'aisselle est au niveau du haut du pectoral) montre que les coudes, pliés, étaient tirés vers l'arrière ; les avant-bras n'étaient joints au torse, nettement au-dessus de la taille, que par des tenons relativement minces. L'adoption de cette attitude (la normale étant une sorte de « garde-à-vous ») suggère que la statue tenait dans une main l'arc et dans l'autre soit la flèche, soit une phiale ; il s'agirait donc d'une statue d'Apollon, plutôt que d'un *kouros*. Des rangées de petits trous indiquent que des ornements métalliques étaient fixés au marbre : boucles de chevelure, ceinture.

L'attitude ainsi reconstituée exclut l'appartenance au Colosse de la main gauche A 4094 (au Musée), qui adhérait à une cuisse. D'autres fragments attestent d'ailleurs l'existence à Délos (comme à Samos) de plusieurs statues colossales. On peut voir dans une carrière de Naxos l'ébauche d'une statue encore plus grande que le Colosse de Délos ; il ne s'agit donc pas d'une exception.

Le style et la date sont, en l'état actuel, difficiles à apprécier. Certains traits semblent très anciens : torse triangulaire, modelé raide des flancs, dos plat, avec le contour des omoplates rendu par un sillon ; la ceinture, également, n'est en principe guère possible après 600 (mais il s'agit ici d'une statue d'Apollon, pas exactement d'un *kouros*). D'autres traits, comme le rendu très plastique des pectoraux et des sterno-mastoïdiens, et surtout les jolies bouclettes de la chevelure à l'arrière, inciteraient à descendre… jusque vers 560 ! Dans une telle situation, il ne saurait y avoir de solution satisfaisante ; donner une date intermédiaire est sans doute le plus prudent, mais risque d'évoquer une cote mal taillée. Pour éviter d'avoir recours à de tels procédés, A. Hermary a proposé une solution radicale : la statue serait une « copie » archaïsante exécutée au IVe s. pour remplacer l'ancienne statue, endommagée. À quoi B. Holtzmann a très justement répondu que pour qualifier une statue d'archaïsante il faut disposer d'indices précis et reconnaissables, qui font totalement défaut ici[12].

12. A. HERMARY, *REA* 95 (1993), p. 11-27 (sur les avantages de cette hypothèse : Ph. BRUNEAU, *BCH* 119 [1995], p. 55-57) ; B. HOLTZMANN, *Topoi* 6 (1996), p. 199-204. Voir aussi G. GRUBEN, *JDAI* 112 (1997), p. 267-287.

B) La base pose encore plus de problèmes — de véritables énigmes, à vrai dire. Elle est pourtant d'un type non pas banal, certes, car sa taille gigantesque appelait des solutions particulières, mais normal. Il s'agit d'un énorme bloc de marbre naxien (5,15 x 3,47 x 0,82 m ; poids : environ 32 tonnes) dans lequel était creusé un logement, aux parois soigneusement piquées, pour la plinthe, qui faisait corps avec la statue. Cette plinthe avait la forme, dont on connaît d'autres exemples à cette époque, d'un hexagone irrégulier. Le logement n'a conservé ses parois qu'à l'Est et au Nord-Est ; partout ailleurs, il a été agrandi au Moyen Âge pour qu'on puisse extraire la plinthe. La base porte deux inscriptions. L'une (*ID* 49), sur la face Ouest, dit, en lettres classiques, Νάξιοι Ἀπόλλωνι, « les Naxiens à Apollon » (IVe s.). Sur l'autre inscription (*ID* 4), archaïque (face Est), nous reviendrons plus loin.

Venons-en maintenant aux problèmes.

1. La base a-t-elle été déplacée[13] ?

La question peut paraître saugrenue : qui aurait pu déplacer cet énorme bloc et pourquoi ? Cela d'autant plus que la base est très exactement et soigneusement alignée sur le mur Nord de l'Oikos tout proche. Un texte, cependant, oblige à la poser : Plutarque, *Vie de Nicias* 3, dit que le palmier de bronze consacré à Délos par Nicias, « brisé par les vents, tomba sur la grande statue des Naxiens et la renversa » ; le fait qu'il emploie, pour statue, le même mot (ἀνδριάς) que l'inscription de la face Est (citée ci-dessous), renforce la crédibilité de son renseignement. Or, on a retrouvé la base de ce palmier (37) : elle est située actuellement à 27 m de la base, en gros à l'Ouest. P. Courbin a essayé de montrer que, même à cette distance, le palmier avait pu renverser le Colosse[14], mais cette solution « balistique » suppose réunis tant de facteurs, à commencer par une extrême précision du « tir », qu'il faut la tenir pour désespérée. Ch. Picard et J. Replat[15] ont fait sur la base des observations qui montraient, selon eux, qu'elle a été déplacée. Une fois ces observations dûment vérifiées et critiquées (notamment par P. Courbin), un fait seulement demeure à l'appui de cette thèse : la contradiction qui existe entre le type de la base (« base-poids » à la face inférieure nettement bombée, donc destinée à être reçue par un simple ballast) et son calage à l'angle Nord-Ouest par un chapiteau ionique archaïque inachevé (les autres cales sont modernes) ; ce calage ne saurait donc être d'origine, d'autant qu'il serait difficile de soutenir que ce chapiteau est antérieur à 580. Si donc il y a eu déplacement, à quelle époque ? Pour Picard et Replat, au Moyen Âge : on aurait voulu rapprocher le bloc du four à chaux avant de le débiter. Mais n'aurait-il pas été plus facile de le débiter d'abord ? Et pourquoi aurait-on alors aligné

13. Données résumées par Ph. Bruneau, *BCH* 114 (1990), p. 565-569.

14. P. Courbin, *ÉD*, p. 157-172. En supposant au palmier un stipe haut de 10 m et un bouquet de feuilles offrant une surface de 10 m^2 et pesant 200 kg, un vent de 144 km/h pouvait détacher ce bouquet et lui faire parcourir la distance de 27,70 m.

15. *BCH* 48 (1924), p. 217-263.

la base au millimètre près sur le mur de l'Oikos ? Cette thèse est donc à rejeter. Un déplacement dans l'Antiquité ne pourrait guère avoir eu lieu qu'au moment où, la statue ayant été renversée par le palmier, on a voulu non seulement la réparer, mais aussi éviter à l'avenir un accident semblable ; il est raisonnable de penser que la dédicace du IVe s. correspond à cette réparation. Mais, en ce cas, n'eût-il pas été plus facile de déplacer le palmier ? C'est pourquoi P. Courbin a soutenu que le Colosse s'est toujours dressé là, contre l'Oikos, « des Naxiens » lui aussi.

Cela dit, la chute du palmier sur la statue pose d'autres problèmes non résolus, à commencer par celui-ci : la statue a dû se rompre aux endroits les plus fragiles, les chevilles et les genoux ; comment a-t-on pu la réparer (elle devait peser quelque quinze tonnes) ? La suggestion de B. Holtzmann[16], que les quatre trous à l'arrière du bassin sont la trace de cette réparation, semble féconde ; mais alors surgissent d'autres problèmes, liés à l'orientation de la base.

2. Problèmes d'orientation

a) L'orientation de la base par rapport à l'Oikos paraît étrange si l'on pense que le Colosse est postérieur à l'Oikos : en effet, la forme de l'encastrement montre que la statue, au lieu de tourner le dos au mur, comme on s'y attendrait, « marchait » parallèlement à lui. La difficulté s'atténue si l'on admet que l'Oikos a été construit après l'érection de la statue. C'est l'hypothèse la plus vraisemblable, d'une part parce que la face Sud de la base a été finement polie, comme si elle devait être vue, d'autre part parce qu'il fallait, pour ériger et finir la statue, l'entourer d'un échafaudage d'au moins 11 m de hauteur.

b) Si la dédicace du IVe s. est là où on l'attend, sur la face antérieure de la base, l'inscription archaïque, elle, était véritablement « sous les fesses » de la statue. Certes, cette inscription n'est pas la dédicace, et celle-ci pouvait se trouver ailleurs (par ex., sur la statue elle-même ; dans le cas du colosse d'Ischès à Samos, elle est gravée sur la cuisse gauche) ; la chose n'en est pas moins bizarre. Peut-être, si le Colosse se trouvait à l'origine près de **37**, à une époque où la stoa **36** n'existait pas encore, a-t-on voulu à la fois qu'il soit tourné vers la mer, comme pour accueillir les visiteurs, et que l'inscription soit tournée vers le chemin que ceux-ci suivaient ? Et si la base a toujours été là où elle est, on peut dire que les fidèles découvraient la statue de face en tournant l'angle de l'Oikos, et lisaient l'inscription en se dirigeant vers sa porte Nord. Dans un cas comme dans l'autre, on ne peut faire que des hypothèses.

3. Le sens de l'inscription archaïque

On lit aisément ; [τ]ὸ ἀϝυτõ λίθο ἐμι ἀνδριὰς καὶ τὸ σφέλας (trimètre iambique), et le sens paraît limpide : « je suis de la même pierre, statue et base ». Ce n'est pas là une dédicace ; comme nous l'avons vu, celle-ci (qui semble indispensable) pouvait se trouver sur la statue,

16. *Topoi* 6 (1996), p. 203-204 ; mais il est peu probable que la statue ait été reconsacrée en morceaux.

mais un emplacement possible est également une ligne au-dessus : il y a la place[17]. Seulement, ce texte si simple constitue une énigme tout autant que la base et la statue elle-même.

D'abord, que signifie σφέλας ? Au sens premier, ce mot désigne un petit escabeau que l'on se met sous les pieds. Ici, il pourrait donc désigner la plinthe (encore que celle-ci ne ressemblât pas à un escabeau, englobée qu'elle était dans la masse de la base), mais que la plinthe et la statue fassent corps était non seulement usuel mais techniquement nécessaire : c'est le contraire qui eût été remarquable. Pour N. Kontoléon[18], la partie signifiante de la phrase serait sous-entendue : « ... et plinthe (mais pas la base) ». Mais ce serait déployer beaucoup de subtilité pour signifier une chose toute naturelle, alors qu'on attend quelque paradoxe.

Il s'agit donc certainement de la base. Mais qui parle ? Pas le dieu : le contenu du texte confirme que, comme souvent, c'est l'offrande qui s'exprime, accédant ainsi au statut de sujet. L'offrande *entière* : le lieu de la gravure s'accorde avec la parole énoncée pour dire que la base a même rang que l'image qu'elle porte. Ainsi, quoiqu'elle tienne les attributs du dieu, la statue ne se considère pas comme sa représentation ; en mettant en avant une caractéristique technique, elle se tient à l'écart du divin et ne s'enorgueillit que d'être un produit remarquable de l'industrie humaine.

L'obscurité vient de la formule « de la même pierre ». On a tout essayé : de la même sorte de pierre (marbre) ? Mais c'est normal à Naxos. De la même sorte de marbre (naxien) ? Même objection. De deux pierres distinctes, mais tirées du même bloc de carrière ? Des raisons techniques s'y opposent[19]. P. Courbin a proposé de donner à καί, « et », un sens en quelque sorte distributif : la statue, d'une part, et la base, d'autre part, sont, chacune en ce qui la concerne, monolithiques. Mais, outre qu'il ne saurait en être autrement, tel ne peut être le sens normal de la phrase : καί est étroitement lié à ἀϝυτô et tire son sens de ce mot ; cela veut bien dire que la statue et la base *ensemble* sont « de la même pierre ».

L'inscription ne peut donc proclamer qu'une chose : que le tout, statue et base, est monolithique. Or, non seulement nous voyons que c'est faux, mais encore en allait-il de même pour les Grecs du VIe s. : si bien ajusté qu'il fût, le joint entre la plinthe et la base ne pouvait échapper à un examen attentif *auquel précisément l'inscription conviait son lecteur.* Comme le faisait l'oracle de Delphes, l'inscription énonce une énigme[20]. Est affirmée par la statue portant les attributs du dieu et s'exprimant en son sanctuaire une proposition dont chacun pouvait vérifier à loisir la fausseté *apparente*. C'est un jeu sur l'ambiguïté du langage : ὁ αὐτός dit l'identité, mais aussi la ressemblance ; λίθος dit le bloc, mais aussi la sorte de pierre[21]. Comme dans le cas du célèbre « ceci n'est pas une pipe », il appartient au lecteur de donner lui-même aux mots le sens qui les réconciliera avec les choses. Tombant dans le piège, les exégètes modernes s'y sont longuement exercés ; *toutes* les réponses qu'ils ont données sont également vraies — et, bien sûr, également fausses.

17. Ph. Bruneau, *BCH* 112 (1988), p. 577-582.
18. N. Kontoléon, *ÉD*, p. 239-251.
19. P. Courbin, *in Mélanges helléniques offerts à Georges Daux* (1974), p. 57-66, notamment p. 61-64.
20. Remarque de N. Kontoléon, *op. cit.*, p. 251.
21. Dans le même sens, Ph. Bruneau, *BCH* 112 (1988), p. 577-582 ; 115 (1991), p. 386-388.

10. *On s'engage dans la voie* bordée de bases. Une quarantaine de pas après la base du Colosse, la voie s'élargit. Deux monuments se font vis-à-vis : à l'Ouest (à gauche) une base de pierre rose et à l'Est (à droite) la **Base de Philétairos**[22] en marbre bleu, élevée en l'honneur du fondateur de la dynastie de Pergame, après sa mort dans la seconde moitié du IIIe s.

Le monument était long de 8 m. Un des orthostates, encore en place, porte la dédicace suivante : « Bienheureux Philétairos, tu inspires, ô prince, et les divins aèdes et les sculpteurs industrieux ; ils exaltent ta grande puissance, les uns dans leurs hymnes, les autres dans les ouvrages où éclate le talent de leurs mains, ils rappellent comment tu portas jadis l'impétueux Arès chez les Galates durs à la guerre, et les rejetas loin au-delà des frontières de ton pays. En retour, Sosicratès a dressé pour toi, dans Délos battue par les flots, ces chefs-d'œuvre de Nikératos, monument digne à jamais d'être célébré ; Héphaistos lui-même, s'il les voyait, n'en contesterait pas le mérite ». La base portait sans doute les statues de Philétairos et d'autres personnages de la dynastie.

Derrière cette base s'alignent les **trois Temples d'Apollon** (**fig. 39** et **47**).

11. Le plus septentrional des trois est celui que les inscriptions appellent le « **Pôrinos Naos** »[23] ou « Pôrinos » tout court. Il n'en reste plus que les fondations (pôros reposant sur du granit) qui dessinent un rectangle divisé en deux salles inégales. Il est orienté vers l'Ouest et devait comporter en façade deux colonnes *in antis*.

Les murs étaient en pôros avec des orthostates à agrafes en double T ; ce pôros ressemble à celui d'Athènes, mais son origine n'est pas assurée. Pour des raisons historiques, le temple est cependant généralement attribué aux Athéniens. Il daterait soit du temps où Pisistrate voulait affirmer à Délos la présence d'Athènes, soit de l'époque des Pisistratides. Après la construction du Grand Temple (**13**), **11** fut « déclassé » ; il est appelé pour la première fois Pôrinos Oikos dans une inscription de 282.

22. *IG* XI 4, 1105 (= F. DURRBACH, *Choix*, no 31, auquel est empruntée la traduction présentée ici).
23. F. COURBY, *EAD* XII, p. 207-215 ; G. GRUBEN, *JDAI* 112 (1997), p. 372-376. — Rapports avec la documentation épigraphique et statues cultuelles des temples : Ph. BRUNEAU, *CDH*, p. 52-62.

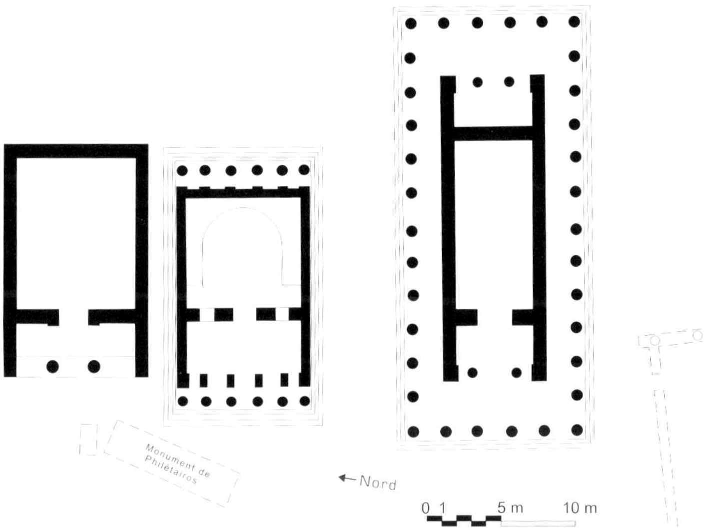

Fig. 47. — Les trois Temples d'Apollon : plan restitué.

12. La deuxième fondation que l'on rencontre en allant du Nord vers le Sud est celle du temple que les inscriptions appellent le « **Temple des Athéniens** »[24] ou « le Temple aux sept statues ». Il est effectivement de technique typiquement attique et très soigné dans toutes ses parties. « Ce petit temple est de la lignée du Parthénon : joyau d'art dorique, il représente un peu, dans cette architecture austère, ce qu'est pour nous, dans l'ordre ionique, le temple d'Athéna Nikè » (F. Courby). Le matériau est d'ailleurs du pentélique.

24. F. Courby, *EAD* XII, p. 107-205.

Voici ses principales particularités :

A) PLAN. Ce temple était amphiprostyle (hexastyle), plan dont on ne connaît pas d'autre exemple dans l'ordre dorique à cette époque. Il est orienté à l'Ouest. Il comportait, entre les antes, quatre piliers, auxquels correspondaient à la face externe du mur de fond quatre pilastres peu saillants[25].

B) ÉLÉVATION. La krépis comprenait quatre assises au lieu des trois canoniques ; les emmarchements frontaux sont plus profonds que les emmarchements latéraux. Entre la frise et le larmier s'interposait une assise décorative qui a complètement disparu. Elle était très mince (8 cm). On suppose qu'elle était en bronze (?). Le plafond de la cella, au lieu d'être horizontal, était à double pente, avec des frontons intérieurs.

Cette dernière particularité doit s'expliquer par le fait qu'on a voulu loger dans ce temple une statue plus ancienne, qui était trop grande pour y tenir si le plafond de la cella avait été du type habituel : l'Apollon de Tektaios et Angélion, sculpteurs généralement datés du milieu du VIe s.[26].

L'intérieur de la cella était occupé par une base en fer à cheval qui supportait sept statues (l'une d'elles pouvait être l'Apollon) : d'où le nom du temple[27].

Le chapiteau est proche du chapiteau intérieur du Parthénon : les sculptures indiquent une date assez nettement antérieure à la fin du Ve s. 425-420 paraît une datation raisonnable. Le temple a pu être inauguré par Nicias en 417.

On a retrouvé de nombreux fragments des acrotères. Les acrotères faîtiers étaient des groupes d'enlèvement : à l'Est, Borée enlevant Orithyie (au Musée), à l'Ouest, Éos et Képhalos (il n'en reste que des fragments). Les acrotères d'angle étaient des spectatrices fuyant[28]. Il est possible que les frontons aussi aient été décorés, mais il n'en reste rien.

25. Pour les piliers du pronaos, comparer avec le temple d'Athéna Niké.

26. Datation contestée par Fr. PROST, *REG* 112 (1999), p. 37-60.

27. Toutes les particularités du plan s'expliquent si l'on admet que cette base a préexisté au temple (certains indices montrent qu'elle se serait trouvée dans le Pôrinos Naos) et que l'on a construit le temple pour la base. Celle-ci dictait la largeur de la cella. Dès lors ce nouveau temple, construit entre le Pôrinos et le Grand Temple tous deux antérieurs, n'avait plus assez de place en largeur pour être péristyle. Le sol devait être au même niveau que celui du Grand Temple, d'où les quatre emmarchements de la krépis. Les piédroits, moins épais que des colonnes, laissaient entrer plus de lumière. L'éclairage de la cella était amélioré par deux fenêtres, de part et d'autre de la porte.

28. J. MARCADÉ, *BCH* 75 (1951), p. 87, rectifie sur ce point la reconstitution de Furtwängler, suivi par F. Courby.

13. Le dernier (le deuxième selon la chronologie) des trois temples, dit « **Grand Temple** »[29], était le seul édifice de Délos qui fût périptère, avec six colonnes en façade. Il n'a jamais été complètement achevé (fûts des colonnes non cannelés, emmarchements de la krépis non polis).

Il présente les particularités suivantes :

A) PLAN. Le trait le plus curieux est que les entrecolonnements sont partout presque égaux ; il n'y a pas de contraction angulaire, et le problème des angles est résolu seulement par l'allongement des deux métopes extrêmes de chaque côté. Les colonnes intérieures du pronaos étaient largement écartées, tandis que celles de l'opisthodome avaient un écartement normal. L'implantation du naos n'était pas réglée par rapport à la colonnade. Toutes ces particularités peuvent s'interpréter comme des traces d'archaïsme ; mais l'égalité des entrecolonnements ne se retrouve qu'en Italie.

B) STRUCTURE ET DÉCORATION. Entre la frise et le larmier était interposée une assise décorative moulurée (imitation du Temple des Athéniens, **12**). Sur les parois intérieures du pronaos et de l'opisthodome courait un entablement dorique. La base des murs ne consistait pas en orthostates, mais en un soubassement composé de trois assises.

C) CHRONOLOGIE. L'examen des différentes parties du temple montre qu'il a été bâti en deux fois. Vers 475-450 le temple fut commencé et élevé jusqu'à la hauteur de la frise comprise. Le chantier resta ainsi, sans doute avec un toit provisoire, jusqu'à l'Indépendance, époque où l'on reprit les travaux ; vers 280, il fut possible d'abriter dans le prodomos des offrandes, fort nombreuses, dont les Inventaires nous conservent la liste (couronnes d'or, phiales d'argent, etc.). — Au IIe s., l'Athénien Dioscouridès dédia « deux trépieds delphiques en argent de chaque côté de l'entrée » (cf. **119**)[30]. — À l'époque augustéenne, l'édifice servit de lieu de culte de la famille impériale[31].

L'histoire de ce temple coïncide dans ses grandes phases avec l'histoire même de Délos. La construction fut entreprise quand l'île devint le siège de la Confédération maritime, et cessa quand le trésor de la Ligue de Délos fut transporté à Athènes. Elle fut reprise quand Délos fut délivrée de la domination athénienne.

29. F. COURBY, *EAD* XII, p. 1-106 ; G. GRUBEN, *JDAI* 112 (1997), p. 376-378. — Un élément de corniche a été reconnu à Paros : *BCH* 103 (1979), p. 602.

30. Sur les trépieds de Délos, cf. P. AMANDRY, J. DUCAT, *ÉD*, p. 17-64 (et cf. p. 296, n. 11).

31. Th. MAVROJANNIS, *Ostraka* 4 (1995), p. 85-102.

La visite des trois Temples appelle plusieurs observations.

1) On a remarqué leur orientation commune vers l'Ouest. Il est logique de l'expliquer par la localisation de quelque construction particulièrement sacrée ou de quelque relique dans la zone vers laquelle ils sont tournés. Comme en outre aucun d'entre eux ne comporte d'autel, il est également logique de supposer que cette construction ou relique était un autel. On pense naturellement au plus vénérable autel de Délos, l'autel de cornes (**39**) construit par Apollon lui-même[32].

2) Ces monuments n'ont rien d'exceptionnel, ni par leur décoration, ni, surtout, par leurs dimensions. Ainsi, le Grand Temple a une longueur (29,78 m) qui n'est pas tellement supérieure à la largeur (23,82 m) du temple de Delphes (remarque de G. Roux). Une comparaison avec d'autres grands sanctuaires comme Olympie, Samos, conduit à la même remarque. On n'en saurait toutefois déduire que ces temples n'avaient qu'un rôle secondaire, comme le soutient G. Roux, qui pense qu'il convient de chercher ailleurs « le vrai temple d'Apollon à Délos »[33]. Après tout, n'est-ce pas le Grand Temple qui, selon toute apparence, contenait la statue de culte d'Apollon[34] ? Ce n'est certes pas là une fonction secondaire. Ce que les inscriptions déliennes elles-mêmes appellent « le temple d'Apollon » n'est rien d'autre que notre Grand Temple.

3) Tout en s'échelonnant dans le temps, et, dans une certaine mesure, en se succédant comme temple principal, ils ne se sont pas vraiment remplacés, ni supprimés l'un l'autre. Le Pôrinos a subsisté aux côtés du Temple des Athéniens. Le Grand Temple, auquel celui des Athéniens faisait en quelque sorte concurrence, a, pour des raisons visiblement « politiques », attendu plus d'un siècle son relatif achèvement. Une telle influence de la situation politique sur l'architecture religieuse est fort loin d'être particulière à Délos ; elle n'est synonyme ni d'impiété, ni de désinvolture. La juxtaposition des temples ne surprend que par comparaison avec Delphes ; mais la comparaison n'est pas pertinente par suite de la différence des données religieuses : à Delphes, avec l'omphalos, le tombeau de Dionysos, la fissure du sol dont la Pythie était censée respirer les exhalaisons, l'emplacement du temple ne pouvait varier[35].

4) Comme l'a fait remarquer O. Picard[36] une chose reste, en l'état actuel, inexpliquée : la chronologie exposée ci-dessus implique que lorsqu'on a commencé la construction du

32. Jusqu'à ce point, nous suivons le raisonnement de G. ROUX, *BCH* 103 (1979), p. 120-122. Nous ne le suivons pas, en revanche, quand il propose de placer cet autel à l'intérieur de **42** ; voir ce numéro.
33. Titre de son article, *BCH* 103 (1979), p. 109-135 ; *contra,* Ph. BRUNEAU, *BCH* 105 (1981), p. 98-103.
34. Ph. BRUNEAU, *CDH*, p. 53-58 ; J. MARCADÉ, *MD*, p. 162.
35. G. ROUX, *loc. cit.* (*supra* n. 32).
36. *Atti del 31 convegno di studi sulla Magna Grecia, Tarento 1991* (1995), p. 240-241.

Grand Temple **13** (vers 475), on a laissé libre l'emplacement du futur **12** (bâti vers 425 seulement), alors qu'il est mieux axé sur l'autel d'Apollon **39**. Supposer un état antérieur de **12**, qui n'aurait laissé aucune trace, est une hypothèse commode, mais gratuite.

5) À notre connaissance, le plus ancien temple d'Apollon date seulement de la fin du VIe s. Au contraire, ceux d'Artémis, de Héra remontent au moins assez haut dans le VIIe s. C'est pourquoi on a cherché ailleurs le premier temple d'Apollon. On a pensé au « temple Γ » (**7**) qui est peut-être géométrique ; ensuite, l'Oikos des Naxiens (**6**) a paru un candidat nettement plus sérieux, mais cette dernière identification reste aujourd'hui hypothétique.

14. *Revenir à la base de Philétairos* ; environ 5 m plus au Nord, en continuant à suivre la Voie sacrée, on rencontre à droite une **base** partiellement restaurée, en marbre blanc rosé : frise dorique à métopes alternativement ornées de rosettes et de bucranes, surmontée de denticules.

15. Au Nord de la base **14** se trouve une petite place dallée qui est un point de départ commode pour la visite de l'**habitat mycénien**[37] de Délos. Autour de cette cour, principalement au Nord et à l'Est, se développe un ensemble complexe et très ruiné de pièces contiguës appartenant à un même édifice, que l'on nommait autrefois le « palais », mais auquel il manque l'élément essentiel, le mégaron, ou salle d'apparat à colonnes. C'est donc plutôt « un petit village très resserré »[38]. Cet habitat s'étend jusque sous le portique Est de l'Artémision (**46**), les trésors 5 et 4 (**16** et **17**), et au Sud sous le Pôrinos Naos (**11**) et le Temple des Athéniens (**12**).

Des vestiges d'habitations plus petites se trouvent sous le portique à l'Ouest de l'Artémision (**45**) et dans l'angle formé par la Stoa des Naxiens (**36**), au Sud de l'édifice **42**, en particulier auprès du temple G (**40**). Enfin, un tronçon de mur courbe apparaît sous le coin Nord-Est du Hiéron d'Apollon[39] ; on l'interprète comme le mur d'enceinte de l'agglomération mycénienne.

Dans toutes ces constructions, on remarquera que les seuils des pièces sont généralement placés tout près des angles ; ils sont souvent de grande taille et toujours monolithes. L'orientation des murs est uniforme et permet de les distinguer des constructions postérieures.

37. H. GALLET de SANTERRE, *DPA*, p. 71-87.
38. Cl. ROLLEY, *FD* V, 3 (1977), p. 142 ; A. FARNOUX, *in* C. ZERNER (éd.), *Wace and Blegen, Pottery as Evidence for Trade in the Aegean Bronze Age 1939-1989* (1990), p. 271-274.
39. Au fond d'une tranchée, non loin du présentoir de monuments chorégiques (**81**). Auprès se trouvent les vestiges d'une construction à abside.

16 à **20**. Regagner la petite place dallée signalée au début de **15** ; derrière une exèdre semi-circulaire en marbre bleu, commence une série de cinq monuments disposés à peu près en arc de cercle autour du Pôrinos Naos ; on a coutume de les appeler « Trésors »[40] ; le plus oriental, proche de l'extrémité Nord du Monument des taureaux (**24**), rompt la courbe amorcée.

On les numérote généralement d'Est en Ouest[41]. Stylistiquement ils forment deux groupes.

1) Le groupe archaïque ne comprend que le **Trésor 5** (**16**) qui a des fondations de granit et de gneiss de caractère archaïque. Il comprenait un prodomos avec quatre colonnes *in antis* (gros blocs de granit là où elles se trouvaient) et une colonnade médiane dans la cella (supports de cinq colonnes). On a attribué à cet édifice un chapiteau dorique archaïque qui se trouve sur les fondations du Pôrinos Naos (**11**). Selon R. Vallois, il pourrait être identifié avec l'Oikos de Karystos[42].

2) Groupe classique. Les fondations des Trésors 1-4 ressemblent à celles du Grand Temple d'Apollon (**13**). Des corniches et simas provenant des Trésors 1 et 3 ressemblent aux pièces correspondantes du second Héraion (**101**). Sous le sol en galets du Trésor 2 ont été trouvés des tessons attiques à figures rouges. Les chapiteaux provenant de ces trésors confirment ces indications. Le groupe date de la première moitié du ve s., le Trésor 4 étant sans doute le plus ancien.

Trésor 4 (**17**). Le plan est assez semblable à celui du Trésor 5, avec une colonnade médiane. Il semble y avoir eu une demi-colonne au milieu de la porte, mais ceci doit dater d'un remaniement. La colonnade médiane comprenait deux supports libres et un support engagé contre le mur Nord. Le prodomos comprenait quatre ou cinq colonnes *in antis.*

Trésor 3 (**18**). Très ruiné. Probablement avec deux colonnes *in antis.*

Trésor 2 (**19**). Assez bien conservé ; il y avait deux colonnes *in antis.* R. Vallois propose d'y reconnaître l'« Hestiatorion de Kéos » mentionné par Hérodote, IV 34-35 ; mais cf. n° **48**.

Trésor 1 (**20**). Plan analogue.

40. R. Vallois, *AHHD* I, p. 24-25 et 27.

41. La numérotation inverse a été aussi utilisée, notamment par Ch. Dugas et C. Rhomaios dans les fascicules de l'*EAD* consacrés à la publication des vases.

42. Sur le sens du mot « oikos », voir p. 171.

La destination de ces bâtiments est en fait inconnue ; malgré leur disposition ordonnée, ils ne forment peut-être pas un ensemble homogène, et il n'est pas nécessaire qu'ils aient tous eu les mêmes fonctions.

21. Environ 15 m au Sud du Trésor 1 se trouve un bâtiment au plan très allongé qu'on appelle « Édifice Δ »[43] ; il s'agissait peut-être du Bouleutérion[44], mais ce n'est qu'une hypothèse.

Il est bâti en carreaux de marbre local à très gros cristaux et était parcouru intérieurement par une rangée de piliers. On remarquera leur structure particulière : ils sont de section rectangulaire, mais les arêtes n'ont été conservées qu'aux extrémités ; au milieu du fût elles sont remplacées par un arrondi.

Contre l'angle Nord-Est de l'édifice, et inséparable de lui, se trouve une colonne votive, portant une dédicace archaïque (très peu lisible) à Athéna Polias[45]. Colonne et édifice datent de la première moitié du VIe s.

Deux portes s'ouvrent dans le long côté Ouest ; il s'agit donc d'un édifice de plan barlong.

22. Immédiatement au Sud de l'édifice Δ se trouve le **Prytanée**[46] (**fig. 48**). Construit au milieu du IVe s. (?), ce bâtiment municipal comportait, selon les inscriptions, un prodomos (ou vestibule), une cour, une salle de banquet et un local pour les archives ; on peut retrouver ces différentes pièces sur le terrain. Un haut hermès se dresse dans la cour.

Ce bâtiment, ouvert au Sud sur l'esplanade de l'ancienne Agora, est d'un plan très curieux, exceptionnel dans l'architecture grecque. Il comprend deux parties presque exactement superposables.

On avait accès au vestibule d'entrée A par un portique à quatre colonnes doriques (implantations bien visibles), flanquées par deux massifs faisant avant-corps. À l'intérieur du vestibule deux banquettes de marbre en forme de *pi* étaient disposées à droite et à gauche le long des murs latéraux.

43. R. Vallois, *AHHD* I, p. 25, 119-121 et 249.

44. Cf. p. 38.

45. Texte : *ID* 15 : ...ος παῖδης τõ Δηλίο ἀνήθησαν Ἀθηναίει Πολιάδι, « les enfants de ..., Délien, ont dédié à Athéna Polias ». Cette inscription indique que l'édifice était probablement un édifice municipal.

46. Rol. Étienne, *REA* 99 (1997), p. 305-324. — Sur les hermès du Prytanée, cf. J. Marcadé, *MD*, p. 146-158.

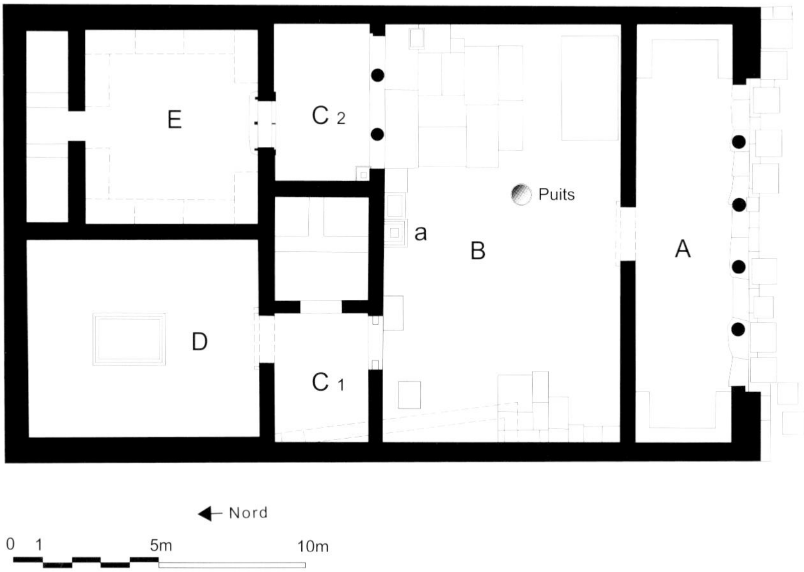

Fig. 48. — Le Prytanée : plan restitué.

On pénètre ensuite dans la cour B qui était entièrement dallée de gneiss. Dans cette cour, les magistrats avaient pris l'habitude à leur sortie de charge de consacrer des statues comme l'hermès encore en place dans la cour (a). C'est là aussi qu'on exposait les stèles portant l'inventaire de la vaisselle précieuse déposée dans le Prytanée.

La deuxième partie est plus complexe que la première. Deux salles E et D sont précédées chacune de vestibules de largeur inégale. Celui de l'Ouest (C 1) est fermé par une porte ; celui de l'Est (C 2) s'ouvre par un porche à deux colonnes. On peut identifier la salle D comme la chapelle contenant la statue (?) d'Hestia. La salle E était utilisée comme salle de banquet (*hestiatorion*) ; les deux réduits du fond servaient sans doute à entreposer les archives.

On sait que des statues du Démos athénien et de Rome se trouvaient dans le Prytanée, mais leur situation dans le bâtiment ne peut être déterminée. Le bâtiment a été remanié lorsque l'on a entouré par un mur les autels situés à l'Ouest (**23**) ; le mur Ouest du Prytanée a été repoussé vers l'intérieur (la réfection est marquée en pointillés sur la **fig. 48**).

23. Au Sud et à l'Ouest du Prytanée se trouve une série de petits monuments intéressants.

A. Autel archaïque anonyme. C'est probablement le plus ancien de tous. Les fondations sont en granit avec des plaques de gneiss. L'emmarchement est à un seul degré ; on remarquera les scellements très évasés sans embolon. Début du VIe s. ?

B. Autel archaïque anonyme[47]. Fait d'un marbre saumoné, il ressemble à l'autel sans doute contemporain situé à l'Est du Lac (**68**). On remarquera les fasces ornant les blocs de l'élévation, le boudin qui couronnait les degrés, les scellements, très particuliers. Vers 500 av. J.-C.

C. Autel classique d'Athéna et Apollon Paiôn. Il est fondé sur deux dalles de gneiss, dont l'une est énorme. Il était couronné d'un très beau fronton à palmettes (au Musée) ; sa construction, sans doute athénienne, est très soignée. Le nom des divinités auxquelles il appartient est indiqué par l'inscription métrique gravée sur le degré supérieur, à l'Ouest[48]. Fin du Ve s.

D. Autel hellénistique. Seul le premier degré, en marbre, est conservé en place. Cet autel était lui aussi pourvu de frontons (l'un se trouve à proximité). D'après ses scellements il date de la fin du IVe ou du début du IIIe s.[49].

E. Autel archaïque de Zeus Polieus et Athéna Polias. Il n'y a plus en place aujourd'hui que la fondation ; les carreaux de marbre saumoné de l'élévation sont rassemblés à l'Est de l'extrémité Sud du Monument des taureaux (**24**), auprès de l'autel hellénistique **25**[50]. Pour l'identification, voir ce numéro.

F. Ce n'est pas un autel, mais un sékos hypèthre, accessible par une porte située à l'Ouest. Il est bâti avec un marbre à très gros cristaux semblable à celui de l'édifice Δ.

Toute cette région, apparemment consacrée aux divinités poliades[51], n'a jamais fait proprement partie du Hiéron, dont un mur la séparait.

24. À l'Est de l'Édifice Δ et du Prytanée, parallèlement à eux, s'allonge une construction qu'on a longtemps appelée « **Monument des taureaux** » et qu'on identifie maintenant comme le Néôrion[52] (**fig. 49**) ; cet édifice qui occupe la région Sud-Est du Sanctuaire est le plus original. On est frappé dès l'abord par l'extrême allongement du plan, qui répond évidemment à des impératifs matériels (dimensions : 69,40 x 10,37 m).

47. Rol. ÉTIENNE, *in* N. Chr. STAMBOLIDIS (éd.), *Φῶς Κυκλαδικόν. Μνήμη Ν. Ζαφειροπούλου* (1999), p. 232-253.

48. *ID* 47 ; Rol. ÉTIENNE, *BCH* 112 (1988), p. 752 et fig. 10.

49. Rol. ÉTIENNE, *BCH* 112 (1988), p. 752 et fig. 11-12.

50. Rol. ÉTIENNE, *BCH* 112 (1988), p. 752 et fig. 9 ; *id.*, *in* Rol. ÉTIENNE, M.-Th. LE DINAHET, M. YON (éds), *Architecture et poésie dans le monde grec, Hommage à G. Roux* (1989), p. 39-50.

51. = divinités protectrices de la cité (à Délos, Zeus et Athéna).

52. P. L. COUCHOUD, J. SVORONOS, *BCH* 45 (1921), p. 270-294 ; R. VALLOIS, *AHHD* I, p. 33-37 et 279-280 ; Ph. FRAISSE, Chr. LLINAS, *EAD* XXXVI, p. 417-421. — Sondages : *BCH* 88 (1964), p. 901-905 ; 89 (1965), p. 992-996 ; 90 (1966), p. 998-1005.

Fig. 49. — Le Monument des taureaux : plan restitué.

Description. Du Sud au Nord, on distingue trois parties :

1) Un prodomos, avec six colonnes en façade et probablement deux faisant retour sur les longs côtés (trois en comptant la colonne d'angle).

2) Une longue galerie, dont la structure originelle est conservée à l'extrémité Nord : une sorte de bassin de marbre bordé par des banquettes (l. 1,34 m), et dont le fond se trouve nettement plus bas (0,57 m) que le sol des deux autres parties.

3) Une manière de cella. On y accède, de la galerie, par une baie encadrée de deux supports composites (pilier plus demi-colonne) : bases en place sur le stylobate ; et, de l'extérieur, par une ou deux portes latérales. Côté pilier, c'est-à-dire vers l'intérieur, le chapiteau était surmonté d'une paire d'avant-trains de taureaux. Dans cette cella se voit une base trapézoïdale.

Sur les longs côtés de la galerie s'alignaient des pilastres, les uns engagés dans le mur et faisant saillie à l'extérieur, les autres libres et ménageant de grandes baies. L'ordre était dorique ; la couverture consistait en de grandes dalles faisant tuiles dessus et caissons dessous. Au-dessus de la cella se dressait un lanterneau ionique.

Décoration sculptée. On en a retrouvé d'assez nombreux fragments[53]. Les métopes du prodomos étaient historiées, mais les figures sont presque totalement effacées. D'autres pièces appartiennent à une décoration qui se déroulait probablement au bas des murs, à l'intérieur de la galerie centrale, et figurait un cortège marin. Des fragments de frise (réserves du Musée), représentant un combat où assistent les dieux, proviennent de l'entablement ionique du lanterneau de la cella. La Nikè-acrotère A 4285 (Musée) a été reconnue par J. Marcadé comme appartenant au Monument.

Date. La technique de construction (très semblable à celle du Dôdékathéon, **51**) paraît indiquer les dernières années du IVe s. ou les premières du IIIe s. Le style des sculptures autoriserait à remonter un peu plus haut : vers 320-310, selon J. Marcadé.

53. J. Marcadé, *BCH* 75 (1951), p. 55-89 ; d'autres fragments ont été retrouvés depuis.

DESTINATION. On s'accorde pour dire que la galerie abritait un navire, consacré à Apollon à la suite d'une victoire. Ce type de consécration n'est pas inattendu : Moschion, cité par Athénée (V 209 e), déclare qu'Antigone Gonatas, à la suite de sa victoire au large de Cos (date incertaine : entre 262 et 245), avait dédié à Apollon son navire amiral. Le monument a été construit pour recevoir un bateau, comme le montre sa forme très particulière ; mais la « cella » Nord a pu avoir, au moins à l'origine, une destination plus proprement religieuse (le lanterneau suggère la présence d'un autel). Il est donc certainement le Néôrion que mentionnent les inscriptions[54].

Il semblait aisé de conclure (comme Tarn dès 1910) qu'Antigone Gonatas est l'auteur de la consécration. Selon certaines observations de G. Roux, le navire finalement dédié aurait été plus grand que celui pour lequel la construction avait été prévue : il en déduit que l'édifice était resté inachevé et aurait été terminé par Antigone Gonatas (devenu roi en 276). Mais, d'après les inscriptions, il avait besoin de travaux d'entretien dès 272 ou 271[55] ; son architecture et son décor définitifs suggèrent, on l'a vu, une date antérieure d'au moins un quart de siècle au règne d'Antigone. Il resterait donc inévitable de songer à un souverain hellénistique actif dans les années 300 au plus tard pour la construction achevée du Néôrion — même si on tenait à l'hypothèse, en elle-même assez difficile, d'une arrivée différée du bateau dans son écrin de marbre. La candidature de Démétrios Poliorcète, père d'Antigone Gonatas, est la plus plausible (on a songé à sa victoire de Salamine de Chypre en 306)[56]. Signalons toutefois que le matériel d'équipement d'une trière apparaît dans les inventaires à partir de 344 ; J. Coupry[57] en conclut à la possibilité d'une offrande athénienne pour laquelle le Néôrion aurait été construit ensuite, vers 330-315, date qui conviendrait mieux au style des sculptures que les environs de 300.

25. À une dizaine de mètres au Sud-Est du Monument des taureaux, une fondation de granit à quatre degrés est le noyau d'un **autel hellénistique**, autrefois en marbre, où certains archéologues ont vu un autel de Zeus Polieus.

54. La thèse de R. Vallois, qui voulait y voir le Pythion (sanctuaire de l'Apollon Pythien, cf. **42**), le Néôrion n'étant que la galerie, semble ne plus avoir maintenant de partisans : voir déjà les observations de Ch. PICARD, *JS* 1946, p. 49-66 et 113-127 ; cf. F. SALVIAT, *BCH* 87 (1963), p. 489-492.

55. J. TRÉHEUX, *REG* 99 (1986), p. 305-306.

56. J. TRÉHEUX, *CRAI* 1987, p. 168-184.

57. J. COUPRY, *ÉD*, p. 147-156 ; cf. H. GALLET DE SANTERRE, *in Le rayonnement grec, Hommages Ch. Delvoye* (1982), p. 216-226.

Cette identification[58], proposée par Th. Homolle, repose sur l'argumentation suivante : trois inscriptions du IIIe s. (*IG* XI 4, 664, 665 et 1053) nous apprennent que l'on dresserait la statue du Macédonien Admétos « près de l'autel de Zeus Polieus » ; or la base de cette statue est conservée in situ contre la face septentrionale du mur Sud du péribole, juste devant la façade du Monument des taureaux *(IG* XI 4, 1076). La proximité de cette statue et de l'autel étant assurée, Th. Homolle identifia l'autel avec la fondation **25**. — Des carreaux de marbre saumoné sont rassemblés tout près de là ; certains d'entre eux portant des listes de pompostoles de Zeus Polieus et Sôter et d'Athéna Polias et Sôteira (jeunes gens chargés d'escorter la procession), il faut évidemment les attribuer à l'autel de Zeus. Or, R. Vallois estima que les carreaux convenaient mieux à l'autel archaïque **23 E** qu'à l'autel **25** ; mais, pour ne pas renoncer à l'identification antérieure de **25**, il distingua alors deux autels de Zeus Polieus, l'un archaïque (**23 E**) et l'autre hellénistique (**25**). Cette position est insoutenable : il ne peut y avoir qu'un autel de Zeus Polieus, **23 E** ou **25**, et non pas deux. En effet, les deux autels étant à peu près à égale proximité de la statue d'Admétos, il est exclu que **25** soit identifié par cet argument topographique tandis que **23 E** le serait par la liste des pompostoles : la fondation **25** redevient anonyme aussitôt qu'on installe l'autel de Zeus Polieus en **23 E** et vice versa. En définitive, appartient à Zeus Polieus celui des deux autels à qui peuvent architecturalement convenir les marbres inscrits. Selon Rol. Étienne, qui est le dernier à les avoir étudiés, c'est **23 E** ; **25** aurait été consacré à Zeus Sôter et Athéna Sôtéria, dont le culte est attesté à Délos[59].

26. À l'Est de cet autel, voir le **Mur de péribole du Sanctuaire**[60].

Cette section du péribole, qui limite le Sanctuaire vers l'Est, comporte des contreforts sur sa face externe. Faite de carreaux de granit soigneusement dressés, alternant avec des assises de gneiss, elle date d'un agrandissement contemporain de la construction du Portique d'Antigone (**29**). Son prédécesseur, édifié à la même époque que le Monument des taureaux, se trouvait plus à l'Ouest.

Suivre ce mur vers le Nord, en direction de trois exèdres de marbre blanc.

27. Les trois « **Exèdres du Nord-Est** »[61] et le piédestal intercalé entre deux d'entre elles (fin du IIe-début du Ier s.) portaient les statues de particuliers (inscriptions). Ces exèdres jouxtent, au Nord, la **Porte Est du Sanctuaire** (fin du IIe-début du Ier s.)[62].

58. Ce paragraphe reprend, en la modifiant, l'argumentation développée dans *CDH*, p. 235-237.

59. Rol. Étienne, *in* Rol. Étienne, M.-Th. Le Dinahet, M. Yon (éds), *Architecture et poésie dans le monde grec, Hommage à G. Roux* (1989), p. 45-47.

60. L. Bizard, *BCH* 31 (1907), p. 475-479. — Sondages dans la région : *BCH* 71-72 (1947-1948), p. 461-462.

61. F. Courby, *EAD* V, p. 50-54.

62. R. Vallois, *AHHD* I, p. 242.

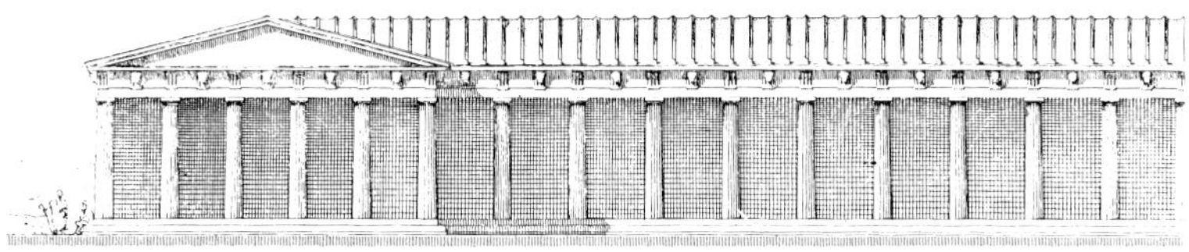

Fig. 50. — Le Portique d'Antigone : élévation restituée de l'extrémité occidentale.

28. Immédiatement au Nord de ces exèdres, **le Monument de C. Billienus,** magistrat romain[63] : sur un piédestal inscrit, on a redressé la statue de Billienus en costume militaire (fin du IIe-début du Ier s.).

29. Ce monument est établi à l'extrémité orientale du **Portique d'Antigone**[64] (**fig. 50**), qui clôt le côté Nord du Sanctuaire d'Apollon et fut probablement élevé par le roi de Macédoine Antigone Gonatas pendant le troisième quart du IIIe s.

Orienté Est-Ouest et long de 120 m, il est composé d'une longue galerie ouverte vers le Sud et flanquée à chaque extrémité de deux ailes saillantes. Aujourd'hui très ruiné, il comportait une colonnade intérieure ionique (dont on ne voit plus qu'une ligne de massifs de fondation à peu près carrés sur lesquels reposaient les colonnes) et une colonnade extérieure dorique (quarante-sept colonnes) ; l'architrave portait une dédicace qu'on restitue ainsi[65] :

[Βασιλεὺς Ἀντίγονος Βασιλέως Δη]μητρίου Μακε[δὼν Ἀπόλλω]νι = « Offrande à Apollon du roi Antigone, fils du roi Démétrios, Macédonien ».

La frise constitue la principale originalité ; on en a reconstruit une travée dans la partie Ouest du portique : les triglyphes placés à l'aplomb des colonnes sont du type ordinaire et en marbre bleu de Tinos comme le reste de l'entablement ; au contraire ceux qui prennent place dans l'entrecolonnement sont décorés d'une tête de taureau sculptée en haut-relief dans du marbre blanc et autrefois peinte.

63. Exactement *praetor pro consule*. — F. Courby, *EAD* V, p. 41-42 ; *ID* 1854.

64. F. Courby, *EAD* V, p. 1-45. Cf. R. Vallois, *AHHD* I, p. 162-164 ; et, pour la date, Ph. Bruneau, *CDH*, p. 553.

65. *IG* XI 4, 1095 (= F. Durrbach, *Choix*, nº 35).

*À l'extérieur du Portique — tant le long du mur Nord qu'en avant de la façade Sud — sont établis divers monuments décrits dans les paragraphes suivants, n*os **30** *à* **34**, *en allant d'Est en Ouest.*

30. À quinze mètres environ de l'angle Nord-Est et le long du mur Nord du Portique d'Antigone se trouve un puits que les inscriptions désignent sous le nom de **Kréné Minoé**[66]. Creusé dans le granit sur une profondeur de plus de 4 m, il est de plan à peu près carré (4 x 3,75 m) ; il contient de l'eau en toute saison. On y accédait par un escalier (aujourd'hui très restauré) de onze marches (dix sont conservées) qui a été barré tardivement par un mur. Au milieu de la troisième marche se trouve encore une colonne reposant sur un socle cylindrique : elle servait à soutenir en son milieu la toiture à quatre pans.

Un mur entoure l'ensemble puits-escalier, un autre forme enceinte. En façade (du côté Sud) régnait une colonnade de six colonnes, avec un retour d'une colonne sur les côtés Ouest et Est (colonnes actuellement redressées) ; c'est par ce portique qu'on avait accès à la nappe d'eau.

La construction des murs date sans doute de la seconde moitié du VIe s. (on comparera leur appareil avec l'appareil intérieur des murs du Létoon, **53**, par exemple). Un chapiteau dorique de la colonnade doit appartenir à la même époque. La colonne centrale date d'une réfection de la toiture qu'une inscription permet de placer en 166. Au Ier s. ou plus tard, la Kréné a été transformée en maison (seuil à l'Est). Une inscription du IVe s., trouvée dans le monument, fixe des amendes pour ceux qui laveraient dans le puits, s'y baigneraient et y [jetteraient] quelque chose (*ID* 69). On en a retiré la plaque de bronze signalée p. 103 et un relief de la fin du IIe s. représentant un dieu fleuve et trois nymphes assises que l'inscription désigne comme les « Nymphes Minoïdes ».

Le nom Minoé est d'un type courant et n'implique aucune référence particulière à l'époque préhellénique.

31. À la même hauteur que le puits, mais du côté Sud du Portique d'Antigone, se dressent les restes d'une base en marbre bleu, longue de 21 m, dite **Monument des « Progonoi »**[67] parce qu'elle portait les statues en bronze (une vingtaine) des ancêtres (en grec : progonoi) d'Antigone Gonatas.

Une soixantaine d'autres monuments votifs s'alignent devant la façade du Portique d'Antigone ; à une dizaine de mètres à l'Ouest du Monument des Progonoi, restes de deux exèdres dont les accoudoirs ont la forme de dauphins.

66. F. Courby, *EAD* V, p. 103-119.

67. *Ibid.*, p. 74-83. — Pour les autres monuments votifs, *ibid.*, p. 83-96 ; la p. 89 est à compléter par l'étude de R. Vallois, *BCH* 70 (1946), p. 577-582.

32. Juste derrière (au Nord) la plus orientale de ces exèdres se trouve un tombeau que l'on identifie traditionnellement avec la **Théké d'Opis et Argé**[68] mentionnée par Hérodote, IV 35 (**fig. 51**).

Il est entouré d'un mur d'enceinte à peu près semi-circulaire, qui date de l'époque hellénistique et montre que l'accès à l'intérieur était interdit (*abaton*). Au Nord s'y adosse une plate-forme qui était sans doute une *prothysis*[69]. Le tombeau lui-même est considérablement plus ancien. Il se compose de deux chambres disposées à angle droit ; celle de l'Est correspond en réalité au dromos ; une porte dont restent en place les montants verticaux, deux blocs de granit grossièrement taillés, conduisait à la chambre funéraire. Celle-ci contenait des ossements humains dispersés ; la tombe avait donc été troublée et réutilisée.

La céramique remonte à l'Helladique Récent I et III[70]. Ce tombeau a été considéré comme héroïque et est devenu un lieu de culte à l'époque archaïque. Il y avait à Délos, selon les textes, de nombreux tombeaux héroïques (à commencer par celui d'Ajax le Locrien). L'identification de celui-ci avec la Théké d'Opis et Argé[71] ayant été fortement contestée[72], certains peuvent être tentés de se demander s'il ne serait pas prudent de lui rendre l'anonymat.

La donnée topographique essentielle est la phrase d'Hérodote : la Théké est « derrière l'Artémision, tournée vers le Levant, tout près de l'Hestiatorion des Kéiens ». « Derrière l'Artémision » s'entend pour quelqu'un qui y entre (dans le sanctuaire, non dans le temple). Cela pourrait-il se dire de 32 ? Non, dit G. Roux, car on y entrait par le Sud ; en outre, la distance entre les deux endroits est trop grande (75 m à vol d'oiseau, nettement plus sur le terrain). Oui, disent H. Gallet de Santerre et Ph. Bruneau, car on pouvait entrer dans

Fig. 51. — La Théké : plan.

68. *Ibid.*, p. 63-74.
69. *Prothysis* = plate-forme édifiée devant un autel et sur laquelle montait le sacrificateur.
70. Cl. VATIN, *BCH* 89 (1965), p. 225-230.
71. Sur les Vierges Hyperboréennes, cf. p. 52.
72. G. ROUX, *ÉD*, p. 526-544 ; *contra*, H. GALLET DE SANTERRE, *BCH* 99 (1975), p. 262-264, et Ph. BRUNEAU, *ibid.*, p. 268-271.

l'Artémision par l'Ouest ; la localisation se faisait à partir du port ; quant à la distance, ce n'est pas un argument, car, comme l'avait déjà fait remarquer F. Courby, Hérodote, en ajoutant que la Théké est « tout près de l'Hestiatorion », implique qu'elle n'est pas tout près de l'Artémision. « Tournée vers le Levant » ne convient pas à **32**, selon G. Roux : certes, le *dromos* est bien orienté à l'Est, mais il était enterré, et le seul repère visible, l'autel, est au Nord[73]. À quoi H. Gallet de Santerre réplique que l'expression veut dire : à l'Est de l'Artémision ; ce qui n'est guère acceptable. Peut-être quelque repère signalait-il l'entrée de la tombe ? Le voisinage avec l'Hestiatorion de Kéos n'est utilisable que par pétition de principe, c'est-à-dire en l'identifiant soit avec **19** (R. Vallois ; mais l'identification repose sur celle de la Théké, qui est précisément l'objet du débat), soit avec **48** (G. Roux ; mais celle-ci ne repose, pour le coup, sur rien de précis ; voir sous ce numéro). Les doutes soulevés par G. Roux sont sérieux, mais peut-on admettre que la vénérable et célèbre Théké ait disparu sans laisser de traces, et que le tombeau **32**, si ancien et si bien conservé, soit anonyme ?

En fait, il est vraisemblable qu'à l'époque d'Hérodote, l'accès au téménos d'Artémis se faisait normalement à partir des Propylées du sanctuaire d'Apollon, donc, en gros, par le Sud ; exactement, car il fallait contourner (s'il existait alors) l'édifice **39**, par le Sud-Ouest. Mais où se trouvait l'entrée ? Hérodote, dira-t-on, nous fournit la réponse : un peu en avant et à droite (donc, pour nous, immédiatement au Sud-Est) du Séma, **41**. Malheureusement, la localisation du Séma n'est pas assez sûre pour qu'on puisse en faire un point de repère. Reste qu'on passait nécessairement quelque part entre le temple d'Artémis **48** et le « temple G » **40** : à ce moment-là, on avait bien **32** devant soi, au-delà du téménos d'Artémis. À tout prendre, il vaut donc mieux pour le moment s'en tenir à l'identification traditionnelle.

Autre tombe de Vierges Hyperboréennes, cf. **41**.

Si l'on est pressé reprendre au n° 35.

33. *Sinon, regagner le côté Nord du Portique ; à la hauteur de la Théké,* une grande construction très ruinée semble avoir été un **magasin hellénistique**[74] (fin du IIe ou début du Ier s.).

34. Une vingtaine de mètres plus à l'Ouest, l'**Abaton** semi-circulaire[75] est également adossé au mur extérieur Nord du Portique d'Antigone. Cette construction semi-circulaire faite de deux assises de granit que couronnaient des chaperons est signalée comme ἄβατον par quatre bornes en marbre blanc plantées au pied du mur (*ID* 65). On appelait « abaton » un lieu où, pour des raisons religieuses, il était interdit de pénétrer ; il existe à Délos d'autres abatons, deux triangulaires (**63** et **71**), plus la Théké (**32**) et le Séma (**41**).

73. Mais cet autel, qui semble bien lié au mur d'enceinte hellénistique, n'existait peut-être pas à l'époque d'Hérodote. Quant à celui dont il parle, c'est certainement l'autel d'Apollon, puisqu'il est question des honneurs tout à fait insignes rendus aux Vierges par les Déliens.
74. *EAD* V, p. 102-103.
75. *Ibid.*, p. 97-102.

35. Immédiatement contigu au mur Ouest du Portique d'Antigone se trouve un édifice rectangulaire en marbre[76], très soigné ; on y entreposait des peintures, d'où le nom de **Graphé** que lui donnent les inscriptions.

Il était muni de frontons ; sa construction date de la fin du Vᵉ ou du début du IVᵉ s. Un petit portique dorique fut élevé devant la façade Sud, vraisemblablement au IIIᵉ s. (restent une colonne et les socles de cinq autres). Pendant l'époque impériale des thermes furent établis sur les ruines de la Graphé et de l'aile occidentale du Portique d'Antigone (quelques vestiges à l'intérieur de la Graphé : morceaux de mosaïque, canaux près du mur Nord)[77].

Revenir aux Propylées (5).

36. Contre le mur Ouest des Propylées s'appuie la **Stoa des Naxiens**[78]. Ce portique coudé (angle : 110°), maintenant très ruiné, ferme le coin Sud-Ouest du Hiéron. Il s'étend entre les Propylées **5** et l'ensemble formé par le Monument aux hexagones **44** et l'édifice Sud **43**. On peut tenir pour certaine l'identification avec la « Stoa dédiée par les Naxiens » dont parlent certaines inscriptions. D'après le style des chapiteaux, l'édifice semble dater de la fin du VIᵉ s.

L'orientation était dictée par le terrain (bord de mer) pour l'aile Ouest, et par celle de l'Oikos des Naxiens **6** pour l'aile Sud. L'aile Ouest a une longueur de 45 m et une profondeur (totale, banquette comprise) de 5,47 m. Pour l'aile Sud, ces dimensions sont de 26,85 et 5,10 m. Le mur de fond, qui sert de clôture au Sanctuaire, aurait été à l'origine fait de plaques de gneiss (les carreaux de granit gris du parement externe seraient une réfection hellénistique) ; vers l'extérieur, il est bordé d'une banquette de granit (refaite en marbre à l'aile Sud). Le stylobate n'est conservé que très partiellement, à l'aile Sud ; on restitue dix colonnes à cette aile, et, en supposant les mêmes entraxes, dix-sept à l'aile Ouest. Les colonnes (un fût a été redressé, sans son socle, sur le stylobate de l'aile Sud) reposaient sur des socles cylindriques hauts de 18,7 cm (un exemplaire a été mis à côté du fût redressé ; il faisait corps avec le bas de la colonne). On possède six chapiteaux, dont l'un date de la réfection hellénistique ; ils diffèrent tous entre eux par certains détails. Y avait-il une architrave sur ces chapiteaux ? On n'en possède aucun élément ; peut-être la sablière en marbre dont quelques fragments subsistent (encastrement d'un côté pour l'extrémité des chevrons) reposait-elle directement sur les chapiteaux, dissimulée vers l'avant par une contre-assise.

76. C'est l'« Édifice Nord » de F. Courby, *EAD* V, p. 56-60. Cf. R. Vallois, *BCH* 53 (1929), p. 302-311 et *AHHD* I, p. 45-46 et 58-61 ; Ph. Fraisse, Chr. Llinas, *EAD* XXXVI, p. 297-319. — Sondages dans la région : *BCH* 71-72 (1947-1948), p. 461.

77. F. Courby considérait le portique dorique comme contemporain des thermes ; c'est R. Vallois qui le tient pour hellénistique.

78. M.-Chr. Hellmann, Ph. Fraisse, *EAD* XXXII, p. 85-124.

En effet, la charpente de cette Stoa, comme celle de l'Oikos (**6**), était entièrement en marbre[79] : on peut voir, dans l'aile Ouest (et aussi dans l'Artémision **46**) des éléments (l'un complet) de faîtière, avec encastrements des deux côtés pour les chevrons (on possède un fragment de l'un d'entre eux). Certains, en marbre naxien, sont d'origine ; d'autres, en marbre bleu de Tinos, datent de la réfection hellénistique. Le portique était soit à deux nefs, avec une colonnade axiale, soit, plutôt, sans division intérieure, avec des poinçons sur entraits. Des tuiles, on n'a rien retrouvé.

Une architecture simple, on le voit, et même, par certains côtés, rustique ; mais en même temps soignée, monumentale, avec la reprise, après l'Oikos, de l'audace technique de la charpente en marbre. Même si les inscriptions ne le disaient pas, on n'hésiterait pas à identifier ici la technique naxienne. — La date ne peut être établie que par l'étude stylistique des chapiteaux[80]. Les vicissitudes de l'histoire politique (cf. p. 33) n'ont apparemment amoindri en rien le dynamisme culturel et technique des Naxiens à Délos. Avec cette Stoa, qui constituait d'un côté la clôture (un peu sévère, mais la banquette lui apportait une fonction sociale) du Sanctuaire, et de l'autre un lieu de rencontre et d'abri, où jouaient l'air et la lumière, s'achève l'ambitieux (pour l'époque) programme architectural inauguré par la construction de l'Oikos.

37. Dans l'angle formé par la Stoa des Naxiens, une fondation arrondie (granit et marbre) et percée d'un gros trou rond doit être celle du **Palmier de Nicias**[81]. En effet, sur l'assise de marbre est inscrit le nom de Nicias. Or, Plutarque (*Vie de Nicias,* 3) rapporte que le général athénien avait dédié à Délos un palmier de bronze, lorsqu'il avait réorganisé la théorie athénienne, qui débarquait d'abord à Rhénée, puis de là passait à Délos par un pont de bateaux. Cet événement doit se placer en 417.

Plutarque ajoute que « brisé par les vents, le palmier s'abattit sur la grande statue des Naxiens et la renversa » (cf. **9**). Mais s'il signale cet accident, ce n'est apparemment pas par intérêt spécial pour le bris du colosse, mais pour la même raison qu'il rapporte plus loin (chap. 13 de la même *Vie*) les malheurs d'un autre palmier de bronze, celui de l'Eurymédon à Delphes, parmi d'autres présages qui mettaient en garde les Athéniens contre l'Expédition de Sicile : la chute du palmier délien se serait alors produite dès 415[82].

79. A. Ohnesorg, *Architektur auf Naxos und Paros, II. Inselionische Marmordächer* (1993), p. 59-62.

80. R. Martin, *ÉD,* p. 392-398, n°s 12-17 (plutôt que *EAD* XXXII : milieu du VIe s.).

81. Ch. Picard, J. Replat, *BCH* 48 (1924), p. 218-221 et fig. 3 et 4 ; cf. P. Amandry, *BCH* 78 (1954), p. 308 et fig. 12. — *ID* 41.

82. Ph. Bruneau, *BCH* 119 (1995), p. 58-59.

38. *Se diriger vers le* **Pilier d'Antiochos** qui se dresse, reconstruit, à 25 m environ au Nord-Est du Palmier de Nicias ; il est en marbre bleu et portait la statue du Roi de Syrie Antiochos III (223-187) comme l'indique l'inscription gravée sur la face Nord[83].

38.1. À 3 m au Sud du Pilier, la **Base aux trophées**[84] est constituée de deux blocs de marbre blanc, scellés et sculptés de façon à figurer un monceau d'armes : sur le pourtour sont représentés six boucliers dressés qui sont censés soutenir un amas d'autres boucliers sur lesquels on aurait jeté draperies ou manteaux : l'un des boucliers extérieurs, sur la face antérieure de la base, porte une massue ; un autre, sur la face opposée, est orné de cinq croissants disposés autour de la circonférence et d'une tête de Persée sculptée au centre. Le décor de ces boucliers est macédonien ; la base a dû être érigée après une victoire romaine sur la Macédoine et portait la statue du vainqueur.

39. Immédiatement au Nord du Pilier d'Antiochos se trouvent les restes très arasés d'une construction qu'à cause de son plan on appelle le « Monument à abside », mais qui est très probablement le **Kératôn** des inscriptions[85].

RESTITUTION. En dépit de son état ruiné, il est possible d'y reconnaître un autel monumental : un podium, de plan absidal du côté oriental, était tourné vers l'Ouest, accessible par deux escaliers latéraux ménagés, semble-t-il, de part et d'autre d'une rampe centrale. Devant l'autel une espèce de parvis, un dallage de marbre gris-bleu, s'étendait des Propylées (5) à la Stoa des Naxiens (**36**).

Il ne reste en place que la fondation, incomplète, en gneiss, et quelques pièces de marbre aux angles de la façade. Dans son état originel, datable de la première moitié du Ve siècle, l'édifice se réduisait à un muret de marbre haut d'environ 1,40 m, composé d'une base à kymation, d'assises courantes et d'une corniche. — Ensuite, peut-être au IVe s., les murs Nord et Sud ont été épaissis par l'adjonction de blocs de poros. — Ce n'est pas avant le début du IIIe s. que la façade Ouest a été remodelée. — Le parvis peut n'être pas antérieur au IIe s.

IDENTIFICATION. On est longtemps resté incertain sur l'identité du monument comme en témoigne l'usage de le désigner par la seule particularité architecturale d'être de plan absidal. Mais presque tous s'accordent maintenant

83. *IG* XI 4, 1111 (F. DURRBACH, *Choix*, n° 59).

84. A.-J. REINACH, *Journal international d'archéologie numismatique* 15 (1913), p. 97-142. – Autres bases plastiques à Délos : ci-dessous **49** et J. MARCADÉ, *REA* 65 (1963), p. 354, et *MD*, p. 86-87 et 367-368.

85. Ph. BRUNEAU, Ph. FRAISSE, *EAD* XL.

à y reconnaître le « Kératôn » souvent cité dans les comptes du sanctuaire, c'est-à-dire l'aménagement de « l'autel de cornes », Κεράτινος βωμός, que divers textes littéraires donnent comme ayant été construit par Apollon lui-même (cf. p. 53) et qui se confond avec l'« autel de Délos », ὁ ἐν Δήλῳ βωμός, mentionné dans d'autres textes. En effet, l'étude architecturale a montré qu'il s'agit d'un autel monumental ; or, aucune autre construction du sanctuaire d'Apollon ne peut être le « grand autel » dont parle Callimaque (*Hymne à Délos,* v. 321). Ensuite, c'est un édifice important, desservi par un vaste parvis et occupant une situation centrale dans le sanctuaire, car c'est sûrement pour être tournés vers lui que les trois temples **11**, **12** et **13**, contre l'usage grec général, sont orientés vers l'Ouest.

Si cette identification est juste, le « monument à abside » conjoignait deux rôles : autel d'Apollon et abri d'une relique insigne dont les comptes font penser qu'elle n'était pas entourée d'un mur protecteur, mais seulement couverte d'un toit à la façon d'un baldaquin (chaque été il était enduit de poix, matière qui servait à protéger le bois et les matériaux sensibles aux intempéries). Vraisemblablement la relique occupait le fond du monument dont l'insolite plan à abside peut s'expliquer par la façon dont étaient disposées les cornes, tandis que la partie en façade servait d'espace sacrificiel.

Là se pratiquaient donc le sacrifice des bœufs offerts à Apollon et les rites spécifiquement déliens de la « géranos » et de la flagellation (p. 55).

Toujours si l'identification est exacte, c'est cet autel que concerne le célèbre problème délien de la duplication du cube. En effet, au témoignage de Plutarque (*Sur le démon de Socrate*, 579 a), ce n'est pas un quelconque autel comme on l'a cru, mais « l'autel de Délos », donc l'Autel de cornes, qu'un oracle, dans le premier quart du IVe s., prescrivit aux Déliens de doubler s'ils voulaient faire cesser leurs maux et ceux des autres Grecs[86].

40. Immédiatement au Nord du Kératôn subsistent les restes peu visibles du **Temple G**[87], petit temple que, faute de savoir à quelle divinité il appartenait, on désigne de cette simple lettre. De faibles traces d'un petit édifice mycénien subsistent à l'intérieur de la fondation (on l'appelle par convention « mégaron H »). Sous l'esplanade dallée, hellénistique, qui précède le temple, ont été découverts d'autres vestiges mycéniens.

86. Cf. R. Vallois, *BCH* 70 (1946), p. 584-587.

87. F. Courby, *BCH* 45 (1921), p. 218 ; R. Vallois, *AHHD* I, p. 50 ; H. Gallet de Santerre, J. Tréheux, *BCH* 71-72 (1947-1948), p. 410.

Les restes aujourd'hui visibles appartiennent à deux états :

1) Un état archaïque : il s'agit d'une petite cella, ouverte vers l'Ouest et contenant en son fond une banquette cultuelle. Seules les parties Nord et Est du bâtiment sont conservées. Par sa structure il rappelle l'ancien Héraion (**101**) ; mais il en diffère par l'appareil de ses murs (pièces de gneiss assez grosses du mur Nord) et peut être nettement plus récent.

G. Roux[88] voudrait y voir le Néocorion de l'Artémision, que mentionnent des inscriptions du IIIe et du IIe s. ; **40** est pourtant indubitablement un temple (plan, présence d'une banquette) et rien n'assure qu'il n'ait pas toujours gardé cette fonction. Selon une hypothèse de R. Vallois, il s'agirait du sanctuaire d'Eileithyie (divinité qui assista Léto dans son accouchement)[89].

2) Un état hellénistique : un mur d'enceinte, qui comprend du granit, du gneiss et du pôros, enveloppe l'édifice (il est visible au Nord et au Sud et un peu à l'Est, où il a été coupé par la construction du portique de l'Artémision). Il s'agit d'une réfection hellénistique. Le seuil de marbre visible sur l'esplanade appartient sans doute à cet état.

41. Immédiatement au Nord-Ouest du Temple G se trouve le **Tombeau de Laodiké et Hyperokhé**[90], autres Vierges Hyperboréennes (p. 54-55 et **32**). On emploie couramment pour le désigner le terme d'Hérodote (IV 34), Séma (σῆμα). Les ruines sont très misérables : il ne reste qu'une entaille semi-circulaire faite dans le rocher (pôros) et emplie en son fond d'un blocage de gros galets.

La description d'Hérodote suggère que ce n'était qu'un simple tertre, puisqu'il signale qu'un olivier avait poussé dessus (entendons : spontanément ; ce qui, à Délos, peut passer pour un miracle).

À l'époque hellénistique, cet endroit fut aussi entouré d'un mur, qui a complètement disparu, mais dont on a retrouvé, sur place, un chaperon ; le Séma était donc, comme la « Théké » (**32**), un abaton. La céramique qui y a été trouvée remonte, ici également, à l'époque mycénienne.

L'identification de ces pauvres restes n'est toutefois pas du tout assurée. On n'y a pas retrouvé d'ossements humains. En réalité, de tous les arguments invoqués en faveur de cette identification, un seul peut être considéré comme sérieux : c'est la phrase d'Hérodote qui situe le Séma « à l'entrée de l'Artémision, sur le côté gauche ».

42. Entre le Kératôn (**39**) et l'Artémision (**46**), vers lequel pointe son angle N-NE, sont visibles les fondations en blocs de pôros d'un vaste édifice orienté vers le S-SE qui est très probablement le **Pythion** des inscriptions. Elles dessinent un plan analogue à celui d'un temple, avec un pronaos au Sud ; mais la cella est presque carrée.

88. G. Roux, *ÉD*, p. 546.

89. Cf. Ph. Bruneau, *CDH*, p. 334.

90. Ch. Picard, J. Replat, *BCH* 48 (1924), p. 253-260.

Dimensions : 23,38 x 17,33 m. L'architecture, d'ailleurs excessivement ruinée, n'a pas encore été étudiée en détail. Le portique Sud, ionique, comportait dix colonnes. Un compte des naopes (magistrats chargés de surveiller ou de diriger la construction d'un temple), daté de 345/4 (*ID* 104-24), et qui se rapporte probablement à ce monument (appelé simplement « le temple ») puisque le mur du fond y est appelé « mur qui longe l'Artémision », implique qu'il y avait deux corniches ioniques, l'une à denticules, l'autre sur frise sculptée. La fouille a permis de retrouver des éléments de ces corniches, ainsi que des fragments de la frise, très mutilée : certains se trouvent actuellement sur le mur Sud du Monument aux hexagones, **44** (exploits de Thésée, selon J. Marcadé). Tout cela permet de reconstituer une toiture à deux niveaux, avec un corps central plus élevé que les « nefs » latérales (un peu comme dans nos églises) ; ce lanterneau était éclairé par des fenêtres dont la baie se prolongeait en bas par un ébrasement creusé dans le bloc d'appui[91].

Ce monument, très soigné, est très probablement, par sa technique, d'origine athénienne ; ce serait sûr si le « devis » *ID* 104-4 se rapportait bien à lui, ce que l'on admet en général[92]. Le compte *ID* 104-24 montre qu'en 345/4 la construction était bien avancée.

IDENTIFICATION. De cet édifice on a fait tour à tour un Artémision, le Kératôn, le Pythion ou les deux à la fois[93]. Aucune de ces identifications n'est encore absolument démontrable, mais la localisation du Pythion a toujours été liée à celle du Kératôn ; aussi, maintenant que celui-ci paraît assurément identifiable au Monument à abside **39**, est-il quasi certain que nous sommes ici devant le Pythion, ou sanctuaire de l'Apollon de Delphes, mentionné dans bon nombre d'inscriptions. Celles-ci nous apprennent qu'il comprenait un thalamos (= salle retirée ? ou simple châsse ?) abritant un palmier (en bronze ? ou miniature, en métal plus précieux ?) et un lanterneau où se trouvaient trois statues ; il y avait une colonnade intérieure et surtout un feu perpétuellement allumé (à en juger par la consommation de combustible), auquel les Lemniens venaient chaque année, après leurs cérémonies de purification, renouveler la flamme du foyer de leur cité[94]. L'édifice **42** semble pouvoir répondre à ces indications.

91. Ph. FRAISSE, Chr. LLINAS, *EAD* XXXVI, p. 473-474 et 490-502.

92. M.-Chr. HELLMANN, *BCH* 104 (1980), p. 151-159.

93. F. COURBY, *BCH* 45 (1921), p. 210-212 et 219-220 ; R. VALLOIS, *AHHD* I, p. 30-33 et 153 ; II, p. 270-276 ; Ch. PICARD, *JS* 1946, p. 60-66 ; G. ROUX, *BCH* 103 (1979), p. 109-135 (*contra* : Ph. BRUNEAU, *BCH* 105 [1981], p. 79-106 ; cf. H. GALLET DE SANTERRE, *in Hommages Ch. Delvoye* [1982], p. 201-216).

94. Ph. BRUNEAU, *CDH*, p. 114-125. Le lanterneau fournissait l'aération nécessaire au foyer.

Si le compte *ID* 104-4 concerne bien notre temple et s'il est bien le Pythion, il en résulte que ce dernier serait une construction athénienne : c'est donc dès le IVe s. que les Athéniens auraient favorisé le développement à Délos du culte de l'Apollon de Delphes[95].

43 et **44**. Entre le côté Ouest de **42** et l'allée cimentée qui borde les quais antiques (signalée **2**, fin), donc dans le prolongement de l'aile occidentale de la Stoa des Naxiens (**36**), sont visibles les fondations de deux monuments contigus, de plan à peu près carré.

43, l'édifice Sud, reste anonyme[96].

R. Vallois, puis G. Gruben ont proposé d'y reconnaître l'Oikos des Andriens, mais cette identification est douteuse. L'édifice a pu servir de salle de banquets. Il comprenait une seule pièce ouvrant vers l'Est et couverte par un toit pyramidal porté par quatre supports intérieurs.

44, l'édifice Nord, est appelé, à cause du décor des carreaux de marbre constituant le parement externe de ses murs Ouest, Nord et Est, **Monument aux hexagones**[97] (**fig. 52**).

Ce décor d'hexagones se retrouve au Létôon (**53**), qui servira naturellement d'élément de comparaison. Il occupe ici une place beaucoup plus importante : les trois murs signalés ci-dessus en étaient entièrement couverts. Ces trois murs, malgré les deux angles intermédiaires, étaient traités comme un seul panneau, délimité sur tous ses côtés par un bandeau lisse. La participation des hexagones à la structure architecturale est assurée par le fait que leur taille diminue à proportion de la hauteur des blocs d'assise, laquelle diminue, elle aussi, au fur et à mesure que les murs s'élèvent. Comme au Létoon, ils sont édifiés au-dessus d'une banquette de marbre ; mais ici elle n'est présente que sur les faces Ouest et Nord, où elle constitue un soubassement destiné à compenser la différence de niveau. Il y avait une porte, dont on possède le linteau, voire le seuil, et au moins trois fenêtres (on a trois linteaux) dont on ignore l'emplacement. Les murs étaient couronnés d'un kymation ionique peut-être surmonté de denticules ; on ne possède rien de la toiture, qui était sans doute pyramidale et portée par quatre supports intérieurs.

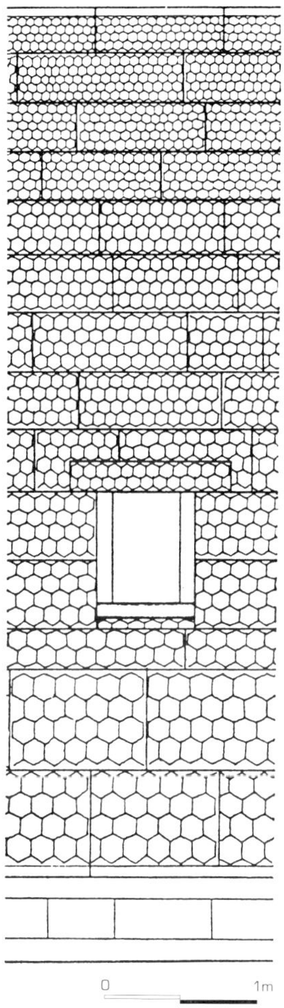

Fig. 52. — Le Monument aux hexagones, restitution d'une section de l'élévation.

95. Cette politique est bien attestée à l'époque hellénistique : Ph. BRUNEAU, *CDH*, p. 125-139.

96. G. GRUBEN, *JDAI* 112 (1997), p. 402-406.

97. M.-Chr. HELLMANN, Ph. FRAISSE, *EAD* XXXII, p. 1-84 ; G. GRUBEN, *JDAI* 112 (1997), p. 378-402.

Le trait le plus curieux (sans aucun parallèle, même approximatif) est la présence, dans une même assise (hauteur, 43 cm), de blocs soit courants, soit faisant montant de fenêtre, soit d'angle à bandeau (donc Sud-Est ou Sud-Ouest), dont une des faces de joint verticales (gauche ou droite) est remplacée par un arrondi. La seule interprétation possible semble être, si bizarre que cela puisse paraître, d'en faire, en opposant les arrondis sans pour autant les mettre en contact, les montants d'ouvertures en forme de double hache réparties sur une seule assise (plutôt que deux). La forme reste inexplicable, mais ces ouvertures avaient à coup sûr une fonction : le bâtiment avait visiblement besoin d'une ventilation énergique, même fenêtres et portes fermées ; l'hypothèse qui vient à l'esprit est qu'il servait d'hestiatorion, ou qu'il s'y trouvait un autel.

Il ne faut certainement pas chercher au décor d'hexagones une signification symbolique (certains ont pensé au premier temple mythique d'Apollon à Delphes, construit en plumes et en cire d'abeilles ; les ouvertures à côtés arrondis auraient-elles, dans cette hypothèse, servi au passage des abeilles ?). À Délos même, on l'a vu, il se retrouve au Létoon et un décor apparenté (« ailes de moulin ») figure sur huit autres blocs incorporés dans une maison du Quartier du théâtre (angle de la Rue 5, **121.1**, et de la Rue du théâtre), ainsi que sur une pierre à la Katapoliani de Paros. Le motif des hexagones a été signalé ailleurs : à Thasos, colonie de Paros ; en Chalcidique dans un sanctuaire du territoire de Sanè, colonie d'Andros ; et à Érythrées, en Ionie. Il doit s'agir d'un décor d'origine cycladique.

La date du monument ne peut être fixée avec précision, probablement vers 500. Sa destination reste douteuse. R. Vallois y voyait le « Hiéropoion » (local des hiéropes), mais J. Tréheux, en analysant les indications que donnent les inscriptions sur ce bâtiment, a ruiné cette hypothèse et a proposé d'y reconnaître l'oikos des Pariens[98], alors que G. Gruben s'est prononcé pour l'oikos des Déliens. Il s'agit certainement, en effet, d'un *oikos*, mais particulièrement remarquable, à l'architecture à la fois luxueuse (élévation en marbre à l'extérieur) et très soignée (hexagones, ouvertures, linteaux).

Rappelons que les trois blocs de frise historiés (exploits de Thésée) déposés sur la face Sud du Monument appartiennent à l'édifice **42**.

Contre l'extrémité Nord du mur Est s'appuyait la **Porte Ouest du Sanctuaire** ou porte du débarcadère.

98. J. Tréheux, *in* J. Servais, T. Hackens, B. Servais-Soyez (éds), *Stemmata : mélanges de philologie, d'histoire et d'archéologie grecques offerts à Jules Labarbe* (1987), p. 383-389.

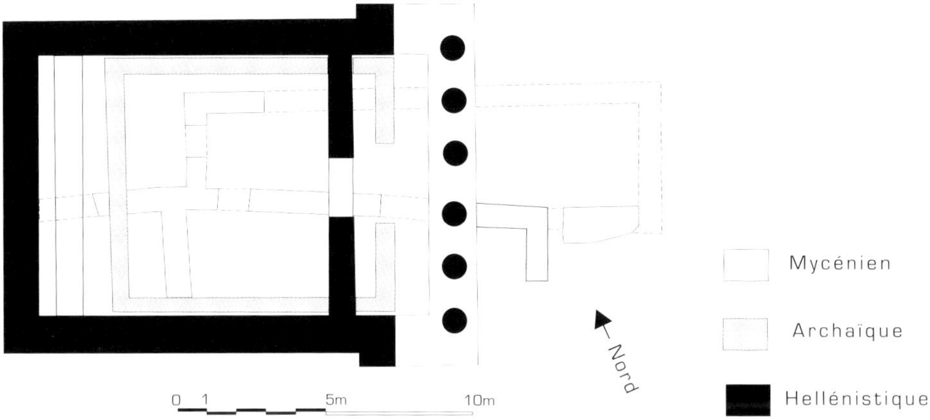

Fig. 53. — Le temple d'Artémis : plan des différentes phases.

45. Au Nord-Est de ces monuments, trois colonnes de marbre bleu appartiennent à un **Portique** construit sous la seconde domination athénienne et adossé à l'Artémision.

L'oikos carré, situé juste au Nord, entre 45 et 48, est considéré par G. Roux[99] comme une salle de banquets. Il ne semble pas antérieur à la seconde domination athénienne.

46. L'**Artémision.** On distingue les restes de trois édifices successifs, le plus récent ayant recouvert ou coupé, mais non détruit, les deux autres (**fig. 53**).

1) Le bâtiment Ac[100]

Il en reste :

a) à l'intérieur de la cella de l'Artémision D, quelques gros blocs de granit appartenant aux fondations des murs Sud, Ouest et Nord. On voit que le bâtiment mesurait environ 4 m de large à l'extérieur et 2,65 m à l'intérieur ;

b) à l'Est de l'Artémision D, quelques pierres du mur du long côté Sud et surtout le seuil. Celui-ci, qui est resté en place, était fait d'une épaisse dalle de gneiss, grossièrement

99. G. Roux, *ÉD*, p. 544-548.

100. R. Vallois, *AHHD* I, p. 8-10.

taillée (long. : 2,20 m ; larg. : de 0,95 à 0,77 m). L'emplacement des chambranles, en légère saillie, est encore visible ; la largeur de la porte était de 1,28 m.

Des départs de murs (juste contre le seuil, en direction du Sud ; à l'angle Sud-Ouest, dans les directions Sud et Ouest) montrent qu'il ne s'agit pas d'un bâtiment isolé, mais d'une pièce reliée à un ensemble.

Le plan que l'on peut restituer à partir de ces vestiges est celui d'une pièce étroite et allongée (long. : 15,30 m environ), et pourvue d'une porte assez monumentale à l'extrémité Est du long côté Sud.

Des sondages pratiqués en 1928, puis en 1946, entre le mur Est de la cella de l'Artémision D et le mur Est de l'Artémision E ont amené la découverte d'un « trésor » d'objets en or et en ivoire d'époque mycénienne[101] (cf. **fig. 33**), qui a été mis en rapport avec le bâtiment Ac, daté de la même époque. Ces objets sont exposés au Musée (p. 139) et l'on peut encore voir, ouverte, la fosse qui les contenait.

On s'accorde à faire remonter Ac à l'époque mycénienne tant à cause de la profondeur et de l'appareil des fondations (gros blocs bruts de granit) qu'en raison de l'orientation des murs, semblable à celle des murs de l'habitat mycénien **15**. Sa fonction, par contre, est très discutée : faut-il y voir un temple, prédécesseur des Artémisia de l'époque hellénique ?

On l'a longtemps affirmé[102]. Certains des arguments allégués sont d'ordre architectural : les dimensions, la forme (qui se prêterait mal à un usage d'habitation), le caractère monumental du seuil, la massivité des murs. Les spécialistes actuels de la Délos mycénienne considèrent que ces indices ne sont pas décisifs et ne croient plus à un « Artémision Ac ». En fait, l'argument principal est l'existence du « trésor », interprété comme les vestiges, pieusement recueillis dans Ac à l'époque de la construction de E, d'un dépôt sacré. Mais, déjà en 1964, V. R. d'A. Desborough suggérait que ces objets pouvaient avoir appartenu à des particuliers, et que c'était peut-être les constructeurs du VIIe s. qui, les retrouvant par hasard, en avaient fait un dépôt sacré. Un examen récent des ivoires (p. 139, n. 2) conclut à un ensemble composite, comprenant des objets pouvant provenir de tombes, tandis que d'autres, plus nombreux, peuvent être des déchets d'atelier. Dans ces conditions, l'interprétation de Ac comme lieu de culte doit être tenue pour plus que douteuse.

101. H. Gallet de Santerre, J. Tréheux, *BCH* 71-72 (1947-1948), p. 148-254.

102. Exposé de cette thèse classique dans H. Gallet de Santerre, *DPA*, p. 90-91 ; arguments complémentaires du même, *BCH* 99 (1975), p. 247-262. *Contra* : Cl. Rolley, *FD* V 3, p. 139-142 ; *id.*, *in* R. Hägg (éd.), *The Greek Renaissance of the Eighth Century B.C.* (1983), p. 109-114. *Pro* : Chr. Le Roy, *in Aux origines de l'hellénisme, Hommages à H. Van Effenterre* (1984), p. 163-172.

2) L'Artémision archaïque ou Artémision E[103]

Il doit sa conservation au fait qu'il a été englobé dans la construction postérieure, dont les fondations suivent exactement le contour et le profil de ses murs (voir par ex. à son angle Nord-Ouest). Selon R. Vallois, la stratigraphie permettrait de le dater du début du VIIe s., mais on tendrait aujourd'hui à proposer une date plus basse. Remarquer l'appareil des murs (notamment le mur Ouest) faits de minces plaques de gneiss soigneusement empilées.

Ses dimensions sont considérables pour l'époque (cella : 8,60 x 9,60 m) ; encore faudrait-il ajouter à la cella, seule visible aujourd'hui, un pronaos qui a complètement disparu, mais que mentionnent les inscriptions. C'est avec ce temple qu'il faut mettre en rapport les statues de *korai* archaïques découvertes à cet endroit par Th. Homolle ; elles sont exposées au Musée de Délos sauf la plus célèbre d'entre elles, l'ex-voto de Nikandrè, conservé à Athènes (fig. 5).

La fondation rectangulaire visible près de l'angle Nord-Est du temple hellénistique a été identifiée comme les substructures de l'autel archaïque. C'était un autel en Π, auquel on accédait par le Sud. À son élévation appartiennent des blocs de couronnement ioniques en marbre que R. Vallois attribuait au temple. Il semble dater du dernier tiers du VIe s.[104].

3) L'Artémision hellénistique ou Artémision D

Il n'en reste en place que les fondations en gros blocs de granit et, partiellement, l'assise de réglage de gneiss. Il s'agissait d'un édifice prostyle avec élévation de marbre. La destination et la chronologie du mur qui double intérieurement la fondation à l'Ouest sont incertaines ; il appartiendrait plutôt à l'époque hellénistique qu'à l'époque archaïque.

La stoa coudée qui enveloppait l'Artémision au Nord et à l'Est date en son état actuel de la seconde moitié du IIe s. ; selon R. Vallois, le mur de fond de l'aile Nord est plus récent que le dernier péribole de l'Ekklésiastérion (47). De l'état antérieur de cette stoa, il ne subsiste pratiquement aucune trace.

Deux énormes fragments du Colosse des Naxiens sont aujourd'hui adossés au côté Ouest du temple : cf. **9**.

103. R. Vallois, *AHHD* I, p. 48, n. 1 (avec bibliographie antérieure).
104. Rol. Étienne, Ph. Fraisse, *BCH* 113 (1989), p. 451-466.

47. Immédiatement au Nord du portique septentrional de l'Artémision, se trouve un bâtiment identifié comme l'**Ekklésiastérion**[105]. L'examen des murs montre qu'il a eu une histoire assez complexe.

1er état : petite salle oblongue. Le mur Nord est bien conservé : trois assises régulières de marbre, puis des assises régulières de gros blocs de gneiss avec, par endroits, des piles de petites plaques. Date : début du Ve s.[106].

2e état : cette salle est agrandie vers l'Est et vers le Sud. La structure du mur Nord est toute différente : gros carreaux généralement en marbre avec piles de plaques de gneiss. Cet état est daté hypothétiquement du IVe s. ou du commencement du IIIe s. Des plaques de gradins rectilignes entreposées dans le monument pourraient lui avoir appartenu[107].

3e état : on agrandit vers le Sud la partie Ouest du bâtiment. Cet état est sensiblement contemporain du Portique d'Antigone (**29**, troisième quart du IIIe s.). Dans les premières années du IIe s., un ordre à parastades est édifié sur les murs, tout autour de l'édifice devenu ainsi, en haut, à claire-voie. On construit également, au Sud, une abside semi-circulaire (détruite lors de la fouille, car on la croyait byzantine) équipée de parastades à faces obliques, avec un arc à voûte de granit en tête.

4e état : le mur Est de la « salle Y » est prolongé vers le Sud. Il est antérieur au mur de fond du portique de l'Artémision (**46**, fin), qui date lui-même de la fin du IIe s.

5e état : le bâtiment est divisé par un mur en deux salles. À l'époque impériale, on construisit dans l'une d'elles un naïskos (pour statue impériale ?) et on y installa des bancs.

48. Immédiatement à l'Ouest de l'Ekklésiastérion s'étend un grand **édifice à cour péristyle** (37,65 x 14,75 m) que l'appareil du soubassement de ses murs Ouest et Sud, sans parallèle à Délos, fait aussitôt remarquer. Ils sont faits d'énormes pièces de gneiss (certaines dépassent 2 m de long), disposées en assises où les irrégularités sont compensées par des cales de marbre bleu sombre ; les intervalles laissés entre les blocs de gneiss sont bouchés par des piles très soignées de plaques analogues. Au-dessus de ce soubassement, les murs proprement dits étaient en marbre. L'accès se faisait par la cour, dans laquelle on entrait peut-être par l'Ouest.

Le plan est très particulier : deux salles symétriques, presque carrées (14,75 x 12,70 m à l'extérieur) séparées par la cour à péristyle. L'ordre de ce péristyle (12 colonnes), dorique, est entièrement en pôros. Ses proportions indiquent dans l'ensemble une date vers le milieu ou dans le second quart du Ve s., mais la colonne est très svelte pour cette époque. La toiture de chacune des deux salles était soutenue au centre par quatre colonnes ioniques, dont on voit encore les soubassements. Leurs bases moulurées et leurs fûts sont en pôros, mais les

105. R. Vallois, *BCH* 53 (1929), p. 278-302, dont les conclusions sont ici résumées. — Cf. p. 38.

106. Date préférable à celle, plus ancienne, donnée par R. Vallois, *AHHD* I, p. 109 ; le mur d'enceinte de l'Archégésion (**74**) semble en effet fournir un repère chronologique assez sûr.

107. *BCH* 124 (2000), p. 523.

chapiteaux sont en marbre. Ils ont une forme très particulière ; les spires des volutes étaient simplement peintes sur le marbre. Leur sévérité évoque l'Attique (temple d'Athéna au Sounion). — Une basilique chrétienne fut construite sur les ruines de ce bâtiment et de l'Ekklésiastérion voisin (cf. **86** ●).

R. Vallois voulait voir là le Thesmophorion[108] mentionné par les inscriptions. Cette identification, qu'il présentait d'ailleurs avec des réserves, n'est plus admise aujourd'hui pour bien des raisons ; par exemple, il ressort des inscriptions que le Thesmophorion était au bord d'une plage, ce qui n'est pas le cas ici[109]. On est très tenté par l'hypothèse de G. Roux[110], selon laquelle ce serait une salle de banquets rituels : elle rendrait compte des particularités du plan.

Un hestiatorion (salle de banquets) comprend fréquemment une salle, carrée ou presque, où étaient installés les lits, et un portique d'accès. Il arrive que les salles soient groupées par deux de part et d'autre du portique (un exemple au Cynthe, **105**, *oikoi* G et I) ; il arrive aussi que le portique se développe en une véritable cour péristyle (Corinthe, Héraion d'Argos). Ici, deux détails renforceraient cette interprétation. D'abord, les quatre colonnes au centre de chaque salle : peut-être supportaient-elles un lanterneau, rendu utile par la présence (attestée dans certains hestiatoria) d'un foyer. Ensuite, la cuvette avec canal d'écoulement qui se trouve dans le mur Ouest de la salle Sud : il fallait en effet, autant que possible, prévoir un dispositif permettant le lavage à grande eau de ces salles de banquets ; pour être rituels, ils n'en étaient pas moins salissants. Sur ce dernier point, P. Courbin[111] a formulé des réserves : cette cuvette lui semble être un remploi et ne pas convenir, à cause de sa faible longueur, à l'évacuation d'eaux de nettoiement ; d'autre part, il ne semble pas que le sol ait jamais été dallé ; or laver à grande eau un sol de terre battue ne donnerait certes pas de bons résultats. Notons aussi que les portes des salles ne présentent pas le décentrement caractéristique (mais non obligatoire, il est vrai) des salles de banquets.

Ces réserves faites, il faut dire que l'interprétation de G. Roux reste des plus vraisemblables. Mais il va plus loin dans l'identification : pour lui, il s'agirait de l'Hestiatorion des Kéiens mentionné par Hérodote (IV 35) comme « tout proche » de la Théké des Vierges Hyperboréennes (cf. **32**). Mais, si, pour Hérodote, l'Hestiatorion des Kéiens était dans le Sanctuaire un point de repère évident, il n'est, pour nous, localisable qu'en fonction de sa proximité par rapport à la Théké. Or, il y a un problème de la Théké. Il ne faut donc pas dire : **48** ne peut être l'Hestiatorion de Kéos parce que la Théké est loin de là, en **32**. Ce que l'on peut dire, en revanche, c'est qu'il n'y a rien près de **48** qui puisse être considéré avec quelque vraisemblance comme étant la Théké.

108. R. Vallois, *BCH* 53 (1929), p. 250-278. — Thesmophorion : sanctuaire des divinités « thesmophores », Déméter et Koré ; les Thesmophories étaient des fêtes de caractère agraire, réservées aux femmes.

109. Cf. Ph. Bruneau, *CDH*, p. 275-282.

110. G. Roux, *ÉD*, p. 534-543.

111. P. Courbin, *EAD* XXXIII, p. 34, n. 6.

Dépliant III : Le Quartier du lac

72
69
70
71
68
56
52
53
54
55
51
10
58
50
15
0
10
50 m

66
67
64
5
5
63
62
65
61
57
59 A
59 B
59 C
59 D
10
59 E

Dépliant III : Le Quartier du lac

LES ABORDS NORD-OUEST DU SANCTUAIRE D'APOLLON ET LE QUARTIER DU LAC

Dépliant III

49. Immédiatement à l'Ouest de l'Édifice à cour péristyle (48) s'étend une vaste esplanade de terre souvent boueuse, l'**Agora de Théophrastos (dépliant I)** ; vers l'angle Nord-Ouest de cette place, un piédestal solitaire en marbre bleu surmonté d'une plinthe inscrite en marbre blanc portait la statue de Théophrastos, qui fut épimélète (p. 42-43) en 126/25 et fit aménager cette agora comme le rappelle l'inscription[1]. Les côtés Est et Nord sont occupés par divers monuments, honorifiques pour la plupart.

Sur le côté Est, immédiatement au Nord du Portique 45, trois dalles de marbre gris dressées verticalement portent une dédicace de Sylla[2] : L. CORNELIVS L. F. SVLLA PROCOS. (= « Lucius Cornelius Sulla, fils de Lucius, proconsul ») ; puis immédiatement au Nord, cinq piédestaux en marbre blanc qui devaient porter des statues équestres.

Sur le côté Nord[3] on reconnaît d'Est en Ouest divers monuments honorifiques, dont une colonne qui portait probablement une statue, puis un temple (11,5 x 7,82 m), aux épais murs de gneiss et resté jusqu'ici anonyme, à l'angle Sud-Est duquel repose une base ornée d'une frise d'armes[4], — enfin diverses petites constructions ruinées qui appartiennent au Posideion : un autel rectangulaire (à 5 m à l'Ouest du temple anonyme) porte le nom de Poseidon Nauklarios[5].

Les côtés Ouest et Sud étaient occupés par des constructions qui n'apparaissent plus aujourd'hui.

1. *ID* 1645 = F. DURRBACH, *Choix*, n° 95, avec commentaire et traduction : « (Statue de) Théophrastos, fils d'Hérakleitos, du dème d'Acharnes, ancien épimélète de Délos, qui a aménagé la place et entouré de quais le port, consacrée par les Athéniens qui habitent Délos, par les négociants et les armateurs, Romains et autres étrangers, en séjour à Délos, en raison de son mérite, de son dévouement et de ses bienfaits envers eux ». Sur l'Agora de Théophrastos : J. HATZFELD, *BCH* 36 (1912), p. 109 et 166, n. 6 ; M. HOLLEAUX, *CRAI* 1909, p. 264-265 ; P. ROUSSEL, *DCA*, p. 297-298.
2. *ID* 1851 (= F. DURRBACH, *Choix*, n° 147).
3. G. LEROUX, *EAD* II, p. 72-74 ; R. VALLOIS, G. POULSEN, *EAD* II bis, *Nouvelles recherches*, p. 27-36.
4. Cf. A. JACQUEMIN, *BCH* 109 (1985), p. 569-578. L'original, exposé au musée, a été remplacé sur le site par un moulage.
5. *ID* 2483.

50. Au Nord des monuments qui bordent le côté Nord de l'Agora de Théophrastos, s'étend la **Salle hypostyle**[6].

Description et date (**fig. 54** et **55**). De forme rectangulaire (56,45 x 34,30 m), ce vaste hall était entouré sur les côtés Ouest, Nord et Est de murs qui faisaient retour au Sud sur 6 m à partir de chaque angle. Leur parement intérieur était fait d'assises de marbre (haut. : 1,40 m), bien conservées au Nord et à l'Ouest, sur lesquelles reposaient des assises de gneiss jadis stuquées ; le côté Sud était occupé par une colonnade dorique : quinze colonnes en brèche de ponce, trois triglyphes par entrecolonnement[7]. L'aire intérieure, en terre battue sans dallage, comportait quarante-quatre colonnes (d'où le nom de « Salle hypostyle » adopté par les archéologues) : vingt-quatre doriques (indiquées sur la **fig. 54** par une pastille noire dans un carré) et vingt ioniques (pastille noire cerclée dans un carré) ; les huit colonnes formant le carré central de la Salle supportaient un lanterneau qui assurait l'éclairage de l'édifice. La Salle fut construite dans la dernière décennie du IIIe s. ; l'architrave de la colonnade Sud, incomplètement conservée, porte une dédicace des Déliens[8] ; mais le mot [Δ]ήλιοι fut ultérieurement corrigé en Ἀθηναῖοι par les Athéniens. L'édifice, d'un type rare en Grèce, semble avoir servi de lieu de rencontre comme les portiques.

Dans l'Antiquité, la Salle paraît avoir porté le nom de « Stoa près du Posideion » ; on a supposé qu'elle pouvait aussi accueillir le banquet qui, en décembre, à l'occasion des Posideia, réunissait tous les citoyens (cf. p. 62)[9].

Constructions tardives. Ce secteur est un des rares à Délos où soient visibles des ruines postérieures au début de l'ère chrétienne[10]. Au cours de la fouille, on a dégagé au-dessus des restes de la Salle hypostyle des constructions des IVe et Ve s. ap. J.-C. (bien datées par des lampes et des monnaies) dont un hypocauste et, à un niveau plus bas, des vestiges de maisons d'époque augustéenne ; ceux-ci seuls sont partiellement conservés aujourd'hui : voir un péristyle carré en marbre blanc (bases de colonnes, margelle de puits) empiétant sur la colonnade Sud et des restes de peintures murales dans l'angle Nord-Ouest de la Salle[11].

6. G. Leroux, *EAD* II ; R. Vallois, G. Poulsen, *EAD* II bis.
7. Cf. p. 167, n. 4.
8. *IG* XI 4, 1071.
9. Cf. Ph. Bruneau, *CDH*, p. 259 et 263-264.
10. Cf. *BCH* 92 (1968), p. 699.
11. M. Kreeb, « La solitude délienne, Zum Wohnen auf Delos in der Kaiserzeit », *in* N. Chr. Stampolidis (éd.), *Φώς Κυκλαδικόν, Μνήμη Ν. Ζαφειροπούλου* (1999), p. 338-347.

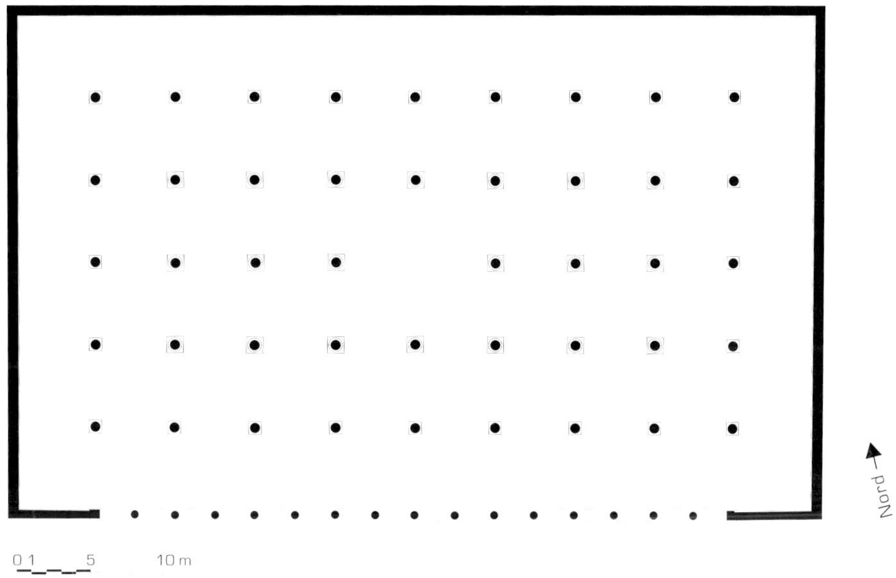

Fig. 54. — La Salle hypostyle : plan restitué.

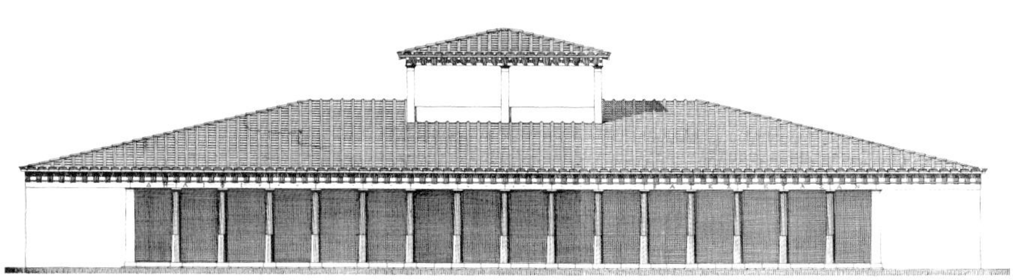

Fig. 55. — La Salle hypostyle : restitution de la façade.

CONSTRUCTIONS AVOISINANT LA SALLE HYPOSTYLE. Pour mettre entièrement au jour la Salle, il fut nécessaire, à la fin du siècle dernier, de démolir l'extrémité méridionale de la maison de l'École française qui la recouvrait partiellement. Le reste de la maison fut conservé et l'on n'a fouillé qu'alentour. À l'Ouest de la Salle hypostyle s'étendent les vestiges très ruinés de constructions assez misérables et, en bordure de mer, les restes immergés d'un édifice à portique dorique déjà signalé (**1**) : au Nord de la maison de l'École française une maison hellénistique contient plusieurs pavements de mosaïque et a livré un décret en l'honneur d'un épimélète[12]. À l'Est de la maison de l'École française, une maison à péristyle d'un type unique à Délos[13].

51. *Sortir de la Salle hypostyle par l'Est (passage dans le mur Est, près de l'angle Nord-Est du monument) ; par un sentier qui contourne une maison de gardien (à droite) on atteint en 25 m les ruines (à gauche) du* **Dôdékathéon**[14] (**fig. 56**) ou Sanctuaire des Douze Dieux.

HISTOIRE. Le culte des Douze Dieux est attesté en beaucoup d'endroits et remonte à l'époque archaïque ; on a dégagé à l'Agora d'Athènes un autel des Douze Dieux. Mais, en dépit de ce qu'enseigne la mythologie scolaire, la liste des Douze n'était pas fixée et variait suivant les sanctuaires. À Délos elle demeure hypothétique : seule est sûre la triade Zeus - Athéna - Héra dont les noms sont gravés sur l'autel C ; dans l'île d'Apollon, la liste comportait presque certainement Apollon, sa mère Léto et sa sœur Artémis ; les autres triades sont moins assurées ; on suppose Déméter - Koré - Zeus Eubouleus (celui-ci est une sorte d'Hadès) qui étaient conjointement honorés aux Thesmophories (p. 62) et peut-être Poseidon - Aphrodite - Hermès dont les cultes ont une certaine importance à Délos. Le sanctuaire archaïque ne renfermait qu'un ou plusieurs autels et sans doute les statues des Douze Dieux, comme le nom le plus ancien du sanctuaire invite à le penser. Des fragments de plusieurs figures divines archaïques découverts à proximité pourraient représenter les derniers restes de ce groupe primitif[15] (**fig. 57** et **58**). — Au IVe s., le Dôdékathéon comportait déjà plusieurs autels (probablement B, C, D et E). Au début du IIIe s. (peut-être sur l'initiative d'un souverain) furent construits le temple actuel et son autel A[16]. Le sanctuaire n'a pas survécu à la ruine de Délos.

12. J. TRÉHEUX, *BCH* 73 (1949), p. 571-573. — Mosaïques : *EAD* XXIX, p. 127-130.
13. Description très élémentaire dans *BCH* 102 (1978), p. 130-132.
14. Le Dôdékathéon a été publié par E. WILL (*EAD* XXII) qui a aussi accepté de revoir le texte du présent paragraphe.
15. *SD*, n°s 14-19. Cf. ci-dessus p. 101.
16. La date du temple a été rediscutée par E. WILL, *in Recueil Plassart* (1976), p. 225-231.

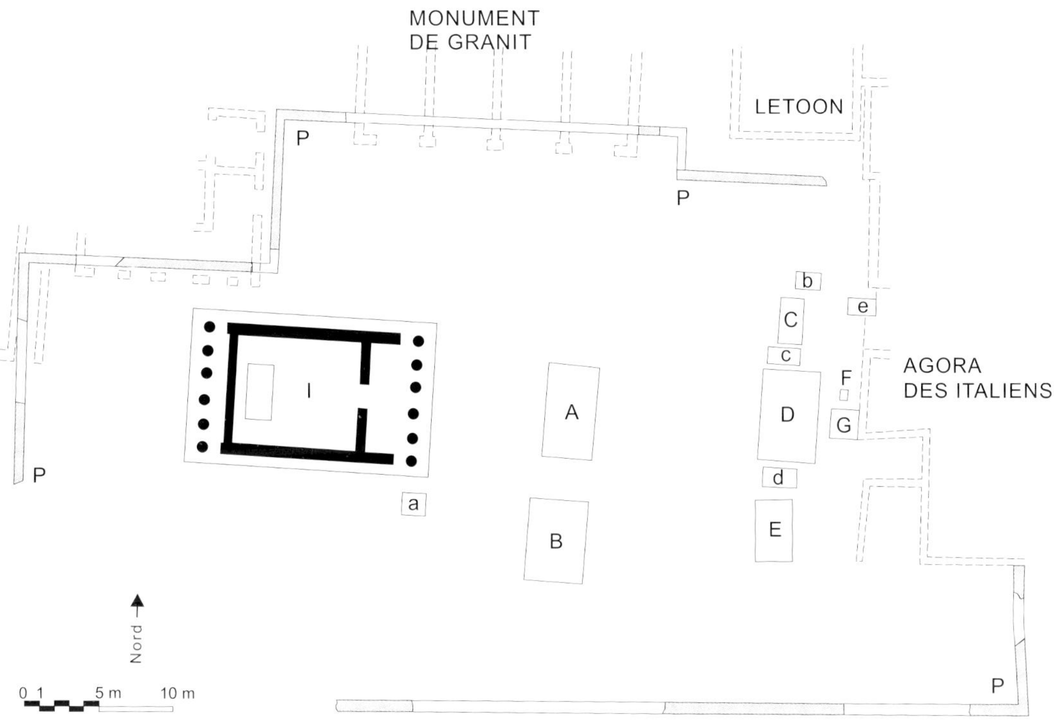

Fig. 56. — Le Dôdékathéon : plan.

DESCRIPTION (**fig. 56**). Du temple, très ruiné, il ne reste en place que les fondations en granit et quelques degrés de marbre, mais une étude architecturale a permis de reconnaître qu'il était construit en marbre, dorique, amphiprostyle (c'est-à-dire avec une colonnade sur chacun des petits côtés), pourvu d'un profond pronaos mais dénué d'opisthodome ; à l'intérieur de la cella, sur une base de marbre à fondations de granit, se dressaient les statues de culte. Dans son état définitif la base portait deux statues. Une tête de marbre colossale trouvée près de la ruine appartient selon toute probabilité à l'une d'entre elles. Elle peut refléter les traits, cependant très idéalisés, de quelque souverain (Alexandre ?)[17].

Devant le temple, plusieurs autels, A (début IIIe s., trois gradins en granit), B, C (d'Athéna, Zeus et Héra : [ΑΘΗ]ΝΑΣ ΔΙΟΣ ΗΡΑΣ[18]), D, E, F et (?) G, — et plusieurs bases (a, b, c, d, e). Temple, autels et bases étaient compris dans un mur de clôture qu'on peut suivre partiellement à ras du sol (**fig. 56**, péribole P : parties visibles en grisé et parties hypothétiques au trait) et qui fut détruit lors de la construction du Monument de granit (**54**) et de l'Agora des Italiens.

17. *SD*, nº 32.
18. *ID* 2471.

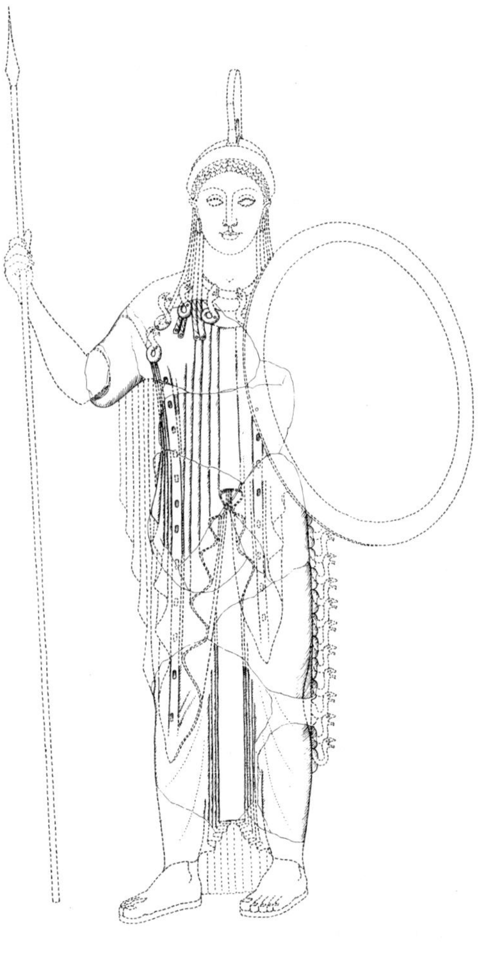

Fig. 57. — Restitution de la statue archaïque d'Athéna A 4197.

Fig. 58. — Statue archaïque de Léto, Athènes MN 22.

52. Juste à l'Est des autels du Dôdékathéon se trouve l'entrée monumentale (propylées) de l'**Agora des Italiens**[19].

HISTOIRE ET FONCTION. L'édifice qu'on a pris l'habitude de désigner de ce nom — le plus grand des monuments déliens — fut aménagé grâce à la générosité de divers donateurs, dont le banquier Philostrate d'Ascalon (cf. **99**) qui offrit la colonnade dorique Nord[20]. L'Agora occupe un espace jusque-là, semble-t-il, vierge de toute construction et qui devait faire partie du « téménos (= domaine) de Léto » (cf. **53**). Commencée dans le dernier tiers du IIe s., elle n'était pas terminée en 88 quand elle fut saccagée par les troupes de Mithridate qui, combattant Rome, avaient, moins que tout autre bâtiment, des raisons de l'épargner ; réparée ensuite, elle ne fut jamais achevée et fut abandonnée entre 60 et 50.

La fonction de l'Agora semble simplement d'avoir été, pour les Italiens résidant à Délos (cf. **2**), à la fois un lieu de réunion, un centre d'affaires et, selon le mot de J. Hatzfeld, « une sorte d'enclave italienne en terre grecque » témoignant pour nous de la prospérité de la colonie italienne de Délos. C'est sans arguments suffisants que, ces derniers temps, on a successivement voulu en faire un marché aux esclaves[21] ou un établissement de sport[22].

Strabon (XIV 5, 2) rapporte qu'on trafiquait chaque jour à Délos de dizaines de milliers d'esclaves. Même si ce chiffre est une exagération ou une façon de parler, on n'a aucune raison de douter de l'importance du commerce délien des esclaves. Mais il ne s'ensuit nullement qu'il ait été concentré en un seul point de l'île ni, encore moins, qu'on ait construit un édifice qui lui fût spécialement destiné : les marchands d'esclaves pouvaient se disperser sur le port sans installation fixe et rien ne nous contraint à chercher à Délos un bâtiment servant de marché aux esclaves. Mais, à supposer même qu'il en fût ainsi, l'Agora des Italiens ne présente aucune particularité qui la désigne pour ce rôle.

Quant à l'hypothèse de l'établissement de sport, voire d'une arène pour gladiateurs, elle repose sur une restitution épigraphique très douteuse ; sur des ressemblances seulement

19. Ét. LAPALUS, *EAD* XIX. Compléments : Ph. BRUNEAU, *EAD* XXIX, p. 130-141 (mosaïques) ; *BCH* 111 (1987), p. 331-339 (accès).
20. *ID* 1717.
21. M. COCCO, *PP* 25 (1970), p. 446-449 ; F. COARELLI, *in* F. COARELLI, D. MUSTI, H. SOLIN (éds), *Delo e l'Italia, Opuscula* 2 (1982), p. 119-145 ; réfutation de Ph. BRUNEAU, *BCH* 99 (1975), p. 273-275 ; 109 (1985), p. 557-564 ; 111 (1987), p. 331-339 et Chr. LE ROY, *in* M.-M. MACTOUX, É. GENY (éds), *Mélanges P. Lévêque, 7 : Anthropologie et société* (1993), p. 183-208.
22. N. K. RAUH, *BCH* 116 (1992), p. 293-333 ; réfutation de Ph. BRUNEAU, *BCH* 119 (1995), p. 45-54.

partielles avec la palestre hellénistique et le *ludus gladiatorius* ; et sur l'imputation tendancieuse au milieu sportif de deux dédicaces à Hermès et à Héraclès, qui sont des dieux communément honorés par les Italiens de Délos.

DESCRIPTION (**fig. 59**). On traverse d'abord un propylée très ruiné (A), construit près de l'angle Sud-Ouest du monument et qui n'appartient pas au plan primitif (B : entrée secondaire ; C : latrines). On pénètre alors dans l'Agora, de plan presque rectangulaire ; autour d'une cour centrale, vide de toute construction et à sol de terre battue, règne un portique fermé sur les quatre côtés par un mur de fond ; celui-ci est percé d'ouvertures donnant accès à des exèdres ou des niches. Des magasins ouvrant sur l'extérieur sont adossés aux murs de fond Est et Sud du portique.

Le portique est supporté par un stylobate de lave rouge au Nord, de marbre blanc sur les autres côtés ; il est composé de cent douze colonnes doriques à pans supportant un entablement dorique et une colonnade d'étage comme l'indique la **fig. 60**.

On parcourra les quatre côtés du portique en commençant par l'Ouest : à signaler (suivre sur le plan de la **fig. 59**) :

1) *Côté Ouest :*

D. Niche (= petite salle inaccessible au public et destinée à recevoir une statue) : dédicace en mosaïque de L. Orbius M(arci) f(ilius). À l'arrière de cette niche et utilisant le mur Est du Létoon, restes d'un pressoir de l'époque paléochrétienne[23].

E. Exèdre (= salle accessible au public) : vestibule et niche de fond contenant une statue disparue de C. Cluvius par le sculpteur Agasias d'Éphèse (inscription) qui travailla à Délos à la fin du IIe et au début du Ier s.

F. Niche d'Ofellius[24] (inscription) : la statue d'Ofellius est actuellement au Musée (cf. p. 109).

G. Niche dédiée au consul Q. Pompeius Q(uinti) f(ilius) Rufus (inscription).

2) *Côté Nord :*

H. Pilastres et colonnes en marbre bleuté formant l'entrée du vestibule des Thermes, aménagés après coup ; sur le mur de fond du vestibule, banc offert par cinq affranchis (inscription) et, contre le mur Est, un hermès d'Héraklès. À l'Ouest du vestibule, une grande salle H′ (desservie par deux petites pièces) donne accès à une salle circulaire H′′ servant d'étuve[25]. À l'Est du vestibule une autre salle circulaire H′′′ pouvait être aussi une étuve chauffée par foyer central.

23. Ph. BRUNEAU, *BCH* 111 (1987), p. 339-340.
24. Fr. QUEYREL, *BCH* 115 (1991), p. 389-464 ; *SD*, nº 85.
25. Cf. J. DELORME, *BCH* 73 (1949), p. 408-409.

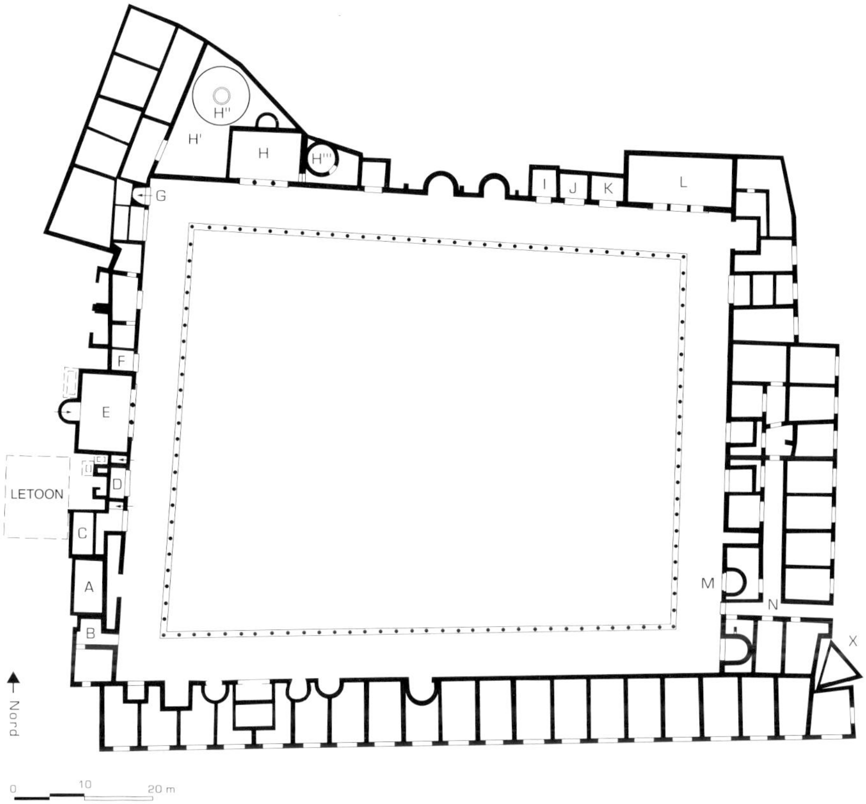

Fig. 59. — L'Agora des Italiens : plan restitué.

En continuant à longer le côté Nord du Portique, vers l'Est, noter les contreforts qui soutiennent à l'extérieur le mur de fond du portique (vu l'instabilité du sol à proximité du Lac).

Plusieurs niches, puis la niche I reconstruite pour conserver la mosaïque qui forme le pavement : hydrie en bronze, palme, couronne (et deux objets indistincts) avec l'inscription Πόπλιος [Σατ]ρικάνιος Ποπλίου υἱός (= « Publius Satricanius, fils de Publius ») ; sur ce thème, cf. p. 129.

Immédiatement à l'Est, niche J où l'on a découvert la belle statue du « Guerrier (ou Gaulois) blessé »[26] (p. 108 et **fig. 17**).

Niche K, puis exèdre L (deux colonnes ioniques entre deux piédroits, dont un debout, en marbre blanc).

26. *SD*, nº 92 ; Fr. QUEYREL, *REA* 99 (1997), p. 391-399.

Fig. 60. — L'Agora des Italiens : élévation restituée du portique.

Angle Nord-Est de la cour : puits étroit enfermé dans un autre puits qui a été bouché.

3) *Côté Est :*

Une et, par endroits, deux rangées de magasins sont adossées au mur de fond du portique ; celui-ci est percé de quelques niches, dont la niche M semi-ellipsoïdale, qui contenait la statue de L. Munatius Plancus par Agasias d'Éphèse (inscription). — Immédiatement au Sud de cette niche, entrée secondaire de l'Agora, N. — Angle Sud-Est de la cour, deux puits.

4) *Côté Sud :*

Ici aussi une rangée de magasins ouverts sur l'extérieur et adossés au mur de fond du portique qui, sur l'intérieur, est percé de sept niches. Les deux salles les plus occidentales de la série ont accueilli un atelier de sculpture[27]. L'une d'elles contient deux bassins circulaires en marbre à demi enterrés. Une trentaine d'œuvres inachevées en proviennent. Parmi elles figurent la stèle d'Isis Pélagia dont un moulage a été placé dans l'une des pièces et le sphinx qui se trouve au Nord du Dôdékathéon, **51**.

53. *On ressort par les Propylées* ; immédiatement à droite, parallèle au mur Ouest de l'Agora des Italiens, on rencontre un monument de marbre blanc, veiné, à gros cristaux ; c'est le **Létoon** ou temple de Léto[28] (fig. 61).

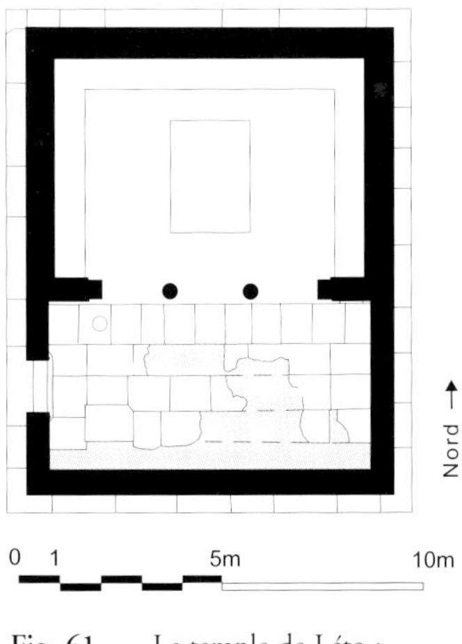

Fig. 61. — Le temple de Léto : plan restitué de l'état archaïque.

Comme dans le Monument aux hexagones (**44**), les murs reposent sur une banquette, qui enveloppait le temple de tous côtés ; elle servait de siège et de table de jeu aux oisifs (nombreuses cupules). Au Sud et à l'Ouest la première assise au-dessus de la banquette était constituée, à l'extérieur, de carreaux de marbre décorés d'hexagones aujourd'hui très indistincts. Les assises supérieures étaient en gneiss, sauf les blocs d'angle qui étaient en marbre jusqu'en haut (sans

27. Ph. Jockey, *in* Y. Maniatis, N. Herz, Y. Basiakos (éds), *The Study of Marble and other Stones Used in Antiquity, ASMOSIA* III (1995), p. 89-90 ; *SD*, n°s 72 et 83.

28. H. Gallet de Santerre, *EAD* XXIX, p. 37-72.

hexagones). L'assise de couronnement était probablement en marbre. Le parement interne est fait de petites plaques de gneiss régulièrement empilées ; le mur Est a été modifié lors de la construction de l'Agora des Italiens.

Le temple est divisé en deux parties (vestibule et cella) probablement non par un mur continu, mais par deux colonnes entre deux courts murs de refend, le stylobate étant d'un degré au-dessus du sol du vestibule. L'épaisseur des murs du vestibule est plus faible que celle des murs de la cella ; cela prouverait, selon R. Vallois, que ce vestibule était hypèthre, mais rien n'est moins sûr, car les murs de refend ont eux aussi la même épaisseur. Le vestibule est dallé de pôros principalement ; il a été partagé en deux, à une époque tardive, par une murette. Une des dalles porte une dépression arrondie, où les archéologues qui considèrent comme un ex-voto de bronze le palmier dont une inscription de 296 mentionne le « nettoyage » logeraient volontiers son pied ; mais il peut aussi s'agir d'un arbre véritable poussant dans le sanctuaire, mais hors du temple[29]. En ce cas, la dépression aurait pu accueillir le pied d'une table que mentionnent aussi les inscriptions.

Le vestibule a eu deux portes : l'une ouvrant vers l'Ouest, l'autre vers le Sud. Il n'est pas sûr que, comme on l'a pensé, ces portes se soient succédé[30]. Quoi qu'il en ait été, on a muré la porte occidentale à l'époque hellénistique tardive.

Autour de la cella court intérieurement un haut socle (qui servait à déposer des offrandes, cf. **40** et **101**). — Au milieu se trouve le soubassement de la statue de culte à laquelle se rattache une anecdote rapportée par l'historien Sémos de Délos : le philosophe Parméniskos, ayant perdu la faculté de rire, consulta l'oracle de Delphes qui lui promit que « la mère » la lui ferait recouvrer ; Parméniskos comprit d'abord qu'il devait retourner dans sa patrie. Sans succès. Or, passant à Délos, il éclata de rire devant la statue de Léto et s'avisa que « la mère » était celle d'Apollon. De fait, au témoignage des inscriptions, la statue était un morceau de bois habillé d'une tunique de lin, d'un manteau de pourpre, d'une couronne et de chaussures[31]. — Les inscriptions signalent l'existence d'un autel[32].

Son mode de construction indique que ce temple est archaïque ; R. Vallois, au vu de certaines moulures (par ex. celle du linteau de la porte, qui est actuellement au fond de la cella), le datait d'environ 540. Cette datation a été confirmée par la céramique trouvée sous le dallage du temple.

Le Létoon est le seul bâtiment archaïque situé juste au Nord du Hiéron d'Apollon et de celui d'Artémis. Sans qu'on puisse exactement en préciser l'extension[33], il est probable que le domaine de Léto s'étendait sur tout l'espace occupé aujourd'hui par l'Agora des Italiens : une stèle de 202, encore en place

29. Chr. Le Roy, *ÉD*, p. 273-276 ; Ph. Bruneau, *BCH* 103 (1979), p. 97.
30. Ph. Bruneau, *BCH* 111 (1987), p. 323-326.
31. Cf., ainsi que pour l'histoire du culte, Ph. Bruneau, *CDH*, p. 207-212.
32. Cf. Chr. Le Roy, *BCH* 98 (1974), p. 383-388 ; H. Gallet de Santerre, *BCH* 99 (1975), p. 264-265.
33. Ph. Bruneau, *BCH* 114 (1990), p. 571-576.

près du présentoir de monuments chorégiques, **81**, interdit de souiller d'ordures le « *téménos* de Léto » qui, à cette date, s'étendait donc jusque-là ; une inscription administrative de 157/6 mentionne « le jardin proche du Létoon » (cf. 75 ●) et Strabon nomme encore « Létoon » toute la partie de la ville située au Nord du Sanctuaire d'Apollon ; c'est dire l'importance de cette divinité à l'époque archaïque.

54. De l'autre côté de la rue, une imposante construction de destination obscure, traditionnellement nommée le **Monument de granit**[34] (en raison de l'usage abondant qui y est fait de ce matériau pour les murs extérieurs), date sans doute de la deuxième moitié du IIe s.

Isolé sur ses quatre côtés, il mesure environ 40 x 19,50 m ; la façade est au Sud ; le rez-de-chaussée, seul conservé, est occupé par une quinzaine de magasins ouvrant sur l'extérieur et une cour à citerne (côté Ouest). Dans la quatrième boutique à compter du Sud, ont été découverts des fragments d'*auloi* et des rebuts de fabrication attestant la présence d'un atelier d'instruments de musique[35]. On a reconnu l'existence d'un premier étage beaucoup plus riche (mosaïques, stucs peints) mais qui a entièrement disparu ; de là proviennent divers éléments d'architecture (pilastres, colonnes et chapiteaux ioniques actuellement groupés au Sud du monument) qui permettent d'imaginer à l'étage des salles hypostyles utilisées par des associations à caractère peut-être religieux, si l'on y rapporte quatre reliefs[36] trouvés aux abords du monument : les Lares dansant, préparatifs d'une libation, Héraclès tenant une phiale au-dessus d'un autel et une représentation très originale : un personnage ailé, dont la tête, mutilée, semble être celle d'un monstre, paraît poursuivi par un oiseau-phallus. Peut-être faut-il ajouter à ce groupe un cinquième relief, de provenance inconnue mais de style et de dimensions analogues, qui doit représenter un jeune homme conduisant une victime.

55. *On se dirige vers le Nord (Lions) en longeant à gauche le Monument de granit, à droite le Létoon et l'Agora des Italiens. Après avoir franchi un énorme affleurement de rocher et le mur de soutènement bas qui le longe au Nord, on parvient à une* avenue bordée à l'Est par un petit sanctuaire ou autel anonyme, dit Bx[37], et cinq magasins (adossés à des salles ouvrant sur le portique de l'Agora des Italiens et construits postérieurement à lui) et à l'Ouest par la **Terrasse des lions**[38] (**fig. 62**).

34. H. GALLET DE SANTERRE, *EAD* XXIV, chap. IV.
35. A. BÉLIS, *Topoi* 8 (1998), p. 786-788.
36. Reproduits dans *EAD* XXIV, pl. 75, et *CDH*, pl. XII, XIV et XV (avec proposition d'interprétation du relief à l'oiseau-phallus, p. 633-638).
37. Cf. R. VALLOIS, *AHHD* I, p. 69 et 125.
38. H. GALLET DE SANTERRE, *EAD* XXIV, p. 9-36 ; *SD*, no 9.

Fig. 62. — Lion de la Terrasse des lions.

Les célèbres lions de Délos sont alignés sur une terrasse orientée NNE-SSO qui compensait la déclivité naturelle du rocher. Les originaux sont actuellement conservés au musée ; en 2000 des moulages ont pris leur place sur le terrain.

On voit actuellement les traces de deux murs de soutènement qui partent de l'angle Nord-Est du Monument de granit (il y en avait trois au moment de la fouille). Le mur archaïque, qui est contemporain des lions, est le plus à l'Ouest. L'autre mur, qui comporte des carreaux de marbre et le passage pour un escalier, date peut-être de l'époque hellénistique[39]. Le mur archaïque fait un angle exactement sous le coin Nord-Est du Monument de granit et prend une direction NO-SE.

39. Son mode de construction (comme celui du petit édifice Bx qui lui fait face à l'Est) est analogue à celui de la banquette Nord de l'Archégésion (74) qui n'est pas antérieure au IVe s.

Les lions avaient la tête tournée vers l'Est, dans la direction du lac. Ce sont tous des mâles. Actuellement quinze fragments plus ou moins importants sont conservés à Délos ; il faut leur ajouter le corps entier d'un lion qui se trouve aujourd'hui, agrémenté d'une tête moderne, devant l'arsenal de Venise (où il fut apporté probablement en 1716). En combinant tous ces fragments, on trouve que le nombre total des lions était dans l'Antiquité de neuf au minimum ; mais d'après les indications que donnent les journaux de fouille sur l'intervalle séparant les lieux de trouvaille des fragments (environ 3,20 m), il a pu y en avoir seize (si l'on admet que la terrasse ne se prolongeait pas davantage vers le Nord, ce qui n'est pas prouvé).

Les statues font corps avec leur plinthe. Il n'y avait pas de base, comme cela se produit souvent à l'époque archaïque ; les plinthes étaient suffisamment massives pour en tenir lieu.

Le style est très particulier. On est frappé par les corps maigres, très allongés, à l'arrière-train atrophié ; par la tête, petite et arrondie. La saillie des côtes est rendue par trois bourrelets placés très en arrière. Si les corps sont schématiques, les membres au contraire sont détaillés et vigoureusement traités. Il n'existe pas de parallèle exact et les spécialistes ne s'accordent pas sur la datation. L'opinion la plus répandue les attribue au VIIe s., mais G. Koukkorou-Alevra a récemment soutenu une datation vers 490 en faisant d'eux des témoins d'un « maniérisme naxien » à caractère archaïsant[40], ce qui paraît fort peu probable. En marbre de Naxos, comme le Colosse des Naxiens (**9**), ils appartiennent à cette série de grandioses réalisations architecturales et plastiques par quoi se marque à l'époque archaïque la présence artistique de Naxos à Délos[41].

Il n'y a pas en Grèce d'exemple de semblable alignement de fauves. On pensera, naturellement, aux files de sphinx montant la garde aux entrées des sanctuaires égyptiens, aux files de statues humaines formant allée au Didymeion de Milet. L'idée même du dispositif vient donc peut-être d'Orient ; le trait original, à Délos, est qu'il n'y a qu'une seule file qui laisse ouverte toute une moitié du paysage, la plus dégagée.

L'espace compris entre les lions et le mur de soutènement de la terrasse constitue une sorte d'allée. Où menait-elle ? Au Nord elle va dans la direction de la baie de Skardhana. Au Sud, elle aboutit au Létoon, dont une entrée à l'époque archaïque se trouvait précisément (et, sûrement, pas par hasard) sur le long côté Ouest. Les lions semblent donc se présenter comme les gardiens du domaine de Léto, divinité dont l'importance était très considérable à l'époque archaïque.

40. G. Koukkorou-Alevra, *AK* 36 (1993), p. 91-102.

41. H. Gallet de Santerre, *DPA*, p. 283-296 ; cf. P. Courbin, *EAD* XXXIII, notamment p. 135-136.

Mais une objection se présente : au moment où fut aménagée la Terrasse des lions, le Létoon n'existait pas encore[42]. En outre, les lions sont plus normalement associés à Artémis qu'à Léto. Peut-être les lions conduisaient-ils au sanctuaire d'Apollon ; peut-être aussi y en avait-il d'autres, à l'Est du Hiéron : le témoignage de certains voyageurs pourrait en avoir conservé le souvenir[43].

56. Face à la terrasse des lions s'étend le **Lac**[44]. Mentionné par Hérodote (II 170), par Euripide *(Iph. Taur.*, v. 1104), par Callimaque (*Hymne Apol.*, v. 59), le « lac arrondi » était dans l'Antiquité un des éléments essentiels du paysage délien.

Avant la construction de l'Agora des Italiens il n'avait pas la forme que marque aujourd'hui sur le terrain un mur moderne. Nettement plus grand, cet étang, dont l'extension variait selon les saisons, s'étendait vers le sanctuaire d'Apollon et faisait probablement partie du sanctuaire de Léto.

Le lac a été asséché en 1925 pour des raisons de salubrité ; on a planté au milieu un palmier.

57. *Au Nord-Ouest du lion le plus septentrional et à proximité d'une petite citerne, prendre un sentier qui part en direction de l'* **Établissement des Poseidoniastes de Bérytos**[45], *reconnaissable de loin à quatre hautes colonnes ; le sentier débouche sur une large rue en pente (avec égout médian) orientée Est-Ouest. De l'autre côté de la rue se trouve une des portes donnant accès à l'Établissement.*

HISTOIRE. On a traité plus haut (p. 42) du cosmopolitisme de Délos au IIe s. ; tous ces étrangers installés là pour des raisons essentiellement économiques tendaient à se grouper entre eux par nationalité et profession, parfois sous le patronage d'une divinité nationale. Les inscriptions nous font connaître les Héracléistes de Tyr et une association d'entrepositaires alexandrins[46] ; pareillement, sous la

42. H. GALLET DE SANTERRE, *EAD* XXIV, p. 68.
43. H. GALLET DE SANTERRE, *EAD* XXIV, p. 12-13.
44. Cf. Ch. PICARD, *CRAI* 1911, p. 845-853 ; M. BRUNET *et al.*, *BCH* 125 (2001), p. 622-627.
45. Ch. PICARD, *EAD* VI et *BCH* 44 (1920), p. 263-311 ; L. ROBERT, *ÉD*, p. 486-489 ; Ph. BRUNEAU, *CDH*, p. 622-630 (avec liste des inscriptions) ; *id.*, *in* M. B. DE BOER, T. A. EDRIDGE, *Mélanges Vermaseren, I. Études préliminaires aux religions orientales dans l'Empire romain* 68 (1978), p. 160-190 (et état résumé de la question : *BCH* 102 [1978], p. 133-134) ; H. MEYER, *MDAI(A)* 103 (1988), p. 203-220 ; *contra* : Ph. BRUNEAU, *BCH* 115 (1991), p. 379-386. Décoration sculptée : *SD*, nº 61.
46. *ID* 1519 et 1528-1529.

protection d'un Poseidon syrien, des commerçants de Beyrouth avaient constitué « l'association des Poseidoniastes de Bérytos à Délos, négociants, armateurs et entrepositaires » (comme l'indique la dédicace du bâtiment, voir texte grec *infra*).

À la fois sanctuaire, centre de réunion, bourse de commerce et hôtellerie de passage, l'Établissement remonte à la première moitié du IIe s. : un décret des Poseidoniastes (*ID* 1520), exactement daté de 153/2, nous apprend que leur association existait avant cette date et, avec l'aide d'un Romain, avait déjà entrepris la construction de l'Établissement. Endommagé en 88, il ne fut pas relevé après le sac de 69.

DESCRIPTION. Une fois franchie la porte, on reconnaîtra en s'aidant de la **fig. 63** :

Y : petit vestibule ménagé entre deux groupes de pièces d'habitation (R, S, T et G-Q) et conduisant à la petite cour X.

X : petite cour rectangulaire servant d'antichambre au sanctuaire V.

Il s'y trouve plusieurs autels, l'autel quadrangulaire de Rome (coin Nord-Ouest) correspondant à la chapelle V¹ et au moins deux autels ronds (dont un, bien conservé, orné de bucranes et de guirlandes) correspondant aux autres chapelles ; — une exèdre rectangulaire en marbre blanc (côté Sud) qui portait trois statues ; — des bases honorifiques sur les côtés Ouest et Est. Ceux-ci comportaient chacun une colonnade (repérable au stylobate de marbre blanc) mettant X en communication avec la grande cour à citerne F et avec le sanctuaire V.

V : Pronaos (pavement très dégradé) ; au Sud, niche U dont le sol jadis surélevé est actuellement détruit.

V¹, V², V³, V⁴ : Le pronaos V desservait quatre pièces parallèles reconnaissables à leurs quatre seuils de marbre. V¹ était une chapelle consacrée à la Déesse Rome, dont la statue[47] s'y trouve encore (les Poseidoniastes entretenaient de bons rapports avec les Romains : on a vu que l'un d'eux les avait aidés à avoir leur Établissement délien) ; V² au Poseidon de Bérytos, patron de l'Association (fragment d'inscription) ; V³, selon toute vraisemblance, à Astarté, parèdre habituelle de Poseidon oriental. Considérée d'abord comme la chapelle d'une quatrième divinité, V⁴ pourrait bien ne pas avoir été un local cultuel.

Il n'y avait primitivement que trois pièces ; puis, l'Établissement s'étant étendu vers le Sud, on élargit V² ; par voie de conséquence on repoussa V³ vers le Sud et on ajouta un quatrième local, V⁴, occupant le reste de l'espace disponible. Ch. Picard avait supposé que

47. *SD*, nº 29.

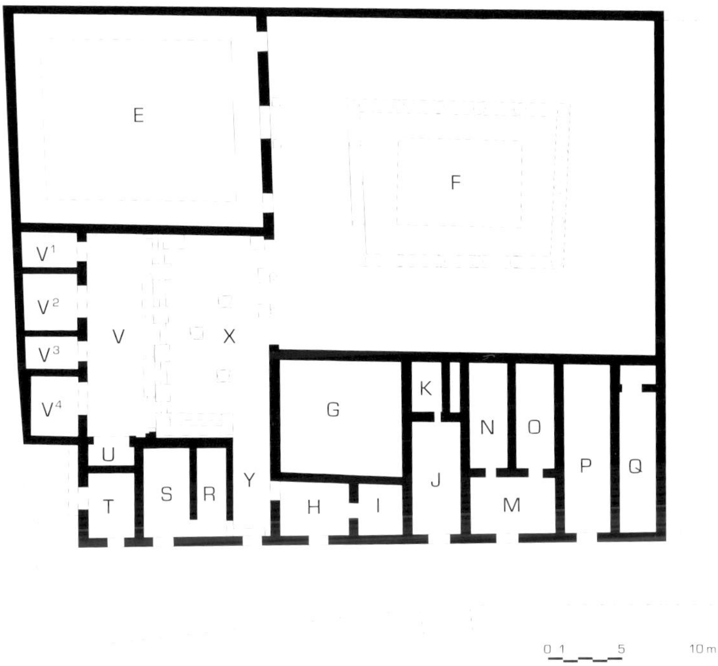

Fig. 63. — L'Établissement des Poseidoniastes : plan restitué.

ce réaménagement s'expliquait par des transformations cultuelles : les trois chapelles primitives auraient appartenu à trois divinités bérytiennes et on les aurait ensuite déménagées vers le Sud pour installer Rome en V1. Il paraît plus simple, et plus conforme à l'ensemble des données, de penser qu'il n'y eut jamais que trois chapelles, appartenant à Rome, Poseidon et sans doute Astarté ; que le réaménagement, qui affecte d'autres parties de l'Établissement que l'ensemble V, ne correspond pas à un accroissement du panthéon de l'association ; et que V4, qu'on n'avait jamais su à quelle divinité exactement attribuer, n'était pas une chapelle[48].

48. Cette dernière interprétation est celle qu'a développée Ph. BRUNEAU, *in Mél. Vermaseren* (ci-dessus, p. 227, n. 45).

Fig. 64. — Le groupe d'Aphrodite et Pan de l'Établissement des Poseidoniastes, Athènes MN 3335.

G à Q : locaux d'habitation et magasins.

G a pu être la salle de banquet et H la conciergerie. Les pièces J à Q sont des sous-sols communiquant directement avec la rue et servant d'entrepôts ; ils se trouvaient sous des pièces d'habitation (aujourd'hui détruites) de niveau avec le reste de l'Établissement. Dans la salle N on a trouvé le groupe d'Aphrodite et Pan (p. 106 et **fig. 64**).

E : Cour à ciel ouvert servant de lieu d'assemblée ou de bourse de commerce (pavement d'éclats de marbre avec bande de tuileaux ; aujourd'hui partiellement encombrée des marbres provenant du péristyle, elle est fermée sur trois côtés et communiquait à l'Est avec F par trois portes (seuils de marbre bleu).

F : Cour à citerne occupant l'angle Nord-Est de l'Établissement et construite en partie sur un remblai (du côté Est).

La disposition est identique à celle des cours à péristyle des maisons privées (p. 72), où toutefois elles occupent généralement le centre de l'édifice. Un promenoir quadrangulaire dallé de gneiss (côté Est : piédroits de marbre bleuté provenant de fenêtres) entoure un péristyle de marbre blanc et bleu qui comportait cinq colonnes à l'Est et à l'Ouest, six au Nord et au Sud (les colonnes d'angle étant comptées deux fois) ; quatre ont été relevées ; l'ordre est dorique avec une frise à deux triglyphes par entrecolonnement[49] et une architrave inscrite sur les quatre côtés ; celle de l'Ouest, remise partiellement en place, porte la dédicace suivante :

49. Cf. p. 167, n. 4.

Τὸ κοινὸν Βηρυ|τίων Ποσειδωνιαστῶν ἐ|μπόρων καὶ ναυκλήρων κα|ὶ ἐγδοχέων
τὸν οἶκον καὶ |τὴν στοὰν καὶ τὰ χρησ|τήρια Θεοῖς πατρίοι|ς ἀνέθηκεν

Le sens de la seconde ligne a été discuté ; il semble qu'il faille traduire : « la Société des Poseidoniastes de Bérytos, négociants, armateurs et entrepositaires, a dédié aux dieux de ses pères l'édifice [c'est-à-dire le gros-œuvre, non compris les embellissements en marbre dont les inscriptions montrent qu'ils sont dus à des initiatives privées], le portique [= le portique Ouest où est gravée l'inscription, par rapport aux trois autres côtés du péristyle dont les architraves portent les dédicaces de membres de l'association] et le mobilier »[50].

Au centre de la cour est creusée une citerne recouverte jadis d'une mosaïque soutenue par six arcs en pôros dont le départ est encore visible.

● Les citernes de Délos. C'est ici l'occasion de traiter des nombreuses citernes qu'on rencontre à Délos dans beaucoup de maisons privées ou d'édifices publics[51]. On pourvoyait au ravitaillement en eau à la fois par des puits alimentés par les nappes phréatiques et par des citernes alimentées par l'eau de pluie. Certains puits, comme la Citerne du théâtre, **115**, combinaient les deux modes d'alimentation. Les citernes déliennes sont taillées à même le rocher ou maçonnées et revêtues d'un ciment hydraulique très étanche (de couleur rosée). Elles étaient normalement recouvertes d'un dallage ou d'une mosaïque (souvent effondrés actuellement) supportés soit par des poutres de pierre ou de bois, soit par des arcs appareillés parallèles (ce dernier mode de construction est le plus spectaculaire : voir **79**, 2° et **fig. 100**). Un orifice de puisage, avec margelle le plus souvent, permettait l'approvisionnement en eau.

58. *On ressort par la porte qu'on a franchie à l'entrée ; monter la rue puis prendre à droite la rue qui longe à l'Ouest l'Établissement des Poseidoniastes ; elle dessert* **quatre habitations**[52].

L'une comportait en façade un portique à quatre colonnes de granit (sur les rues à colonnes, **82●**) ; plus loin à gauche (à peu près au niveau de la statue de la déesse Rome) une ruelle conduit vers une porte de maison dont les chambranles en marbre blanc sont ornés de représentations sculptées : à gauche, un homme tient un animal d'une main et un coutelas de l'autre ; à droite, un phallus à pattes qui appartient à la catégorie des *apotropaia*.

50. *ID* 1774 (= F. Durrbach, *Choix*, n° 197) ; la traduction est celle qui est proposée dans *CDH*, p. 623-626.
51. J. Chamonard, *EAD* VIII, p. 323-356.
52. J. Chamonard, *EAD* VIII, p. 439-442 ; cf. *BCH* 92 (1968), p. 677-679.

● LES *APOTROPAIA* DES MAISONS DÉLIENNES. Sur les murs extérieurs de plusieurs édifices hellénistiques de Délos apparaissent — sculptés dans le marbre, le gneiss, ou, plus souvent, le granit — des signes qui semblent être destinés à protéger la construction contre les tentatives malveillantes des esprits malins ; ces « *apotropaia* » sont le phallus (**64**, **65**), les bonnets des Dioscures (**50**, **64**) et un signe qui doit être la massue d'Héraklès (**64**, **120**)[53].

Continuer la rue jusqu'à l'angle Nord-Ouest de l'Établissement.

59. *Presque dans le prolongement de cette rue (faible décrochement à droite), s'engager dans une autre rue qui se dirige vers la baie de Skardhana* et permet d'atteindre le secteur des fouilles les plus récentes (1961-1987) : trois îlots entièrement mis au jour et un quatrième qui ne l'est que partiellement. Sur une longueur de 25 m, elle sépare l'Îlot des bijoux, riverain à l'Est (**A**) et l'Îlot des bronzes, riverain à l'Ouest (**C**) ; au-delà, après une sorte de barricade qui la ferme d'Est en Ouest (mur élevé sur une couche de décombres de construction et appartenant peut-être, ainsi que d'autres murets obstruant les rues alentour, au système de défense mis en place par Triarius en 69, cf. **69**), elle longe la façade occidentale de l'Îlot de la Maison des comédiens, donc riverain à l'Est (**B**) ; à quelques dizaines de mètres à l'Ouest sont visibles les restes de la Maison des sceaux (**D**) et ceux de la Maison de l'épée (**E**)[54].

A. L'Îlot des bijoux est ainsi nommé de deux ensembles de bijoux qui y ont été découverts (**fig. 35** et p. 142). On y a également trouvé deux mosaïques : celle de Lycurgue et Ambrosia qui provient de l'étage (**fig. 31** et p. 129) et celle d'Athéna et Hermès qui a été enlevée et déposée au Musée (p. 129) ; il ne reste en place que la partie marginale du pavement : un tapis de losanges polychromes, un dauphin à l'ancre (très dégradé) et le cadre de marbre qui entourait la partie la plus richement décorée (il était pourvu à l'angle Sud-Est d'un dispositif d'écoulement ; légèrement inclinée dans cette direction, la partie centrale du pavement formait ainsi une sorte de bassin recueillant les eaux de lavage de la pièce et en facilitant l'évacuation).

53. Ph. BRUNEAU, *BCH* 88 (1964), p. 159-168 ; *CDH*, p. 643-645 ; *BCH* 103 (1979), p. 104-105.

54. L'architecture, la décoration intérieure et les objets mobiliers de l'Îlot de la Maison des comédiens ont été publiés dans un fascicule collectif, *EAD* XXVII (cf. les observations de Chr. LE ROY, *BCH* 98 [1974], p. 388-396). L'architecture de l'Îlot des bijoux, l'Îlot des bronzes et la Maison des sceaux a été publiée par G. SIEBERT, *EAD* XXXVIII. Les mosaïques de tout ce secteur sont publiées dans *EAD* XXIX, p. 151-182, avec commentaires p. 57-59, 73 et 79-82. Cf. aussi pour celles de l'Îlot des bijoux : A.-M. GUIMIER-SORBETS, C. FIORI, M.-D. NENNA, N. TOLLIS, *BCH* 119 (1995), p. 538-563.

Depuis cette salle à mosaïque, obliquer vers le Nord-Est pour déboucher dans une large impasse qui sépare l'Îlot des bijoux de l'Îlot de la Maison des comédiens.

En la descendant vers l'Est on trouve deux portes successives permettant de visiter la terrasse inférieure de l'Îlot des bijoux.

Une des maisons comprend une cour à péristyle d'une architecture remarquable peut-être unique dans le monde grec : des colonnes ioniques de marbre se dressaient sur des piliers de pôros que relie une balustrade du même matériau.

● LATRINES. Si l'on pénètre dans l'Îlot par l'une des deux portes qui viennent d'être mentionnées, on trouve chaque fois, à droite, des latrines donnant une bonne idée de ce qu'étaient ces commodités dans les maisons déliennes. Construit le long de deux ou trois murs d'une petite pièce, un fossé était vraisemblablement couvert de bancs de bois à trous, analogues aux bancs en pierre trouvés dans des latrines, plus tardives, de Corinthe, de Philippes ou d'Éphèse : à l'époque, plusieurs personnes pouvaient occuper les lieux ensemble. Le fossé, en pente légère, se dirigeait vers l'égout de la rue ; c'est pourquoi, pour éviter, à travers la maison, un transit trop long et nauséabond, les latrines étaient presque toujours à l'entrée de la maison. Elles étaient souvent dépourvues de porte.

B. Sur la rive Nord de l'Impasse s'ouvrent deux des portes de l'**Îlot de la Maison des comédiens**, composé de trois demeures construites vers 125 et occupées jusqu'à l'une ou l'autre des catastrophes de 88 ou 69. De toutes les maisons déliennes, celles-ci présentent de beaucoup l'architecture la plus curieuse (**fig. 65**).

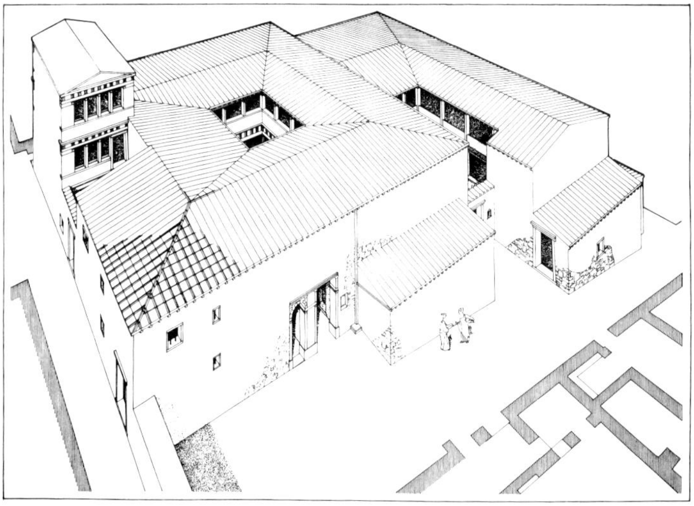

Fig. 65. — L'Îlot de la Maison des comédiens (**59 B**) : perspective restituée, du Sud-Ouest.

La plus occidentale, dite **Maison aux frontons**, comportait une tour à deux étages (larges baies à meneaux surmontées de frontons) d'un genre unique à Délos[55].

La seconde maison, dite **Maison des comédiens**, tire son nom d'un bandeau peint (haut. : 25 cm) qu'on y a trouvé et qui est maintenant conservé au Musée (**fig. 23, 25** et p. 120). Il est divisé en « métopes » dont plusieurs représentent des acteurs (comédie nouvelle ; tragédie : Œdipe et Antigone, semble-t-il, sur une des métopes). — Le péristyle est d'un genre presque unique dans l'architecture privée de Délos : sur un ordre dorique complet de rez-de-chaussée reposait, à l'étage, un attique ionique, à peu près comme à l'Agora des Italiens (**fig. 60**) ; l'ensemble, qui atteint une hauteur d'environ 9 m, est, de façon exceptionnelle, entièrement en marbre. — La partie supérieure des murs intérieurs est en terre crue. — Sur le côté Ouest de la cour, deux petites pièces à mosaïques dont la partie centrale, sans doute historiée, a été enlevée dans l'Antiquité[56]. L'une d'elles est pourvue d'un cadre de marbre à dispositif d'évacuation ayant le même usage que celui de la mosaïque d'Athéna et Hermès à l'Îlot des bijoux (**59 A**).

La troisième maison, dite **Maison des tritons**, à l'Est et en contrebas de la précédente, comporte une cour d'un type inhabituel qui rappelle celle signalée à la terrasse inférieure de l'Îlot des bijoux : sur les côtés Nord et Est, un promenoir couvert était séparé de la cour par un muret supportant des piliers ; au premier étage régnait une autre série de piliers séparés par des parapets.

La plus grande pièce de cette maison, près de l'angle Nord-Est de l'îlot, est pavée d'une mosaïque à deux panneaux : celui de l'Est a été enlevé dans l'Antiquité ; celui de l'Ouest représente, sur un fond noir, une tritonesse blanche et grise qui tient un gouvernail orné d'un ruban violet ; au-dessus d'elle un Éros, également blanc et gris, paraît, de son bras tendu, lui indiquer le chemin (**fig. 30**)[57]. Il est probable que le panneau disparu représentait un triton mâle (d'où le nom donné à cette maison) et que le mosaïste avait dissocié en deux panneaux une composition originellement unitaire figurant la rencontre amoureuse de deux monstres marins. — Le style de cette mosaïque diffère considérablement de celui des autres mosaïques déliennes et se rapproche au contraire de celui des mosaïques de galets du IVe s. : les personnages y sont généralement traités en blanc et gris sur fond noir, avec de rares touches colorées et les monstres marins en sont un des thèmes favoris. Comme la mosaïque ne peut être antérieure à la fin du IIe s., force est d'admettre qu'elle témoigne d'un goût archaïsant analogue à celui qui se manifeste parfois dans la sculpture de l'époque (p. 103).

55. Sur cette tour, voir le rapprochement que Ph. Bruneau, *BCH* 105 (1981), p. 116-118, établit avec une image portuaire tardive.
56. Cf. la note suivante.
57. Plusieurs panneaux historiés ont été, à Délos, enlevés dès l'Antiquité : *EAD* XXIX, p. 100-101.

C. *Revenir à l'Îlot des bijoux ; de l'autre côté de la rue s'étend l'* **Îlot des bronzes** qui tire son nom d'appliques de bronze qu'on y a découvertes (**fig. 34** et p. 141).

L'architecture ne présente pas de particularité notable, si ce n'est, dans l'habitation Ouest de la terrasse inférieure, un œcus à mosaïque ouvert par une large baie à parastades de pôros et, dans la cour, un puits à édicule ionique comme à la Maison du trident (**118**).

D. Au Nord-Ouest de l'Îlot des bronzes, la **Maison des sceaux** doit son nom à une découverte exceptionnelle : près de quinze mille pastilles d'argile portant chacune l'empreinte d'un ou plusieurs sceaux (**fig. 36**, **37**, et p. 143-144). Ces pastilles, cuites dans l'incendie de la maison et conservées pour cette raison, avaient servi à cacheter les rouleaux de papyrus d'un dépôt d'archives qui était situé à l'étage.

À l'Est de la cour, dans l'une des pièces du rez-de-chaussée, un très intéressant moulin à céréales rotatif en pierre volcanique fut découvert disloqué sur le sol ; il constitue à ce jour l'unique exemplaire sur lequel on puisse fonder une restitution de ce type d'appareil et de son mode de fonctionnement.

● LE « MOULIN DÉLIEN »[58]. Ainsi baptisé par les modernes car il était particulièrement répandu dans l'île à l'époque hellénistique, cet appareil immobilier, sans doute mis au point au cours de la première moitié du IIIe s., est à l'heure actuelle le plus ancien type de moulin à céréales obéissant au principe du mouvement rotatif complet qui soit attesté pour la Grèce antique. Il est très original, tant du point de vue de sa conception morphologique que de sa réalisation en pièces détachées (**fig. 66**). Compte tenu de ses capacités de mouture plus

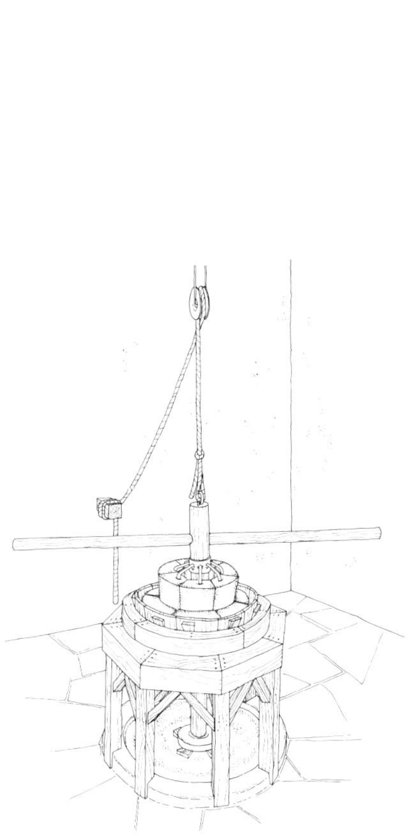

Fig. 66. — Le moulin de la Maison des sceaux : perspective restituée.

58. M. BRUNET, *in* D. GARCIA, D. MEEKS (éds), *Techniques et économie antiques et médiévales* (1997), p. 29-38.

élevées que celles des autres moulins utilisés à même époque, cet appareil équipait vraisemblablement les meuneries et boulangeries artisanales de la ville hellénistique (cf. p. 44), qui se signalent par une interruption du dallage de forme circulaire à l'emplacement qu'occupait l'appareil, analogue à celle constatée dans la Maison des sceaux (cf. plusieurs « boutiques » le long des rues du Quartier du théâtre, **117**).

E. À l'Ouest de la Maison des sceaux, on a dégagé une cour qui ne faisait pas partie de cette dernière, du moins dans sa dernière phase d'occupation. Elle a reçu le nom de cour de la **Maison de l'épée**, en raison de la découverte sur son sol d'une épée probablement abandonnée lors des destructions de 69[59]. On y a aussi trouvé les fragments d'une remarquable peinture murale représentant une guirlande végétale suspendue aux chapiteaux d'une colonnade corinthienne (p. 119 et **fig. 24**). L'épée et la peinture sont actuellement exposées au Musée.

60. *Plus à l'Ouest, on peut gagner par un sentier montant la* **Maison de la colline**[60], remarquable seulement par la conservation de ses murs (jusqu'à une hauteur de 4,50 m) et l'ordonnance symétrique du plan. Noter l'abondance des fenêtres et voir les deux étroites ruelles qui passent à l'Ouest et au Sud de la maison.

Face à l'entrée de cette maison, l'entrée d'une autre demeure non fouillée portait, en plusieurs couches superposées, un ensemble important de peintures des Compétaliastes (p. 122-123 et **fig. 27**). Les thèmes sont très divers : offrandes, boxeurs, cavaliers, Héraclès, etc.[61].

Revenir à l'angle Nord-Ouest de l'Établissement des Poseidoniastes.

61. *Descendre la rue qui longe le côté Nord de l'Établissement et le côté Sud de l'Îlot des bijoux ; à la hauteur de l'angle Nord-Est de l'Établissement, sur la gauche, un seuil de marbre blanc signale l'entrée de la* **Maison du Diadumène**[62].

Elle est intéressante à plusieurs égards :

— par la découverte de trois grandes statues aujourd'hui au Musée National d'Athènes : une Artémis, un athlète (p. 109), une réplique du Diadumène de Polyclète[63] (p. 104 et **fig. 14**) ;

59. *BCH* 111 (1987), p. 629-644 ; 112 (1988), p. 768-778.
60. J. Chamonard, *EAD* VIII, p. 411-416.
61. U. Bezerra de Meneses, H. Sarian, *ÉD*, p. 77-109 (avec correction de détail dans *BCH* 99 [1975], p. 292).
62. J. Chamonard, *EAD* VIII, p. 426-431.
63. *SD*, n°s 31, 45, 86, 97.

— par le tambour de colonne (côté Est du péristyle) où est ébauchée une scène sculptée (**fig. 67**)[64]. La découverte d'autres sculptures inachevées laisse supposer la présence d'un atelier installé dans la maison pour la réalisation d'une commande[65] ;

— par les dimensions exceptionnelles de l'édifice (36 x 26 m) qui ont fait parfois proposer d'y voir autre chose qu'une demeure privée : un établissement comme celui des Poseidoniastes ou une palestre privée comme y invite la découverte d'une base inscrite (*ID* 1946), datée du paidotribat de Staséas et Sôtadès ;

— par le système hydraulique : la citerne (autrefois couverte d'une mosaïque, aujourd'hui partiellement détruite, en éclats de pierres de couleurs) est alimentée par un canal provenant d'un bassin de décantation situé au Sud-Est de la cour ; à l'Ouest de la citerne et sans communication avec elle, un puits est aménagé qui se présente, exceptionnellement, comme une chambre rectangulaire.

Ressortir par la même porte.

62. *Continuer à descendre la rue qui se prolonge en un sentier bordé à gauche (Nord) par un* portique de trois colonnes en marbre bleuté (il doit s'agir d'une rue à colonnes : cf. **82●**).

● LA VOIRIE DÉLIENNE[66]. La rue que le visiteur vient de descendre est une des premières rues de quartier qu'il rencontre ; c'est l'occasion d'indiquer quelques caractères de la voirie délienne. Les rues sont généralement étroites : celle qu'on vient de parcourir est de dimensions habituelles et les plus larges ne dépassent pas 5 m ; seuls pouvaient donc y circuler piétons et bêtes de somme à l'exclusion de tout véhicule. — Le tracé, comme on le lira dans un instant (ci-dessous ● ●), semble avoir été normalement rectiligne dans les quartiers neufs et n'être tortueux que dans la vieille ville, ce que nous appelons le Quartier du théâtre (**117**). — Hormis dans quelques voies commerçantes bordées de magasins (cf. **117** et **121.1**),

Fig. 67. — Tambour de colonne décoré de la Maison du Diadumène.

64. J. MARCADÉ, *MD*, p. 103-104. — On a proposé hypothétiquement de comparer avec le genre, rendu célèbre par l'Artémision d'Éphèse, des *columnae caelatae* où le tambour inférieur porte un décor sculpté.
65. Ph. JOCKEY, *in* Y. MANIATIS, N. HERZ, Y. BASIAKOS (éds), *The Study of Marble and other Stones Used in Antiquity, ASMOSIA* III (1995), p. 88-89.
66. Cf., d'une façon générale, J. CHAMONARD, *EAD* VIII, p. 75-92.

les maisons riveraines, en raison de leur plan centripète, ne présentaient du côté de la rue que des murs aveugles, du moins au rez-de-chaussée (p. 72) ; c'est le cas de la rue qu'on vient de parcourir. Parfois, l'étage, soutenu par des colonnes (**82** ●), empiétait sur la voie publique.

La plupart des rues sont parcourues d'un égout analogue à celui qu'on a vu en descendant la rue de la Maison du Diadumène : un caniveau où se déversaient les eaux usées des maisons était couvert de plaques de gneiss. Au-dessus on étendait une couche de terre battue qui formait la chaussée ; seules, en effet, étaient dallées quelques voies très importantes par leur situation ou leur activité commerciale (cf. **117** et **121.1**). À cet égard, la fouille a créé des situations trompeuses : on a généralement ôté la chaussée de terre en sorte que les dalles d'égout sont maintenant visibles ; s'il en eût été ainsi dans l'Antiquité, la marche eût été malaisée et la puanteur des égouts se fût librement répandue.

Il est difficile de se représenter exactement l'aspect ancien des rues : l'extrême rareté des niches susceptibles de recevoir des lampes indique qu'elles n'étaient pas éclairées la nuit ; on ne peut archéologiquement établir qu'y poussaient, comme dans les villages de la Grèce moderne, des vignes ou d'autres plantes[67], mais il est certain qu'elles étaient sales et servaient de dépotoir : non seulement l'épigraphie atteste qu'on jetait des ordures dans les lieux publics[68], mais l'exhaussement de certaines chaussées en témoigne spectaculairement (la fouille stratigraphique a montré qu'on avait dû refaire plus de dix fois la chaussée de l'impasse séparant les Îlots des bijoux et de la Maison des comédiens, **59 A** et **C**).

Les peintures des Compétaliastes s'étendaient sur les murs extérieurs des maisons et sur des autels construits dans les rues (p. 122-123 ; **60** et **fig. 27** ; 79, 1° et **fig. 73**).

●● L'URBANISATION DU QUARTIER NORD. Le quartier résidentiel, dit « Quartier Nord » ou « de Skardhana », qu'on vient de parcourir présente des traits qui l'opposent au Quartier Sud, dit « du théâtre » qu'on visitera plus loin (**117**)[69] : au lieu du réseau tortueux de ruelles étroites et de largeur variable qu'on rencontrera là, ici les rues sont beaucoup plus larges, rectilignes et tracées à angle droit selon deux axes Nord-Sud et Est-Ouest. Ces différences morphologiques sont imputables à l'histoire du développement urbain de Délos : le Quartier du théâtre est le quartier vieux et, comme dans beaucoup de petites villes anciennes, s'est bâti anarchiquement ; au contraire, dans les quartiers neufs dont la construction est consécutive à l'afflux massif d'une nombreuse population étrangère, on s'est préoccupé de diriger l'urbanisation en inscrivant les îlots dans une trame de rues plus larges et tracées à angle droit selon l'usage habituel dans l'urbanisme grec antique.

67. Ph. BRUNEAU, *BCH* 105 (1981), p. 118-125.

68. Ph. BRUNEAU, *ÉD*, p. 133-135.

69. Ph. BRUNEAU, *BCH* 92 (1968), p. 659-671, et, sur l'extension des parties non fouillées de la ville, la fig. 1 en face de la p. 640.

Le Quartier Nord est le seul des quartiers neufs qui soit aujourd'hui assez largement, quoique partiellement, fouillé, mais le plan rectangulaire se retrouve dans le secteur de la Maison des dauphins et de la Maison des masques (**111** et **112**) et se devine aussi, d'après la direction des murs visibles à ras de sol, dans les quartiers d'habitation non fouillés qui s'étendaient à l'Est et au Sud de ces deux maisons ainsi qu'à l'Est du Musée.

63. À droite s'étend un ensemble de constructions dont l'angle Nord-Est est occupé par un **abaton triangulaire** (cf. **34** et **71**) et l'angle Sud-Est par un **autel** de marbre bleu du IIIe s.[70]. Ces deux monuments se sont trouvés englobés dans un quartier qui leur est postérieur.

64. *La rue vient buter contre une construction semi-circulaire ; immédiatement à gauche la* **Maison du lac**[71]. Sur la face Ouest de l'angle Sud-Ouest, plus haut que hauteur d'homme, un bloc de granit porte en relief le bouclier entre les deux bonnets coniques (*piloi*), symbole des Dioscures ; il s'agit d'un *apotropaion* (58 ●).

Entrer dans la maison : péristyle à colonnes monolithes ioniques de marbre gris-bleu ; mosaïque très simple (rosace en couleurs) de l'impluvium.

On a trouvé là un relief archaïsant d'époque hellénistique (**fig. 68** et cf. p. 103) et une statue féminine aujourd'hui conservée au Musée National d'Athènes.

Fig. 68. — Relief archaïsant de la Maison du lac.

70. R. Vallois, *AHHD* I, p. 69.

71. J. Chamonard, *EAD* VIII, p. 417-425. Porte Est : Chr. Llinas, *ÉD*, p. 291-328. Décor mural : *BCH* 99 (1975), p. 289-291. Décor sculpté : *SD*, nos 34, 71 et 82.

Le mur d'une des pièces portait un graffite aujourd'hui disparu ; le texte, en vers, semble exprimer la nostalgie d'un esclave originaire d'Antioche-du-Méandre : « Voici la terre d'Antioche avec ses figues et son eau abondante. Méandre Sauveur, sois secourable et donne de l'eau »[72].

Sortir de la maison par la porte Ouest du péristyle et tourner à droite.

Noter à droite une porte de la même maison et immédiatement à l'entrée, l'ouverture, prise dans le mur (encadrement de marbre blanc), d'un puits.

Continuer à longer la maison sur ses faces Ouest puis Nord.

À l'angle Nord-Est, face Est, un bloc de granit assez bas porte un phallus en relief, et un autre bloc, presque au-dessus, la massue d'Héraklès. Ces deux signes servaient également d'*apotropaia* (**58** ●).

On est alors face à l'entrée de la Palestre de granit.

65. *Sur la gauche, un escalier de quelques marches permettrait d'accéder à une voie surélevée qui longe la Palestre et vient buter contre un tronçon du Mur de Triarius* (**69**) ; *en haut de l'escalier, à gauche, un sentier conduit à la maison dite* **Maison de Skardhana** en raison de sa position isolée sur la plage de ce nom (cour à deux colonnes où se trouve un bloc de granit portant un phallus apotropaïque en relief, cf. **58** ●) ; cette maison semble avoir constitué l'aboutissement septentrional du Mur de Triarius. — *On revient à l'escalier par le même sentier.*

66. On entre dans la **Palestre de granit**[73] ainsi nommée en raison de l'emploi, d'ailleurs assez restreint, qui y est fait de ce matériau.

Histoire. La Palestre de granit a été construite vers le milieu du IIe s. sur l'emplacement d'un édifice plus ancien. En 69 elle fut incluse dans le Mur de Triarius (**69**). Sur son histoire ultérieure, on possède peu d'indices (ex. : le four de la salle S).

Description (**fig. 69**). Par un vestibule A que longe à gauche un départ d'escalier *a* en granit menant à l'étage, on accède à une grande cour centrale à péristyle, dont le milieu est partiellement occupé par un réservoir mixte (quatre compartiments communiquant entre eux ; celui du Sud-Ouest conserve un arc de pôros supportant un muret de gneiss sur lequel reposait le dallage aujourd'hui effondré).

72. A. Séveryns, *BCH* 51 (1927), p. 234-238.

73. J. Delorme, *EAD* XXV, p. 1-73. — Cf. Ph. Bruneau, *BCH* 102 (1978), p. 151-152.

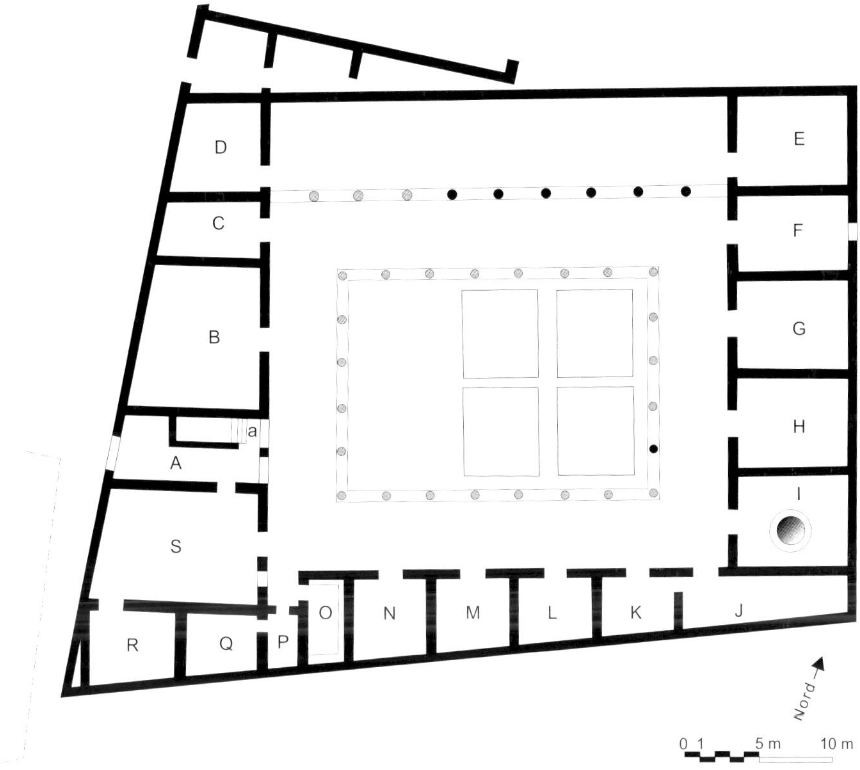

Fig. 69. — La Palestre de granit : plan.

Le péristyle comportait sur les côtés Nord et Sud huit colonnes et sur les côtés Est et Ouest six colonnes de granit à chapiteaux de marbre. Il était sensiblement plus élevé que les promenoirs qui l'entouraient ; on y accédait sans doute par des marches aujourd'hui disparues. Le portique Nord comportait une seconde colonnade, intérieure, à neuf colonnes de granit avec chapiteaux de granit. Ces colonnades avaient leur correspondant à l'étage, mais la restitution en est hypothétique ; le tambour de colonne et le chapiteau ioniques en marbre actuellement dressés dans la colonnade intérieure du Nord doivent provenir d'une exèdre de l'étage.

Sauf du côté Nord (en raison de son double portique) la cour était entourée de pièces dont il est difficile de préciser la destination.

Fig. 70. — Tête en bronze trouvée à la Palestre de granit, Athènes MN 14612.

Voir en F une porte, bouchée ensuite par le Mur de Triarius, puis rouverte lors des fouilles et qui donnait accès à un espace limité par le mur de soutènement de l'Hippodrome (75). Les pièces du Sud-Ouest sont les plus intéressantes : O, latrines, dont le pavement en tuileaux est entouré sur trois côtés d'un caniveau ; en N, un sondage a permis de découvrir un dallage appartenant à un édifice plus ancien ; en S, belle porte à cintre, baie à encorbellement et four qui semble postérieur à l'époque où la palestre était en usage. C'est ici qu'on a mis au jour la tête en bronze conservée au Musée National d'Athènes[74] (**fig. 70** et cf. p. 110). — De la Palestre proviennent plusieurs fragments de frises peintes (**fig. 26** et cf. p. 120).

On ressort de la Palestre par A ; tourner à gauche (en longeant la Palestre à gauche et la Maison du lac à droite). En arrivant à l'angle Sud-Ouest de la Palestre, noter à gauche la qualité de son mur extérieur Sud (appareil dit « pseudo-isodome »).

67. On est alors face au mur Nord d'un édifice gymnique dit, par convention, **Palestre du lac**[75].

HISTOIRE. L'édifice peut être identifié avec le gymnase attesté dans les inscriptions déliennes à partir du IIIe s. et probablement transformé vers 130, avant d'être abandonné au profit du Gymnase (**76**), au début du Ier s. Son mobilier au début de l'époque athénienne est bien connu par plusieurs inventaires (le mieux conservé se trouve en *ID* 1417)[76].

74. *SD*, n° 100.

75. J. DELORME, *EAD* XXV, p. 77-153, et (frise peinte) *Pallas* (1964), p. 19-47 ; J.-Ch. MORETTI, *BCH* 120 (1996), p. 617-638 (identification du monument) ; 122 (1998), p. 201-212 (graffites).

76. J.-Ch. MORETTI, *BCH* 121 (1997), p. 125-151. Ces inventaires ont été commentés par plusieurs chercheurs qui identifiaient le monument inventorié avec le Gymnase (**76**) : J. AUDIAT, *BCH* 54 (1930), p. 95-130 ; G. ROUX, *BCH* 104 (1980), p. 134-149 ; J. DELORME, *BCH* 106 (1982), p. 53-73 ; J. TRÉHEUX, *BCH* 111 (1987), p. 583-589 ; Ph. BRUNEAU, *BCH* 114 (1990), p. 576-581 ; F. SALVIAT, *in* M.-Cl. AMOURETTI, P. VILLARD (éds), *Eukrata, Mélanges offerts à Cl. Vatin* (1994), p. 189-200.

DESCRIPTION. Le monument est très ruiné et il n'est pas possible de le décrire ici en détail. Il comporte essentiellement une cour centrale à citerne entourée sur trois côtés d'une rangée et sur le côté Nord d'une double rangée de pièces.

On notera simplement :

— sur le côté Est (le mieux préservé, parce qu'ici le mur a été intégré au Mur de Triarius, **69**) en partant du Nord, une salle de bains pavée en tuileaux, puis deux exèdres dont le mur est percé de niches servant à l'exposition d'offrandes ; à la base de la niche la plus septentrionale est encastrée une pièce de marbre portant une dédicace faite à Hermès par Eurymanthès (personnage connu par ailleurs) après une victoire à la course au flambeau (premier quart du IIIe s.) ; à droite de la niche la plus méridionale est insérée dans le mur une inscription en l'honneur d'un gymnasiarque, Pausanias (158/7) précisant qu'elle devait être exposée « dans le gymnase »[77]. Dans l'exèdre suivante, au Sud, on a trouvé les fragments d'une frise peinte représentant une course de Victoires en char (cf. p. 120) ;

— sur le côté Ouest, également en partant du Nord : une demi-rotonde à l'angle Nord-Ouest ; presque à l'angle Sud-Ouest, les latrines dont la mosaïque à tuileaux porte des traces vertes de bronze fondu (fusion d'objets en bronze lors de l'incendie qui ruina le bâtiment ? ou plutôt traces laissées par un atelier de fondeur installé là après l'abandon partiel de Délos).

68. *On continue à marcher vers le Sud dans la direction du Lac dont on a bientôt à droite le mur de clôture moderne ; on le longe en laissant à gauche une belle rue droite et dallée qui dessert un quartier presque complètement arasé*[78]*, où l'on a repéré des alignements d'amphores*[79]*. Puis on abandonne le Lac ; tout près de l'angle Nord-Est de l'Agora des Italiens,* on rencontre un intéressant ensemble archaïque composé d'un **autel** (dit à tort d'Apollon Génétôr) et d'un **petit temple** attenant (dit à tort « Temple d'Anios »)[80].

L'autel est situé à l'Ouest du temple.

Il est fait d'un marbre à veines rosées ; il présentait un décor de bandeaux comme l'autel situé à l'Ouest du Prytanée (**23 B**). Un fragment de mouluration lesbique, qui lui appartient sans doute, permet de le dater de la fin du VIe s.

77. J. TRÉHEUX (†), P. CHARNEUX, *BCH* 121 (1997), p. 153-173.

78. *BCH* 45 (1921), p. 532-533 et 50 (1926), p. 568. — Sur l'arasement du quartier, cf. la fin de **69**.

79. *BCH* 107 (1983), p. 882-886 ; H. DUCHÊNE, Ph. FRAISSE, *EAD* XXXIX, p. 128.

80. R. VALLOIS, *BCH* 53 (1929), p. 193-205 ; *BCH* 71-72 (1947-1948), p. 408 ; Ph. BRUNEAU, *BCH* 114 (1990), p. 575.

R. Vallois a d'abord voulu y voir l'autel d'Apollon Génétôr (le seul, selon Aristote, où Pythagore consentit à sacrifier, parce qu'on n'y faisait que des offrandes non sanglantes) ; mais c'est impossible pour plusieurs raisons, et il y a ensuite renoncé. Cet autel demeure donc anonyme, et celui d'Apollon Génétôr, introuvable[81].

Le temple est très petit (3,68 x 2,54 m), mais très soigné.

C'est un édifice *in antis* orienté vers le Sud. Les murs sont à deux parements de marbre. La couverture est assez bien conservée. Elle était constituée sur chaque versant du toit de trois grandes dalles tenant lieu à la fois de tuiles (faux couvre-joints en relief), de caissons (face inférieure grossièrement évidée), de corniche, et, pour les rampants, de sima. Les blocs conservés ne semblent pas antérieurs au IIIe s., tandis que le naos lui-même est certainement archaïque. En effet, le fait que les assises inférieures du naos sont incomplètement parées à l'Ouest pourrait donner à penser que le temple est postérieur à l'autel ; mais le mode de jonction des deux murs Nord tendrait à prouver l'inverse : la solution la plus simple est donc que les monuments soient contemporains.

R. Vallois considérait le temple comme celui d'Anios. L'identification, absolument assurée, de l'Archégésion (74) ruine cette hypothèse.

69. *En poursuivant dans la même direction, on a bientôt, à droite, les magasins qui bordent à l'extérieur l'aile Est de l'Agora des Italiens, et à gauche* des vestiges assez bien conservés (haut. : 2,50 m) du **Mur de Triarius**[82], édifié en 69 par le légat romain Triarius pour protéger d'une nouvelle attaque Délos qui venait d'être ravagée par le pirate Athénodôros.

L'existence du mur de Triarius était depuis longtemps connue par un passage de Phlégon de Tralles, historien du IIe s. ap. J.-C. : « Le pirate Athénodôros, après avoir emmené les Déliens comme esclaves, détruisit les statues de ceux qu'on nomme les dieux ; le légat Caius Triarius releva les ruines de la ville et entoura Délos d'un rempart » ; Triarius était alors légat de Lucullus.

Les fouilles ont mis au jour d'une part quatre inscriptions (*ID* 1855-1858) qui confirment le témoignage de Phlégon, d'autre part plusieurs tronçons du mur. Il partait de la maison de Skardhana (65), sans doute alors très proche de la mer, butait contre la Palestre de granit qui formait bastion et caserne, puis suivait une direction Nord-Sud le long de la Palestre du Lac, du Lac et de l'Agora des Italiens (cf. 72). Il devait passer ensuite à l'Est du Sanctuaire d'Apollon. On retrouve un tronçon en haut de la colline où s'adosse la Maison de l'Hermès

81. Sur l'autel d'Apollon Génétôr, cf. Ph. BRUNEAU, *CDH*, p. 161-164.
82. P. ROUSSEL, *DCA*, p. 331-333 ; F. DURRBACH, *Choix*, p. 248-249 ; J. DELORME, *BCH* 73 (1949), p. 562-565 et 74 (1950), p. 364-367 ; Ph. BRUNEAU, *BCH* 92 (1968), p. 674 et 685-686 ; 99 (1975), p. 280. — Pour la partie Nord-Est : J. DELORME, *EAD* XXV, p. 151-152.

(**89**), puis au Sud du Quartier du théâtre, et on le suit jusqu'au rivage où il est bien visible (**122**). Le Quartier du stade, celui de l'Inopos, le Cynthe, les magasins du port étaient en dehors de l'enceinte qui semble avoir été destinée à prévenir non un débarquement peu probable par le port sacré, mais une incursion par l'Est. — Le Mur ne semble pas s'être prolongé à l'Ouest de la Maison de Skardhana. De ce côté, la défense paraît avoir consisté à fermer les rues par un des murs de barricade déjà signalés (**59**) ; ainsi reliés par ces barricades, les hauts murs des îlots devaient former un rempart suffisant.

Les statues, inscriptions et éléments d'architecture qu'on a trouvés remployés dans le Mur montrent que, pour le construire, on avait utilisé tout ce qu'on avait sous la main. Certains de ces marbres proviennent de monuments saccagés. Mais le Mur n'avait de valeur défensive que si ses abords extérieurs étaient rasés (laissées intactes, les constructions proches du Mur auraient, en effet, été pour les assaillants des ouvrages d'approche tout trouvés) ; c'est donc à Triarius qu'est imputable la destruction systématique des bâtiments voisins de son enceinte, ce qui est bien observable au Sanctuaire du bastion (72).

70. *Un peu plus loin à gauche,* le long du Mur de Triarius, on rencontre une fondation de granit, épaisse de 1,50 m environ ; sa longueur totale était d'environ 14,30 m ; la largeur, inconnue, dépassait 5,90 m. Il est fort douteux qu'il s'agisse, comme le pensait R. Vallois, de l'« Autel de Dionysos » connu par les inscriptions[83].

71. *Juste avant l'extrémité méridionale du tronçon du Mur de Triarius que l'on longe, le chemin se rétrécit ; à droite,* un **Abaton triangulaire**[84] analogue à l'abaton **63**.

72. *En contournant le Mur de Triarius,* on découvre, adossé à sa face Est, le **Sanctuaire du bastion**[85] ainsi nommé parce qu'on ignore à quelle divinité il était consacré et qu'on l'a découvert dans un bastion du Mur de Triarius. Il paraît dater de la fin du IIe s.

Il consiste en une vaste cour trapézoïdale ; la majeure partie des murs est rasée, conséquence probable des travaux de fortification de Triarius (cf. **69**). Seul est conservé en élévation, parce qu'englobé dans le Mur de Triarius, le temple, dorique tétrastyle prostyle, construit dans la partie Ouest du sanctuaire. Les murs sont en gneiss et stuqués ; le fond de la cella est occupé par une base de marbre bleu qui portait la statue de culte ; on en a découvert un fragment, dont un moulage a été placé sur la base. Il semble s'agir d'une déesse et on a proposé hypothétiquement d'attribuer le sanctuaire à Artémis Sôteira ou à Aphrodite. En avant du temple, se trouve un grand autel rectangulaire.

83. Cf. Ph. Bruneau, *CDH*, p. 304-308. *Contra* : Rol. Étienne, *in* Rol. Étienne, M.-Th. Le Dinahet, M. Yon (éds), *Architecture et poésie, hommage à G. Roux* (1989), p. 49-50.

84. Ét. Lapalus, *EAD* XIX, p. 105.

85. *BCH* 49 (1925), p. 466-469 et 50 (1926), p. 568 ; Ph. Bruneau, *CDH*, p. 328-329 ; F. Pesando, *Ostraka* 2 (1993), p. 105-115.

Quand on se trouve devant l'abaton **71**, *on est aussi tout près de l'angle Nord-Est du Sanctuaire d'Apollon. Le touriste pressé prendra la « Rue de l'Est » qu'il a maintenant juste devant lui, en direction du Présentoir de monuments chorégiques (reconnaissable à deux phallus dressés en marbre blanc) et se reportera aux paragraphes* **81** *et suivants.*

Mais le visiteur disposant de plus de temps pourra auparavant explorer le Quartier du stade (**73-80**).

Dépliant IV : Le Quartier du stade

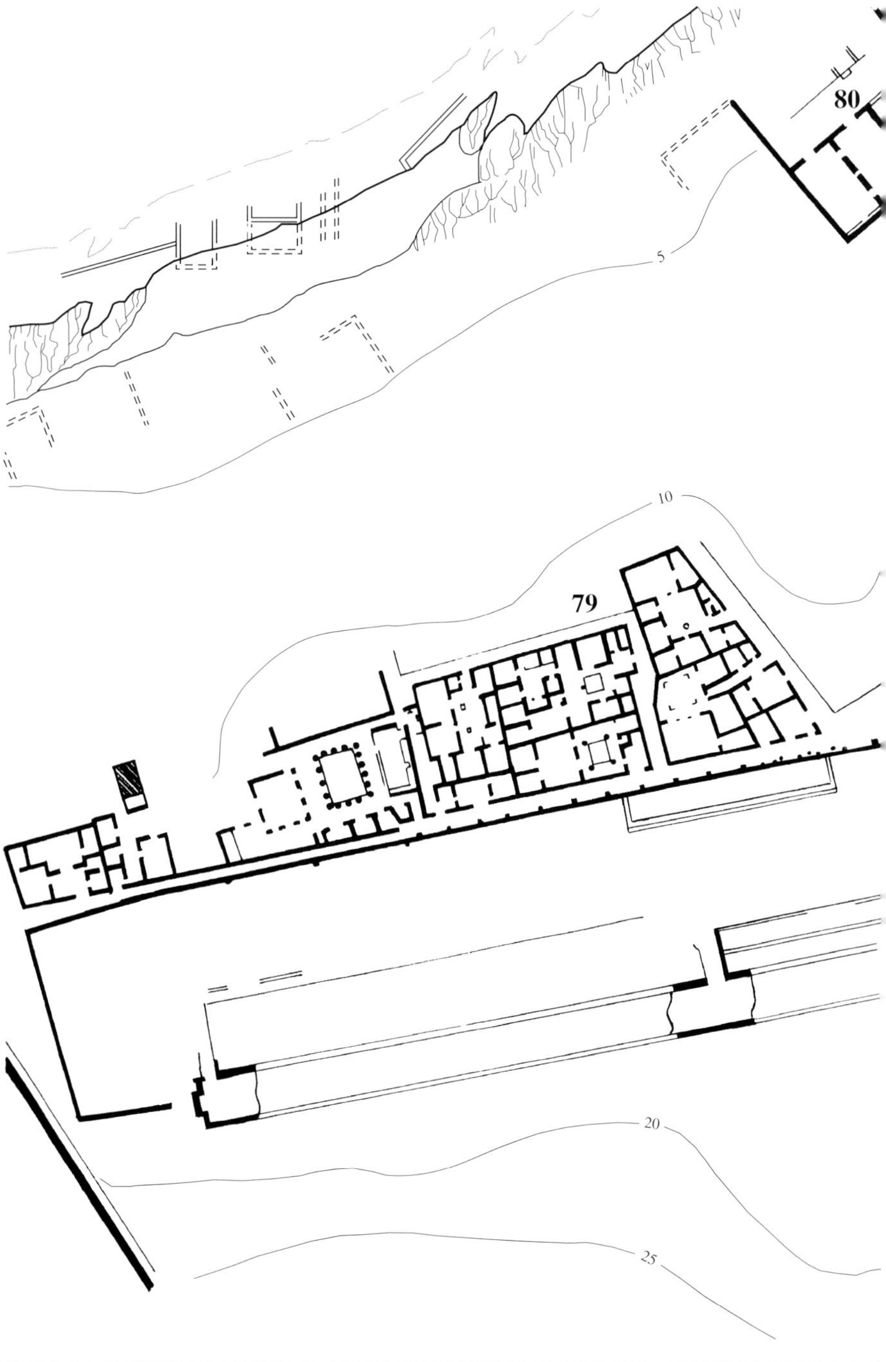
80
5
10
79
20
25

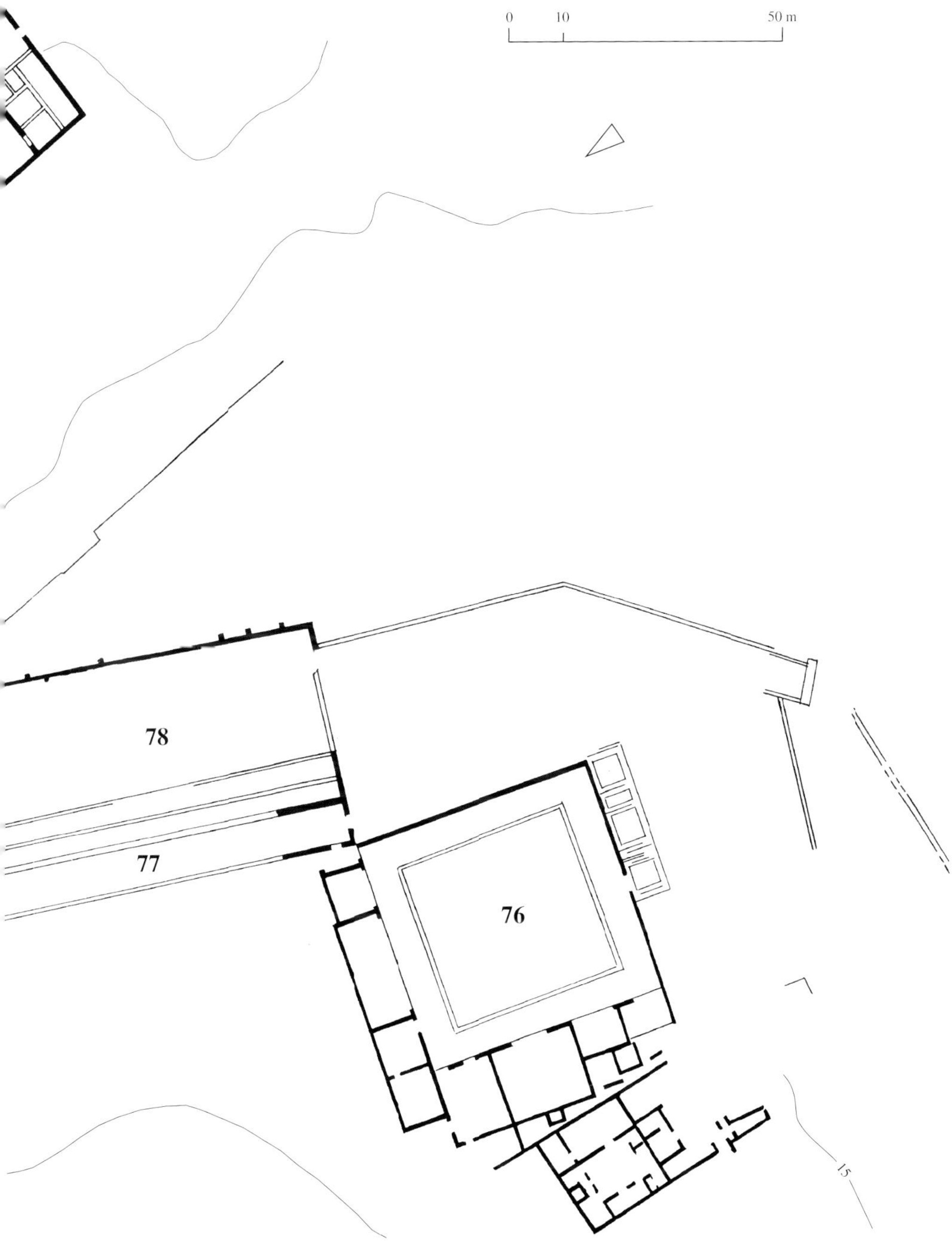
0
10
50 m
78
77
76
15

LE QUARTIER DU STADE

Dépliant IV

Pour gagner ce quartier, distant d'environ 500 m, prendre le chemin qui passe au Nord du Pavillon du Tourisme, en contrebas. À cet endroit, à gauche, un édifice avec un large seuil et une grande cour peut être un édifice public[1]. *En continuant le chemin vers le Nord-Est, on a bientôt à droite la croupe rocheuse de Plakès.*

73. Au pied de cette croupe et un peu au-dessus du chemin, on a retrouvé les fondations très ruinées (en granit) de deux édifices anonymes dits « **Temples Replat** » du nom de leur inventeur, Joseph Replat, conducteur des travaux de l'École française, devenu à force d'expérience un archéologue averti. Le plus grand, au Nord-Est, avait une colonnade axiale[2].

74. Un peu au-delà, sur la gauche, environ à mi-chemin entre le Sanctuaire d'Apollon et le Gymnase (**76**), se trouve un ensemble de constructions qui constituent l'**Archégésion**[3] ou sanctuaire de l'Archégète. Cet Archégète, c'est-à-dire le fondateur mythique de la cité délienne, s'appelait Anios. Il était adoré comme un héros et son culte était réservé aux seuls habitants de l'île, comme l'indiquent, s'ils proviennent effectivement du sanctuaire, deux linteaux du Ve s. portant une inscription interdisant à tout étranger d'y pénétrer (cf. p. 52).

On distingue deux groupes de constructions. Un ensemble de trois bâtiments, séparés en petites salles, s'étend du Nord au Sud ; ils correspondent aux *oikoi* mentionnés par les inscriptions et servaient probablement de salles de banquets. L'*oikos* central, construit dans la première moitié du VIe s., est surtout intéressant pour son mur Est, qui constitue un bel exemple d'appareil archaïque délien.

Vers le Nord et à l'Ouest des *oikoi* se trouve une sorte de cour dallée qui représente le sanctuaire proprement dit. Un mur, aujourd'hui en partie caché sous le dallage, dessine à l'intérieur un carré plus petit. L'état actuel (dallage en gneiss, avec murette intérieure en marbre suivant en gros le tracé du mur sous-jacent), date d'une réfection hellénistique ;

1. *BCH* 50 (1926), p. 568 ; J.-Ch. Moretti, *BCH* 120 (1996), p. 632.
2. R. Vallois, *AHHD* I, p. 76 et 123.
3. F. Robert, *RA* XLI (1953), p. 8-40 ; *BCH* 86 (1962), p. 959-963 ; 87 (1963), p. 862-865 ; 121 (1997), p. 785-789. Sur le culte de l'Archégète Anios : Ph. Bruneau, *CDH*, p. 413-430. Sur les inscriptions interdisant l'entrée des étrangers : P. Butz, *BCH* 118 (1994), p. 69-98. Sur les monnaies trouvées dans le sanctuaire : A. Destrooper-Georgiadès, *BCH* 125 (2001), p. 145-174. Fr. Prost prépare la publication du sanctuaire.

le mur d'enceinte, en moellons régulièrement appareillés, remonte au Ve s., et on a retrouvé sous le dallage des vestiges de l'état archaïque. Aux VIe et Ve s., le sanctuaire semble avoir eu la forme de quatre portiques entourant le carré intérieur où se trouvait l'autel de cendre, *eschara*. Ce n'est que tardivement (Ier s. ap. J.-C.) que le tas de cendres produit par les sacrifices successifs a été délimité par le mur circulaire très grossier qu'on voit aujourd'hui. On notera aussi le puits, peut-être archaïque, et, près de lui, une fondation carrée d'interprétation discutée. La porte est à l'Est.

À l'Archégésion ont été trouvés un très beau *kouros* (A 3990 : p. 92 et **fig. 11**) ainsi que de nombreux tessons et vases inscrits (*ID* 35) qui ont permis l'identification du possesseur du sanctuaire. Sa fondation, au début du VIe s., correspond sans aucun doute à la prise de conscience et à l'affirmation de son identité par la cité de Délos (à rapprocher de l'Édifice Δ, **21**, avec la colonne portant une dédicace à Athéna Polias).

Sans rapport avec le sanctuaire, des tombes situées près du coin Sud-Est des *oikoi* provient une riche moisson de vases corinthiens et cycladiques de la fin du VIIe et du début du VIe s. Au Sud du sanctuaire, on remarque les fondations de plusieurs pièces, qui ont sans doute servi d'habitation à l'époque hellénistique d'après le matériel découvert. Elles sont intéressantes pour l'histoire de la région.

75. Entre l'Archégésion et la Palestre de granit (**66**) s'étend une très vaste esplanade, limitée à l'Ouest par un puissant mur de soutènement (blocs de granit énormes et non équarris). Comme les fouilles n'ont jamais mis au jour dans cette région de ruine importante, on suppose que cet espace correspond à un **Hippodrome** dont l'existence est épigraphiquement attestée à Délos ; il fut « créé probablement en 426 : l'on y courait avec des chevaux et des chars ; les terrains étaient loués dans l'intervalle des fêtes comme pâturages »[4]. — À l'Ouest du mur de soutènement (dans le champ qui s'étend à l'Est de la Palestre du Lac, **67**) se trouve un édifice[5] de destination obscure avec cour centrale et promenoir (noter un panneau de mosaïque portant une dédicace mutilée à [Apoll]on ou [Poseid]on).

● LES « JARDINS » DE DÉLOS. Dans les inventaires du début de l'époque athénienne, certains domaines agricoles d'Apollon sont désignés sous le nom de *kèpos*, parmi lesquels « un jardin auparavant rattaché à l'Hippodrome ». Trois autres de ces *kèpoi*, respectivement situés « près du Létoon » (**53**), « près de la palestre » et « près du Néorion » (c'est-à-dire le Monument des taureaux, **24**), sont également localisables dans la même zone, à l'Est et au Nord-Est du Sanctuaire d'Apollon et donc en lisière de l'agglomération urbaine de la fin de l'Indépendance, une région qui se caractérise par la présence d'une nappe phréatique importante utilisable pour des cultures irriguées. C'est en effet ce critère de l'irrigation (dont ne rend compte qu'imparfaitement la traduction de *kèpos* par « jardin »), qui fonde

4. *BCH* 45 (1921), p. 531-532. Cf. Ph. BRUNEAU, *BCH* 119 (1995), p. 35-41.
5. Signalé dans *BCH* 61 (1937), p. 472.

la répartition des exploitations agricoles déliennes en deux catégories : *kèpos* pour la culture d'espèces maraîchères et d'arbres nécessitant de l'eau ; *chôrion* majoritairement voué à la culture sèche des céréales. Les bassins-réservoirs et les puits repérés dans la campagne font penser que de nombreux autres *kèpoi*, sacrés ou privés, étaient disséminés dans le territoire (cf. p. 81) ; mais l'urbanisation massive de la seconde moitié du IIe s. fit disparaître ceux qui se trouvaient à proximité immédiate de la ville[6].

76. En reprenant le chemin dans la même direction, on rencontre à gauche les ruines imposantes du **Gymnase**[7].

HISTOIRE. Délos possédait dès la première moitié du IIIe s. un gymnase dont on a reconnu les vestiges dans la Palestre du lac (**67**). Au début du Ier s. un nouvel édifice, plus vaste, fut mis en chantier à proximité du stade, qui lui préexistait. C'est ce monument auquel les chercheurs modernes ont attribué le nom de « Gymnase », pensant qu'il fallait l'identifier avec le *gymnasion* mentionné dans les inscriptions entre le milieu du IIIe et le milieu du IIe s. L'écart chronologique séparant les mentions épigraphiques du *gymnasion* et la construction de **76**, tout autant que la découverte dans **67** d'une stèle en place qui devait être érigée en 157/6 dans le *gymnasion* ont condamné cette identification.

DESCRIPTION (**fig. 71**). Par le Propylée J (K et M sont des exèdres extérieures), on pénètre dans une cour carrée (31,75 x 31,80 m) entourée de quatre portiques (**fig. 72**) ; le long du péristyle, se trouvait un caniveau de marbre (bassins de décantation aux angles). Le péristyle était ionique (treize colonnes non cannelées par côté). Les portiques Est et Sud ne desservaient aucune pièce. Les salles nécessaires à la vie du gymnase sont groupées à l'Ouest et au Nord.

Ouest : I est ruinée. — H, exèdre ionique. — G s'ouvre par une porte à trois arcs de marbre bleu d'un type qu'on retrouve dans d'autres édifices de Délos, mais le remontage moderne, sans les bases et les chapiteaux, non conservés, ne restitue pas exactement la physionomie antique de la porte[8] ; au fond, niche ionique qui contenait une statue de Sarapion de Naples élevée en 94/93 (inscription *ID* 1931) et dont l'encadrement monumental,

6. Ph. BRUNEAU, *BCH* 103 (1979), p. 89-99 ; voir aussi M. BRUNET, *in* J.-P. BRUN, Ph. JOCKEY (éds), *Techniques et sociétés en Méditerranée* (2001), p. 157-168.
7. J. AUDIAT, *EAD* XXVIII. — Cf. aussi C. MICHALOWSKI, *BCH* 54 (1930), p. 131-146 ; Ph. BRUNEAU, *BCH* 92 (1968), p. 680 ; A. JACQUEMIN, *BCH* 105 (1981), p. 155-169 ; J.-Ch. MORETTI, *BCH* 120 (1996), p. 617-638.
8. Quatre linteaux évidés en plein cintre de ce genre sont actuellement connus : cf. Ph. BRUNEAU, Chr. LLINAS, *in EAD* XXVIII, p. 139-166. Sur le remontage : *ibid.*, p. 99.

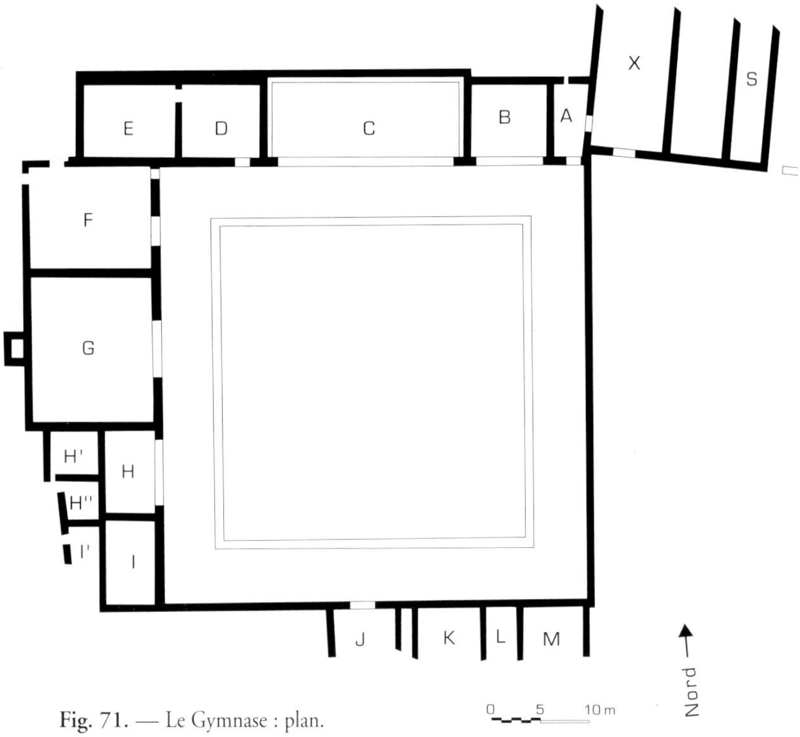

Fig. 71. — Le Gymnase : plan.

Fig. 72. — Le Gymnase : élévation restituée d'une travée du péristyle.

en marbre blanc, a été par erreur remonté à la porte de la salle D. — Nord : E, pavée de briques, était le *loutrôn* (bain) ; on y accède par D (dont la porte actuelle appartient à la niche de G, cf. ci-dessus). — C, grande exèdre ionique (à six ou sept colonnes, disparues) ; autour des murs court un banc de marbre. — B, exèdre ionique à deux colonnes. — A, le vestibule du xyste (77), ouvre sur la cour par une porte arquée en marbre bleu (même remarque sur le remontage moderne que pour la porte de G).

De l'ornementation intérieure du Gymnase, il reste peu de chose : à noter un hermès de marbre portant des graffites, conservé au Musée. On a retrouvé dans le Gymnase divers bancs que les éphèbes avaient également couverts de graffites[9].

77. Le vestibule A et une porte immédiatement à l'Est de l'angle Nord-Est du Gymnase (le linteau posé à terre porte une dédicace du roi d'Égypte Ptolémée IX Sôter II datant de 111/10) conduisaient au **Xyste**[10] (galerie couverte servant à l'entraînement sportif) large de près de 7,20 m et long de 187,50 m. Les ruines sont assez peu visibles. Le Xyste longe le Stade avec lequel il communique par deux portes, au milieu et au Nord. Contrairement aux autres xystes du monde grec, il ne revêtait pas la forme d'un portique.

78. Le **Stade**[11] a précédé le xyste offert par Ptolémée IX : son existence est attestée par des inscriptions dans la première moitié du IIIe s. Il est traversé actuellement par le chemin menant à Ghourna. Sa piste s'étendait entre deux lignes de dalles de gneiss distantes de 185,58 m. Au Sud la ligne de départ est bien visible sur le chemin à la hauteur du Gymnase ; à l'Ouest la piste était bordée, du côté Sud par une tribune et du côté Nord par la pente naturelle de Ghamila. Le côté Est, pourvu d'une tribune de huit ou neuf gradins parcourus par deux escaliers, était soutenu par un mur de granit à contreforts externes qui borde, en contrebas de la terrasse du Stade, une rue toute droite.

79. Cette « Rue du stade », aisément accessible (pente douce à partir de la ligne de départ du Stade) dessert le **Quartier du stade**[12].

9. Les graffites ont été publiés par M.-Th. Couilloud, *in EAD* XXVIII, p. 101-137.

10. R. Vallois, *AHHD*, I, p. 178 ; J.-Ch. Moretti, « Le stade et les xystes de Délos », *in* J.-Y. Marc, J.-Ch. Moretti (éds), *BCH Suppl.* 39 (2001), p. 349-370. — Dédicace de Ptolémée : *ID* 1531 (= F. Durrbach, *Choix*, n° 124).

11. R. Vallois, *ibid.* ; J.-Ch. Moretti, *ibid.*

12. A. Plassart, *BCH* 40 (1916), p. 144-256.

Dispositions notables :

1° l'alignement des maisons le long de la Rue du stade est relativement uniforme ; dans sa partie Sud, cinq colonnes de granit dont le rôle est indiqué plus bas (**82 ●**) ; dans sa partie médiane, reste d'un autel jadis recouvert de scènes religieuses peintes (**fig.** 73 et cf. p. 122-123) : offrande comme sur la **fig.** 27, lutteurs, Héraklès ;

2° dans la rue bordant le quartier au Sud, 3e porte à gauche en allant vers la mer : couloir conduisant à une cour ; à l'angle Nord-Est de cette cour un escalier permet de descendre dans un puits circulaire construit comme une citerne (trois arcs de poros supportant des plaques de gneiss, portant elles-mêmes la mosaïque de la cour) ; cet aménagement qui n'a de parallèle délien qu'à la Synagogue et la découverte d'une dédicace juive donnent à penser qu'on a affaire à une demeure juive (cf. **80**) ;

Fig. 73. — L'autel peint de la Rue du stade lors de sa découverte.

3° à l'extrémité Nord du quartier, juste avant la chapelle moderne d'Haghia Kyriaki, grande habitation à péristyle (stylobate de marbre et fragments de colonnes de poros). Au Sud, le péristyle communiquait par une large baie, divisée par deux piliers à deux demi-colonnes ioniques (seules les bases en marbre sont conservées), avec un espace occupé par quatre fourneaux pris dans un massif maçonné, contre lequel s'appuie une banquette coudée recouverte d'un enduit hydraulique rosé. Dans la partie Nord de la maison, on constate le même type de traitement de certaines surfaces. Cet état du bâtiment procède de remaniements architecturaux intervenus vers le milieu du Ier s., qui accompagnèrent un changement d'affectation des locaux : auparavant, les pièces au Sud du péristyle étaient occupées par une **parfumerie**, qui fonctionna aux alentours de 100[13].

13. J.-P. Brun, *BCH* 123 (1999), p. 87-155.

Fig. 74. — La Parfumerie du Quartier du stade : perspective restituée et vue de l'une des deux maies.

Perpendiculairement aux quatre fourneaux étaient en effet installés côte à côte deux pressoirs du type « à coins » (**fig.** 74). Les maies destinées à recevoir les couffins remplis d'olives reposaient sur un puissant massif de fondation enterré, dans lequel s'encastraient les montants verticaux d'un haut cadre de bois enserrant chaque maie. Dans la partie supérieure du cadre étaient placés des madriers de bois horizontaux, emboîtés dans des rainures creusées dans les montants, et c'est en enfonçant progressivement des coins de bois entre ces madriers coulissants que l'on exerçait une pression lente et contrôlée sur les couffins. Les petites quantités d'huile extraites par ce moyen pouvaient ensuite être mélangées avec diverses substances odorantes (opération de l'enfleurage), à froid ou à chaud (« au bain-marie ») selon les parfums à confectionner, d'où la présence des fourneaux.

Ces derniers furent conservés lorsque l'installation fut démantelée au Ier s., tandis que les deux belles maies de marbre qui gisent aujourd'hui auprès d'eux furent remployées comme dallage. Leur bec verseur est souligné par un cœur en léger relief décoré de volutes : un tel souci de l'ornementation ne se conçoit que si les appareils de presse étaient visibles de la clientèle.

● LES PARFUMERIES DE DÉLOS. Les deux tiers des maies de pressoir dénombrées dans les ruines urbaines de Délos présentent des dimensions et un décor comparables (cf. **118**) : elles témoignent en faveur d'un artisanat du parfum relativement développé dans la ville hellénistique, hypothèse qui se voit corroborée par un passage de Pline l'Ancien évoquant la fabrication de parfums réputés dans la Délos antique.

79.1. La partie Nord du Quartier du stade n'est pas fouillée ; trois tambours de granit, ainsi que des restes de murex trunculus concassés déposés sur le rivage, y attestent l'existence d'une fabrique de pourpre analogue à celle qui est décrite en **80.1**.

Au-delà du débarcadère de Ghourna, le cap Nord de l'île ne porte que très peu de vestiges antiques : quelques bergeries et enclos de pacage, quelques terrasses de culture ; presque à la pointe, les restes probables d'un phare.

● LES PHARES DE DÉLOS. Aucun texte, ni littéraire ni épigraphique, ne fait mention de phare à Délos. Mais l'usage en était connu à l'époque hellénistique et il est peu probable qu'une île pourvue d'un grand port comme Délos en ait été démunie. Outre celles du cap Nord, des ruines visibles au Sud de la Synagogue (**80.1**) et une fondation conservée à l'extrémité méridionale de Délos, dans l'îlot de Kherroniso (p. 326), ont paru pouvoir être aussi des vestiges de phares. Avec celui que J. Pâris supposait dans le port sacré (**1**), Délos aurait ainsi disposé de quatre phares, situés de telle sorte que l'un d'eux au moins fût visible de quelque direction qu'on arrivât[14].

80. *De la ligne méridionale de départ du Stade, un sentier qui descend vers la mer conduit à la* **Synagogue**[15].

DESCRIPTION ET HISTOIRE (**fig. 75**). Ce bâtiment carré se divise en quatre parties principales : A est une salle de réunion avec des bancs le long des murs et un trône assorti d'un tabouret pour les pieds ; on y accédait par trois portes (4, 5 et 6) depuis B, autre salle à bancs. D est un complexe de petites pièces séparé de B par un mur qui franchit, au moyen d'un arc à voussoirs de marbre, une faille rocheuse emplie d'eau, partie couverte d'une voûte de poros et partie à ciel ouvert, ce qui donne à penser qu'on pouvait y descendre (sans doute par un escalier de bois). A, B et D sont desservis du côté Est par un portique C dans le mur Sud duquel s'ouvre la porte principale de l'édifice (hauts chambranles de granit).

Aménagée au plus tard dans le courant du Ier s., la Synagogue délienne est la plus ancienne de celles qu'on connaît actuellement hors de Palestine. La céramique qu'on y a trouvée montre qu'elle a été fréquentée au moins jusqu'au IIe s. ap. J.-C.

Au cours de cette longue occupation, l'établissement a connu au moins un remaniement : les salles A et B formaient primitivement un seul espace ouvrant sur le portique par les trois portes 1, 2 et 3 : on a ensuite fermé les portes 1 et 2 (trouvées murées au moment de la fouille) et construit le mur qui sépare actuellement A et B ; il est également percé de trois portes, 4, 5 et 6.

14. Ph. BRUNEAU, *BCH* 103 (1979), p. 99-104.
15. A. PLASSART, *Rbi* 11 (1914), p. 523-534 (= *Mélanges Holleaux* [1913], p. 201-215) ; Ph. BRUNEAU, *CDH*, p. 480-493, et, pour l'identification, l'article cité à la note suivante. Voir en dernier lieu M. TRÜMPER, *Hesperia* 73 (2004), p. 513-598.

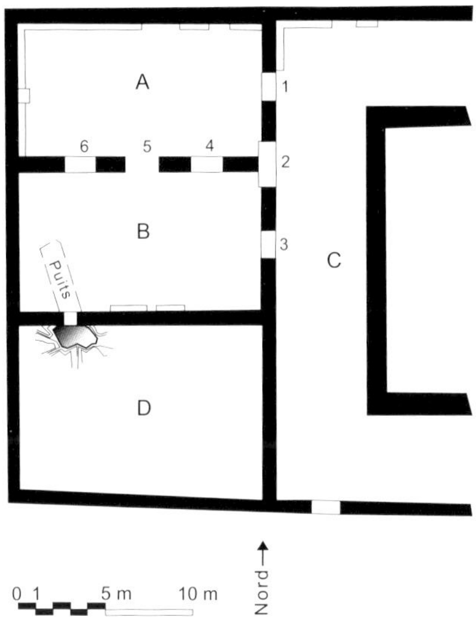

Fig. 75. — La Synagogue : plan.

IDENTIFICATION. Proposée immédiatement après la découverte, l'identification synagogale du bâtiment a été contestée. Elle est pourtant plus que probable : d'une part, il contenait quatre dédicaces (*ID* 2328, 2330, 2331 et 2332) à Θεὸς Ὕψιστος, le « Dieu Très Haut », traduction grecque habituelle du nom du dieu juif ; d'autre part, il présente plusieurs dispositions caractéristiques des synagogues : orientation vers l'Est, ordonnance à trois portes de la salle de réunion, trône et bancs, réservoir d'eau permettant le bain par immersion.

JUIFS ET SAMARITAINS À DÉLOS. L'existence d'une synagogue à Délos est d'autant plus plausible que la présence des Juifs y est attestée par plusieurs textes, en particulier le *Ier Livre des Maccabées*, 15, 23. L'implantation hébraïque à Délos ne se réduit d'ailleurs pas à la Synagogue : à une centaine de mètres au Nord, dans des ruines non fouillées, on a trouvé deux inscriptions émanant d'une association, jusque-là inconnue, de Samaritains, « les Israélites de Délos versant contribution au saint Garizim » (montagne proche de Sichem qui portait le temple samaritain rival de celui de Jérusalem). Enfin, il y a de bonnes raisons de penser qu'une maison du Quartier du stade (79, 2°) était une demeure juive. S'il en est ainsi, c'est donc dans un secteur très limité que la présence hébraïque est jusqu'ici archéologiquement attestée[16].

16. Sur toute cette question et sur les inscriptions samaritaines, cf. Ph. BRUNEAU, *BCH* 106 (1982), p. 465-504.

80.1. *En longeant le rivage vers le Sud, on atteint en 10 minutes environ les vestiges d'une* **fabrique de pourpre**[17] : *sortir de la Synagogue par la porte à chambranles de granit ; on franchit aussitôt un muret de pierres sèches ; on coupe à travers un petit cap (croupe granitique à droite) qui porte les restes très ruinés et à peine visibles de ce qui peut avoir été un phare* (cf. **79.1●**), *puis on atteint une première plage de sable ; toujours en longeant le rivage vers le Sud, on parvient à une seconde plage, plus petite ; 50 pas environ après la limite Sud de cette seconde plage, on rencontre une cuve de granit enterrée qui fait partie de la fabrique.*

La pêche à la pourpre, c'est-à-dire le murex trunculus, coquillage dont on tirait la substance colorante, est une activité délienne bien connue par les comptes des hiéropes, car elle était soumise à un impôt qui était affermé, et des textes littéraires font même supposer que le pêcheur à la pourpre délien était passé en proverbe pour sa résistance à l'étouffement des profondeurs sous-marines et pour la rapide usure physique qui résultait de cet effort.

La fabrique n'a pas fait l'objet d'une fouille complète, mais seulement de trois sondages. Deux grandes cuves de granit et trois « billots », également en granit, reposent sur une épaisse couche de murex trunculus concassés, déchets de fabrication dont on observe également la présence sur les rochers du bord de mer. Ph. Bruneau a supposé que les « billots » servaient au concassage des coquillages et les cuves tant à la macération des murex qu'à la manipulation des étoffes en cours de teinture (les encoches et bourrelets visibles sur la face interne des cuves devaient supporter des planches où les ouvriers se juchaient pour remuer le liquide). La fabrique, un des rares établissements proprement industriels mis au jour à Délos, date des alentours de 100.

Rappelons qu'une autre fabrique analogue devait exister au Nord du Quartier du stade (79.1).

Revenir au point de départ indiqué à la fin du paragraphe 72.

17. Sur ces fabriques, la pêche à la pourpre délienne et la probabilité d'un proverbe s'y rapportant, cf. Ph. Bruneau, *BCH* 93 (1969), p. 759-791 ; 102 (1978), p. 110-114 ; 103 (1979), p. 83-88 ; 109 (1985), p. 545-546.

LES ABORDS EST ET SUD-EST DU SANCTUAIRE

Dépliant I en vis-à-vis de la p. 163

81. *S'engager dans la Rue de l'Est qui longe le péribole (mur de clôture) oriental du Sanctuaire d'Apollon.*

Presque immédiatement à gauche (à peu près en vis-à-vis de la statue de Billienus, **28**), une petite stèle de marbre blanc, restée en place en tête d'un mur, porte un règlement daté de 202[1] qui interdit de « jeter des ordures dans le téménos de Léto », qui s'étendait donc à cette époque jusqu'ici (cf. **53**), ainsi que « sur le terrain proche de Dionysos ».

Peu après, toujours à gauche, le **Présentoir de monuments chorégiques**[2] (7,50 x 3,20 m) est flanqué de chaque côté par un cippe parallélépipédique surmonté d'un tronçon de phallus, symbole dont le rôle dans le culte dionysiaque est bien connu.

Le plus intéressant est celui du Sud. Il a été élevé, vers la fin du IVe ou le début du IIIe s., par le Délien Karystios après ses chorégies, comme le rappelle une inscription peu lisible (*IG* XI 4, 1148) gravée au bas de sa face principale. — Trois côtés sont décorés de reliefs. Au centre, un coq dont la tête et le cou sont remplacés par un phallus ; ce coq phallique, qui occupe la face principale du monument, est très probablement l'image du phallus en forme d'oiseau qu'on promenait processionnellement lors de la fête de Dionysos, comme les comptes des hiéropes nous le font savoir (p. 65). Côté Sud (droite) : Dionysos entraîne une Ménade, précédé d'un petit Silène. Côté Nord (gauche) : Dionysos entraîne une Ménade suivie d'un petit Pan à pieds de chèvre. — Le cippe portait sûrement un phallus, mais le fragment colossal qui le surmonte maintenant, trouvé dans le secteur, ne lui appartient peut-être pas. De toute façon, sa disposition originelle était beaucoup plus verticale.

L'édifice contenait plusieurs statues (entre autres, deux Silènes) et reliefs trouvés à proximité.

1. Texte reproduit dans *CDH*, p. 305.
2. L. Bizard, G. Leroux, *BCH* 31 (1907), p. 498-525 ; Ph. Bruneau, *CDH*, p. 296-304 ; et sur les statues, J. Marcadé, *MD*, p. 184-193 et *SD*, nos 42, 54, 56-57, 80.

82. *On continue à descendre la* **Rue de l'Est** qui longe à droite le péribole du Sanctuaire d'Apollon et à gauche un quartier d'habitation dont seule est fouillée la façade, souvent occupée par des boutiques[3].

● RUES À COLONNES. En avant de plusieurs maisons régnait une colonnade (colonnes ou bases encore en place) selon un dispositif qui se rencontre en diverses rues de Délos (**58**, **79**, **87**, **112**). On a d'abord supposé que ces colonnes supportaient un auvent attenant aux maisons et servant à protéger les promeneurs du soleil ou de la pluie. Mais il est plus probable qu'elles soutenaient une avancée de l'étage, ce qui n'empêchait pas les passants, comme rue de Rivoli à Paris, d'y trouver aussi abri[4].

83. L'extrémité Sud de ce quartier (à la hauteur de l'angle Sud-Est du péribole) est occupée par la **Maison de Kerdon** ainsi nommée conventionnellement d'après la stèle funéraire d'un naufragé appelé Kerdon qu'on y a trouvée (**fig. 20**, cf. p. 113 ; ce Kerdon n'était naturellement pas l'occupant de la maison). L'ordonnance du péristyle était voisine de celle de la Maison des comédiens (**59 B**). — R. Vallois y voyait la seule maison à péristyle sûrement attribuable au IIIᵉ s. Mais des sondages stratigraphiques pratiqués dans la cour indiquent une date de construction beaucoup plus basse, dans le courant du IIᵉ s.[5].

84. *Aussitôt après, la rue fait un coude vers la droite dans la direction de la mer. En une vingtaine de mètres on atteint l'angle Nord-Est de l'* **Agora des Déliens ou Agora tétragone**[6] *dans laquelle on pénètre.* C'est une place trapézoïdale primitivement dallée (à la différence de l'Agora des Italiens, **52**) et bordée de portiques sur les côtés Sud, Est et Nord ; le mur de fond du Portique Sud (**4**) en forme la clôture occidentale.

L'esplanade existait dès l'époque de l'Indépendance (cf. p. 39), ce qui lui vaut la dénomination actuelle d'« Agora des Déliens » (par ex. l'exèdre de marbre gris-bleu dressée au milieu de la moitié septentrionale de l'Agora porte des dédicaces du « Peuple des Déliens »). À la différence de l'Agora des Italiens, l'Agora des Déliens ne forme pas un ensemble archi-

3. L. BIZARD, *BCH* 31 (1907), p. 471-498.
4. Du moins selon Ph. BRUNEAU, *BCH* 102 (1978), p. 115-124.
5. R. VALLOIS, *AHHD* I, p. 211-212 ; Ph. BRUNEAU, *BCH* 92 (1968), p. 640-658.
6. F. DURRBACH, *BCH* 26 (1902), p. 481-553 ; R. VALLOIS, *AHHD* I, p. 65 et p. 161-162. Chr. Llinas prépare la publication définitive. — Le nom de *tétragone* (= non pas « carrée », mais « quadrangulaire ») que portait cette agora dans l'Antiquité est connu par deux dédicaces (*ID* 1709 et 1725) des « commerçants de l'Agora tétragone ». C'est ainsi, en définitive, qu'il faut traduire, dans ces deux inscriptions, l'expression οἱ τὴν τετράγωνον ἐργαζόμενοι ; ce sens avait été proposé par F. DURRBACH, *ibid.*, p. 491 ; P. ROUSSEL, qui l'avait contesté, *BCH* 34 (1910), p. 110-115 et *DCA*, p. 294, n. 1, l'a finalement reconnu comme exact, *REG* 39 (1926), p. 276 et commentaire à *ID* 1709.

tectural homogène. Le côté Sud est occupé par un portique dorique (quinze colonnes entre deux antes) élevé au IIIe s. et flanqué d'une porte à l'Ouest et d'un escalier à l'Est. Sur les côtés Est et Nord se développait un portique construit dans le premier tiers du IIe s. et dit « Portique coudé » à cause de sa disposition en équerre ; la façade comportait un rez-de-chaussée dorique supportant un étage ionique à piédroits (ordonnance analogue à l'Agora des Italiens) ; des magasins ouvrant sur le portique s'adossaient au mur de fond (comme au Portique Sud, **4**).

Pendant l'époque impériale (pas avant le milieu du IIe s. ap. J.-C., semble-t-il) des thermes ont été construits au milieu de l'Agora des Déliens ; il n'en reste que des vestiges au ras du sol (dans la partie Ouest, restes d'une grande salle pavée d'une mosaïque blanche).

85. *Sortir de l'Agora par l'escalier situé près de l'angle Sud-Est. Prendre à gauche la « Rue des Portiques » qui longe au Sud l'Agora des Déliens* ; en 5 m elle aboutit à une place dallée de forme vaguement triangulaire dans la partie Sud de laquelle s'élève le **Monument du Tritopatôr**[7], petite enceinte circulaire de marbre blanc, consacrée à leur ancêtre mythique (« Tritopatôr ») par la famille athénienne des Pyrrhakides vers 400.

L'enceinte (hauteur : env. 1,10 m ; diam. ext. à la base : 2,20 m) est en partie engagée dans le dallage de la place qui est postérieur (exhaussement du sol). Elle était interrompue vers le Nord-Ouest par une étroite ouverture (larg. : 0,60 m). Un bloc de couronnement porte sur la face interne l'inscription Τριτοπάτωρ | Πυρρακιδῶν | Αἰγιλιῶν = « Ancêtre des Pyrrhakides d'Aigilia ». Un culte héroïque était rendu ici à l'ancêtre mythique de la famille des Pyrrhakides, originaire du dème d'Aigilia, sur la côte Ouest de l'Attique, mais enracinée à Délos où elle érigea un autre monument de type très voisin (**92**).

86[8]. Environ 8 m plus au Sud, quatre marches donnent accès à la **Basilique paléochrétienne de Saint-Cyrique**[9], édifiée au Ve s. ap. J.-C.

Elle se présente (**fig. 76**) comme une basilique à trois nefs avec narthex (D) et large abside saillante (A). L'entrée du narthex, aujourd'hui disparue, devait être sur le côté Nord. Chacune des trois nefs (B et C) communiquait avec le narthex par une porte. Celle de la nef médiane, la plus large, possède encore son seuil. Les nefs latérales, destinées aux femmes, ne communiquaient avec la grande nef, réservée aux hommes, que par une petite porte à l'entrée du naos. Deux portes, percées près de l'abside dans les murs qui séparent les bas-côtés de la nef principale, étaient réservées au passage des prêtres. L'éclairage était obtenu par des fenêtres qui s'ouvraient, d'une part dans les murs extérieurs, de l'autre dans les murs médians, surélevés au-dessus des toits des bas-côtés. Dans l'abside, large hémicycle

7. P. Roussel, *BCH* 53 (1929), p. 166-179. — *ID* 66.
8. Ce paragraphe a été rédigé par F. Ducat.
9. An. Orlandos, *BCH* 60 (1936), p. 68-100.

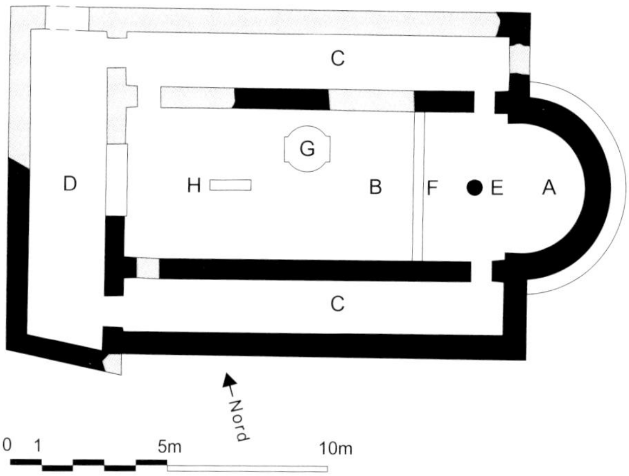

Fig. 76. — La Basilique Saint-Cyrique : plan.

qui termine la grande nef, sont conservés en partie deux rangs superposés de bancs de pierre semi-circulaires ; c'est là que se tenait le clergé pendant les offices. Devant l'hémicycle, se trouve une aire rectangulaire (F), fermée à l'Ouest par les chancels du templum[10]. Le stylobate du templum, en marbre blanc, est relativement bien conservé. Sur sa face supérieure, on peut voir les rainures destinées à maintenir les plaques du chancel. De ces plaques, il ne reste que quelques fragments, montrant qu'elles formaient un décor de treillis ajouré. Cette aire rectangulaire porte encore en son centre un morceau de fût de colonne en marbre bleu (E), destiné à porter la table de l'autel. Le sol de la nef médiane est pavé de marbre blanc et bleu. Sur deux plaques rectangulaires, près du mur médian Nord, on remarque des trous de scellement : c'était là la place de l'ambon (G), dont quelques fragments sont dispersés aux alentours de la basilique. Une des plaques est inscrite (H) ; il ne reste maintenant qu'une moitié de l'inscription (*ID* 2584). Cette inscription, tracée par un certain « Jean, diacre, serviteur du saint martyr Cyrique », nous apprend le nom du martyr en l'honneur duquel l'église a été consacrée.

● AUTRES MONUMENTS CHRÉTIENS DE DÉLOS. Délos était encore occupée au moment où se développait le christianisme. De cette époque datent plusieurs monuments malheureusement détruits lors de la fouille. On a ainsi reconnu des églises dans le Portique de Philippe (**3**), derrière les magasins du port (**122**), dans la Maison de Fourni (**124**), un

10. Le templum correspond au chœur des églises modernes ; les chancels séparent le templum de la nef.

monastère (?) sur l'emplacement de la Salle hypostyle (**50**) ; l'aile Nord du bâtiment à cour péristyle (**48**) et la salle Nord-Ouest de l'Ekklésiastérion (**47**) semblent avoir été aménagés en églises. — Parmi les objets mobiliers conservés figurent plusieurs fragments de tables et plateaux[11]. — On possède une dizaine d'inscriptions chrétiennes et byzantines (*ID* 2582-2588 *bis*)[12].

Sortir par l'angle Sud-Ouest de la basilique et suivre le sentier. Après 80 pas environ, carrefour avec un autre sentier qui monte vers le quartier de l'Inopos et vers le Cynthe. Tourner sur la gauche et suivre ce nouveau sentier ; on longe alors (à droite) la limite Nord du Quartier du théâtre (**117**).

87. À 70 ou 80 pas du carrefour, on aperçoit sur la gauche une habitation dite **Maison aux stucs** (**dépliant VII**, vis-à-vis de la p. 293), en raison des riches fragments de décoration stuquée qu'on y a recueillis (graffites de navires, d'oiseaux et de noms d'hommes dans la pièce principale)[13]. Elle est bordée vers le Nord par six colonnes de granit érigées dans une rue (sur ce dispositif : **82 ●**) ; plus à l'Ouest, une ruelle et deux magasins.

88. Le sentier aboutit bientôt à l'**Aphrodision**[14]. L'édifice principal est un temple en marbre (7,04 x 4,13 m) formé d'une cella et d'un pronaos ; l'entrée est tournée vers le Sud (cf. p. 60) ; l'appareil des murs (**fig. 2**) rappelle ceux de la Salle hypostyle (**50**), du Réservoir de l'Inopos (**97**) et du Théâtre (**114**). Le temple date de l'extrême fin du IVe s. ; il fut consacré par Stésiléos (qui fut archonte en 305 et fonda aussi, en 302, une fête en l'honneur d'Aphrodite, les Stésileia, cf. p. 62). Le temple abritait, entre autres, une statue de culte en marbre : Aphrodite tenait de la main droite une coupe de bois doré et portait des boucles d'oreilles en or.

L'Aphrodision est le temple de Délos le plus indubitablement identifié : en effet, des bases placées à droite et à gauche de l'entrée du temple portaient, comme l'indiquent les dédicaces qui y sont gravées (*IG* XI 4, 1277 et 1278), les statues du père et de la mère de Stésiléos ; or ces bases, ainsi que deux autres, retrouvées dans le temple, sont expressément décrites dans les inventaires des sanctuaires établis au IIe s. (par ex., *ID* 1417, *A*, II, l. 4-5 et 18-19). — Au Sud de l'entrée du temple, autel à frontons. Le sanctuaire comportait en outre cinq *oikoi*. On n'a retrouvé aucune trace d'une occupation antérieure au IIIe s.

11. Outre l'article cité p. 45, n. 31, cf., pour les tables, G. ROUX, *BCH* 105 (1981), p. 71-78.
12. Cf. G. KIOURTZIAN, *Recueil des inscriptions grecques chrétiennes des Cyclades* (2000), nos 6-14.
13. *BCH* 84 (1960), p. 854-856. — Graffites : L. BASCH, *ÉD*, p. 65-76 (avec une interprétation irrecevable).
14. P. ROUSSEL, *DCA*, p. 240-242 ; Ph. BRUNEAU, *CDH*, p. 331-334.

Fig. 77. — La Maison de l'Hermès, vue du Nord.

LE QUARTIER DE L'INOPOS ET LA TERRASSE DES DIEUX ÉTRANGERS

Dépliant V vis-à-vis de la page 282

89. En continuant dans la direction du Cynthe, on rencontre à droite la **Maison de l'Hermès** qu'on peut considérer comme particulièrement représentative de l'habitation délienne aux IIe et Ier s. et qu'il convient, à ce titre, de visiter en détail[1] (**fig.** 77).

A) REZ-DE-CHAUSSÉE (**fig. 78** et **81**). Par une porte à seuil et chambranles de marbre gris on pénètre dans le vestibule A qui dessert, sur la gauche, les latrines B (cf. **59 A ●**), la cuisine (?) A' et la salle de bain C (remarquer la baignoire en sabot et dans le mur Est six encastrements servant à l'implantation des poutres du plancher du premier étage) ; à droite, au fond du vestibule, accès à la cour à portique : sur trois côtés, colonnade dorique surmontée d'une architrave à deux bandeaux (haut. : env. 4,50 m).

Côté Sud : mur de soutènement de l'étage, percé de deux niches ; celle de l'Ouest est inexpliquée ; celle de l'Est peut avoir été le sanctuaire d'une nymphe, déesse de la source (sa statue a été trouvée là) : l'eau arrivait par une faille du rocher (à gauche), se décantait dans le bassin puis, de là, gagnait par une canalisation le réservoir situé sous le dallage de la cour (margelle en marbre au centre). Remarquer près de l'entrée un instrument à mesurer les capacités.

Au Nord de la cour s'ouvre l'œcus maior D qui commande deux petites pièces E et F ; entre les portes de ces deux pièces, on a retrouvé une base portant la signature [Πραξι]τέλης ἐποίησεν (« [Praxi]tèle a fait »). À l'Est de la cour, salle à manger G : le sol s'étage à deux niveaux différents dont le plus haut est en Π (mosaïque de seuil : « roue » à quatre rayons) ; on y plaçait les lits de banquet tandis que la table occupait au centre le niveau le plus bas ; noter la décoration en stuc imitant un appareil de marbre avec pilastres aux angles.

1. J. DELORME, *BCH* 77 (1953), p. 444-496, et, pour les trouvailles de la maison, J. MARCADÉ, *ibid.*, p. 497-615. Mise au point bibliographique : *BCH* 99 (1975), p. 293 et n. 106.

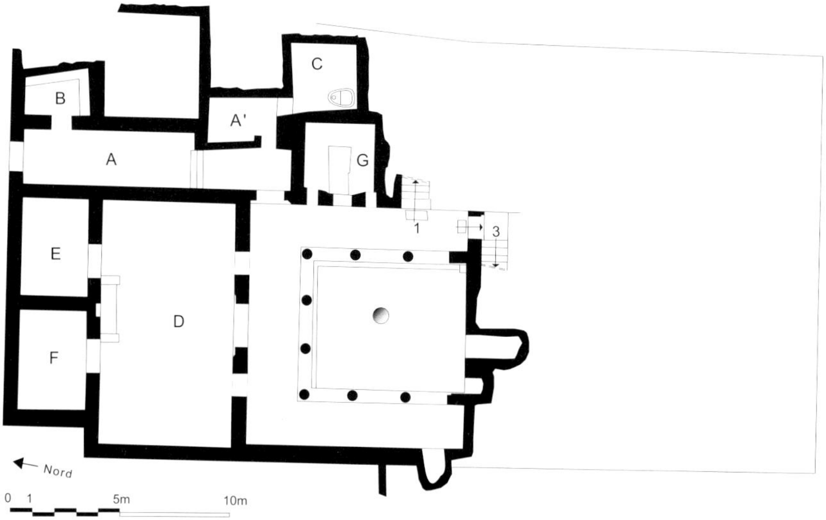

Fig. 78. — La Maison de l'Hermès : plan du rez-de-chaussée.

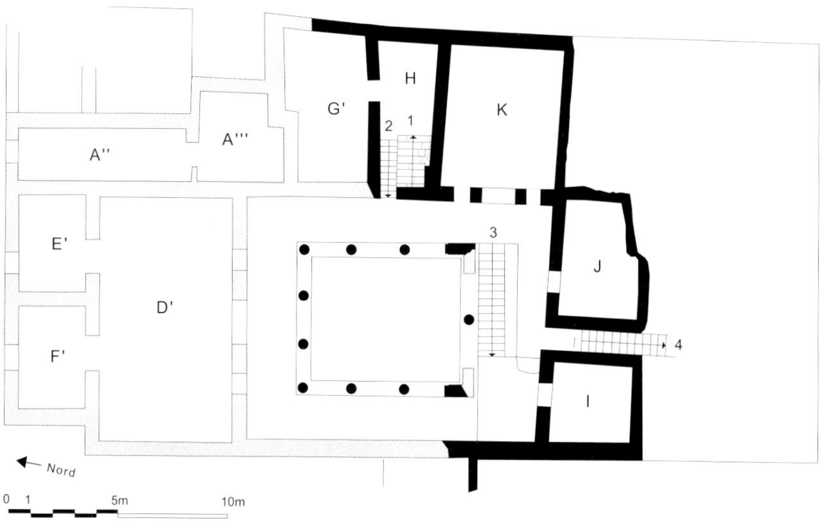

Fig. 79. — La Maison de l'Hermès : plan du premier étage.

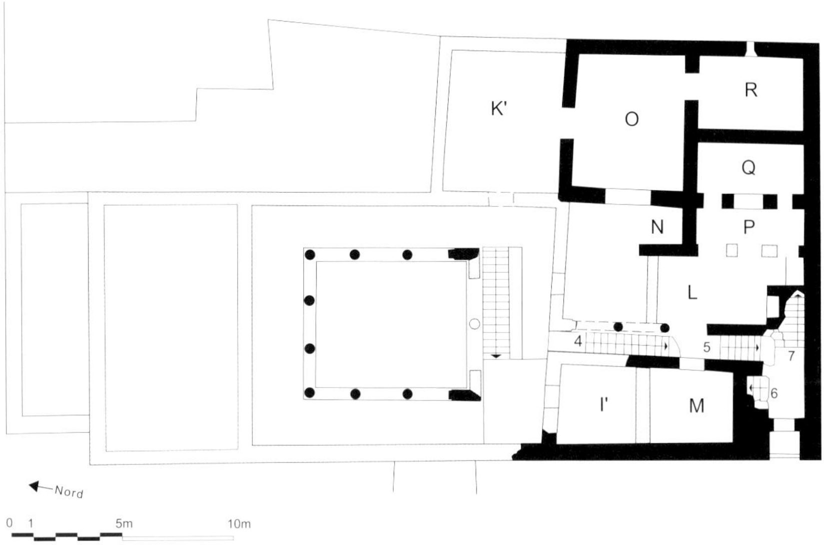

Fig. 80. — La Maison de l'Hermès : plan du deuxième étage.

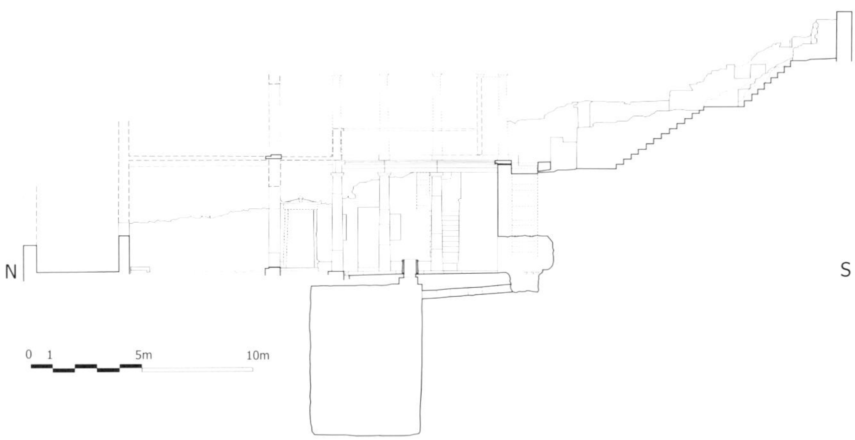

Fig. 81. — La Maison de l'Hermès : coupe Nord-Sud.

B) Au coin Sud-Est, deux escaliers conduisent au PREMIER ÉTAGE (celui du Sud, 3, directement ; celui de l'Est, 1-2, par l'intermédiaire d'un palier desservant un entresol H). On arrive sur une terrasse (**fig. 79**) où règne un péristyle (haut. : 3,80 m) implanté au-dessus du portique du rez-de-chaussée ; entre les colonnes doriques courait un parapet. Cette terrasse desservait les pièces situées au-dessus des pièces Nord du rez-de-chaussée (seuil de D' en place au Nord) et des pièces du Sud conservées mais de destination indéterminée (I, J, K).

C) Au Sud un escalier de douze marches, 4, conduit au DEUXIÈME ÉTAGE (**fig. 80**).

À droite une petite salle M ; à gauche une grande pièce L pavée en éclats de marbre blanc dont le mur oriental ne s'élevait qu'à mi-hauteur pour prendre le jour dans un petit couloir P qui servait de puits de lumière et éclairait aussi (fenêtres conservées en partie) Q et R.

Au Sud de L, deux niches : dans celle de l'Est on a trouvé la tête d'Hermès (**fig. 82**) qui a donné son nom à la maison.

Fig. 82. — L'Hermès archaïsant de la Maison de l'Hermès, A 4118.

D) Un escalier de huit marches, 5, prolongeant l'escalier 4, conduit à un palier qui dessert à l'Ouest la porte supérieure de la maison ; au Nord-Ouest et à l'Est deux escaliers, 6 et 7, conduisent à un TROISIÈME ÉTAGE non conservé dont l'existence est sûre (nombreux blocs de pôros trouvés dans la salle Sud-Est du 2e étage et provenant du 3e), mais l'extension vers le Nord en est indéterminée (chaque étage devait être en retrait sur l'étage inférieur, mais le détail n'est pas toujours assuré).

On retourne sur le chemin et on continue à monter vers l'Est. Après une soixantaine de pas, la rue est barrée par un escalier de six marches puis fait un coude vers la droite.

90. Face à l'escalier, la porte de la **Maison à une seule colonne**[2] : au milieu de la mosaïque de la cour, une unique colonne de marbre bleu semble appartenir à un état plus ancien du bâtiment, de même que la salle du Nord-Ouest dont les murs, en marbre, sont plus anciens que ceux des autres pièces. Remarquer la porte de la pièce ouvrant sur l'escalier : le linteau est remplacé par un arc en pôros.

91. *On continue à monter la rue ; à droite, un seuil en marbre blanc signale l'entrée du* **Sarapieion A**[3].

LES CULTES ÉGYPTIENS À DÉLOS. On a déjà évoqué (p. 58-59) l'introduction à Délos de dieux étrangers pendant l'époque hellénistique. Parmi ces nouveaux venus les divinités égyptiennes tiennent une place particulièrement importante[4] : ils avaient à Délos trois sanctuaires (cf. **96** et **100**) où furent découvertes plus de deux cents inscriptions d'un intérêt majeur pour la connaissance des cultes égyptiens non seulement dans l'île, mais dans le monde hellénistique.

On nomme ces sanctuaires « Sarapieion A, B et C » du nom du dieu le plus important, Sarapis, dont le culte apparaît dans le monde antique vers le début de l'époque hellénistique, mais dont l'origine exacte est encore disputée. Dans ses sanctuaires déliens, Sarapis n'était pas seul adoré ; il était accompagné de deux vieilles divinités égyptiennes, Isis et Anoubis, et, un peu plus tard, d'Harpocrate (Horus hellénisé) ; en outre, à ces divinités principales étaient associées d'autres divinités, d'importance secondaire.

2. J. CHAMONARD, *EAD* VIII, p. 437-438 ; Ph. BRUNEAU, *ÉD*, p. 111-119.
3. P. ROUSSEL, *CE*, p. 19-32. Cf. aussi *BCH* 120 (1996), p. 914-915.
4. Les cultes égyptiens ont fait l'objet de l'excellente monographie de P. ROUSSEL, *CE* ; cf. aussi Ph. BRUNEAU, *CDH*, p. 457-466.

Histoire. Le « Sarapieion A » était un sanctuaire privé. Une curieuse inscription, longue de près de cent lignes, gravée sur une colonnette, en raconte deux fois la fondation, d'abord en prose, puis dans un récit versifié sensiblement plus long[5] : un prêtre égyptien apporta le culte d'Égypte (au début du IIIe s., semble-t-il) ; son fils lui succéda et son petit-fils construisit notre sanctuaire (vers les années 220) sur un ordre que Sarapis lui avait donné en rêve. Le dieu en avait lui-même choisi l'emplacement qui se trouva être « un lieu plein d'ordure » (en fait, le secteur était déjà très urbanisé à cette époque). L'acquisition de ce terrain n'en valut pas moins au prêtre un procès que lui intentèrent deux personnages dont l'identité n'est pas précisée et qu'il gagna grâce à un miracle du dieu : Sarapis mit ses adversaires dans l'incapacité de parler.

Malgré la concurrence du sanctuaire officiel, dit « Sarapieion C » (**100**), le Sarapieion A ne semble pas avoir été abandonné jusqu'à la ruine de Délos. Toutefois un des desservants du sanctuaire dut, vers 165, recourir à l'autorité de Rome pour se faire confirmer le droit de célébrer le culte[6].

Description (**fig. 83** et **84**). Du seuil de marbre (a) par lequel l'escalier débouchait sur la rue, on aperçoit parfaitement la disposition générale : après la Synagogue (**80**), c'est un second exemple de sanctuaire de type non grec avec salle de réunion pour les fidèles et aménagements propres aux rituels étrangers. L'escalier aboutit à une cour dallée au fond de laquelle se trouve un petit temple (A), un peu surélevé et construit sur une crypte à laquelle on accède par le Sud ; l'eau y arrivait par un canal (avec un regard, I) issu du Réservoir de l'Inopos ; les lustrations d'eau, et spécialement d'eau du Nil, faisaient partie du rituel égyptien, et justement l'Inopos passait dans l'Antiquité pour une résurgence du Nil. Trois autels se dressent dans la cour (B, F, H) ; on y voit aussi un tronc à offrandes (J). — Entre la rue et la cour s'étend un espace surélevé, autrefois couvert (D). Bordé au Sud par une colonnade, dont on n'a conservé aucun élément, il est accessible par l'Ouest ; dans les murs Nord et Est sont pratiquées des niches, sans doute destinées à recevoir des lampes ; ce local abritait peut-être d'autres divinités que Sarapis et ses associés directs. — Au Sud, un portique (C) a dû être ultérieurement remplacé par un mur. — À l'Ouest, une chambre

5. *IG* XI 4, 1299. — Texte et traduction dans *CE*, p. 71-83. — Remarques de Ph. Bruneau, *ÉD*, p. 119-136 ; *BCH* 99 (1975), p. 280-283 ; et d'H. Siard, *BCH* 122 (1998), p. 469-486. — Éd. com. par H. Engelmann, *The Delian Aretalogy of Sarapis* (1975).

6. *ID* 1510.

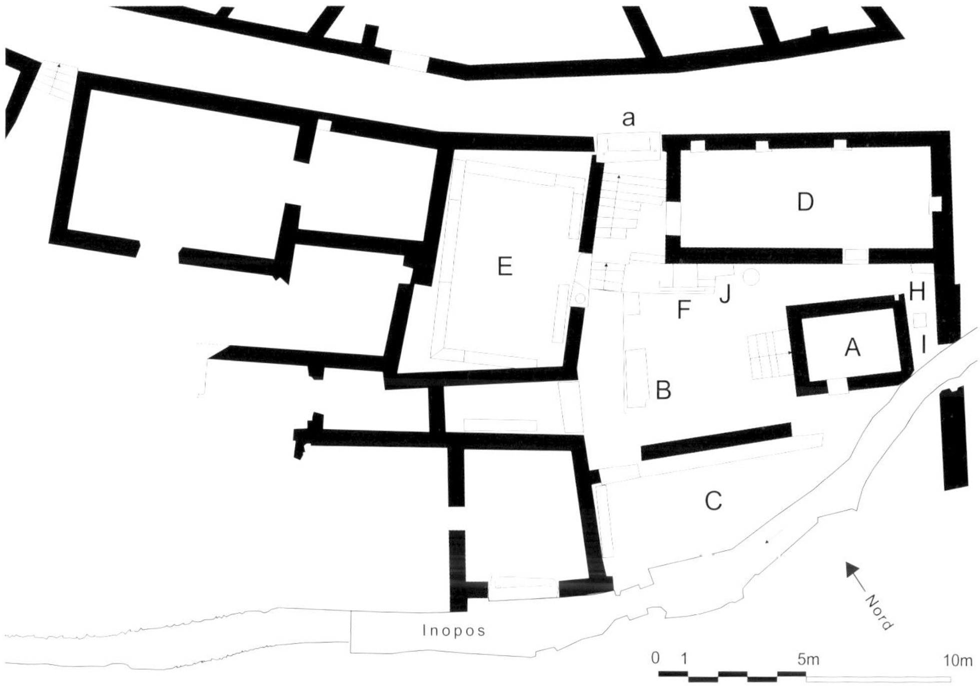

Fig. 83. — Le Sarapieion A : plan.

trapézoïdale (E) ; autour des murs courent des bancs sur la tranche desquels sont inscrites des dédicaces aux dieux ; les damiers gravés sur l'un d'eux se rencontrent ailleurs à Délos[7] et servaient aux jeux (tric-trac).

On regagne la rue ; si l'on est pressé, reprendre au paragraphe **95**.

92. *Sinon, quelques mètres à l'Est du Sarapieion A, le gros mur Ouest du Réservoir de l'Inopos* (**97**) *permet d'accéder au Monument de Mithridate et au Samothrakeion. On rencontre d'abord le* **Monument des Nymphes des Pyrrhakides** (petit édifice circulaire en marbre ; inscription sur la face interne de la margelle), analogue au Monument du Tritopatôr (**85**), datant comme lui d'environ 400 et dédié comme lui par la famille des Pyrrhakides[8].

7. W. Deonna, *EAD* XVIII, p. 336.
8. P. Roussel, *BCH* 53 (1929), p. 171-179. — Inscription : *ID* 67.

Fig. 84. — Le Sarapieion A, vu du Sud.

93. *Plus à l'Ouest, un escalier conduit au* **Samothrakeion**[9]. (Les nombreux blocs de marbre — spécialement des fragments d'une frise de médaillons ornés de bustes — qu'on voit gisant à droite avant d'arriver proviennent du Monument de Mithridate décrit au paragraphe **94**).

Le sanctuaire est consacré aux Kabires, divinités d'origine samothracienne qui à l'époque hellénistique ont été identifiées aux Dioscures.

Le bâtiment A (**fig. 85**), temple selon F. Chapouthier ou — ce qui paraît plus probable — salle de banquets selon G. Roux, occupe une terrasse que deux escaliers relient à une terrasse inférieure. C'est une pièce rectangulaire plus large que longue dont le mur de façade est percé d'une niche à banquette ; devant ce mur, un portique à quatre colonnes doriques ; l'édifice était couronné d'un fronton. La dissymétrie actuelle de la porte, la différence de matériaux de la façade (marbre au Nord, granit au Sud) et d'autres détails trahissent une réfection : la partie Nord construite au courant du IVe s. (façade de marbre, colonnade)

9. F. Chapouthier, *EAD* XVI ; Ph. Bruneau, *CDH*, p. 381-401.

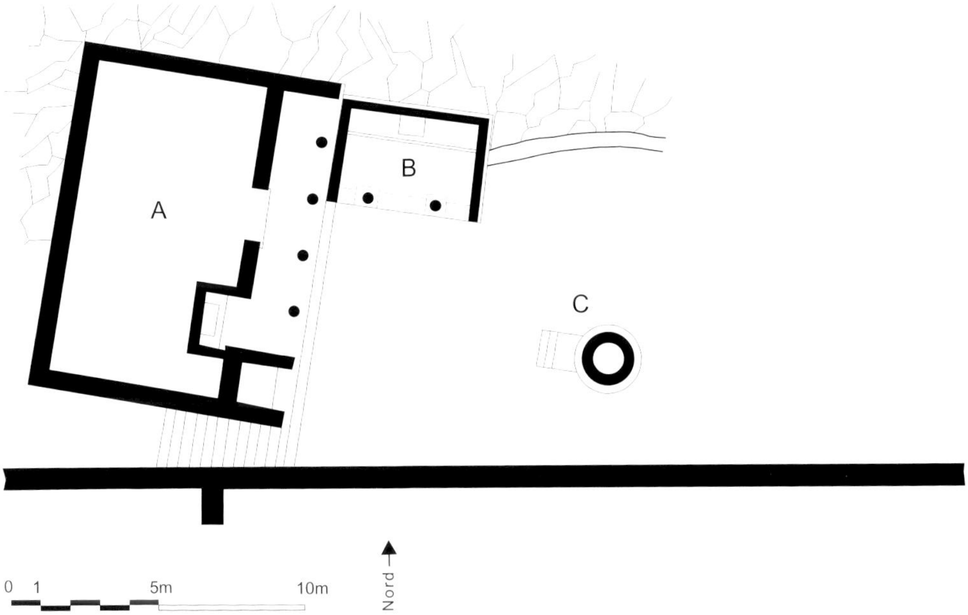

Fig. 85. — Le Samothrakeion et le Monument de Mithridate : plan restitué.

a été agrandie vers le Sud par l'adjonction de la niche et du mur de façade en granit au milieu du IIe s.[10].

La terrasse inférieure est formée de deux esplanades séparées par un mur ; celle du Sud, quadrangulaire, comportait un portique appartenant peut-être à un sanctuaire d'Héraklès que, d'après les inscriptions, il faut situer à proximité. Celle du Nord affecte la forme d'un enclos arrondi ; à la fin du IIe s., un terre-plein amena cette partie du sanctuaire au niveau du temple ; on reconnaît aujourd'hui les fondations rectangulaires du Monument de Mithridate (**94** et **fig. 85**, B) et la fondation d'un monument circulaire en marbre (**fig. 85**, C) qui date du IIe s. et semble avoir été l'*eschara* du sanctuaire. On voit, couchés à terre sur la terrasse inférieure, les éléments d'une porte de marbre dont l'emplacement n'a pas été retrouvé ; d'après l'inscription du linteau, elle était dédiée à Héraklès et aux Grands Dieux (un des noms des Kabires).

10. Sur la signification possible de ces aménagements, F. CHAPOUTHIER, *ibid.*, chap. 5 et R. VALLOIS, *AHHD* I, p. 81-85.

94. Le **Monument de Mithridate**[11], déjà signalé (**fig. 85**, B), était une chambre rectangulaire (4,30 x 3,05 m ; haut. : 4,65 m) comportant en façade deux colonnes ioniques entre deux antes. Une frise de douze médaillons (cf. **93**, début) courait en haut des murs intérieurs (3 + 6 + 3) ; les inscriptions indiquent qu'ils représentaient, comme celui du fronton, des officiers et alliés de Mithridate Eupatôr, lequel avait, à l'intérieur du monument, sa statue (base au Musée). Le monument a été offert par « le prêtre Hélianax » (dédicace de l'épistyle *ID* 1562) dont la prêtrise, et par conséquent aussi le monument, est datée de 102/1. — Les bustes ont sans doute été mutilés volontairement par représailles après 88, lorsque Mithridate, qui venait de saccager Délos, se fut retiré[12].

On revient au point de départ près du Sarapieion A.

95. La rue fait un coude brusque vers la droite ; juste à l'angle se trouvent les deux entrées de la **Maison de l'Inopos**[13].

C'est un exemple de riche maison à péristyle incomplet : la colonnade ne se développe que sur deux côtés (Nord et Est) par manque de place. Au cours de la fouille, onze colonnes de marbre ont été trouvées alignées à terre ; la raison d'être en demeure mystérieuse (peut-être la maison a-t-elle été abandonnée alors qu'on projetait d'y apporter des modifications). — De l'étage de cette maison ou de celui de la maison voisine proviennent différents fragments de mosaïque dont ceux de la Mosaïque des colombes (p. 129 et **fig. 86**). — Le long du mur extérieur Ouest, un cippe de marbre portant, en grosses lettres, l'inscription ΝΙΚΟΜΑΧΟΣ servait originellement de base à un ex-voto chorégique en forme de phallus (*IG* XI 4, 1149) analogue à celui de Karystios (**81**)[14].

La rue, qui a maintenant pris la direction Nord-Sud, est bordée de boutiques à gauche (Est) et longe le Réservoir de l'Inopos à droite (Ouest).

96. *Entre la troisième et la quatrième boutique après l'angle de la rue, un escalier mène au* **Sarapieion B**[15], second sanctuaire des dieux égyptiens (cf. **91**), également privé et aujourd'hui très délabré. En haut de l'escalier, sur la gauche, grande chambre avec quatre autels de marbre ornés de cornes, dont trois sont en place ; puis à un niveau supérieur, petit temple et construction rectangulaire. La partie orientale était bordée d'un portique sous lequel s'ouvre une crypte, peut-être réservoir sacré comme au Sarapieion A.

On redescend.

11. F. Chapouthier, *EAD* XVI, p. 13-43 ; *ID* 1552, 1562, 1563, 1569-1574, 1576, 1581, 1582 ; F. Durrbach, *Choix*, p. 214-223 ; cf. Sv. Risom, *Aarch* 19 (1948), p. 204-209.
12. Du moins selon Ph. Bruneau, *BCH* 92 (1968), p. 673-674, avec critique d'une autre interprétation antérieure.
13. J. Chamonard, *EAD* VIII, p. 432-435. — Sur la chronologie de la maison et, plus généralement, du quartier, cf. Ph. Bruneau, *ÉD*, p. 119-130. Sur les murs, cf. ci-dessus, p. 73.
14. Ph. Bruneau, *CDH*, p. 318-319.
15. P. Roussel, *CE*, p. 33-46. Cf. aussi *BCH* 120 (1996), p. 916-919.

Fig. 86. — La mosaïque des colombes trouvée dans la Maison de l'Inopos.

97. La rue longe le **Réservoir de l'Inopos**[16].

A) L'Inopos est le principal des cours d'eau déliens ; bien que la poésie antique le dise « au beau cours », ce n'est, en fait, qu'un ruisseau généralement à sec. Né sur le flanc Sud du Cynthe, il le contourne à l'Ouest et coule vers le Nord jusqu'au Réservoir ; on sait que son cours primitif aboutissait à l'Agora des Compétaliastes, **2**.

16. Sur la géographie de l'Inopos et ses aménagements : M. Holleaux, *CRAI* 1909, p. 266-271 ; R. Vallois, *AHHD* I, p. 194-205 ; *BCH* 125 (2001), p. 620-621. Sur la région de la vallée supérieure de l'Inopos : *BCH* 71-72 (1947-1948), p. 409-410.

B) Le Réservoir forme barrage et date de la fin du IVe s. Long. : 40 m ; larg. : 8 à 10 m. L'eau arrivait au Sud-Est du bassin par quatre bouches encore visibles. Les murs Est, Nord et Ouest du Réservoir sont en marbre (appareil analogue à ceux de la Salle hypostyle, **50**, et de l'Aphrodision, **88**). Le long du mur Nord s'étend une plate-forme précédée d'un large escalier de vingt-deux marches permettant de descendre puiser l'eau.

À une époque sans doute tardive, les marches du bassin ont été, de deux en deux, percées à l'Ouest d'un orifice qu'on pouvait boucher à volonté (trou visible sur la cinquième marche en partant d'en haut) ; par là l'eau arrivait à un réservoir ménagé sous la plate-forme et les marches. Sur le mur Nord, noter une banquette et une niche dont la partie supérieure est creusée en cul-de-four (évacuation des eaux).

98. À l'extrémité de la rue qui longe le Réservoir, sur la gauche, un escalier conduit à la terrasse dite des dieux étrangers, parce qu'elle porte le Sarapieion C et le **Sanctuaire des dieux syriens**[17] auquel aboutit l'escalier ; après un palier, un petit cippe de marbre blanc, sur la droite, porte cette inscription : « Diophantos, fils d'Alexandros (a offert) à Atargatis et Hadad la montée » (*ID* 2283).

Les dieux. C'est en effet la déesse syrienne Atargatis qui est adorée dans le sanctuaire en compagnie de son parèdre, Hadad. Ces divinités se sont répandues dans le monde grec, et tout spécialement à Délos, et du même coup hellénisées. On rencontre le nom de Zeus Hadad, et, pour Atargatis, ceux de Hagnè Aphroditè, Hagnè Théos, ou Syria Théos comme l'appelle Lucien dans la *Déesse syrienne.*

Histoire du sanctuaire. Les débuts du sanctuaire sont mal connus : la plus ancienne inscription datée est une dédicace de 128/7 ; mais une inscription, trouvée en 1967, est, semble-t-il, antérieure à 150, ce qui ferait remonter plus haut qu'on ne l'avait cru jusqu'alors la fondation du sanctuaire[18]. Ce fut d'abord un sanctuaire privé, qui, entre 128/7 et 112/1, devint ensuite officiel. Il s'agrandit bientôt de toute la « Terrasse », mais ne semble pas avoir survécu aux catastrophes de 88 et 69.

Description (**fig. 87**). En haut de l'escalier A qu'on vient de gravir, un vaste seuil en marbre et un reste de colonne marquent l'emplacement des propylées B qui faisaient communiquer la Cour carrée C, formant la partie méridionale

17. E. Will, avec la collab. de M. Schmid, *EAD* XXXV ; Ph. Bruneau, *CDH*, p. 466-473.
18. G. Siebert, *BCH* 92 (1968), p. 359-374 (texte reproduit dans *CDH*, p. 467).

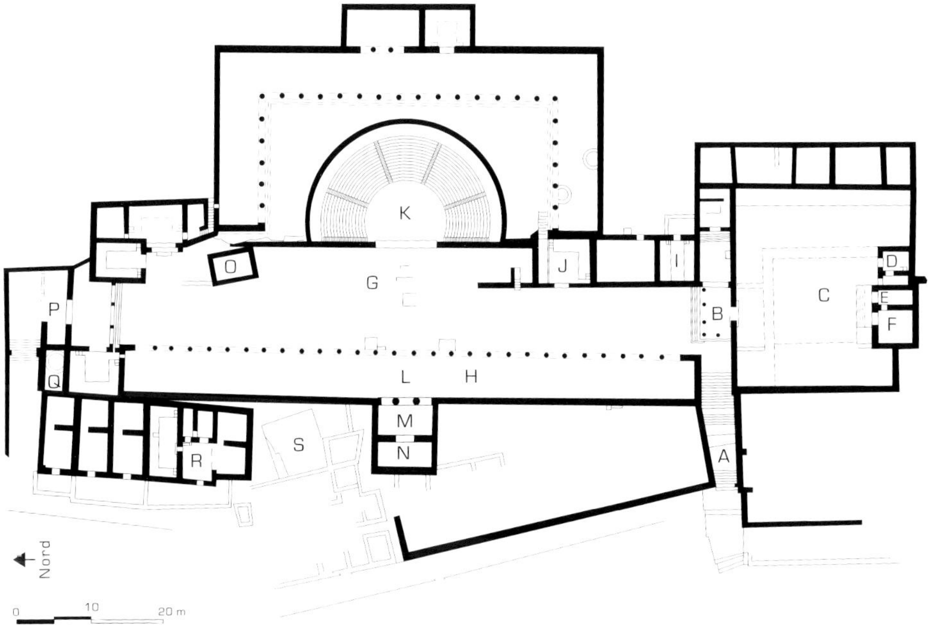

Fig. 87. — Le Sanctuaire des dieux syriens : plan restitué.

(droite) du sanctuaire, avec la Terrasse G qui s'allonge vers le Nord (à gauche). On devait accéder par la montée A à la cour C, noyau primitif du sanctuaire ; lors de l'aménagement de la Terrasse entre 112 et 104, les Propylées B bouchèrent pratiquement la montée et une entrée monumentale P fut installée au Nord.

La Cour, très ruinée, était entourée de bâtiments sur les quatre côtés. À signaler sur le côté Sud : chapelle D, dont le pavement de mosaïque (aujourd'hui déposé au Musée) porte une dédicace à une divinité secondaire, Hadran ; E et F qui constituent la chapelle principale.

Par les Propylées B on revient à la Terrasse G ; elle est bordée à gauche (Ouest) par un long portique H dont on voit encore les colonnes de pôros ; elles portaient des chapiteaux de marbre et un entablement probablement en bois. En son milieu, l'exèdre de Midas (M et N ; mosaïque inscrite *ID* 2288) précédée d'une mosaïque L que — d'après l'inscription (*ID* 2274) qu'elle porte — un nommé Phormion a fait placer sous le portique dans l'axe de la cavea du théâtre (voir plus bas). L'ensemble est aujourd'hui protégé par un grillage. Le côté droit (Est) comprend d'abord de petites pièces dont certaines (I et J) devaient servir aux banquets sacrés (banquette à l'intérieur) propres aux cultes sémitiques[19].

La partie médiane du côté Est de la Terrasse comporte un petit théâtre K d'un plan unique. Une douzaine de gradins pouvaient contenir de quatre à cinq cents spectateurs ; au sommet, un portique en Π entourait la cavea de toutes parts ; l'aile Est comporte deux salles contiguës, et l'aile Sud deux constructions circulaires, très peu visibles, semblables à des bassins ; il ne s'agit pas en effet d'un théâtre ordinaire, comme le montre l'absence de bâtiment de scène. La fonction de ce théâtre était essentiellement religieuse[20] : les fidèles y assistaient à certaines cérémonies, peut-être à la présentation de la déesse sous la forme de sa statue, — et eux seuls, car le portique en Π qui entoure la cavea les dérobait aux yeux profanes.

Après le théâtre, on rencontre, toujours sur la droite, une citerne rectangulaire O qui servait peut-être à la cérémonie de la « Descente au Lac » si elle avait lieu à Délos comme à Hiérapolis où Lucien la signale (*Déesse syrienne* 47 et 49). En poursuivant vers le Nord on trouve à droite d'autres salles à banquette (remarquer, incluse dans un dallage en gneiss, une plaque en marbre inscrite [*ID* 2302] rappelant que c'est le Romain P. Plotius qui l'a offert). La Terrasse s'achevait par les Propylées Nord P, accès principal du sanctuaire depuis la construction de la Terrasse. En revenant sur ses pas, on remarquera, à l'extrémité Nord du Portique, deux salles dont l'une, Q, occupée par un bassin circulaire (diam. : 2 m) ; en contrebas du Portique, différentes pièces, R, appartenant à un sanctuaire secondaire de type oriental, et une grande citerne S taillée dans le roc et servant peut-être à un usage identique à celui de la citerne de la Terrasse.

99. Au Nord-Ouest et en contrebas de la terrasse du Sanctuaire syrien (environ 200 pas à partir des Propylées P, par un sentier peu aisé) se trouve la **Maison** dite **de Philostrate d'Ascalon**[21] parce qu'on y a trouvé une inscription en son honneur, ce qui ne prouve d'ailleurs pas qu'il en fût le propriétaire. La maison, incomplètement fouillée, présente peu d'intérêt. — Philostrate d'Ascalon est un personnage bien connu à Délos à la fin du IIe s. et au début du Ier s. Originaire d'Ascalon en Phénicie aux dieux de laquelle il resta fidèle (**107**), il devint citoyen de Naples et ainsi put s'agréger à la colonie italienne de Délos dont il fut un des plus riches banquiers ; il est le donateur du portique Nord de l'Agora des Italiens (**52**). — Plus à l'Ouest, immédiatement en contrebas, ruines d'un

19. Cf. les rapprochements d'E. WILL, *op. cit.* (*supra*, n. 17) et *in Mélanges d'histoire ancienne et d'archéologie offerts à Paul Collart* (1976), p. 353-362, avec les sanctuaires syriens d'Asie et spécialement de Doura-Europos.
20. Cf. à Doura-Europos la « salle aux gradins » de destination analogue.
21. P. PARIS, *BCH* 8 (1884), p. 486-491. Sur Philostrate : F. DURRBACH, *Choix*, p. 213-214.

Fig. 88. — La Maison des dauphins, le Sarapeion C et l'Héraion : vue aérienne de l'Ouest.

édifice non fouillé, mais sans doute plus important qu'une maison particulière, à en juger par les marbres qui gisent là, entre autres un cintre monolithe analogue à ceux du Gymnase (**76**, A et G)[22].

100. *La limite Sud du Sanctuaire des dieux syriens est mitoyenne avec le plus grand des trois sanctuaires égyptiens,* le **Sarapieion C**[23] (**fig. 88**).

HISTOIRE. On a parlé déjà (**91**) de l'introduction à Délos des dieux égyptiens et des Sarapieia. Vers 180, le Sarapieion C devient sanctuaire officiel. Plus de cent soixante-dix inscriptions dédicatoires — quelques-unes d'aspect notable comme les oreilles offertes « à Isis Épékoos (= qui écoute) » de la **fig. 90** —

22. Cf. p. 249, n. 8.

23. P. ROUSSEL, *CE*, p. 47-69 ; J. MARCADÉ, *BCH* 78 (1954), p. 217-221 ; Ph. BRUNEAU, *CDH*, p. 462-463, et *BCH* 104 (1980), p. 161-188 ; H. SIARD, *RA* 2003, p. 193-197.

en attestent la prospérité jusqu'à la ruine de Délos. Partiellement détruit alors, il paraît encore avoir été fréquenté au IIe s. de notre ère puisqu'on y a trouvé quelques lampes de cette époque, dont un fragment représentant Isis Pélagia (**fig. 91** et cf. p. 102).

DESCRIPTION. Le Sarapieion C, allongé du Nord au Sud sur la même terrasse que le sanctuaire syrien, avait son entrée au Sud : notre visite se fait donc dans le sens opposé de celle des fidèles antiques. On distingue (**fig. 89**) :

1) Au Nord, une cour dallée (G) bordée d'un portique au Sud et à l'Ouest et entourée sur les deux autres côtés de divers édicules, dont plusieurs restent de destination inconnue. Sur le côté Nord, petit temple, partiellement en marbre bleuâtre, de Sarapis (F). À l'Est, façade restaurée d'un temple d'Isis (I) dédié par le peuple athénien (*ID* 2041) vers 130 (dorique *in antis* ; buste d'un personnage ou d'une divinité au tympan ; acrotère représentant une femme courant ou *Nikè*) ; au fond de la cella, grande statue d'Isis[24], également ex-voto du peuple athénien (*ID* 2044). Immédiatement au Nord, l'édifice à pronaos (H) peut avoir été un temple de Sarapis, Isis et Anoubis. Devant le temple d'Isis, se dresse un petit monument quadrangulaire orné de rosaces qui doit être un de ces autels à cornes (voir les trous de scellement aux angles de la face supérieure) servant à l'offrande de l'encens.

2) Au Sud, un espace trapézoïdal long de 90 m, bordé par les portiques B et B'.

Le mur de B est le soutènement de la terrasse de l'Héraion (**101**). B' est implanté sur les boutiques ouvrant sur la rue qui passe en contrebas du Sarapieion ; les ouvertures (bien visibles de cette rue) en ont été bouchées lors de l'abandon du sanctuaire.

Deux parcours opposés se laissent reconnaître : du propylée A (large seuil) on gagnait la cour E puis la partie Nord du Sarapieion. Inversement, de E on se dirigeait vers le temple C par l'avenue dallée D bordée d'autels carrés alternant avec de petits sphinx[25] (long. : env. 70 cm) : peut-être s'agit-il du « dromos »

24. *SD*, no 30.

25. Sur ces sphinx, cf. J. MARCADÉ, *BCH* 76 (1952), p. 125-127.

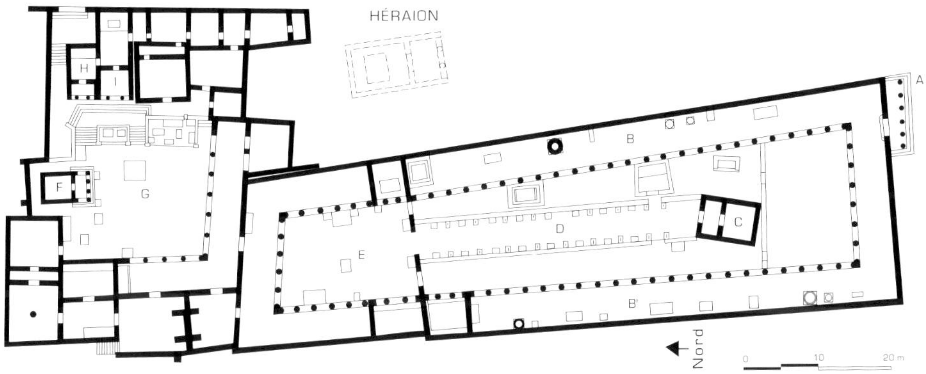

Fig. 89. — Le Sarapieion C : plan restitué.

caractéristique des temples égyptiens (le terme apparaît dans des inventaires du Sarapieion C : *ID* 1416, *A*, I). Le bâtiment C dans lequel on avait cru reconnaître un Métrôon (R. Vallois) ou un temple d'Isis (Ph. Bruneau) est maintenant identifié avec un Hydreion, temple du dieu de l'eau Hydreios (H. Siard). Il se composait d'un vestibule et d'un vaste puits situé à l'emplacement du naos.

Une statue acéphale de femme drapée déposée dans le dromos est celle d'une Athénienne, Diodora, comme nous l'apprend une base inscrite (*ID* 2096) trouvée au même endroit et sur laquelle il semble qu'elle prenait place[26].

101. *Sur la même terrasse que le Temple d'Isis, mais plus au Sud, s'élève l'* **Héraion**[27]. On distingue les ruines de deux temples successifs, le plus récent renfermant le plus ancien dans ses fondations (**fig. 88** et **92**).

26. Cf. J. Marcadé, *MD*, p. 522 (index) ; *SD*, n° 95.

27. A. Plassart, *EAD* XI, p. 145-214 ; M. Schuller, *JDAI* 100 (1985), p. 340-347 ; Ph. Fraisse, Chr. Llinas, *EAD* XXXVI, p. 476-489.

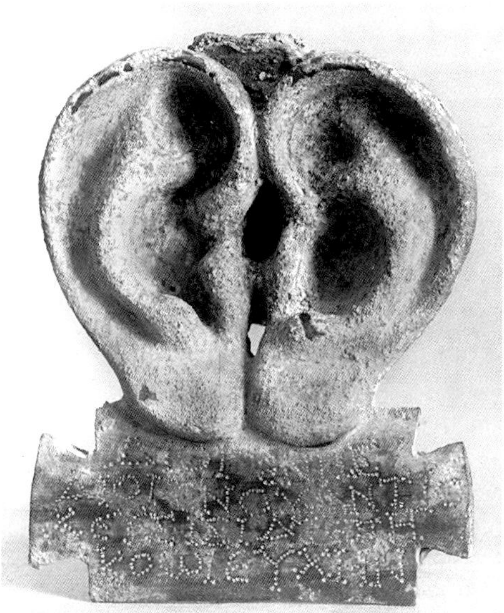

Fig. 90. — Oreilles votives offertes à Isis Épékoos (*ID* 2173).

Fig. 91. — Isis Pélagia sur un fragment de lampe du Sarapieion C.

1) Le temple primitif (Héraion I) a été découvert à l'intérieur de la cella, profondément enfoui sous le sol de celle-ci. C'est ce qui lui a valu d'être relativement bien conservé. Il a une forme nettement trapézoïdale ; le mur Ouest a été refait. Une banquette cultuelle en occupe le fond. Les murs sont faits de petites plaquettes de gneiss empilées.

Peut-être ce temple était-il entouré d'une colonnade en bois : on a, en effet, retrouvé plusieurs dés tronconiques de marbre, qui sont des supports de colonnes (deux sont engagés dans les fondations du second temple, dans la face interne du mur Ouest). Ces bases ont pu aussi appartenir à un portique léger.

Lors de la fouille (par P. Roussel, en 1912), le temple a été trouvé entièrement empli de vases, entiers ou brisés, dont plusieurs portent des dédicaces à Héra (*ID* 33), ce qui assure l'identification du sanctuaire. Ils constituent l'essentiel de la céramique archaïque du Musée[28]. Les offrandes les plus anciennes remontent au début du VIIe s. ; telle serait donc la date du temple. Des sondages entrepris en 1964 dans la terrasse du temple[29] ont permis de découvrir des constructions appartenant à un premier état du sanctuaire, datable de la fin de l'époque géométrique. Certaines des offrandes trouvées dans le temple remontent peut-être à ce premier état : il est donc possible d'abaisser la date du temple I pour la mettre en accord avec celle des éléments de couverture qui en subsistent[30].

2) Le second temple. Son ordonnance est facile à reconstituer : il était dorique, distyle *in antis.* Les colonnes, piquetées, étaient enduites de stuc ; une murette bouchait les entrecolonnements latéraux. Les murs étaient en marbre sur toute leur hauteur. Une banquette de marbre fait le tour du pronaos. Le sol de la cella a été refait à époque tardive.

28. Ch. Dugas, *EAD* X.
29. J. Ducat, *BCH* 89 (1965), p. 996-999.
30. *EAD* XI, p. 152, fig. 105.

Fig. 92. — L'Héraion, vu du Sud.

Si les vases anciens du dépôt datent le premier temple, les plus récents datent le second : extrême fin du VIe s. (époque de Léagros).

Les fûts de colonne ont été inversés lors de leur remontage : en plaçant la partie supérieure de la colonne droite sur la partie inférieure de la colonne gauche, et vice versa, on obtient deux colonnes de hauteur sensiblement égale.

Le temple est entouré d'un péribole et précédé d'un autel. Il est bâti sur une vaste terrasse que soutient un puissant mur archaïque, largement restauré.

Dépliant VI : Le Cynthe

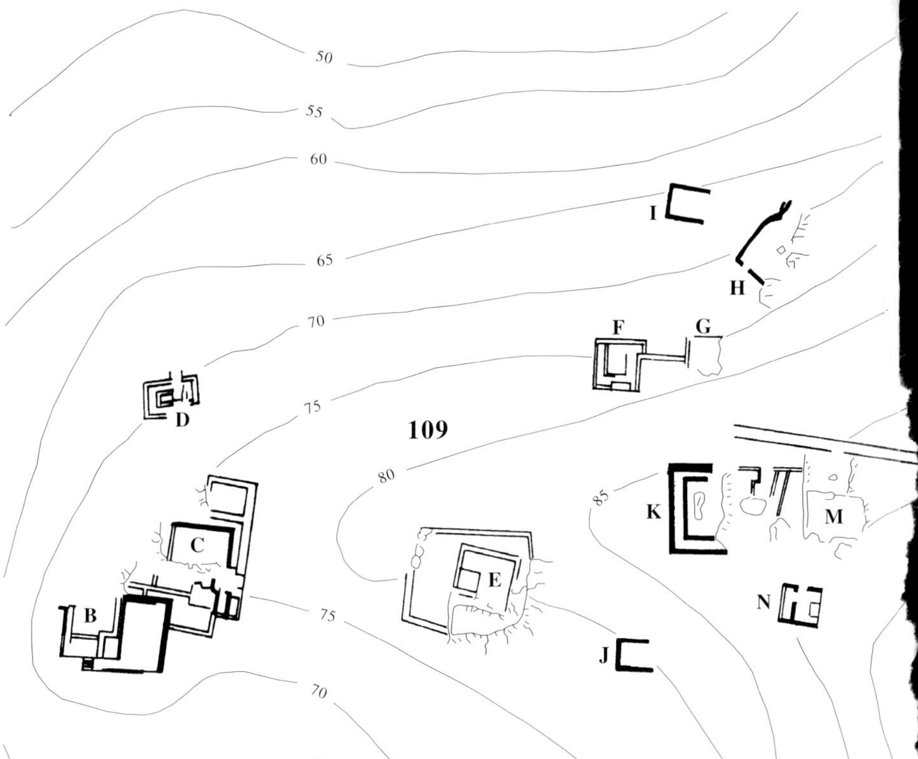
50
55
60
65
70
75
80
85
I
H
F
G
D
109
K
M
C
E
N
B
J
75
70
65
60
55
50
103
104
102

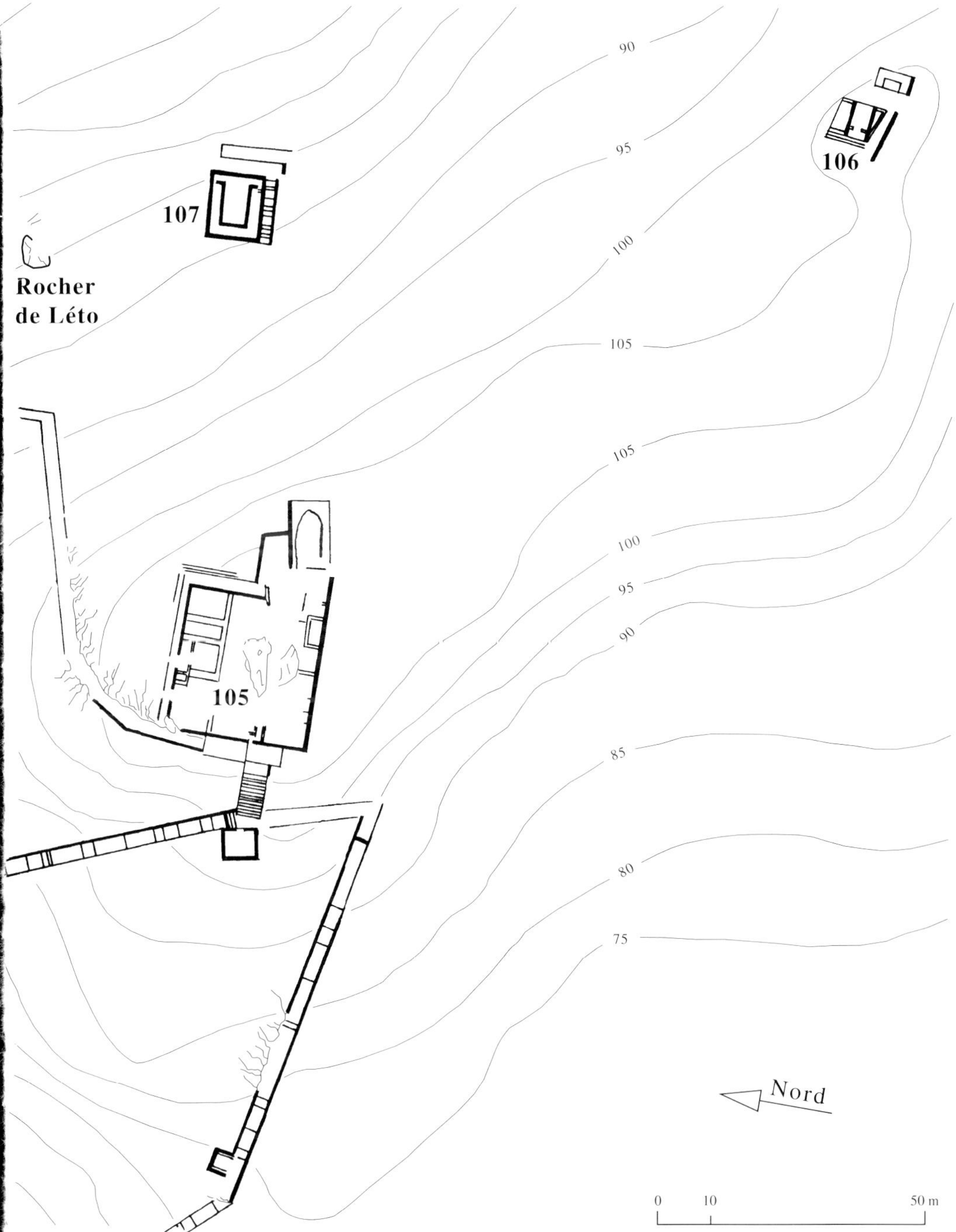

90
95
100
105
105
100
95
90
85
80
75
107
106
105
Rocher
de Léto
Nord
0
10
50 m

DÉPLIANT VI : LE CYNTHE

LE CYNTHE[1]

Dépliant VI

102. *En poursuivant vers le Sud, on trouve à gauche le départ de l'* **Escalier Nord-Ouest du Cynthe** *où l'on s'engage* (si l'on ne veut pas faire l'ascension du Cynthe, reprendre à **110**) ; en continuant le sentier on arriverait à l'escalier Ouest ; une troisième voie montait au Cynthe par la face Nord (cf. **106**, fin).

À droite du premier palier, restes d'un bassin antique à destination peut-être religieuse ; à gauche du second palier, sur un rocher, dédicace (*ID* 63) ΑΘΗΝΑΗΣ ΟΡΓΑΝΗΣ (Athéna Organè est la protectrice des travaux domestiques).

À droite de la cinquième marche après le second palier, un sentier conduit au Sanctuaire d'Agathé Tyché et à l'Antre.

103. *Le sentier fait d'abord un coude vers la gauche, puis un second coude vers la droite (en direction de l'Antre). À cet endroit on se trouve au pied du* **Sanctuaire d'Agathé Tyché**[2] ; il se compose d'une cour C précédée d'un escalier E, bordée de deux portiques P et P' (à poteaux de bois) et bornée à l'Est par un petit temple N à prodomos, lui-même encadré de trois pièces A, A', A'' de destination indéterminée (**fig. 93**).

On a proposé d'identifier ce sanctuaire avec un Philadelpheion, mentionné dans deux inscriptions du début du IIe s., qui était consacré à Arsinoé Philadelphe, sœur-épouse du roi d'Égypte Ptolémée II Philadelphe ; celle-ci, parfois figurée avec la corne d'abondance, se serait peu à peu effacée derrière Agathé Tyché, déesse de la Bonne-Fortune, qu'on représentait portant le même attribut. Parfaitement possible, cette identification des deux sanctuaires ne repose pourtant sur aucun argument contraignant. — Les inventaires de l'époque athénienne décrivent en détail le mobilier du sanctuaire d'Agathé Tyché ; c'est sur leur témoignage qu'on lui restitue le relief de bronze trouvé dans la Kréné Minoé (cf. p. 103 et **fig. 94**).

104. *Le sentier conduit rapidement à l'* **Antre du Cynthe**[3] ; il longe d'abord (à gauche) le soutènement de la terrasse (en assises isodomes de granit) ; un escalier taillé dans le roc conduit à la terrasse.

1. A. Plassart, *EAD* XI.
2. *Ibid.*, p. 222-228 ; sur l'identification, cf. Ph. Bruneau, *CDH*, p. 533-545.
3. A. Plassart, *EAD* XI, p. 228-255 ; Ph. Bruneau, *CDH*, p. 401-403.

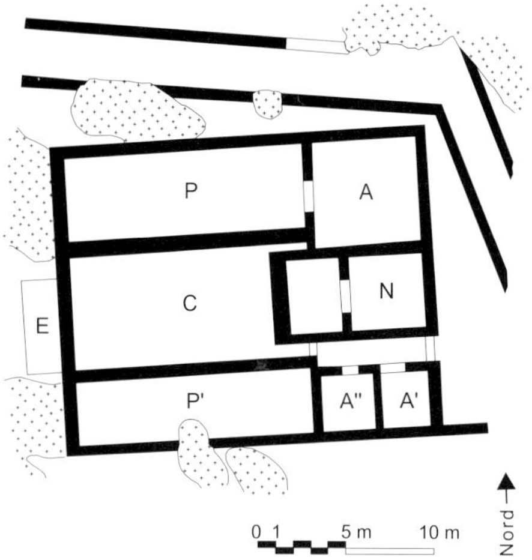

Fig. 93. —Le Sanctuaire d'Agathè Tychè : plan.

Fig. 94. —Plaque de bronze provenant sans doute du Sanctuaire d'Agathè Tychè, A 1719.

DESCRIPTION. Celle-ci était entourée d'un mur de clôture, au Nord, à l'Ouest et au Sud. Elle est limitée à l'Est par le mur de l'Antre. L'Antre occupe le fond d'une faille rocheuse et affecte un plan trapézoïdal (profond. : 5,60 m ; larg. max. : 3,35 m ; larg. min. : 2,80 m). La partie supérieure de chaque paroi est entaillée pour recevoir dix blocs énormes de granit qui s'appuient l'un contre l'autre, deux à deux, formant ainsi un toit à double pente ; le fond de l'Antre a toujours été à ciel ouvert. Le mur de clôture, à l'Ouest de l'Antre, est percé d'une porte à chambranle de marbre blanc ; on ne sait pas si au-dessus d'elle il y avait un tympan. À l'intérieur, une base rupestre de forme ovale portait une statue de marbre blanc dont les restes sont conservés au Musée : deux pieds et un tronc d'arbre recouvert d'une peau de lion ; l'œuvre est hellénistique. À 1 m en avant de la base se trouvait une table à offrandes en marbre blanc. Sur la terrasse, deux tables, destinées probablement à des repas rituels, se trouvaient disposées sur les côtés, au Sud et au Nord (celle-ci encore partiellement en place). Au centre de la terrasse une petite construction circulaire en marbre blanc reposant sur des fondations en granit doit s'interpréter comme la partie inférieure d'un autel.

DATE ET DESTINATION. L'Antre était probablement un sanctuaire d'Héraklès installé à l'époque hellénistique.

Considéré souvent comme une porte par les plus anciens voyageurs, l'Antre fut reconnu comme sanctuaire dès le milieu du XVIIIe s. Au temps des premières fouilles, on parla de « temple primitif d'Apollon », de « caverne du soleil » et l'on vit dans cet établissement considéré comme très ancien le lieu de la naissance d'Apollon et le siège d'un prétendu oracle. La démonstration convaincante d'A. Plassart a fait justice de ces thèses. La statue de culte semble indiquer qu'il s'agit d'un Hérakleion. Dans la mesure où l'on accepte que le Sanctuaire d'Agathé Tyché, tout proche, est un ancien Philadelpheion, l'Antre peut aussi être considéré comme un sanctuaire fondé sous Ptolémée II en l'honneur d'Héraklès, ancêtre mythique du roi, dans le goût alexandrin des cavernes artificielles. Ce ne sont là qu'hypothèses ; il importe surtout d'éliminer pour l'Antre une date haute. Aucune trouvaille n'est antérieure à l'époque hellénistique ; plusieurs détails, au contraire, sont favorables à cette datation (statue, appareil de la terrasse, travail du granit).

105. *On regagne l'escalier du Cynthe soit en revenant au point de départ, soit en escaladant les rochers au-dessus de l'Antre. On le monte jusqu'au point où il s'interrompt et où l'on trouve à gauche un escalier monumental : on est alors près du* **sommet du Cynthe** occupé à l'époque historique par le **Kynthion**[4].

HISTOIRE. *a)* Le sommet du Cynthe a d'abord porté une petite agglomération que la céramique permet de placer dans la deuxième moitié du IIIe millénaire (phases Cycladique Ancien II et III A)[5].

C'est un enchevêtrement (aujourd'hui très indistinct : se reporter au plan, **fig. 95**) de murs généralement curvilignes, délimitant de petites pièces, surtout conservées du côté Ouest. On croit reconnaître, face à l'escalier D, une entrée, étroite et sinueuse ; à droite de cette entrée, deux pièces où l'on n'a pas retrouvé de niveau d'occupation sont interprétées comme des éléments d'un bastion fortifié. Sous l'oikos hellénistique I se trouve ce qui pourrait être la moitié Est d'une assez grande maison de plan rectangulaire. Au coin Nord-Est, on croit voir les vestiges de trois maisons de plan absidal.

De cet habitat proviennent différents objets de pierre et de terre cuite : meules, mortiers, polissoirs, broyeurs, vases, etc.

b) Le site semble abandonné au IIe millénaire ; à l'époque historique, il est devenu un lieu de culte de Zeus, puis d'Athéna qu'on y trouve établis l'un et l'autre dès le VIe s. Mais c'est au IIIe s. et pendant l'époque hellénistique que le sanctuaire du sommet du Cynthe, le Kynthion, reçut les aménagements décrits plus bas.

De la vie religieuse du sanctuaire on sait peu de choses : les inscriptions mentionnent des sacrifices, des banquets rituels, des courses au flambeau. Le plus précieux document est

4. A. PLASSART, *EAD* XI, p. 11-144 ; H. GALLET DE SANTERRE, *DPA*, p. 19-30 ; Ph. BRUNEAU, *CDH*, p. 222-232.
5. J. A. MACGILLIVRAY, *BCH* 104 (1980), p. 3-4 ; 105 (1981), p. 615-621.

un règlement cultuel (non antérieur à la fin du IIe s.) gravé sur une stèle de marbre[6] : il y est prescrit aux fidèles qui pénètrent dans le sanctuaire de ne porter ni clef, ni anneau en fer, ni ceinture, ni chaussures, ni bourse, ni arme, — d'être vêtus de blanc, — de s'être abstenus préalablement de viande et du commerce sexuel. De telles prescriptions se rencontrent souvent ailleurs ; plus neuve à l'époque est celle non plus matérielle, mais morale, de se présenter « avec une âme pure ».

DESCRIPTION (**fig. 95**). Au point où l'on est arrêté, là où l'escalier Nord-Ouest (A) que l'on vient de gravir rencontre l'escalier Ouest (B), se trouvait un petit bâtiment rectangulaire (C : 5,80 m x 4,70 m) pavé d'une grosse mosaïque de marbre en partie disparue ; selon une inscription, il y a eu là une exèdre. Un large escalier de vingt-quatre marches (D), puis une seconde volée dirigée Nord-Sud, enfin une troisième volée Sud-Nord conduisent au massif du Propylée (E) ; c'est là que la voie d'accès Ouest (= escaliers Ouest et Nord-Ouest) rencontre la voie Nord (F) ; un fort soutènement en granit, assez ruiné mais encore visible, supportait un propylée dorique tétrastyle de marbre blanc dont on ne voit plus rien. L'exèdre, l'aménagement de l'escalier en trois volées, le propylée sont des embellissements apportés après 167 à un ensemble plus ancien.

La terrasse du Kynthion, que domine un rocher actuellement occupé par une borne hypsométrique, fut établie en effet au IIIe s. ; à peu près carrée (26,40 m de côté), elle englobait les cabanes cycladiques dans ses substructions. En G on voit particulièrement bien les murs grossiers et curvilignes des cabanes pris dans les murs hellénistiques et les murs de soutènement de la terrasse (Nord et Est), épaulés à l'intérieur par des contreforts qui renforcent le mur aux points de la terrasse où les fondations descendent le plus bas. La terrasse portait un mur d'enceinte (péribole) en marbre (le toichobate est partiellement conservé au Sud). Dans l'angle Nord-Est on reconnaît, difficilement d'ailleurs, un bâtiment G ouvert à l'Ouest (au coin Sud-Est extérieur de ce bâtiment, un petit réservoir cimenté H), et plus difficilement encore, un bâtiment symétrique I dans l'angle Nord-Ouest ; G est sans doute l'*oikos* de Zeus Kynthios mentionné dans les inscriptions, et I celui d'Athéna, plus tardif (après 250) ; ces *oikoi* étaient ioniques distyles *in antis* ; d'après les comptes et inventaires du IIIe et du IIe s., ils servaient à des banquets rituels et étaient aménagés en *hestiatoria* avec douze lits et autant de tables.

Après 167, la terrasse carrée fut agrandie par l'adjonction de deux terrasses supplémentaires J et K sur le côté Est.

6. *ID* 2529. Cf. F. SOKOLOWSKI, *Lois sacrées des cités grecques* (1962), p. 113, nº 59.

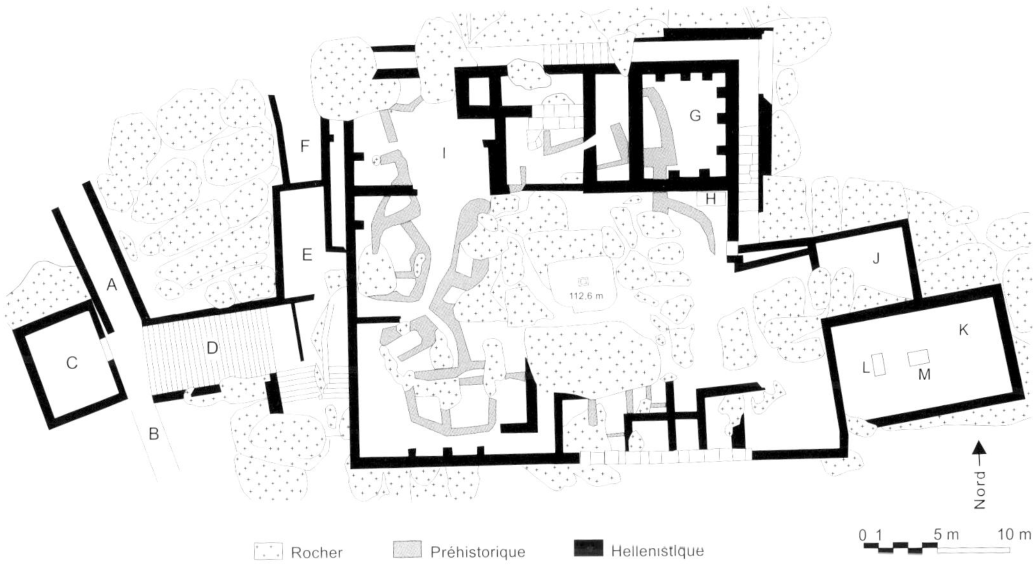

Fig. 95. — Le Kynthion : plan.

K portait un panneau de mosaïque (L), aujourd'hui déposé au Musée, dont l'inscription commémore la dédicace d'un « *kataklyston* », mot rare qui paraît désigner la mosaïque elle-même[7]. En M, un panneau rectangulaire ménagé dans le pavement correspond peut-être à l'emplacement d'une base de marbre blanc retrouvée près de là et qui portait une statue de bronze colossale du roi d'Égypte, Ptolémée IX Sôter II (116-80 ; *ID* 1532. Cf. 77).

106. Du Kynthion on accède aisément, par un sentier à peu près de niveau, à la croupe Sud-Est du Cynthe ; elle porte les restes de constructions très ruinées où une dédicace a permis de reconnaître un **Sanctuaire de Zeus Hypsistos**[8] sans doute non antérieur au Ier s. Il est probable que ce nom désigne non pas le Zeus grec, mais un Baal (le sanctuaire n'est pas de type grec). On a trouvé là quatre curieuses figurines d'envoûtement.

7. *ID* 2420. — La traduction de « *kataklyston* » a donné lieu à controverse : cf., en dernier lieu, Ph. Bruneau, *BCH* 102 (1978), p. 139-145 ; *id.*, *JS* 1988, p. 19-20 et 42 ; M.-Chr. Hellmann, *VAID*, p. 193-194.
8. A. Plassart, *EAD* XI, p. 289-293 ; Ph. Bruneau, *CDH*, p. 240-241.

Si l'on dispose de peu de temps, on regagne le pied du Cynthe par le chemin emprunté à l'aller et l'on reprend à **111**.

Mais une exploration complète de Délos comporte une visite aux sanctuaires septentrionaux et orientaux du Cynthe. Du sanctuaire de Zeus Hypsistos, regagner le Propylée du Kynthion (**fig. 95**, E) ; *là, au lieu de descendre sur la gauche l'escalier à triple volée (D), on prend à droite, en contournant la terrasse du Kynthion, un sentier passablement encombré d'épines qui représente l'antique accès Nord du Cynthe (F). Lorsque cette voie qui a pris d'abord la direction Est fait un coude vers le Nord, s'arrêter.*

107. *De ce point on peut atteindre* (cf. **dépliant VI**), *à une quarantaine de mètres au Sud, le* **Sanctuaire des Dieux d'Ascalon**[9] de type oriental, formé d'une cour ouverte à l'Est et encadrée au Sud, à l'Ouest et au Nord par une terrasse assez étroite (2,50 à 2,30 m). Il a été dédié par le banquier Philostrate, originaire d'Ascalon en Palestine, bien connu à Délos (**99**), en l'honneur d'au moins deux divinités de sa patrie, Astarté Palaistiné Ourania Aphrodité et le Poseidon d'Ascalon.

108. *De là en se dirigeant vers le Sud sur le flanc oriental du Cynthe, on arrive au* **Sanctuaire d'Artémis Lochia**[10], situé exactement à l'Est, mais très en contrebas (dénivellation de presque 45 m) de celui de Zeus Hypsistos. Il est établi sur une terrasse qui s'allonge du Nord au Sud. Au Nord, un naos s'ouvrait vers le Sud par une porte dont on voit encore le seuil en marbre ; le long du mur Nord, en face de la porte, se trouvait la base de la statue cultuelle. Plus au Sud, entre deux rochers qui font saillie sur le côté Ouest de la terrasse, il faut restituer un autel (un bloc de marbre encore en place). On a trouvé dans le naos ou près de là plusieurs reliefs ; l'un d'eux, le mieux conservé, date de la fin du IVe s. : on y voit un couple et ses trois enfants s'avancer vers l'autel d'Artémis, figurée à gauche ; ils vont sacrifier là une chèvre que conduit le victimaire ; ces reliefs ont permis d'attribuer à Artémis Lochia, déesse de la famille et protectrice des accouchements, ce sanctuaire qui semble avoir été fréquenté du Ve s. jusqu'à l'époque hellénistique.

109. On revient au Sanctuaire des Dieux d'Ascalon et au coude que la voie Nord fait vers le Nord ; de ce point, on peut atteindre, à 25 m à l'Est, le **Rocher de Léto (dépliant VI)**[11] : un gros rocher porte une inscription du Ve s. : ὅρος Λητῶς, « borne de Léto » (*ID* 64) ; on ignore quel terrain sacré limitait cette borne.

On revient au coude de la voie Nord : le terrain est en forte pente, puis se relève pour former au Nord une colline ; entre elle et le coude de la voie Nord s'étend un secteur rocheux

9. *EAD* XI, p. 285-289 ; *CDH*, p. 474.

10. *EAD* XI, p. 293-308 d'après R. Demangel, *BCH* 46 (1922), p. 58-93. — Renonçant à l'identification avec l'Eilithyiaion délien (de localisation incertaine), A. Plassart propose d'appeler Artémis Lochia la déesse vénérée en ce sanctuaire : un chœur d'Euripide évoque en effet « l'Artémis des accouchées (Lochia), de qui la demeure est le long de l'escarpement du Cynthe ». — *CDH*, p. 191-195.

11. *EAD* XI, p. 283-285.

occupé par les **Treize Sanctuaires septentrionaux du Cynthe**[12], passablement ruinés, pour la plupart anonymes et désignés par les lettres B à N (**dépliant VI**). Ils ont le commun caractère, très intéressant, de n'être pas de type hellénique. Ce sont des sanctuaires à ciel ouvert de type sémitique, ce que confirment les quelques identifications possibles. Les inscriptions désignent le sanctuaire L comme dédié aux dieux de Iamneia, ville côtière de Palestine ; l'un d'eux est un Héraklès sous lequel on a reconnu un dieu local, Baal-Zébul, devenu au cours des temps le satanique Belzébuth[13]. — Voir le sanctuaire E dont la disposition, non hellénique, est bien perceptible : au milieu d'une cour non couverte se dresse le massif de l'autel. — Au Nord, sur la colline, deux sanctuaires voisins (B et C) dont l'un (on ne sait lequel) appartenait à de mystérieux « Dieux Premiers » (Θεοὶ Πρῶτοι) ; on a trouvé des dédicaces qui laissent penser qu'il y avait un sanctuaire de divinités phrygo-mysiennes et un autre de divinités sémitiques (une dédicace en caractères sémitiques au dieu arabe Sîn de Alam [*ID* 2319] est encore en place) ; on célébrait là des banquets rituels (une dédicace parle de table et d'une cuisine). L'un au moins de ces sanctuaires était encore fréquenté au début de l'époque impériale.

Des sanctuaires B et C, prendre la direction Ouest à travers champs ; on arrive au Sarapieion C ; regagner le pied de l'escalier Nord-Ouest du Cynthe.

110. *Lorsqu'on est revenu au pied de l'escalier Nord-Ouest du Cynthe, on laisse à droite l'Héraion et l'on prend le sentier de gauche qui contourne la terrasse du Sarapieion en direction de l'Ouest.*

Quand on a la terrasse à droite, noter à gauche du sentier (au pied du Cynthe, juste dans l'axe de l'Antre) une **chapelle** hellénistique sans mur de façade[14] (**dépliant V**, en vis-à-vis de la p. 263).

12. A. Plassart, *EAD* XI, p. 257-289 ; *CDH*, p. 475-478.
13. I. Lévy, *Recherches esséniennes et pythagoriciennes* (1965), p. 65-71.
14. R. Vallois, *AHHD* I, p. 196, n. 2.

Fig. 96. — La mosaïque du péristyle de la Maison des dauphins : relevé à l'aquarelle.

LE QUARTIER DU THÉÂTRE

Dépliants V et VII

111. *Le sentier (cf.* ***dépliant V****, vis-à-vis de la p. 263) conduit à une* petite place côtoyée au Nord et à l'Ouest par une colonnade en granit (cf. **82●**). Sur le côté Nord est située la **Maison des dauphins**[1] **(fig. 88** et **97)**.

Une des plus anciennement fouillées, elle compte aussi parmi les plus somptueuses maisons de Délos. Elle occupe à elle seule un îlot. L'entrée principale était flanquée de deux autels, l'un en marbre, l'autre aujourd'hui disparu. Un vestibule donne accès à un péristyle dont les colonnes doriques en marbre sont taillées à pans coupés jusqu'à mi-hauteur et cannelées dans la partie supérieure (p. 72). Sur trois côtés seulement s'ouvrent les pièces de la maison (**fig. 97a**) : H : œcus maior qui commande I et J ; G et F : deux salles de réception dont la première était ornée d'une frise d'Éros[2] ; B, communs : latrines B', cuisine B'', réserve à provisions (?) B''' éclairée par une meurtrière et communiquant avec l'extérieur par une conduite en terre cuite (à 1,50 m du sol) permettant peut-être de déverser directement de l'extérieur les provisions dans les jarres. Les chambres étaient à l'étage.

Les mosaïques retiendront surtout l'attention[3].

a) Dans le vestibule (A), le signe dit de Tanit (**fig. 97b**) noir sur fond blanc, avec seulement du jaune dans le cercle supérieur.

Ce signe, en usage dans le monde phénicien et surtout carthaginois, est placé ici dans le vestibule avec la valeur d'un apotropaion. À Délos, il paraît aussi sur quelques lampes hellénistiques.

b) Dans le péristyle (D), la mosaïque des dauphins (**fig. 96**) qui a donné son nom à la maison. Autour d'une rosace centrale (très dégradée) à décoration végétale, différentes zones concentriques dont une bande de griffons alternativement à têtes de lions et de griffon ; l'une de ces zones porte la signature [Ἀσκλη]πιάδης Ἀράδιος ἐποίει, « œuvre d'[Asklè]piadès d'Arados » (Arados est une ville de Phénicie). À chaque angle, deux dauphins (variantes dans le rendu des courroies

1. J. CHAMONARD, *EAD* VIII, p. 404-410.
2. M. BULARD, *PMMD*, fig. 49.
3. *EAD* XXIX, p. 232-239 (sur le « signe de Tanit » à Délos, cf. *CDH*, p. 645-648).

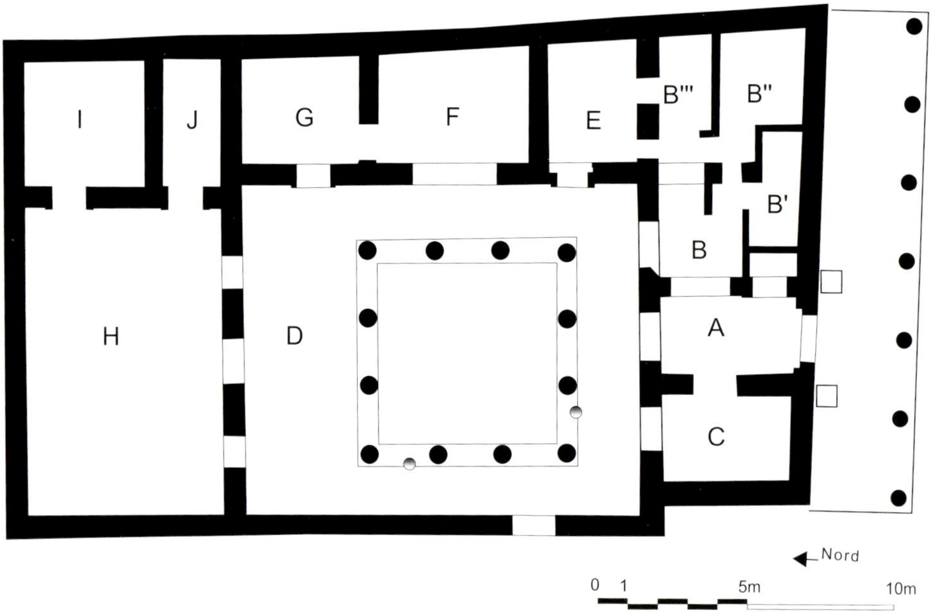

Fig. 97a. — La Maison des dauphins : plan restitué.

Fig. 97b. —La mosaïque du signe de Tanit de la Maison des dauphins.

Dépliant VII : Le Quartier du théâtre

113
114
115
116
118
a
b
c
d
10
15
20
25
30
Nord
0
10
50 m

87
88
10
15
5
120
119
121
121.2
121.1
69
5

DÉPLIANT VII : LE QUARTIER DU THÉÂTRE

et des rênes ; attache en forme de tête de Méduse au Nord-Est et au Sud-Ouest) sont conduits par un personnage ailé qui porte un caducée au Nord-Ouest, un thyrse au Sud-Ouest, un trident au Sud-Est, c'est-à-dire les attributs respectifs d'Hermès, Dionysos et Poseidon ; l'attribut du quatrième conducteur, très mutilé, est indéterminé.

Cet anonymat complique l'interprétation. Il est vraisemblable que le quatrième attribut est la massue d'Héraclès. Ces quatre jockeys jouent, transposé au monde maritime, le rôle des *desultores* (jockeys-acrobates qui, à Rome, conduisaient deux chevaux et les montaient alternativement en sautant de l'un à l'autre) ; de fait, les quatre attelages sont en compétition puisque l'un des dauphins, conduit par le jockey au thyrse, tient dans sa gueule une couronne ; c'est donc l'attelage dionysiaque qui a remporté la victoire. Cette exaltation de Dionysos, également sensible dans d'autres mosaïques de Délos (p. 128), est la seule intention qu'on puisse reconnaître dans ce décor énigmatique et sans parallèle dans l'art antique.

La mosaïque des dauphins est une des cinq ou six mosaïques signées qu'on possède actuellement dans le monde grec, du IVe au Ier s. Aussi le mosaïste n'est-il pas connu par ailleurs. Son nom même n'est pas assuré : la restitution traditionnelle [Ἀσκλη]πιάδης est très vraisemblable pour cette époque, mais n'est pas la seule possible. On ne peut manquer de rapprocher son origine phénicienne et la présence, dans la mosaïque du vestibule, du « signe de Tanit », également phénicien.

D'une demeure non fouillée, contiguë à l'angle Nord-Est de la Maison des dauphins, proviennent sans doute deux linteaux évidés en plein cintre en marbre bleu, analogues à ceux du Gymnase, qui s'y trouvent dressés parmi les décombres ; ils font partie des antiquités dessinées par Cockerell lors de son passage en 1810[4].

112. *On regagne la place ;* le côté Ouest en est bordé par un îlot de quatre maisons. Plusieurs portes sont celles de boutiques ; la deuxième porte en partant du Nord donne accès à une habitation[5] qu'on pourra visiter rapidement comme exemple de maison délienne peu luxueuse sans péristyle. La sixième porte est celle de la **Maison des masques**[6], qui date de la deuxième moitié du IIe s.

DISPOSITIONS GÉNÉRALES. Un long couloir en pente conduit à une grande cour à péristyle. Celui-ci est d'un type particulier que l'écrivain latin Vitruve, dans son traité *De l'Architecture* (VI 7, 3), qualifie de rhodien. L'un des côtés est plus élevé que les trois autres ; on remarque

4. Cf. p. 47 et p. 249, n. 8.
5. J. CHAMONARD, *BCH* 57 (1933), p. 107-110 ; cf. *BCH* 99 (1975), p. 290-291, et 102 (1978), p. 126.
6. J. CHAMONARD, *BCH* 57 (1933), p. 110-158. — Mosaïques : *EAD* XIV ; *EAD* XXIX, p. 239-260 ; A.-M. GUIMIER-SORBETS, M.-D. NENNA, *BCH* 119 (1995), p. 531-534.

ici, du côté Nord, que l'avant-dernier tambour des colonnes d'angle porte une console en saillie dont la face supérieure est au même niveau que les chapiteaux des colonnes Ouest, Sud et Est ; ces consoles supportaient l'architrave des colonnades Ouest et Est, plus basses que l'architrave du côté Nord. Les colonnes de ce péristyle, en matériaux disparates, sont manifestement des remplois.

Cette grande maison à étage comportait diverses pièces à l'Ouest, des locaux de service au Sud ; derrière ceux-ci un grand réservoir à ciel ouvert creusé dans le granit alimentait en eau les quatre maisons de l'îlot. À l'intérieur de la maison on a trouvé deux statues d'hommes, une de divinité assise, une de femme.

MOSAÏQUES. L'intérêt principal de la maison réside dans les mosaïques des pièces desservies par le promenoir Nord du péristyle, aujourd'hui reconstruites par mesure de protection. On trouvera d'Est en Ouest :

A) SALLE DE DIONYSOS ET DES CENTAURES. Au centre de la mosaïque est représenté sur fond noir Dionysos monté sur un guépard, vêtu d'une longue robe brodée et d'un manteau jaune, coiffé d'une couronne ornée de feuilles et de baies de lierre, tenant de la main droite un thyrse et de la gauche un tympanon (tambourin) (**fig. 29**). De chaque côté de ce tableau sont figurés dans un cadre en forme de losange deux centaures galopant ; celui de droite tient une torchère ; celui de gauche porte sur son épaule un canthare.

Ces trois tableaux sont groupés dans un grand ensemble rectangulaire entouré de motifs géométriques et complété par une mosaïque de seuil ornée d'une rosace multicolore. La différence de technique est éclatante entre le tableau de Dionysos, traité en *opus vermiculatum,* et le reste de la mosaïque, beaucoup plus maladroit (*opus tessellatum*) ; le tableau du Dionysos avait été exécuté à part et inséré ultérieurement, comme le prouve un détail d'exécution : il est placé de travers et trop haut dans l'ensemble.

Le même sujet est traité sur une et peut-être deux autres mosaïques de Délos (p. 128 et **120**) ; il appartenait déjà au répertoire des mosaïques de galets des IVe et IIIe s. (Pella et Érétrie) et témoigne ainsi du poids des traditions d'ateliers sur les mosaïques de Délos.

B) SALLE DES MASQUES (**fig. 28**). La salle suivante était l'œcus maior de la maison. Le pavement est décoré de cubes en trompe-l'œil ; mais sur chacun des petits côtés s'étend un bandeau orné de cinq masques comiques reliés par des rinceaux de feuilles et de baies de lierre. À l'époque de cette mosaïque fleurissait la comédie dite « nouvelle » dont les personnages étaient stéréotypés : le barbon, la courtisane, etc. À chacun de ces types correspondait un masque particulier dont Pollux, lexicographe grec du IIe s. ap. J.-C., nous a conservé la description. L'identification de certains masques de la mosaïque reste controversée. Le même motif est traité dans une mosaïque de l'Îlot des bijoux (**59 A**).

C) Salle du Silène. La salle suivante était un œcus minor ; la mosaïque représente un silène dansant, dressé sur la pointe des pieds et bras levé. Près de lui, à gauche, un joueur de double aulos, assis sur un rocher, accompagne la danse du Silène.

D) Salle de l'amphore. Le centre de la mosaïque est décoré de deux rosaces entre lesquelles on a ensuite rajouté (réfection que prouve la différence de traitement des fonds) un oiseau et une amphore contre laquelle est appuyée une palme (motif analogue : **52**, niche I ; **118**). Près du seuil, deux dauphins affrontés.

Diverses particularités montrent que la conception des quatre mosaïques revient à un même artiste (ainsi, dans les trois premières, les postes de la bordure décorative ne courent pas selon une direction unique comme c'est le cas partout ailleurs à Délos), mais il est faux de prétendre, comme le pensait J. Chamonard, que le sujet des trois premiers pavements est emprunté à l'art dramatique et d'en inférer que la maison aurait été le siège d'une association d'acteurs ou un local en rapport avec la vie du théâtre. En effet, seuls les masques sont sûrement un thème théâtral ; en outre, presque chaque sujet se retrouve dans d'autres pavements de Délos, ce qui interdit de croire que le décor mosaïque de la Maison des masques lui ait été spécialement approprié.

On revient à la place de la Maison des dauphins ; on prend la rue qui, de cette place, se dirige vers l'Ouest.

C'est une rue à colonnes (**82** ●) ; remarquer aussi à gauche l'escalier extérieur.

À partir d'ici, se reporter au ***dépliant VII****, vis-à-vis de la page 293.*

113. *En continuant la rue vers l'Ouest,* on aperçoit bientôt l'encadrement en marbre blanc d'une immense citerne[7]. C'est celle d'un grand bâtiment à multiples pièces, dont la destination exacte n'est pas assurée, mais qu'on considère avec vraisemblance comme une **Hôtellerie**[8]. Trois gros blocs non taillés d'une roche verte très dure gisent dans l'édifice ; une douzaine d'autres se rencontrent dans le Quartier du théâtre. Il peut s'agir de queues, c'est-à-dire de pierres à aiguiser[9].

7. Capacité : env. 270 m^3 (5,50-6 m au côté ; profondeur : 8,30 m). C'est la plus profonde citerne jusqu'ici connue à Délos.

8. L. H. Kraynak, *Hostelries of Ancient Greece* (1987), p. 90-108.

9. Ph. Bruneau, *BCH* 109 (1985), p. 566-567 ; 114 (1990), p. 582.

Plusieurs têtes de taureau en stuc appartenant à la décoration du bâtiment sont conservées au Musée[10].

Deux volées de marches perpendiculaires, au Nord-Ouest de la citerne, permettent de sortir de cet édifice par une très belle porte de marbre blanc.

114. On est alors face à l'un des murs de soutènement du **Théâtre**[11] (**fig. 98**), construit progressivement entre la fin du IVe s. et le troisième quart du IIIe s. et probablement abandonné après 69. Comme tout théâtre grec il comporte, séparées par l'orchestra, deux parties :

A) La partie destinée aux spectateurs, dite « koilon », adossée à une colline et enclose par un beau mur de soutènement en gros blocs de marbre blanc à bossages.

Le koilon comportait quarante-trois gradins surmontés par un passage périphérique et divisés en deux sections par une circulation horizontale (dallage de marbre visible au Sud-Est). En aval de ce diazoma se développaient vingt-cinq gradins courants entre deux banquettes à dossier. En amont, on comptait, dans la partie centrale, quinze gradins courants surmontés d'une banquette à dossier. Dans cette section, le nombre des gradins diminuait à mesure que l'on s'éloignait de l'axe Est-Ouest de l'édifice. C'est là une conséquence mathématique entraînée par le plan particulier du théâtre de Délos ; en effet, le tracé du mur extérieur est plus ou moins ellipsoïdal, c'est-à-dire que le koilon est plus profond (axe Est-Ouest) que large (axe Nord-Sud) ; mais il entoure une orchestra circulaire (bordée d'un caniveau) à laquelle les gradins sont concentriques.

Le théâtre pouvait contenir environ 6 500 spectateurs qui accédaient à leurs places :

— soit par les *parodoi*, passages pourvus de portes, situés au niveau de l'orchestra, entre le bâtiment de scène et le koilon, et de là par les huit escaliers qui divisent les gradins au-dessous du diazoma ;

— soit par une rampe située à l'Est, tout à fait au sommet du koilon ;

10. J. Marcadé, *BCH* 76 (1952), p. 111 et fig. 11.

11. S. Reinach, *BCH* 13 (1889), p. 369-378 ; J. Chamonard, *BCH* 20 (1896), p. 256-318 et 390-392 ; Y. Béquignon, J. Replat, *BCH* 51 (1927), p. 401-422 ; R. Vallois, *AHHD* I, p. 220-238 ; Ph. Fraisse, Chr. Llinas, *EAD* XXXVI (1995), p. 503-512. Ph. Fraisse et J.-Ch. Moretti, qui préparent la publication du monument dans l'*EAD* XLII, ont fait connaître l'état actuel de leurs recherches sur le bâtiment de scène dans la *RA* 1998, p. 151-163. Voir depuis les chroniques des *BCH* 122 (1998), p. 567-572 ; 123 (1999), p. 497-500 ; 124 (2000), p. 522-523 ; 125 (2001), p. 615-617. Trépieds en marbre découverts au Théâtre : P. Amandry, *BCH* 100 (1976), p. 34-39 (cf., sur les trépieds déliens en général, p. 185, n. 30).

Fig. 98. — Le Théâtre, vu du Sud-Ouest.

— soit par des rampes latérales, qui conduisaient aux extrémités du diazoma. Le dispositif est mieux conservé au Nord. Les trois rampes aboutissaient à de grandes portes de marbre (vestiges de la porte Sud exposée dans la rue en contrebas de l'Hôtellerie, **113**).

B) LE BÂTIMENT DE SCÈNE. À l'Ouest de l'orchestra on remarque les restes d'une construction rectangulaire (15,26 x 6,64 m) entourée sur les quatre côtés d'une colonnade (bases de marbre blanc en place). Il s'agit de la skènè, bâtiment servant de vestiaire ; elle comportait une porte à l'Ouest et trois autres à l'Est (seuils en marbre). Sur trois côtés se développait un portique de piliers doriques, disposition qui n'existait pas dans le premier état du bâtiment et qui est particulière à Délos. Le côté Est était occupé par le proskènion, formé de piliers à demi-colonnes doriques ; de l'architrave, sur laquelle fut inscrite en 250 la dédicace du théâtre, il subsiste trois fragments[12] ; les métopes de la frise, dont plusieurs

12. *IG* XI 4, 1070 et *BCH* 122 (1998), p. 572.

Fig. 99. — La frise du proskènion du Théâtre.

blocs sont rangés à terre, étaient alternativement ornées de trépieds et de bucranes (**fig. 99**). Plusieurs monuments honorifiques étaient érigés devant la colonnade du proskènion. Deux passages souterrains, actuellement comblés, permettaient aux artistes de passer du bâtiment de scène à l'orchestra, sans être vus du public. À l'époque hellénistique les acteurs jouaient dans l'orchestra et sur le toit en terrasse du proskènion.

115. À l'Ouest du Théâtre se développait une place, sous laquelle était aménagée la **Citerne du théâtre**[13], qui date du IIIe s. (**fig. 100**). Elle était alimentée par la nappe phréatique et par les eaux provenant du caniveau de l'orchestra (dimensions internes du réservoir : environ 25,40 x 6,50 m).

Les éléments de la couverture (poutres de gneiss et de marbre, dalles de gneiss, parpaings de bordure en granit) sont aujourd'hui rangés entre le réservoir et la skènè du théâtre, où sont aussi présentées trois margelles de puisage restaurées. La poutraison reposait sur des murs portés par huit très beaux arcs de granit, formés chacun de vingt-et-un claveaux et parfaitement conservés. L'arc en plein cintre se rencontre plusieurs fois dans la Délos hellénistique (57 ● et p. 71).

13. R. Vallois, *AHHD* I, p. 265-268 ; Ph. Fraisse, J.-Ch. Moretti, *BCH* 122 (1998), p. 573-574.

Fig. 100. — La Citerne du théâtre, vue du Nord.

116. Sanctuaires du théâtre. Le secteur compris entre l'angle Sud-Ouest du Théâtre et le Sud de la Citerne est occupé par trois sanctuaires[14], en avant desquels se dressait un autel[15]. D'Ouest en Est (**dépliant VII**) :

a. petit temple dont les fondations de gneiss forment un haut podium ; il est très hypothétique d'y voir un sanctuaire d'Artémis-Hékate ;

b. petit temple dont le fond est occupé par une base inscrite (*ID* 2342) rappelant qu'il a été dédié à Apollon par un particulier en 110/09 ;

c. sanctuaire comportant, à l'Ouest, un petit temple précédé d'une voie dallée de gneiss et, à l'Est, un portique ; deux inscriptions qu'on y a trouvées permettent de l'identifier comme sanctuaire de Dionysos, Hermès et Pan ; le temple est tourné vers le centre de l'orchestra ;

d. fondation qui portait un autel à table en forme de *pi*, monté sur une krépis à trois degrés. Le corps était orné de bucranes et de rosettes. Les blocs de cette décoration sont disposés au Nord de la fondation. La construction date de l'époque de l'Indépendance. R. Vallois a proposé d'y voir un « autel de Dionysos » mentionné dans les inscriptions[16].

14. R. Vallois, *AHHD* I, p. 101-107 et p. 242 ; Ph. Bruneau, *CDH*, p. 164-165, 195 et 309-310 ; J.-Ch. Moretti, *BCH* 125 (2001), p. 616-617.
15. Cf. Ph. Bruneau, *CDH*, p. 308-309 ; Rol. Étienne, J.-P. Braun, *BCH* 119 (1995), p. 63-87.
16. Opinion contestée par J.-Ch. Moretti, *BCH* 122 (1998), p. 667-671.

117. *Au Nord de la citerne s'ouvre* la Rue dite du « théâtre » ; c'est l'un des deux axes principaux du **Quartier du théâtre**[17] (**fig. 101**), ensemble de maisons fort diverses (on a jusqu'ici exploré quatre îlots et une partie d'un cinquième) qui ont livré, comme les autres quartiers d'habitation, un grand nombre d'objets mobiliers.

Le visiteur disposant d'un certain temps aura intérêt à se promener au hasard dans le quartier. Le touriste pressé devra se contenter de l'itinéraire décrit ci-dessous.

HISTOIRE DU QUARTIER[18]. Le quartier dit « du théâtre », qui s'étend entre l'Agora des Compétaliastes et le Théâtre, s'est constitué dès le IIIe s., mais n'a cessé d'être remanié ; dans leur état actuel, les plus belles demeures datent du IIe et du début du Ier s.

Le développement progressif du Quartier du théâtre en explique le plan anarchique : maisons imbriquées les unes dans les autres, ruelles tortueuses et étroites (**dépliant VII**). Toutefois l'état de l'exploration de l'île crée une erreur d'optique : si le Quartier du théâtre s'est construit de façon anarchique, il ne faut voir là aucun trait proprement délien : c'est tout simplement le vieux quartier de Délos ; les quartiers neufs (parmi lesquels seul est partiellement fouillé le Quartier Nord, **59**) dont la poussée démographique du IIe s. a entraîné la construction sont, au contraire, bâtis selon un plan orthogonal, avec des rues droites orientées Nord-Sud et Est-Ouest et beaucoup plus larges (cf. 62 ● ●).

Cependant, comme il arrive encore dans beaucoup de nos villes, le vieux quartier semble avoir gardé beaucoup d'attrait. Ainsi, dans la deuxième moitié du IIe s., on voit une maison occuper une impasse restée libre entre des demeures préexistantes, comme si mieux valait être à l'étroit dans le vieux quartier que s'installer au large dans un quartier neuf.

LA RUE DU THÉÂTRE et la « Rue 5 » (**121.1**) étaient les deux voies principales du Quartier du théâtre. Elles sont seules à être dallées et, en grande partie, bordées de boutiques. La Rue du théâtre suit un tracé fertile en décrochements ; sa largeur varie de 1,50 à 5,35 m ; cette étroitesse et la déclivité de la rue n'autorisaient que la circulation de bêtes de somme ; un égout suit le milieu de la rue, comme il est ordinaire dans les rues déliennes.

17. Le Quartier du théâtre a fait l'objet d'une excellente publication de J. CHAMONARD, *EAD* VIII. Voir aussi M. TRÜMPER, *Wohnen in Delos* (1998) et, pour l'ornementation sculptée, M. KREEB, *Untersuchungen zur figürlichen Ausstattung delischer Privathäuser* (1988).

18. Sur l'histoire du Quartier, cf. Ph. BRUNEAU, *BCH* 92 (1968), p. 667-671 et 99 (1975), p. 276-279 ; M. TRÜMPER, *MDAI(A)* 117 (2002), p. 133-202.

Fig. 101. — Le Quartier du théâtre, vue aérienne du Nord-Ouest.

La rue passe d'abord entre deux murs aveugles ; après un décrochement, on rencontre bientôt à droite une maison à colonnes avec citerne.

118. Un peu plus bas à droite, une fenêtre à encadrement de marbre blanc signale la **Maison du trident**[19].

DISPOSITION GÉNÉRALE. Le terrain disponible devait être limité du fait des constructions avoisinantes ; aussi n'y a-t-il pas de pièces le long du promenoir Sud du péristyle. Celui-ci est du type rhodien (**112**) avec des consoles représentant, l'une, deux avant-trains de lions, l'autre, deux avant-trains de taureaux : ce sont vraisemblablement les symboles des divinités syriennes, Atargatis et Hadad, et la maison a dû être construite par un marchand syrien (par erreur, les consoles ont été remontées à l'envers : les taureaux étaient à gauche et les lions à droite).

19. J. CHAMONARD, *EAD* VIII, p. 27-29 et 139-152.

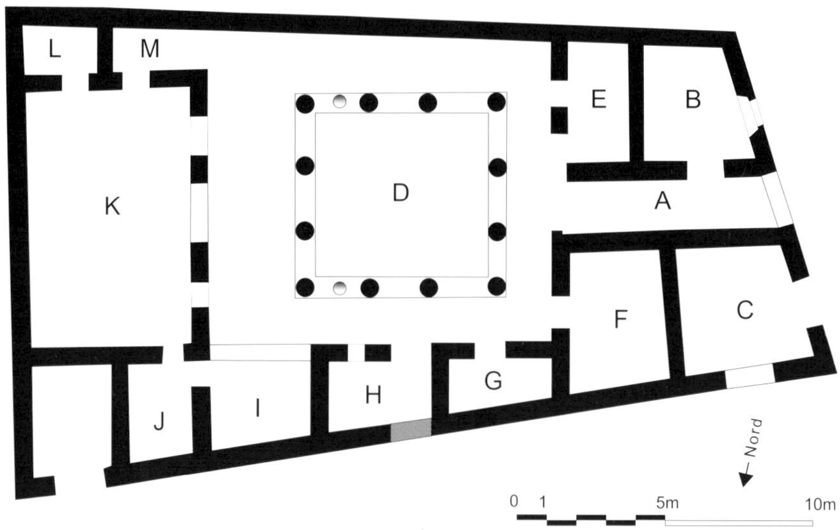

Fig. 102. — La Maison du trident : plan restitué.

Sur la **fig. 102**, on reconnaîtra en K l'œcus maior desservi par les offices L et M et communiquant avec un petit salon J où l'on a trouvé une frise peinte représentant des Éros jouant dans des rinceaux de fleurs[20]. Ce petit salon communique avec une pièce sans porte I (le canal creusé dans le sol le long du mur Ouest demeure inexpliqué). Pour des raisons de protection, cette partie de la maison a été couverte d'un toit en ciment.

Noter en E du mobilier et une maie de pressoir (déplacée) en marbre blanc, dont le bec est mouluré ; ce trait la rapproche des maies de la parfumerie du Quartier du stade (cf. 79). B ouvrait primitivement sur la rue ; la porte est devenue une fenêtre pour des raisons inconnues ; en H partait l'escalier desservant l'étage ; à l'angle Sud-Est du péristyle, un puits du même type qu'à l'Îlot des bronzes (**59 C**).

MOSAÏQUES[21]. La Maison du trident est, de toutes les habitations déliennes, celle où le pourcentage des surfaces mosaïquées est le plus élevé :

— Promenoirs du péristyle : deux panneaux carrés sont placés dans l'axe des deux portes donnant sur la rue (A et H). À l'Ouest, un dauphin noir, représenté en silhouette avec un œil blanc, s'enroule autour d'une ancre rouge ; au Nord, un trident enrubanné s'enlève en noir sur le fond blanc (**fig. 103**).

20. M. BULARD, *PMMD*, pl. VI, a.
21. *EAD* XXIX, p. 261-268.

Fig. 103. — La mosaïque du trident de la Maison du trident.

Fig. 104. — La mosaïque de l'amphore panathénaïque de la Maison du trident.

Ce style monochrome, analogue à celui du signe de Tanit (**111**, a), s'oppose au style polychrome habituel dans les mosaïques de Délos, où l'on connaît précisément deux dauphins à l'ancre polychromes (**59 A** et **121**). — On a parfois supposé que ce panneau et le précédent étaient inspirés par la profession du premier propriétaire ; la banalité des sujets rend cette hypothèse douteuse. — Le promenoir Est est décoré d'un tapis à décor géométrique très simple.

— Cabinet I : une couronne et une palme s'associent à une amphore dont la panse porte l'image d'un char traîné par deux chevaux et conduit par un cocher (**fig. 104**). Le mosaïste a reproduit une de ces « amphores panathénaïques » que les vainqueurs aux concours des Panathénées recevaient en prix ; ces vases étaient, encore au IIe s., peints dans la technique dite à figures noires ; c'est le mode de décoration que le mosaïste a imité ici. Le sujet se rencontre ailleurs à Délos (**52**, niche I ; **112**, D) ; il est donc trop banal pour commémorer une victoire réelle ; c'est une sorte de « nature morte ».

— Œcus maior K : il ne subsiste que le décor géométrique qui encadrait un panneau central, sans doute à sujet figuré. Selon une pratique dont on connaît huit cas à Délos (cf. p. 234, n. 57), ce panneau a été enlevé dans l'Antiquité (la curiosité du fouilleur, qui a continué de faire creuser jusqu'à une profondeur d'environ 50 cm, a créé une fosse artificielle au centre du pavement).

Fig. 105. — La Maison de Cléopâtre, vue du Sud.

119. *Une cinquantaine de pas plus bas, sur la gauche (2 m avant l'entrée de la Maison du Dionysos,* **120***), une ruelle conduit à la* **Maison de Cléopâtre**[22] qui n'a d'autre intérêt que de conserver les statues des propriétaires, une certaine Athénienne nommée Cléopâtre (ce nom se répand à la fin de l'époque hellénistique) et son mari (**fig. 105**). Sur le site, des moulages ont remplacé les originaux, exposés au Musée. La base des deux statues porte une inscription (*ID* 1987) :

Κλεοπάτρα Ἀδράστου ἐγ Μυρρινούττης θυγάτηρ τὸν ἑαυτῆς
ἄνδρα Διοσκουρίδην Θεοδώρου ἐγ Μυρρινούττης ἀνατεθεικότα
τοὺς δελφικοὺς τρίποδας τοὺς ἀργυροῦς δύο ἐν τῶι τοῦ Ἀπόλλωνος
ναῶι παρ' ἑκατέραν παραστάδα ἐπὶ Τιμάρχου ἄρχοντος Ἀθήνησιν.

« Cléopâtre, fille d'Adrastos de Myrrhinoutta (a érigé la statue de) son mari Dioscouridès, fils de Théodoros, de Myrrhinoutta, qui a offert les deux trépieds

22. J. Chamonard, *EAD* VIII, p. 39-41 et 135 ; *SD*, nº 94.

delphiques en argent qui sont dans le temple d'Apollon, de chaque côté de l'entrée, sous l'archontat de Timarchos à Athènes »[23].

120. On regagne la Rue du théâtre pour visiter la **Maison du Dionysos**[24].

PARTICULARITÉS NOTABLES. Sur une pierre du mur extérieur, massue d'Héraklès apotropaïque (cf. **58** ●) ; — à droite en entrant, trois volées en pierre de l'escalier (la partie supérieure était en bois : p. 73) ; — sur le mur de gauche, niches servant sans doute à poser des lampes ; — péristyle rectangulaire à colonnes exceptionnellement hautes (5,60 m) ; — différents graffites, spécialement des bateaux, dans le vestibule (sous la seconde niche à gauche en entrant) et dans la grande pièce sans porte au Sud du péristyle.

● LES GRAFFITES DES MURS DE MAISONS. Le stuc des murs des maisons déliennes porte souvent des graffites. Il s'agit soit de textes plus ou moins lisibles et intelligibles (par ex. **64**), soit de dessins (cf. **87**), labyrinthe, oiseaux et surtout bateaux, de loin les plus nombreux. Aucune des explications proposées de ces graffites navals n'est vraiment convaincante et, en particulier, il serait aventureux, comme on l'a avancé, de les attribuer tous aux marins de Triarius. Au demeurant, la pratique des graffites ne se limitait pas aux murs de maisons : on a signalé plus haut ceux que les éphèbes inscrivaient sur les bancs du Gymnase (**76**) et les jeux gravés au Létoon (**53**) et au Sarapieion A (**91**)[25].

LA MOSAÏQUE DE L'IMPLUVIUM[26]. La Maison du Dionysos est la seule habitation délienne où un tableau figuré en mosaïque ait été disposé dans l'impluvium de la cour. Le panneau, qui a été déposé, est très lacunaire : Dionysos, imberbe, ailé, couronné de lierre, vêtu d'une tunique et brandissant de la main droite un thyrse enrubanné, chevauche un tigre qui porte un collier de feuilles de vigne et de grappes ; sur le sol, de petites plantes et un canthare argenté avec des parties dorées. Techniquement, c'est l'*opus vermiculatum* le plus fin de Délos : tesselles de couleurs très nombreuses et très petites (parfois moins de 1 mm) ; le ciment interstitiel est systématiquement coloré dans la teinte générale des tesselles voisines. Le sujet est assez courant en mosaïque : cf. **112**, A.

En sortant, remarquer les boutiques, nombreuses dans cette rue (p. 300). *Continuer à descendre la rue.*

23. Myrrhinoutta est un dème d'Attique ; l'archontat de Timarchos est daté de 138/7.
24. J. CHAMONARD, *EAD* VIII, p. 58-59 et 127-134 ; F. QUEYREL, *BCH* 112 (1988), p. 433-443 (décoration sculptée).
25. Outre les références indiquées p. 240, n. 72, et p. 257, n. 9, cf. Ph. BRUNEAU, *BCH* 99 (1975), p. 286-289, et 102 (1978), p. 146-151 (avec la bibliographie antérieure) ; L. BASCH, *Le musée imaginaire de la marine antique* (1987), p. 371-385, 497-498, et Musées de Marseille, *Récit d'une aventure. Les graffiti marins de Délos* (1992).
26. *EAD* XXIX, p. 289-293.

121. Sur la gauche, deux belles colonnes en marbre, bleu au tambour inférieur et blanc au tambour supérieur, se dressent dans une salle qui présente un curieux dispositif : les côtés Nord et Sud sont occupés chacun par un ensemble de trois cuves rectangulaires en moellons de pôros recouverts d'un épais ciment hydraulique ; il s'agissait peut-être de baignoires, ce qui identifierait l'édifice comme un établissement de bains[27]. Cette salle est suivie à l'Ouest d'une cour (citerne à double compartiment) sur laquelle s'ouvre, au Sud, une pièce ornée de mosaïques[28] : à l'entrée, une ancre et un dauphin (**fig. 106**), thème courant de la mosaïque (p. 129) ; au centre, une rosace multicolore. *Regagner la Rue du théâtre.*

Fig. 106. — La mosaïque de l'ancre et du dauphin (**121**).

La rue s'élargit pendant quelques mètres ; après un dernier décrochement à droite, elle tombe à angle droit sur une autre rue dallée, orientée Nord-Sud et dite « Rue 5 ».

121.1. Au coin des deux rues, phallus apotropaïque (cf. **58** ●).

La **Rue 5**[29] (c'est le numéro qu'elle porte dans la publication de J. Chamonard) était le second grand axe du Quartier : comme la Rue du théâtre, elle est dallée et bordée de boutiques. Ce doit être elle qu'on retrouve plus au Sud, en arrière des magasins **122 A** et **B**. Aux époques tardives, cette partie du Quartier connut des transformations. Ainsi, l'extrémité Sud de la Rue 5 fut barrée par un mur contre lequel, à l'époque paléochrétienne, on adossa un **pressoir à vin**[30] du type à levier/treuil sur contrepoids : aire de pressurage couverte d'un béton rosé au-dessus d'une cuve d'une capacité de 6 000 l, niche d'encastrement pour le levier dans le mur du fond et, dans l'axe, contrepoids rectangulaire décoré de symboles chrétiens (croix, oiseaux, poissons). Cet exemple de pressoir à vin construit postérieurement à l'époque hellénistique n'est nullement isolé ; d'autres cuves, fouloirs ou contrepoids taillés, comme celui-ci, dans des blocs en remploi (cf. **121.2** ●) ont été repérés dans plusieurs maisons ou édifices ruinés : Maison de Cléopâtre (**119**) ; bas du Quartier du théâtre ; entre l'Agora des Italiens (**52**) et le Létoon (**53**)[31].

27. M. TRÜMPER, *Wohnen in Delos* (1998), p. 277-279.
28. *EAD* XXIX, p. 274-277 (Maison III N du Quartier du théâtre).
29. Ph. BRUNEAU, *BCH* 105 (1981), p. 107-113 (où les p. 112 et 113 ont été, par erreur, interverties) ; *BCH* 112 (1988), p. 787 ; J.-Ch. MORETTI, *RA* 1998, p. 259-262.
30. Ph. BRUNEAU, Ph. FRAISSE, *BCH* 105 (1981), p. 127-153, à compléter par *BCH* 108 (1984), p. 713-723.
31. Liste des pressoirs tardifs dans *BCH* 108 (1984), p. 723-730, complétée par Ph. BRUNEAU, *BCH* 111 (1987), p. 339-341.

Depuis le pressoir revenir sur ses pas, pénétrer au cœur de l'îlot à main droite en coupant à travers les habitations en direction de l'Est, jusqu'à atteindre une maison dans laquelle on voit une maie et deux gros contrepoids de marbre.

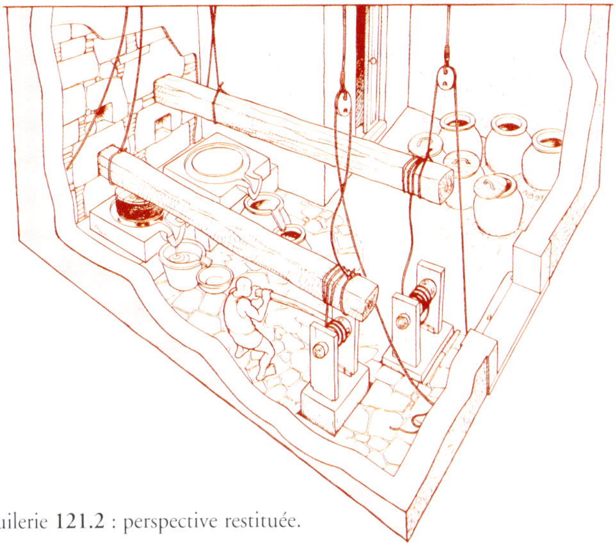

Fig. 107. — L'Huilerie **121.2** : perspective restituée.

121.2. Cette demeure, dont la construction remonterait au IIIe s., fut remaniée dans le premier quart du Ier s., lorsqu'on y installa une **huilerie** artisanale[32] qui fonctionna pendant quelque cinquante ans. Deux pressoirs à levier accolés occupaient la moitié Nord de la plus grande pièce (**fig. 107**) : la tête d'un tronc d'arbre faisant office de levier était ancrée dans une niche ménagée dans le mur Est et, à l'autre extrémité, cette poutre était reliée par un cordage à un treuil, monté sur un lourd contrepoids mobile (les contrepoids des deux presses sont en place dans leurs fosses à l'Ouest). En enroulant la corde autour du treuil, on abaissait le levier et on soulevait le contrepoids qui, en redescendant ensuite lentement, maintenait une pression constante sur les couffins remplis d'olives broyées posés sur la maie (sur le massif en surélévation à l'Est il ne reste que la plus méridionale des deux maies). Dans la moitié Sud de la pièce, six jarres d'une capacité respective de 650 l étaient enterrées jusqu'à mi-hauteur — l'une d'elles est encore visible dans l'angle Sud-Ouest de la pièce.

La juxtaposition de deux presses dans le local permettait d'extraire des huiles de qualités différentes : le pressoir Nord servait à obtenir l'huile la plus pure, dite « de première pression à froid », tandis que le second pressoir, plus puissant et associé à des réceptacles de plus grande capacité, était utilisé pour extraire des huiles de deuxième et troisième pression (plutôt destinées à des usages non alimentaires), en versant de grandes quantités d'eau chaude sur les couffins écrasés une première fois sur l'autre appareil.

32. J.-P. Brun, M. Brunet, *BCH* 121 (1997), p. 573-615 ; sur la chronologie de la maison, cf. M. Trümper, *BCH* 127 (2003), p. 139-165.

● LES PRESSOIRS DE DÉLOS. Le corpus des pressoirs déliens contribue 1° à affiner la typologie des appareils de pressurage antiques et 2° à éclairer la délicate question de la discrimination entre installations vinicoles et oléicoles, tout en nous renseignant sur les cultures du territoire (cf. p. 82-83).

1° Seuls deux types de pressoirs sont attestés dans l'île : les pressoirs dits « à coins » (**79.1**) et les pressoirs à levier/treuil sur contrepoids (**121.1** et **2**). Les données recueillies lors de la fouille de l'installation du Quartier du stade, complétées par le témoignage de quatre peintures campaniennes représentant des Amours parfumeurs, permettent désormais une restitution assez précise des pressoirs à coins et de leur fonctionnement. Au témoignage de quelques textes (Héron d'Alexandrie), ce type de presse verticale, peu encombrante, servait principalement pour l'extraction de l'huile à parfum. Les pressoirs à levier/treuil sur contrepoids sont des appareils beaucoup plus imposants et d'un rendement élevé. La puissance de la presse variait en fonction de la grosseur et de la longueur du tronc d'arbre et selon le poids du bloc de contrepoids (les exemplaires déliens pèsent tous plus ou moins 1 tonne). Entre les appareils hellénistiques et les appareils plus tardifs, le seul changement notable touche au mode de fixation des montants du treuil sur le contrepoids : aux mortaises profilées en trou de louve creusées sur la face supérieure des blocs hellénistiques et scellées au plomb (**121.2**), se substituent des mortaises latérales en queue d'aronde, qui ne nécessitent plus de scellement (**121.1**).

2° Les presses à levier étaient donc utilisées, à Délos comme ailleurs, pour le vin et pour l'huile[33]. Par chance, les deux installations **121.1** et **121.2** réunissent chacune suffisamment de traits distinctifs pour autoriser une interprétation assurée touchant la nature du produit traité : la capacité de la cuve en contrebas de l'aire de pressurage du pressoir de la Rue 5 ne peut se concevoir que pour du vin, tandis que dans le local **121.2** — outre la découverte de nombreux noyaux d'olives — le système de décantation par surverse, entre les bassines accolées sous le bec des maies, est caractéristique de l'huile.

Partant, en s'appuyant sur les caractéristiques morphologiques de ces deux exemples les mieux documentés, on peut dresser le bilan suivant : on ne connaît sur l'île aucun pressoir qui soit antérieur au IIe s. ; dans la première moitié du Ier s., sont uniquement attestées, en ville, des installations artisanales traitant des olives (parfumeries, huileries) ; la quasi-totalité des installations plus tardives, toujours exclusivement situées dans l'agglomération, doivent concerner du vin (pour l'analyse de cette répartition en relation avec l'agriculture, voir p. 83).

Revenir au carrefour des Rues 5 et du théâtre ; on est en vue de l'Agora des Compétaliastes (**2**) *que l'on rejoint.*

33. À propos de la discrimination entre installations vinicoles et oléicoles, cf. la synthèse détaillée de J.-P. BRUN, *BCH Suppl.* 26 (1993), p. 511-537.

LE SUD DE DÉLOS

Dépliant VIII page 311

On ne peut entreprendre la visite du Sud de Délos qu'à condition de n'être pas pressé par le temps ; dans ce cas, à partir de l'Agora des Compétaliastes, se diriger vers le Sud en suivant le rivage.

122. *Emprunter la large voie dallée qui part du côté Sud de l'Agora des Compétaliastes pour visiter* les ruines du **Front de mer**[1]. La Voie dallée est bordée à gauche de magasins, dits **Magasins α, β** et γ[2], et à droite d'une zone marécageuse. Elle vient bientôt buter contre les restes (haut. conservée : env. 1,50 m) du large **Mur de Triarius (69)** ; à quelques mètres du point où il rencontre la mer, une brèche permet de le franchir et de s'engager dans un sentier qui longe le rivage en direction du Sud.

Environ 70 pas après le franchissement du Mur de Triarius, de hauts pilastres de granit marquent la façade d'un vaste entrepôt composé de plusieurs pièces profondes, dotées d'accès indépendants[3].

Le sentier continue vers le Sud et un ensemble important de magasins[4] dont la façade maritime comporte souvent des boutiques indépendantes. Ce quartier était à la fois desservi par une rue de front de mer (plusieurs bittes d'amarrage émergent de l'eau) et par une rue supérieure, parallèle au rivage, qui passe à la hauteur du premier étage des magasins et peut être le prolongement de la Rue 5 (cf. **121.1**).

A. *Environ 80 pas après la Pointe des pilastres,* le **Magasin à la baignoire**, ainsi nommé d'une belle baignoire en marbre[5] inachevée (tenons de bardage qui devaient être ultérieurement soit ravalés, soit sculptés) qu'on a trouvée dans le vestibule ; peut-être s'agit-il d'une habitation transformée en magasin ou en atelier.

B. *50 pas plus au Sud,* entrée principale du **Magasin des colonnes**, la plus importante construction de ce secteur : cour centrale à péristyle de granit dont les colonnes portent, à 60 cm du sol, des mortaises carrées ; ce dispositif particulier n'est pas expliqué en toute certitude : peut-être servait-il à la mise en place d'éventaires amovibles[6]. La colonnade de l'étage était en marbre. Deux autres cours latérales desservent diverses pièces. Trois escaliers, celui de l'Est conduisant à la rue supérieure.

1. Sur tout ce secteur voir H. Duchêne, Ph. Fraisse *et al.*, *EAD* XXXIX.
2. A. Jardé, *BCH* 29 (1905), p. 6-21.
3. E. Ardaillon, *BCH* 20 (1896), p. 439-444.
4. A. Jardé, *BCH* 29 (1905), p. 21-40 et 30 (1906), p. 632-664.
5. W. Deonna, *EAD* XVIII, p. 86-89.
6. Ph. Bruneau, *BCH* 102 (1978), p. 127-132.

123. Au-delà se découpe une anse sur le rivage Sud de laquelle, au milieu d'un quartier marchand très incomplètement dégagé, s'étendent les ruines d'un sanctuaire qui est traditionnellement identifié avec le **Dioskourion**[7] mentionné dans les comptes des hiéropes.

HISTOIRE. Les Dioscures étant les protecteurs des marins, leur installation en cet endroit n'aurait rien que de naturel. Elle aurait eu lieu, selon les trouvailles, vers le début du VIe s. ; le culte semble avoir connu une certaine éclipse aux Ve et IVe s., mais se développe à nouveau à l'époque hellénistique. On n'établit plus aujourd'hui de rapport entre ces vicissitudes et l'histoire politique de Délos.

DESCRIPTION (**fig. 108**). Un péribole hellénistique percé de deux portes (à l'Est et à l'Ouest) renferme diverses constructions, qui sont toutes rejetées sur les côtés comme si l'on avait voulu garder libre un vaste emplacement central.

CONSTRUCTIONS ARCHAÏQUES. Ce sont : le « temple » F, qui est si ruiné qu'il semble n'avoir jamais été véritablement construit (n'aurait été réalisée que la matérialisation du plan, en projet, sur le sol ; il faut convenir que cette hypothèse est un peu bizarre) ; — l'autel G, en gneiss, qui se trouve en avant de F ; — et, probablement aussi, d'après le type des scellements (**fig. 3**), sans griffes verticales, le grand autel B, qui est le monument le mieux conservé du sanctuaire ; il est précédé des restes d'une table à offrandes et de deux socles de *périrrhantéria*, vasques de marbre qui contenaient de l'eau pour les libations et les purifications.

CONSTRUCTIONS HELLÉNISTIQUES. La seule intéressante est le temple A, dont deux des côtés constituent des tronçons du péribole. Ce fut d'abord un édifice barlong, avec la porte au milieu du long côté Est, face à l'autel B. Puis cette porte fut murée, et une autre ouverte dans le côté Sud. G. Roux interprète comme la fondation d'un mur de refend la rangée de dalles située à 1,20 m au Nord du mur Sud ; il aurait isolé un pronaos très étroit : ainsi s'expliquerait que, comme on peut le constater en examinant le seuil, les portes s'ouvraient vers l'extérieur, ce qui est très rare. Ce refend serait le *diatoichos* dont un compte de 303 mentionne la construction. On remarquera la base de statue (de culte ?) en place dans la cella. Devant la porte se trouvent les restes d'un autel, C.

La destination de l'édifice E est inconnue.

7. F. ROBERT, *EAD* XX, p. 5-50 ; R. VALLOIS, *AHHD* I, p. 96-98 ; Ph. BRUNEAU, *CDH*, p. 383-385 et 393-394 ; G. ROUX, *BCH* 105 (1981), p. 41-55 ; Ph. BRUNEAU, *BCH* 111 (1987), p. 313-319 ; Ph. FRAISSE, Chr. LLINAS, *EAD* XXXVI, p. 347-354.

Dépliant VIII : La côte Ouest, des Magasins du Front de mer à la baie de Fourni

30
124
25
20
15
10
5
123

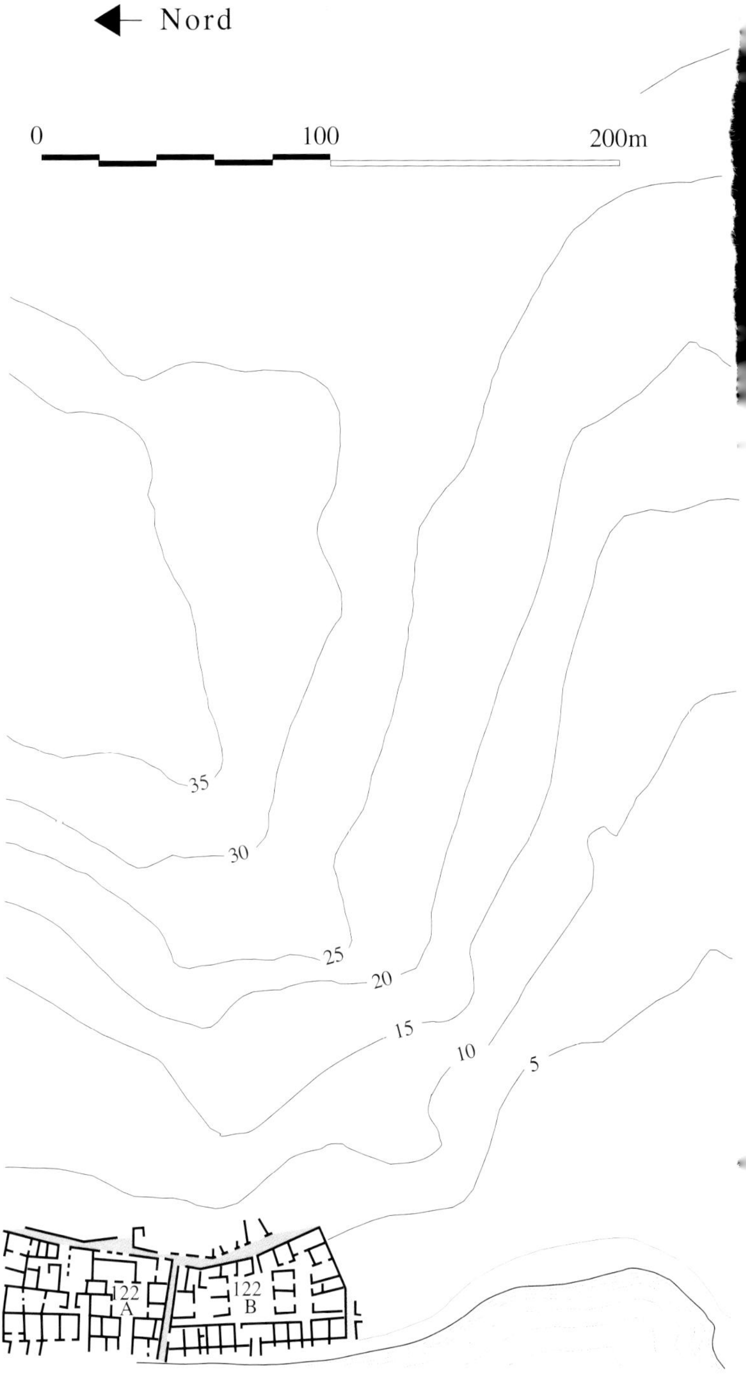
Nord
0
100
200m
35
30
25
20
15
10
5
122
A
122
B

Dépliant VIII : La côte Ouest, des Magasins du Front de mer à la baie de Fourni

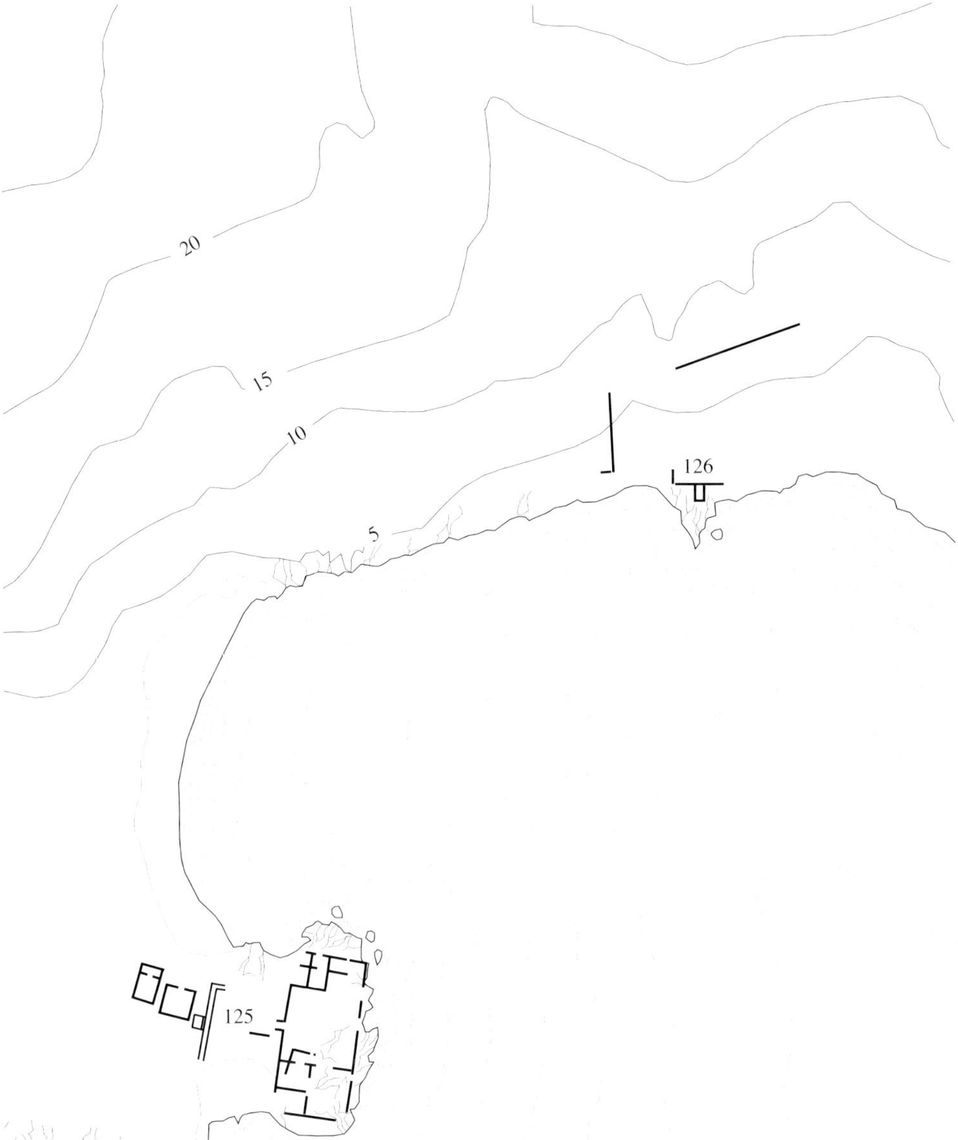
20
15
10
5
126
125

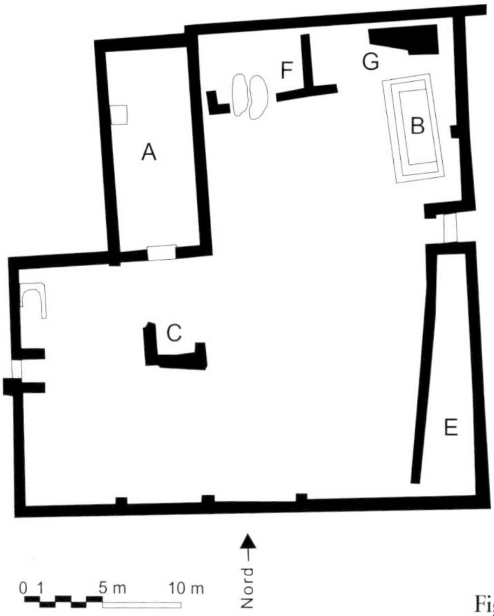

Fig. 108. — Le Dioskourion : plan.

IDENTIFICATION. L'identification traditionnellement admise depuis les travaux de F. Robert a été remise en cause par Ph. Bruneau. Il relève qu'il n'existe en sa faveur qu'un indice (de poids, il est vrai : environ 300 kg) : un fragment de linteau inscrit trouvé dans le sanctuaire. Dans l'inscription[8], un prêtre des Dioscures nommé Athénobios s'enorgueillit d'avoir rendu leur splendeur aux *xoana* des dieux « dans les *prodomoi* » et d'avoir restauré une procession dont l'usage s'était perdu. D'après la forme des lettres, elle doit dater du IIe s.

Ce linteau est-il une preuve suffisante ? Appartenait-il au sanctuaire, ou provient-il d'ailleurs ? Pour G. Roux, il est trop lourd pour avoir été déplacé (mais des blocs plus lourds l'ont été) et il conviendrait à la porte du temple A.

8. *ID* 2548.

Il y a d'autres problèmes. Athénobios dit qu'il a installé les statues dans le prodomos (pluriel noble) ; avant G. Roux, on ne pensait pas que le temple A en ait comporté un. Les inscriptions mentionnent au Dioskourion, outre le temple, un *escharôn* (édifice contenant un foyer sacrificiel) et un *hestiatorion* (salle de banquets rituels) : où situer ces deux constructions sur le terrain ? Remarquant que l'*escharôn* est mentionné en 303-301, l'*hestiatorion* en 279, et le temple en 169, G. Roux a émis l'ingénieuse hypothèse que la même construction a porté successivement ces trois noms : ce serait notre temple A, qui aurait été utilisé comme salle de banquets, aurait comporté, comme certains *hestiatoria,* un foyer central, puis aurait été rendu par Athénobios à sa fonction essentielle de temple (tout en continuant à abriter des banquets le cas échéant) : les travaux faits par Athénobios seraient ceux que mentionne le compte de 169.

Il n'est pas possible de discuter en détail cette thèse ; bornons-nous à cinq remarques : 1) Il est gênant de dater de l'Indépendance une prêtrise exercée par quelqu'un qui s'appelle Athénobios, et qui a obtenu cette charge par tirage au sort. 2) G. Roux est obligé de supposer que la base de statue qui est dans le temple remonte à l'état archaïque du sanctuaire et ne se trouve là que comme un élément du remblai. 3) Peut-on faire remonter la construction de A nettement avant la fin du IVe s. ? 4) Son prodomos a une existence quelque peu fantomatique ; les dalles alléguées ne constituent pas une fondation bien convaincante, même pour un mur en briques crues. Le fait que les portes s'ouvraient à l'extérieur n'a rien à voir avec l'existence et l'étroitesse du prodomos : dans un espace profond de 1,20 m, des vantaux larges de 0,48 m auraient eu assez de place pour s'ouvrir. 5) Il est difficile d'admettre que les deux statues divines aient été installées dans un espace si restreint.

L'identification de ce sanctuaire avec le Dioskourion reste plausible, mais ne va quand même pas sans difficultés. Aussi ne saurait-on perdre de vue une toute autre hypothèse qui a été évoquée depuis longtemps, celle d'y voir le Thesmophorion dont les comptes attestent l'existence à Délos. En effet, 1° on est fondé à le chercher près d'une plage, car il est question dans le compte *ID* 440 de « la plage proche du Thesmophorion » ; 2° sa situation originellement hors de la ville et la présence d'une cour protégée par un mur conviennent bien à un sanctuaire où les femmes se réunissaient seules, à l'abri des regards masculins ; et 3° on y a trouvé un fragment de kernos, vase rituel de culte de Déméter[9].

Continuer vers le Sud en direction de la baie de Fourni par le sentier qui longe le rivage en surplomb. Après une marche d'environ 500 pas, au cours de laquelle on ne rencontre d'autres ruines que (à droite, peu après le Dioskourion) trois salles appartenant à une maison ou à un magasin[10], *le sentier s'abaisse peu à peu jusqu'au niveau de la mer.*

9. Ces arguments sont présentés par Ph. Bruneau, *CDH*, p. 281-282, après réfutation de l'hypothèse de R. Vallois qui voulait placer le Thesmophorion dans le Sanctuaire d'Apollon (cf. **48**). Cf. aussi Fr. Salviat, *in* J.-P. Brun, Ph. Jockey (éds), *Techniques et sociétés en Méditerranée* (2001), p. 735-747.

10. *BCH* 92 (1968), p. 661-664.

124. On aperçoit alors sur la gauche, à 400 m environ vers l'Est, à flanc de coteau, les importantes ruines de la **Maison de Fourni**[11] qu'on peut gagner à travers champs. L'originalité de cette demeure tient à ses vastes proportions (la façade, rectiligne, est longue de 65 m et la profondeur dépasse 30 m), et à son plan, à la fois géométrique et fonctionnel, qui tranche sur celui des maisons du Quartier du théâtre.

L'ensemble est disposé en trois paliers adaptés à la pente du terrain : le palier inférieur, bordant la rue, est occupé par une série de boutiques coupée de deux portes : au Nord, une porte secondaire dessert les communs (en face de celle-ci, de l'autre côté de la rue, restes de petits celliers). Ceux-ci comportent notamment, au rez-de-chaussée, quelques magasins (dont l'un possède un réservoir en forme de puits quadrangulaire) et une petite cour dont le fond est barré par le roc non taillé ; un escalier mène à l'étage supérieur, où l'on peut noter de petites latrines, extérieures à la maison, qui semblent avoir été ajoutées après coup.

À l'autre bout de la façade, l'entrée principale permet d'accéder, après un vestibule et quelques marches, au péristyle à huit colonnes de granit réparties au Nord, à l'Ouest et au Sud. Sous le portique, on a retrouvé neuf autels stuqués, deux bassins rectangulaires en conglomérat, dont l'un a pu être reconstitué, et une grande vasque circulaire en marbre blanc qui, restaurée, a été placée dans la grande pièce Nord. Au Sud du péristyle, après un couloir aboutissant à une porte condamnée, on trouve d'abord les latrines, particulièrement spacieuses, puis une petite pièce pavée d'une mosaïque — dont le panneau central, mutilé, représente des poissons ; deux autres pièces sont pavées en opus *signinum*, technique relativement peu employée à Délos[12].

Un large perron, totalement disparu, et deux petits escaliers latéraux permettaient d'atteindre le palier supérieur, occupé en son centre par une grande pièce pavée en mosaïque (sur six panneaux, deux étaient à décor figuré : l'un d'eux a été enlevé dans l'Antiquité[13] ; sur l'autre est représentée une table agonistique très dégradée), ouverte à l'Ouest par une baie dont les quatre colonnes forment, à un niveau plus élevé, le côté Est du péristyle. Au fond s'ouvre un nymphéum en abside, adossé au rocher ; un filet d'eau y courait, alimenté par deux réservoirs étroits ménagés entre le roc et le mur de fond de la maison. Ces réservoirs palliaient en outre l'absence de citerne dans le péristyle.

Au Sud de ce bâtiment principal, le palier inférieur est occupé par des salles ouvrant sur la rue (la première, qui possède un grand seuil de granit et une petite étuve circulaire, doit être une entrée désaffectée de la maison d'habitation) ; le palier intermédiaire, par une grande cour traversée d'égouts (on reconnaît, le long du mur Nord de la cour, la fosse

11. Ce paragraphe est dû à Chr. Le Roy, qui prépare le fascicule de l'*EAD* consacré à la Maison de Fourni. Rapports préliminaires : *BCH* 59 (1935), p. 299-300 ; 60 (1936), p. 483 ; 85 (1961), p. 911-918 ; 86 (1962), p. 967-969. — Mosaïques : *EAD* XXIX, p. 305-316. — Plan : Chr. Le Roy, *in Le dessin d'architecture dans les sociétés antiques. Actes du coll. de Strasbourg 1984* (1985), p. 167-173.

12. Sur cette technique à Délos, cf. *EAD* XXIX, p. 23-24.

13. Sur cet usage, cf. p. 234, n. 57.

Fig. 109. — Le relief d'Hélios de la Maison de Fourni, A 2915.

d'aisance correspondant aux latrines de la maison) ; le palier supérieur, enfin, par plusieurs petites pièces de service qui ont beaucoup souffert de l'érosion.

Deux points sont spécialement notables :

1) Au fond de la fosse d'aisance gisaient les squelettes de deux hommes décapités après avoir été cloués sur des planches, ce qui suppose une exposition publique préalable à la mise à mort[14].

2) La maison contenait plusieurs reliefs curieux[15] : un buste d'Hélios ou Sol (**fig. 109**), un Hermaphrodite, un Apollon rappelant la statue cultuelle de Délos, deux reliefs portant le symbole isiaque, quatre reliefs phalliques dont deux où sont figurés des animaux-phallus affrontés avec l'inscription « Ceci pour moi et ceci pour toi » (**fig. 110**), etc.

14. P. et N. Ducrey, *ÉD*, p. 173-181.

15. J. Marcadé, *ÉD*, p. 329-369 ; *MD*, p. 400-405 ; *SD*, n°s 74 et 79.

Fig. 110. — Phallus affrontés de la Maison de Fourni, A 4020.

Les dimensions exceptionnelles de la maison et le caractère de ces reliefs ont pu faire penser qu'elle était le siège d'une association religieuse[16], mais ce n'est qu'une hypothèse.

Abandonnée après les destructions de Délos, la maison fut tardivement réutilisée comme basilique chrétienne (cf. **86** ●).

Au même niveau, mais une centaine de mètres plus au Sud, restes d'une maison hellénistique.

125. *Le sentier débouche sur la vaste baie de Fourni.* Au Nord-Ouest le rivage s'avance dans la mer qui l'entoure de trois côtés (Ouest, Sud et Est). Ce promontoire est occupé par l'**Asklépieion**[17], dont les vestiges ont beaucoup souffert de la montée du niveau marin. Le culte a pu être installé anciennement à Délos, mais la première mention du sanctuaire n'est pas antérieure à la fin du IVe s., époque où l'on en entreprend la construction. Au IIe et au Ier s. Asklépios semble avoir souffert, en tant que dieu guérisseur, de la concurrence de divinités étrangères comme Sarapis. Les raisons possibles de la situation de l'Asklépieion en cet endroit ont été évoquées p. 61.

16. J. Marcadé, *MD*, p. 329 ; Ph. Bruneau, *CDH*, p. 633.
17. F. Robert, *EAD* XX, p. 51-108 ; R. Vallois, *AHHD* I, p. 98-99 ; Ph. Bruneau, *CDH*, p. 355-377 ; G. Roux, *BCH* 105 (1981), p. 55-61 ; Ph. Fraisse, Chr. Llinas, *EAD* XXXVI, p. 347-354.

Description. On reconnaît en partant de l'extrémité Sud du promontoire vers le Nord : les murs très ruinés d'un premier, puis (20 pas plus au Nord) d'un second péristyle qui ont dû servir, au moins partiellement, à l'incubation, rite caractéristique des sanctuaires d'Asklépios ; immédiatement au Nord du second péristyle, les Propylées (krépis en marbre blanc) ; puis un oikos (10,40 m x 8,50 m) où G. Roux voit l'*hestiatorion* mentionné dans les comptes ; enfin le temple, qui était dorique avec quatre colonnes sur la façade Est et un triglyphe par entre-colonnement.

126. On peut poursuivre vers le Sud. Juste au fond de la baie de Fourni s'élèvent des ruines complexes et mal identifiables où F. Robert propose de reconnaître le Leucothion, connu par les inscriptions, c'est-à-dire le sanctuaire de la déesse marine Leucothéa[18]. Cette localisation est loin de s'imposer.

127. *Continuer à longer le rivage jusqu'à la seconde plage de sable ; de là, à 80 pas environ vers le Sud-Est, on peut gagner à flanc de rocher un petit* **Sanctuaire anonyme** d'époque hellénistique composé d'une petite chapelle et d'un escalier d'accès[19].

128. *Remonter depuis la baie de Fourni en direction de l'Est pour aboutir à un petit plateau sur le rebord duquel est implantée une* **ferme**[20], dessinant un carré d'environ 17,50 m de côté sur un seul niveau (plus ou moins 300 m^2 de superficie). Édifiée au Ve s., elle fut occupée jusqu'au Ier s. subissant au cours du temps de nombreux remaniements intérieurs (**fig. 111**).

Le plan originel de cette maison — la plupart des pièces ouvraient sur une cour, bordée d'un petit portique au Nord — est tout à fait comparable à celui des maisons de ville d'époque classique, connues par les fouilles d'Olynthe ou de Priène. À l'époque hellénistique, le portique faisait probablement office de cuisine (un four à pain, un foyer et des fragments de réchaud portatif y étaient regroupés) et l'une des pièces au Nord servait de meunerie (elle était équipée d'un moulin à céréales rotatif analogue à celui de la Maison des sceaux, cf. 59 D ●).

18. F. Robert, *EAD* XX, p. 107-119 ; Ph. Bruneau, *CDH*, p. 451-452, et *BCH* 99 (1975), p. 272-273.
19. H. Gallet de Santerre, J. Tréheux, *BCH* 71-72 (1947-1948), p. 412-414.
20. M. Brunet, *BCH* 111 (1987), p. 644-646 ; 112 (1988), p. 787-791 ; 113 (1989), p. 754-761.

Fig. 111. — La ferme **128** et ses abords : perspective restituée.

Faute de découvertes mobilières significatives, il est impossible de préciser quelle était la fonction des autres pièces, à cette époque ou auparavant. L'identification du bâtiment comme ferme s'appuie donc essentiellement sur le contexte dans lequel il s'inscrit — terrasses de culture alentour, abris pour le bétail —, ainsi que sur la mise en évidence de l'existence d'une basse-cour et d'un petit élevage de moutons et de chèvres, principalement destiné à l'alimentation des occupants[21]. Aucune donnée ne permet d'y reconnaître l'une des fermes d'Apollon mentionnée par les inscriptions : il pouvait tout aussi bien s'agir d'une exploitation privée (cf. p. 82).

Toute la moitié Sud de Délos a fait l'objet de prospections de surface, qui ont permis le repérage de nombreux vestiges de fermes antiques entourées d'aménagements agraires — terrasses de culture, bassins-réservoirs pour l'irrigation, aires de dépiquage — (cf. p. 81).

21. Analyse des restes fauniques par M. LEGUILLOUX, *in Zooarchaeology in Greece, British School at Athens Studies* 9 (2003), p. 251-256.

● LES AMÉNAGEMENTS AGRAIRES DU SUD DE DÉLOS. Les murs de soutènement des **terrasses** sont faits de deux parements en granite hétérogènes et pyramidants qui, lorsqu'ils sont conservés jusqu'à leur sommet, sont couronnés par une assise de dalles couvrant l'épaisseur du mur (environ 0,60 m). L'appareil du parement extérieur présente par endroits de grandes similitudes avec les maçonneries de quelques monuments ou maisons de la ville antique, avec des plaques empilées bouchant les interstices entre de gros orthostates ; pour assurer un parfait drainage des terres, les parements intérieurs sont en revanche construits en petits moellons. Les sols sont souvent constitués de terres rapportées depuis le bas des pentes, ce qui leur confère une très grande homogénéité. Près de la surface, les traces du travail agricole se signalent par l'association d'une grande quantité de cailloux et d'une densité importante de tessons usés et de petites dimensions, indice vraisemblable d'une pratique régulière de la fumure par épandage.

Aujourd'hui totalement comblés, les **bassins-réservoirs** se repèrent au printemps comme autant de « taches vertes » où prospère une végétation de mousses et de roseaux. L'un d'eux a fait l'objet de sondages. Situé sur le contrefort Sud-Ouest du Cynthe, ce grand bassin-réservoir d'une capacité d'environ 2000 m^3 recueillait les eaux de ruissellement provenant de l'abrupt granitique en forme de conque qui le surplombe. Il se présente aujourd'hui comme une dépression entourée sur deux côtés par un épais mur de barrage ; le parement intérieur de ce mur à double cours était recouvert d'un enduit hydraulique, tandis que le fond du bassin était tapissé par un béton de tuileaux. Dans la partie Nord du réservoir l'orifice d'un canal émissaire, également garni de mortier hydraulique, interrompait le mur de barrage. Au-delà d'une chaussée entourant le bassin, on suit le tracé de ce canal en aval sur la pente, entre des planches de culture étagées dont la disposition semble commandée par la possibilité d'y dériver des rigoles d'irrigation depuis le chenal principal.

129. Plus au Sud, sur le flanc Ouest de Kato Vardhia, l'**Établissement du Midi**[22] dessine une grande terrasse coudée (en *gamma*), large de 27 m et d'une longueur totale d'environ 184 m. Elle est bordée sur un côté par un dénivelé pentu qui évoque tout à fait les gradins ou le talus d'une tribune de stade : ce pourrait être un établissement gymnique, servant non pas à la compétition, mais à l'entraînement. Y ont été remarqués des reliefs sculptés, dont deux sont sûrement apotropaïques.

22. Ph. BRUNEAU, *BCH* 119 (1995), p. 41-45.

LES ÎLES CIRCONVOISINES

Délos est entourée de plusieurs îles ou îlots qui appartiennent au même complexe archéologique qu'elle (**fig. 1**). Outre Mykonos dont une partie seulement était rattachée à Délos ce sont :

A. Les deux Rhevmatiarides, en face du rivage occidental de Délos. Le petit Rhevmatiaris, au Nord, ne porte aucune antiquité. Sur le grand Rhevmatiaris, au Sud, on a retrouvé les restes d'une chapelle paléochrétienne et de bâtiments de basse époque[1].

B. Rhénée (aujourd'hui la « Grande Délos »), à l'Ouest des Rhevmatiarides, était pour une part une annexe de la Délos antique et lui servait en particulier de nécropole, puisqu'il était interdit de mourir dans l'île d'Apollon (p. 54). Il s'y trouvait aussi un sanctuaire d'Artémis, dit « l'Artémision-en-l'île », et des fermes administrées par le Sanctuaire d'Apollon. L'exploration archéologique reste jusqu'ici assez sommaire (les antiquités provenant de Rhénée sont conservées aux musées de Délos et de Mykonos).

C'est sur le rivage Ouest de la partie septentrionale de l'île qu'était située la cité antique de Rhénée, au pied de la colline de Pyrgo.

Les relations de Rhénée et de Délos ne furent certainement pas faciles. Dans un discours d'Hypéride (XIX, *Déliakos*) prononcé en 346, il est fait mention d'un procès entre Déliens et Rhéniotes, suscité par l'assassinat de riches pèlerins éoliens. Les Déliens, à partir de 270 au plus tard, ont placé Rhénée sous leur dépendance, puisque l'assemblée du peuple délien peut donner à des étrangers le droit de propriété aussi bien à Rhénée qu'à Délos[2]. Après 167, l'ethnique « Rhénaieus » est attesté dans les inscriptions de Délos : la cité de Rhénée continue donc bien à vivre de façon autonome.

Les fouilles ont mis au jour un petit **Sanctuaire d'Héraklès** datant du IIe ou du Ier s. (petit temple : 4,65 x 4 m, cour à exèdres, bassin à mosaïque représentant quatre dauphins[3]) et, dans les environs de la ville antique, plusieurs tombes classiques et hellénistiques. Au sommet de la colline de Pyrgo subsistent d'importantes ruines dans lesquelles certains reconnaissent une forteresse des Chevaliers de Saint-Jean (début du XIVe s.)[4].

1. H. Gallet de Santerre, J. Tréheux, *BCH* 71-72 (1947-1948), p. 414-418.
2. Cf. Cl. Vial, *DI*, p. 318.
3. D. Stavropoullos, *PAAH* 1900, p. 67-70 ; Ph. Bruneau, *CDH*, p. 401, et *EAD* XXIX, p. 318-322.
4. J. H. Kent, *Hesperia* 17 (1948), p. 245 ; L. Delobette, J.-Ch. Moretti, *BCH* 113 (1989), p. 429.

La majeure partie de l'île appartenait non pas aux citoyens de Rhénée, mais à Apollon Délien, et ce depuis la fin du VIe s. ; en effet, le tyran de Samos, Polycrate, consacra Rhénée à Apollon Délien (Thucydide, I 13 et III 104) sous le règne du roi perse Cambyse « après l'avoir rattachée à Délos par une chaîne ». On ignore tout des modalités de cette donation mais les textes épigraphiques prouvent que dès la fin du Ve s. la terre sacrée de Rhénée était affermée au profit d'Apollon, la gestion des biens du dieu étant placée sous la responsabilité de la cité de Délos.

Dix **fermes** du dieu sont bien connues par les comptes du temps de l'Indépendance. Elles étaient mises en location pour dix ans. Les hiéropes déliens, puis les administrateurs athéniens ont laissé un tableau précis de ces fermes ainsi que des vignes et des figuiers qui y étaient plantés ; la culture principale resta celle des céréales (orge) pour le marché délien. Des prospections ont permis de repérer certaines de ces fermes et montrent que ces domaines étaient de dimensions bien plus importantes que ceux de Délos[5].

Si le sol de Rhénée à l'époque classique et hellénistique est exploité surtout au profit d'Apollon, la grande déesse protectrice de l'île était Artémis. Elle y était vénérée sous l'épiclèse d'Ortygie[6] ; selon l'*Hymne homérique à Apollon* (v. 14-16), elle y était née et un sanctuaire y portait ce nom.

C'est vraisemblablement aussi à Rhénée, dans la partie occidentale de l'île, au sommet de la colline de Khomasovouni, qui domine la nécropole, qu'était situé l'« **Artémision-en-l'île** » (Ἀρτεμίσιον ἐν Νήσῳ) : en effet, les indications fournies par les comptes correspondent assez bien à ce site où subsistent des vestiges architecturaux si nombreux qu'ils sont visibles depuis Délos[7].

Aucun enterrement n'étant plus possible à Délos depuis 426, les ensevelissements se firent désormais à Rhénée, sur la côte Ouest de l'île, juste en face du site antique de Délos. La **nécropole** de Délos (**fig. 1**) s'étend sur une longueur de plus d'1 km, depuis le cap Glaropounda au Nord jusqu'au Sud de la baie de Katô Generale, et sur une largeur de 200 à 300 m. Cette zone est jonchée de débris de marbre et de gneiss entre lesquels apparaissent des autels cylindriques ornés de têtes de taureaux reliées par des guirlandes de feuilles, fruits et grappes de raisin[8], et des fragments de sarcophages de marbre qui datent de la seconde moitié du IIe et du début du Ier s.

5. J. H. KENT, *Hesperia* 17 (1948), p. 243-338. Une liste des vestiges de fermes est donnée dans M.-Th. LE DINAHET, R. CHARRE, *in* M. BRUNET (éd.), *BCH Suppl.* 34 (1999), p. 135-157.
6. Sur l'épiclèse d'Ortygie et le Hiéron d'Ortygie, qui n'a pas encore été retrouvé à Rhénée, cf. Ph. BRUNEAU, *CDH*, p. 189-190.
7. Les mentions épigraphiques du sanctuaire sont rassemblées et commentées par Ph. BRUNEAU, *CDH*, p. 176-188. Sur la localisation, longtemps débattue, cf. J. TRÉHEUX, *in Recueil Plassart* (1976), p. 175-204 ; M.-Th. COUILLOUD-LE DINAHET, *BCH* 102 (1978), p. 874-877 ; J. TRÉHEUX, *JS* 1995, p. 187-207.
8. M.-Th. LE DINAHET, *EAD* XXX, p. 218-223, et « Autels monolithes à Délos », *in* M-Th. LE DINAHET, Rol. ÉTIENNE (éds), *L'espace sacrificiel* (1991), p. 116-117. On dénombre

Peu de sculptures sont encore en place : à noter un beau lion signalé dès le XIXe s. par les voyageurs, et un monument en forme de proue de navire. Les stèles et les statues découvertes lors des fouilles[9] de la fin du siècle dernier ont été transportées au musée de Mykonos, en particulier celles de lions gardiens de tombes[10] et plusieurs statues masculines et féminines ; les stèles découvertes lors des fouilles et des prospections récentes sont conservées au Musée de Délos.

La nécropole, qui n'est encore que très partiellement fouillée, est décrite ici en allant du Nord vers le Sud.

1. La fosse de la purification. En 426, Athènes fit « purifier » Délos, c'est-à-dire disparaître les tombes qui s'y trouvaient. Restes humains et matériel funéraire furent rassemblés dans une fosse qui fut découverte à la fin du siècle dernier, près de la baie d'Haghia Kyriaki. Cette fosse, dite de la purification[11], était entourée d'une enceinte carrée (superficie : 500 m^2 environ).

Les objets découverts dans la fosse sont présentés au musée de Mykonos : plus de 2 000 vases s'échelonnent entre le VIIIe s. et les années 430[12], auxquels s'ajoutent de nombreuses figurines de terre cuite (bustes ou masques féminins, avant-bras aux mains levées dans un geste d'invocation) et des vases de marbre (alabastres, pyxides à vasque notamment)[13].

2. L'Héroon. On désigne conventionnellement du nom d'« *héroon* » un monument à entablement dorique situé à l'extrémité septentrionale de la nécropole[14].

3. Le tombeau à *loculi*. On atteint ensuite un tombeau souterrain à *loculi*, autrefois et improprement appelé columbarium. Ce caveau collectif (11 x 10,50 x 2,50 m) est traversé du Nord au Sud par un étroit couloir qui dessert quatorze niches simples du côté Est et seize niches doubles du côté Ouest. Ces niches se superposent sur deux étages. Des dalles de gneiss forment couverture.

À quelques mètres à l'Ouest de ce tombeau, la citerne dont la couverture supportait le monument de Tertia Horatia (**fig. 112**).

une cinquantaine d'autels funéraires : certains ont été retrouvés à Délos, car ils ont été réutilisés dans la construction de bâtiments à l'époque byzantine ; d'autres ont été emportés par des voyageurs et sont actuellement conservés dans différents musées européens (cf. p. 111).

9. D. Stavropoullos, *PAAH* 1898, p. 100-104 ; 1899, p. 66-69.
10. M.-Th. Couilloud-Le Dinahet, *EAD* XXX, p. 237-240.
11. K. Rhomaios, *AD* 12 (1929), p. 181-223 ; Ph. Zaphiropoulou, *ÉD*, p. 601-636.
12. Ils sont publiés dans les volumes de l'*EAD* consacrés à la céramique, fasc. XV, XVII, XXI et XLI.
13. Ph. Zaphiropoulou, *ÉD*, p. 600-617.
14. *BCH* 71-72 (1947-1948), p. 419.

Fig. 112. — Le monument de Tertia Horatia à Rhénée : élévation restituée.

4. LES ENCLOS D'ANÔ GENERALE. Plus au Sud des enclos funéraires ont été édifiés sur des terrasses artificielles qui dominent la baie d'Anô Generale ; deux seulement, dits B et C, ont été fouillés (**fig. 113**)[15].

L'enclos C (14,40 x 12,40 m) comprend plusieurs bâtiments répartis autour d'une cour. En son centre avait été aménagé un bothros (fosse délimitée par des dalles de pierre) où l'on brûlait les offrandes destinées aux défunts. À l'Ouest de la cour un soubassement à trois degrés de marbre blanc porte sur les retours Nord et Sud deux murs achevés par des pilastres à chapiteaux ioniques ; au centre, se dressait un bâtiment en forme de temple ionique (frise décorée de feuilles d'acanthe et de volutes ; le fronton, entièrement conservé, a été reconstitué au Nord de la cour).

Le long des murs Nord, Sud et Est de la cour, s'élèvent deux portiques doriques coudés, pavés d'une mosaïque d'éclats de marbre blanc. Une grande tombe rectangulaire, taillée dans le rocher, C1, était aménagée exactement sous le temple ; de part et d'autre, quatre caveaux symétriques, C2-C5, à parois stuquées. L'enclos contenait deux bases de statues féminines debout et un grand relief représentant un homme assis près d'un arbre autour duquel s'enroulait un serpent. L'accès à la cour se faisait par une porte monumentale qui nous instruit des possesseurs de l'enclos : en effet, le linteau porte le nom d'Athènaïs, fille de Diès, Tyrienne ; elle appartenait à une famille de notables bien connue à Délos, qui obtint à la fin du IIe s. la citoyenneté athénienne.

Cet ensemble est précédé d'une avant-cour (12,80 x 8,80 m). Des stèles et un relief funéraires en mémoire des membres de la famille ensevelie en C étaient placés à droite de la porte d'entrée. Lors de la construction du mur bordant cette cour à l'Est, deux tombes à massif quadrangulaire furent réutilisées, recouvrant des fosses maçonnées qui contenaient

15. M.-Th. COUILLOUD-LE DINAHET, *BCH* 100 (1976), p. 822-828 ; 102 (1978), p. 853-855 ; et, en collaboration avec J. SEIGNE, *BCH* 104 (1980), p. 748-749 ; M.-Th. LE DINAHET, *BCH* 121 (1997), p. 617-666.

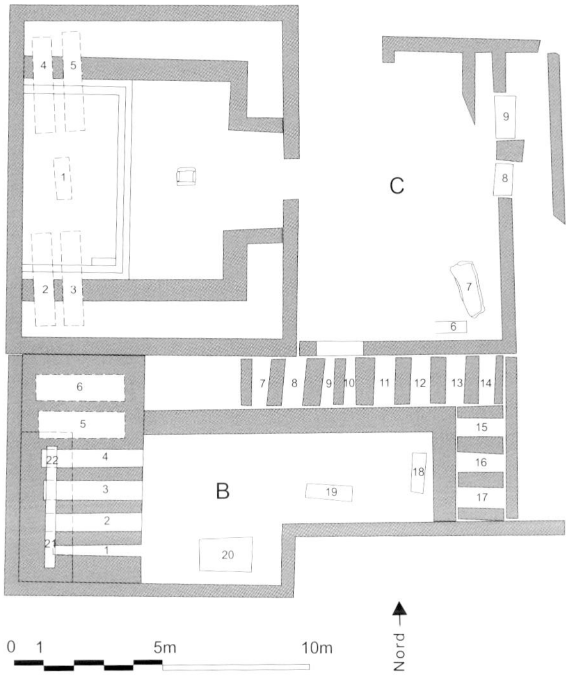

Fig. 113. — Les enclos funéraires d'Anô Generale : plan.

chacune un squelette (C8 et C9, IIe s.). Sous la couche de remblai de la cour, un sondage a révélé la présence d'une fosse emplie d'amphores datant de la fin du IIe s. ; elle était surmontée d'un bûcher où l'on a retrouvé notamment les restes des porcelets sacrifiés, mais aucun reste humain ; peut-être s'agissait-il d'un cénotaphe.

La tombe à fosse maçonnée, C6, édifiée dans l'avant-cour, est postérieure aux précédentes ; il peut s'agir d'une incinération « primaire » (c'est-à-dire opérée sur place).

Une porte faisait communiquer l'enclos C et l'*enclos B* dont la conception d'ensemble est très proche ; il comprend également un monument en forme de temple et le plan en substructions d'un portique coudé qui ne fut pas réalisé. L'inachèvement de ce bâtiment et l'interruption des travaux peuvent tenir à la dispersion ou la disparition des familles propriétaires des enclos à la suite des guerres de 88 ou de 69.

Le long du mur Nord et Est de cette cour, onze tombes, B7-B17, originellement couvertes de grandes dalles de pierre, ont été comblées de terre et de pierres, et, sauf B8, violées et pillées.

Le long du mur Ouest, des travées aménagées dans le rocher délimitaient six caveaux à inhumation recouverts par des dalles de gneiss, B1-B6, qui ont été pillés.

Dans la cour, trois fosses maçonnées étaient des tombes à incinération primaire, B18-B20. Dans le monument qui surmontait B18 étaient remployés des fragments de petites bases de statues qui avaient été édifiées pour les défunts de B : l'enclos, dévasté sans doute au moment des guerres de Mithridate, a donc été réutilisé par des gens qui ont pratiqué le rite de l'incinération et non celui de l'inhumation[16].

5. Les vestiges de la baie de Katô Generale

1. Au Nord de la baie de Katô Generale, sur une langue de terre, deux enclos funéraires entouraient, l'un, une tombe à fosse maçonnée et une petite base destinée sans doute à une statue ; l'autre, deux tombes à fosse maçonnée et deux tombes à massif quadrangulaire dont plusieurs assises subsistent. Toutes ces tombes avaient été pillées[17].

2. À l'Ouest de la baie où furent repérés les vestiges d'un petit quai antique, des fouilles[18] ont mis au jour une grande citerne couverte à laquelle donnait accès un escalier monumental ; sur la terrasse aménagée en contrebas, trois massifs quadrangulaires ont été interprétés comme des monuments funéraires[19]. À l'extrémité Sud de la baie, une seconde citerne est desservie par un grand escalier. Les rituels funéraires ne pouvant être accomplis à Délos puisqu'il était interdit d'y mourir, il était indispensable d'aménager à Rhénée des réservoirs d'eau, ce qui explique le nombre important de citernes reconnues non seulement dans ce secteur, mais dans l'ensemble de la nécropole.

3. Au Sud de la nécropole, la côte devient très escarpée et dangereuse pour la navigation. Aussi un phare signalait-il la pointe la plus méridionale de l'île, construit avec le marbre de la carrière voisine qui porte toujours le nom évocateur de Marmarokopio.

C. KHERRONISO — à la pointe Sud de Délos et si proche qu'on peut y passer à gué — offre un paysage granitique exceptionnellement sauvage. Une fondation quadrangulaire (env. 9 x 8,50 m) établie sur l'une des hauteurs de l'îlot peut avoir appartenu à un phare antique (cf. **79.1●**).

D. LES ÎLOTS DE PRASONISIA à 1 500 m environ de la côte orientale de Délos.

16. Étude anthropologique, J. Clère, M.-Th. Le Dinahet, *Les tombes de Kato Generale* (1994).
17. E. Zervoudakis, *AD* 30 (1975), p. 324-327, pl. 226.
18. G. Siebert, *BCH* 92 (1968), p. 416-449.
19. M.-Th. Couilloud-Le Dinahet, *in* Rol. Étienne, M.-Th. Le Dinahet, M. Yon (éds), *Architecture et poésie dans le monde grec, Hommage à G. Roux* (1989), p. 19-29.

INDEX

Les chiffres imprimés en caractères ordinaires renvoient aux pages ; les chiffres imprimés en caractères gras, aux paragraphes de la IIIe partie.

Avant que ne soit très généralement utilisée la numérotation des monuments adoptée dans le *Guide de Délos*, diverses dénominations ont été appliquées aux mêmes monuments. Ces variations rendent souvent difficile la lecture de la littérature délienne. Nous en consignons ci-dessous les plus fréquentes en indiquant leur équivalence avec les numéros du présent guide.

Amphistrophon	**39** (R. Vallois)
Artémision	**42** (F. Courby)
Chapelle d'Anios	**68** (R. Vallois)
Édifice Nord	**35**
Eileithyaion	**39** (R. Vallois)
Hiéropoion	**44** (R. Vallois)
Kératôn	**42** (R. Vallois)
Leucothion	**126** (F. Robert)
Oikos d'Andros	**43** (R. Vallois)
Portique des taureaux	**29**
Pythion	**24** (R. Vallois) ; **42** (Ch. Picard)
Thesmophorion	**48** (R. Vallois)

Principaux textes littéraires mentionnés

TABLE DES PLANS DÉPLIANTS

TABLE DES FIGURES

CRÉDITS DE L'ILLUSTRATION

Pour cette quatrième édition, l'illustration graphique de la troisième édition, due à Iro Athanassiadou et à Philippe Fraisse, a été reprise et complétée par Brigitte Sagnier et, pour les dépliants I et III à VIII, par Véronique Picard.
Dépliant II : Philippe Fraisse, encrage Nikos Sigalas.
Croquis sur le rabat de la couverture : dessin Nikos Sigalas d'après Philippe Fraisse.

Fig. 1	Brigitte Sagnier et Nikos Sigalas, d'après Nicolas Bresch, *in Délos. Île sacrée et ville cosmopolite* (1996), p. 11
Fig. 22	Brigitte Sagnier, d'après Françoise Alabe, *RA* 1995, p. 193
Fig. 23	Nicolas Bresch, *in Délos. Île sacrée et ville cosmopolite* (1996), p. 73
Fig. 24	Dessin et gouache Nikos Sigalas
Fig. 40	Brigitte Sagnier, d'après Gerhardt Poulsen, *EAD* VII, pl. IX
Fig. 41	Gerhardt Poulsen, *EAD* VII, 1, pl. V
Fig. 44	Gottfried Gruben, *JDAI* 112 (1997), p. 345, fig. 41
Fig. 48	Brigitte Sagnier, d'après Kostas Kolokotsas, *REA* 99 (1997), fig. 1
Fig. 50	Gerhardt Poulsen, *EAD* V, pl. II
Fig. 52	Philippe Fraisse, *EAD* XXXII, p. 72, fig. 33
Fig. 55	Gerhardt Poulsen, *EAD* II bis, pl. II, 1
Fig. 60	Soend G. Albinus, *EAD* XIX, fig. 25
Fig. 65	Peter Fister, *EAD* XXVII, fig. 2
Fig. 66	Philippe Fraisse, *in Techniques et Économie antiques et médiévales : le temps de l'innovation* (1997), p. 30, fig. 3
Fig. 72	Henri Ducoux, *EAD* XXVIII, fig. 17
Fig. 74	Nicolas Bresch, *BCH* 123 (1999), p. 129, fig. 37
Fig. 81	Brigitte Sagnier, d'après Youry Fomine, *BCH* 77 (1953), pl. XLIX
Fig. 83	Brigitte Sagnier, d'après Nicolas Bresch, *BCH* 122 (1998), p 470, fig. 1
Fig. 89	Brigitte Sagnier, d'après François-Frédéric Muller
Fig. 96	H. Mazet
Fig. 107	Nicolas Bresch, *BCH* 121 (1997), p. 599, fig. 19
Fig. 111	Nicolas Bresch, Florence Babled, *in L'espace grec* (1996), p. 63
Fig. 112	Iro Athanassiadou, *EAD* XXX, fig. 9
Fig. 113	Brigitte Sagnier, d'après Jacques Seigne, Yves Montmessin, *BCH* 121 (1997), p. 633, fig. 25

Les clichés photographiques sont archivés à la photothèque de l'EFA.

Page 7 : cliché Pierre Amandry
Fig. 2, 3, 84, 92, 98, 99, 101, 105 : clichés Jean-Charles Moretti
Fig. 4 à 18, 25 à 34, 36, 37, 39, 46, 58, 64, 68, 70, 77, 82, 94, 97b, 103, 104, 106, 109, 110 et dernière vignette de la couverture : clichés Philippe Collet, EFA
Fig. 20, 62, 91 : clichés Émile Sérafis
Fig. 35 : clichés Panagiota Patiri
Fig. 42 : cliché Kostas Georgopoulos, ministère grec de la Culture, XXIe ΕΠΚΑ
Fig. 45 : cliché Paul Courbin
Fig. 67, 74 : clichés Michèle Brunet
Fig. 86 : cliché Pierre Aupert
Fig. 88, 98 : clichés Nicolas Bresch
Fig. 100 : cliché Emmanuel Desroches

TABLE DES MATIÈRES

Cet ouvrage a été imprimé en deux mille exemplaires par l'imprimerie EPIKINONIA et relié par LIBRO DORO en 2005 à Athènes (Grèce).

Dépôt légal : Octobre 2005 ISBN 2-86958-210-2 Imprimé en Grèce